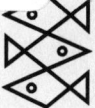

Großreiche haben in allen historischen Epochen weithin das Schicksal der Menschheit bestimmt – vom Imperium Romanum, dem Modellfall einer Reichsbildung mit universalem Anspruch, bis zu den weltumspannenden Kolonialreichen des 19. und 20. Jahrhunderts.
Wie kommt es, daß einstmals mächtige Großreiche Verfall und Untergang nicht entgehen konnten? Mit welchen politischen, militärischen oder rechtlichen Schritten stemmten sich die Imperien dem Verlust von Stärke und Prestige entgegen? Wie deuteten die Zeitgenossen, wie Historiker das allmähliche Abgleiten in die Machtlosigkeit? Gibt es hier geschichtliche Gesetzmäßigkeiten, immer wieder zu beobachtende Ablaufmuster? Was können wir, am Anfang eines neuen Jahrtausends stehend, daraus für das Verständnis unserer heutigen Welt lernen?
Die 12 Autoren dieses Sammelbandes beleuchten das Phänomen des Niedergangs aus unterschiedlichsten Blickwinkeln und lassen dabei ein faszinierendes Panorama von mehr als 2000 Jahren Menschheitsgeschichte entstehen.

Richard Lorenz, geb. 1934 in Ernstthal am Rennsteig, Studium der Fächer Geschichte, Philosophie, Soziologie und Politische Wissenschaften an den Universitäten Leipzig, Berlin (West), Frankfurt am Main und Marburg, 1964 Dr. phil., 1971 Habilitation Moderne osteuropäische Geschichte, 1972–75 Professor an der Universität Marburg/Lahn, seit 1975 Professor an der Universität Gesamthochschule Kassel. Forschungsschwerpunkte: Sozialgeschichte des neuzeitlichen Rußland, Nationalitätenproblematik in Osteuropa, Geschichte und Kultur Zentralasiens und Kaukasiens.

Die Viten der Autorin und der Autoren befinden sich am Ende des Bandes.

Unsere Adresse im Internet: www.fischer-tb.de

Das Verdämmern der Macht
Vom Untergang großer Reiche

Mit Beiträgen von
Ingrid Baumgärtner
Alexander Demandt
Horst Dippel
Jens Flemming
Hansgerd Göckenjan
Roland Höhne
Hans-Joachim König
Richard Lorenz
Franz Georg Maier
Jürgen Osterhammel
Helmuth Schneider
und Michael Ursinus

Herausgegeben von
Richard Lorenz

Fischer Taschenbuch Verlag

Originalausgabe
Veröffentlicht im Fischer Taschenbuch Verlag GmbH,
Frankfurt am Main, Februar 2000

© Fischer Taschenbuch Verlag GmbH, Frankfurt am Main 2000
Alle Rechte vorbehalten
Redaktion: Hubert Leber
Gesamtherstellung: Clausen & Bosse, Leck
Printed in Germany
ISBN 3-596-13534-6

Inhalt

Vorwort des Herausgebers **7**

Alexander Demandt — Das Ende des Perserreichs der Achämeniden **10**

Helmuth Schneider — Das Ende des Imperium Romanum im Westen **26**

Franz Georg Maier — Byzanz: Selbstbehauptung und Zerfall einer Großmacht **44**

Ingrid Baumgärtner — Das Reich der Staufer: Endzeiterwartung und Untergang im Urteil von Zeitgenossen und Historikern **60**

Hansgerd Göckenjan — Weltherrschaft oder Desintegration? Krise und Zerfall des Mongolischen Großreiches **82**

Jürgen Osterhammel — China: Niedergang und Neubildung eines Vielvölkerreiches **104**

Hans-Joachim König — Der Zerfall des Spanischen Weltreichs in Amerika. Ursachen und Folgen **126**

Michael Ursinus — Byzanz, Osmanisches Reich, türkischer Nationalstaat: Zur Gleichzeitigkeit des Ungleichzeitigen am Vorabend des Ersten Weltkrieges **153**

Jens Flemming	Die verspielte Größe. Machtstrukturen und Mentalitäten im Kaiserreich als Ursprung deutscher Katastrophen **173**
Roland Höhne	Die Auflösung des französischen Kolonialreichs 1946–1962 **205**
Horst Dippel	Die Auflösung des Britischen Empire oder die Suche nach einem Rechtsersatz für formale Herrschaft **236**
Richard Lorenz	Das Ende der Sowjetunion **256**
	Die Autorin und die Autoren des Bandes **281**

Vorwort des Herausgebers

Der vorliegende Band beschäftigt sich mit dem Niedergang und Untergang großer Reiche. Hierbei handelt es sich um historische Prozesse, die sich auf die Zeitspanne vom tiefen Altertum bis in die unmittelbare Gegenwart erstrecken. Großräumige Reichsbildungen, die unterschiedliche Länder und Völker unter einer einheitlichen Zentralgewalt zusammenfaßten, hat es in allen geschichtlichen Epochen und in den meisten Regionen der Erde gegeben. Sie waren für die Entwicklung der menschlichen Zivilisation und Kultur zweifellos von größter – mitunter allerdings auch verhängnisvoller – Bedeutung. Viele dieser Reiche haben sich als »Weltreiche« verstanden und den Anspruch auf universale Herrschaft erhoben, obwohl sie sich nur – namentlich im Altertum – über einen relativ kleinen Raum erstreckten. »König der vier Weltgegenden« – so nannten sich bereits im 3. Jahrtausend v. Chr. altorientalische Herrscher, die über Teile Vorderasiens geboten. Ganz besonders hat diesen Anspruch das Römische Reich, der bedeutendste Staat der Antike, erhoben, der auch die größte geschichtliche Wirkung entfaltete. Von ihm haben ihn die großen mittelalterlichen Reichsbildungen in West- und Mitteleuropa übernommen, die sich – ebenso wie das Byzantinische Reich im Osten – als Fortsetzung des alten Imperium Romanum verstanden. Darüber hinaus hat dieser Anspruch die Expansion der außereuropäischen Reiche, die zu jener Zeit bestanden, bestimmt.

Zur Gründung wirklicher Weltreiche aber haben erst die großen geographischen Entdeckungen des 15. und 16. Jahrhunderts geführt, die eine globale Kommunikation ermöglichten und damit die Welt von Grund auf veränderten. Es bildeten sich nun die überseeischen Kolonialreiche heraus, die den gesamten Erdball umspannten und durch Ozeane getrennte Weltteile unter einer Herrschaft vereinigten. In diesem Sinne kann Spanien, das mit seinen riesigen amerikanischen Besitzungen das frühe Kolonialsystem prägte, als erstes Weltreich der Geschichte gelten. Und das British Empire, das eine einzigartige Vielfalt von Völkern und Territorien auf allen Kontinenten unter einer Herrschaft zusammenfaßte und in besonderem Maße die Entwicklung des modernen Kolonialsystems bestimmte, stellte das größte Reichsgebilde überhaupt dar. Den maritimen Reichen standen im Osten die großen Kontinentalreiche gegenüber: das Osmanische Reich, die Habsburgermonarchie und das Russische Reich, die das Schicksal zahlreicher kleiner und großer Völker bestimmten; im Fernen Osten war es das Chinesische Reich, das unter der Mandschu-Herrschaft seine größte Ausdehnung erreichte. Diesem Typus ist auch die Sowjetunion zuzurechnen, die sich auf den Trümmern des Zarenreiches herausbildete und ihre zahlreichen Nationen und Nationalitäten in den Kommunismus, das vermeintliche Endstadium der Weltgeschichte, führen wollte. Schließlich sind die drei revisionistischen Mächte Japan, Italien und Deutschland zu nennen, die nach dem Ersten Weltkrieg die imperialistische Politik wieder aufnahmen und mit Hilfe militärischer Gewalt großräumige Reichsgebilde zu errichten versuchten – ein Versuch, der die Menschheit in ihre bisher größte Katastrophe stürzte.

Alle diese Reiche, die oft Anspruch auf ewige Dauer erhoben, sind heute Vergangenheit. Die Zeit der großen Imperien ist gerade in unserem Jahrhundert zu Ende gegangen. Zu Beginn dieses Jahrhunderts hat ein politischer Umsturz das 2000 Jahre alte Chinesische Kaiserreich beseitigt. Im Ersten Weltkrieg sind – neben dem Deutschen Kaiserreich – das Osmanische Reich, die Habsburgermonarchie und das Russische Reich untergegangen. Der Zweite Weltkrieg hat nicht nur zum Zusammenbruch des »Dritten Reiches«, Japans und Italiens geführt, sondern auch die Auflösung der großen überseeischen Kolonialreiche eingeleitet. Am Ende des Jahrhunderts hat sich schließlich die Sowjetunion aufgelöst, die – gemeinsam mit den USA – jahrzehntelang das Schicksal der Welt bestimmt hatte.

Der Zusammenbruch und die Auflösung dieser Reiche, die häufig mit tiefgreifenden gesellschaftlichen Veränderungen verbunden waren und weitreichende Folgen für die gesamte Weltordnung hatten, haben in zunehmendem Maße die Aufmerksamkeit der historischen Wissenschaft auf sich gezogen. Dabei wurden – unter vergleichenden Aspekten – auch die älteren Reichsbildungen einbezogen, deren Aufstieg und Zerfall bereits früher häufig Gegenstand wissenschaftlicher

Untersuchung waren. In Deutschland sind hierzu in den letzten Jahren gewichtige Publikationen erschienen, unter denen in erster Linie der von Helmut Altrichter und Helmut Neuhaus herausgegebene Sammelband »Das Ende von Großreichen« (Erlangen und Jena 1996) und der von Alexander Demandt inspirierte Band »Das Ende der Weltreiche. Von den Persern bis zur Sowjetunion« (München 1997) zu nennen sind. Auch die Historiker der Universität Kassel haben – in Zusammenarbeit mit Kollegen anderer Universitäten – versucht, einen Beitrag zu dieser Problematik zu leisten. Im Wintersemester 1995/96 hat hier eine Ringvorlesung »Der Untergang großer Reiche« stattgefunden, aus der – ergänzt durch zwei weitere Beiträge – der vorliegende Band hervorgegangen ist. Die Auswahl der Themenkomplexe versucht die verschiedenen Epochen und Regionen zu berücksichtigen. Dabei lag die Gestaltung der einzelnen Beiträge – innerhalb des vorgegebenen Rahmenthemas – in der Verantwortung der jeweiligen Referenten bzw. Autoren.

Richard Lorenz

Alexander Demandt
Das Ende des Perserreichs der Achämeniden

Max Weber hat der Geschichtswissenschaft 1904 »ewige Jugendlichkeit« bescheinigt, weil ihr der endlos fortschreitende Kulturstrom immer neue Problemstellungen zuführe[1]. Dies hat sich seither nur bestätigt. Jedes neue Skandalon bringt dem Historiker Arbeit: Er sucht die zum Verständnis erforderliche Vorgeschichte des Debakels zu ergründen und Parallelbeispiele anzuführen, die durch Unterschiede und Gemeinsamkeiten das Wesen seines Falles erschließen. Erst im Fadenkreuz von genetischer und typologischer Betrachtung wird ein historisches Phänomen faßbar.

Die jüngste große Herausforderung für die Historiker war und ist der Zusammenbruch der Sowjetunion. Dieses Ereignis wird, wenn überhaupt, nur begreiflich, wenn wir den vorangegangenen Prozeß der Zerrüttung erkennen und den Zerfall der anderen, älteren Großreiche heranziehen. So gewiß jede historische Erscheinung einmalig ist, so gewiß ist sie zugleich ein Fall unter Fällen, steht sie im Umkreis ähnlicher Erscheinungen, in deren Kontext sie überhaupt erst ihre Konturen gewinnt.

Die Auflösung des Ostblocks lenkt den Blick zurück auf ältere Parallelen, auf das Schicksal der früheren zentral regierten Vielvölkerstaaten. Am Anfang unserer Geschichtstradition steht das Perserreich der Achämeniden. Es bildet die Grundlage des Alexanderreiches, aus dem die Ökumene der hellenistischen Monarchien erwuchs. Sie sind im römischen Imperium aufgegangen, auf das alle späteren europäisch-amerikanischen Großmächte zurückgegriffen haben. Das Perserreich steht aber nicht nur am Beginn, sondern zugleich am Ende einer langen Tradition. Es war das letzte Weltreich der altorientalischen Geschichte. Diese Doppelstellung verleiht ihm seine historische Bedeutung.

I. Entstehung und Entwicklung des Achämenidenreiches

Betrachten wir zunächst die Entstehung des Achämenidenreiches im Rahmen der orientalischen Vorgänger.[2] Die Verfassungsgeschichte des Alten Orients kennt bereits die drei Grundtypen der in der griechisch-römischen Antike üblichen Staatsformen: erstens den patriarchalisch organisierten, aristokratisch regierten Stamm, wie ihn beispielsweise die Israeliten in der Richterzeit zeigen und wie ihn die frühen Italiker, Kelten und Germanen aufweisen. Zweitens den Stadtstaat, zentral regiert durch Priesterkönige in Sumer, Akkad und Phönizien, ohne daß es dort allerdings, wie in Griechenland, zu einer Volksherrschaft gekommen wäre. Drittens kennt der alte Orient den monarchischen Flächenstaat unter einem dynastischen Königtum. Dieser Staatstypus war bisher im Hinblick auf Dauer und Verbreitung der in der Verfassungsgeschichte erfolgreichste überhaupt. Das Pharaonenreich Ägyptens läßt sich als Nationalstaat bezeichnen, Sargon von Akkad in Mesopotamien (um 2300 v. Chr.) jedoch griff über die Volksgrenzen hinaus, annektierte Provinzen und Vasallenstaaten und erhob Anspruch auf Weltherrschaft. Die frühen Herrscher von Akkad nannten sich »Könige der vier Weltgegenden«, ihr Zentrum war das mittlere und obere Mesopotamien. Nach wechselvollen Geschicken wurde das assyrische Großreich von den Babyloniern und Medern um 600 v. Chr. erobert. Die Vorherrschaft der Meder dauerte nur kurz. Zu ihren Satellitenfürsten zählte der Perser Kyros, dem es um 550 gelang, seinen Herrn zu besiegen. Die Perser beendeten die Folge der vorderasiatischen Großreiche, obwohl sie ihrer Herkunft und Sprache nach nicht zu den orientalischen Völkern zählten, sondern so wie die Griechen und Römer zu den Indogermanen gehörten. Die Vorfahren der Perser, die sich selbst als Arier bezeichneten – das Land »Iran« trägt seit 1934 daher seinen Namen –, waren um 1500 v. Chr. über den Kaukasus gekommen, gemeinsam mit den stammverwandten Medern, denen sie eine Zeitlang tributpflichtig waren. Der Name *Parsa*, griechisch *Persis*, mitteleuropäisch *Fars*, bezeichnet die Landschaft um Persepolis, wie die Griechen die Palaststadt des Darius nannten. Die Keilschrifttexte nennen sie *Parsa*.

Nach dem Sturz der Mederherrschaft eroberte Kyros ein Reich, wie es die Welt bis dahin nicht gesehen hatte. Es reichte vom Indus bis zur ägäischen Küste, von Palästina bis in die russische Steppe. Hier ist Kyros 529 im Kampf gegen die Massageten gefallen. (Die Juden bezeichneten ihn als den Gesalbten des Herrn, d. h. als Messias Deutero-Jesajas). Die Griechen verliehen ihm als dem ersten Herrscher überhaupt den Beinamen des Großen (Agathokles von Kyzikos um 400 v. Chr.) und rechneten ihn zu den idealen Herrschern. Xenophons Kyropädie ist ein Fürstenspiegel in der Form eines historischen Romans, der zu den meistgelesenen antiken Texten gehört. Noch Friedrich der Große schätzte ihn.

Dem Sohne von Kyros, Kambyses, gelang 525 die Unterwerfung Ägyptens; dessen Nachfolger Darius, der durch einen Staatsstreich an die Macht kam, warf nicht nur die gegen ihn gerichteten Aufstände nieder, sondern erweiterte die Herrschaft nach Osten über den Indus hinaus und nach Westen bis nach Thrakien und Makedonien. Die Erhebung der ionischen Griechen wurde 492 niedergeworfen, doch mißlang der Versuch, Griechenland zu unterwerfen, von wo die Ionier Unterstützung gefunden hatten. 490 wurde das persische Expeditionsheer von den Athenern bei Marathon besiegt. Der zehn Jahre später von Xerxes persönlich unternommene Rachefeldzug führte zwar zum Sieg über Leonidas in den Thermopylen und zur Einäscherung Athens, doch unterlag die persische Flotte 480 bei Salamis, während das Landheer 479 bei Plataiai vernichtet wurde. Der griechische Sieg beruhte auf der Überlegenheit von Qualität über Quantität. Das persische Heer war riesig, aber ethnisch gemischt, mangelhaft ausgerüstet und schwach motiviert. Die Zahl der eigentlichen Perser war klein, eine herrschende Minderheit, deren militärische Schlagkraft zwar fast allen Völkern der Zeit überlegen war, nicht jedoch den Griechen. Die Griechen waren besser bewaffnet, namentlich besser gepanzert, besser geübt durch ihre gymnastische Lebensweise und die Idealisierung von Sport und Körperkultur. Vor allem aber legten sie eine ungewohnte Disziplin gegenüber ihren Gesetzen an den Tag, gepaart mit einem Freiheitsstolz, der aus einigen auf Herodot (VII 101 f.) zurückführenden Anekdoten spricht. Als Xerxes sein gegen Griechenland aufmarschiertes Heer musterte, fragte er den damals bei ihm weilenden verbannten Spartanerkönig Demaratos, welche Chancen er seinen Landsleuten gegen eine solch gewaltige Armee gebe. Der Grieche erwiderte: »Die Griechen sind seit je in Armut groß geworden, durch Umsicht, Geschick und Gehorsam gegenüber dem Gesetz aber haben sie Tüchtigkeit erlangt, mit der sie sich der Armut und der Knechtschaft erwehren. Die Spartaner lassen sich von einer Übermacht nicht erschrecken.« Von dem König Agis ist der Spruch überliefert: »Ein Spartaner fragt nicht, wie zahlreich seine Feinde sind, sondern: wo sie stehen.«[3] Herodot hat die Haltung der Griechen allerdings im nationalen Sinne idealisiert; bereits aus seinen eigenen Angaben ergibt sich, daß viele Hellenen mit den Persern sympathisierten und in ihnen keineswegs den Erbfeind erblickten. Gemäß dem griechischen Mythos stammten die Perser von Perseus ab, waren damit Nachkommen des Zeus und Verwandte der Griechen. Aischylos präsentierte die Personifikationen beider Völker als Schwestern.

Durch die Niederlage in den Perserkriegen verlor der Großkönig die Oberherrschaft über die Griechenstädte in Kleinasien, ohne jedoch den Anspruch darauf aufzugeben. Die Spannung zu Griechenland hielt an, doch verstand es die persische Diplomatie, die Zwietracht unter den Griechen auszunützen und deren militärische Überlegenheit auszuhebeln. Die Perser unterstützten die jeweils zweitstärkste Macht in Griechenland vorwiegend mit Geld, bisweilen auch mit Schiffen. Dadurch blieb der innergriechische Kampf um die Hegemonie immer in Gang, aber stets ergebnislos, so daß ein Angriff auf Persien nicht zu befürchten war, solange in Griechenland zwei Rivalen um die Vormacht rangen. Diese Politik begann während des Peloponnesischen Krieges, den Sparta ohne persische Hilfe kaum gewonnen hätte, wurde erfolgreich fortgesetzt und mißlang erst gegenüber Philipp und Alexander. Die Perser schickten zwar auch damals erhebliche Beträge nach Athen, wobei selbst Demosthenes sich bereichert zu haben scheint, aber der Aufstieg Makedoniens erfolgte zu rasch und zu steil, als daß Persien sich dagegen hätte wehren können. Zudem hatte es damals innere Probleme, auf die noch einzugehen sein wird.

II. Die Struktur des Achämenidenreiches

Die Struktur des Achämenidenreiches läßt sich aufzeigen an der berühmten Gadatas-Inschrift. Sie steht auf einem Marmorblock, der in einem türkischen Dorf des unteren Mäandertales gefunden wurde und in den Louvre kam. Der Text ist griechisch, den Buchstabenformen nach in der hohen Kaiserzeit (um 100 n. Chr.) eingemeißelt, doch geht er zurück auf ein Original aus der Achämenidenzeit um 500 v. Chr. Die Inschrift lautet auf deutsch:

»Der König der Könige Darius, der Sohn des Hystaspes, läßt seinen Sklaven Gadatas das Folgende sagen: Ich erfahre, daß du meinen Befehlen nicht in allem gehorchst; da du nämlich mein Land kultivierst, indem du die Früchte von diesseits des Euphrats in die unteren Landesteile Asiens verpflanzt, lobe ich dein Vorhaben; und dafür ist dir großer Dank im Hause des Königs gewiß. Weil du aber meine Gesinnung gegenüber den Göttern zunichte machst, werde ich dir, wenn du dich nicht änderst, einen Beweis meiner Ungnade geben. Von den Bauern, die dem Apollo heilig sind, hast du Abgaben eingetrieben, und du hast ihnen befohlen, profanes Land zu bearbeiten, ohne Rücksicht auf die Gesinnung meiner Vorfahren gegenüber dem Gott, der den Persern die volle Wahrheit gesagt hat und ...« [Rest der Inschrift verloren][4].

Am Anfang steht, wie bei antiken Briefen üblich, der Absender. Es ist der Großkönig Darius, der sich als Sohn des Hystaspes und Achämenide vorstellt. Das Perserreich war eine charismatisch legitimierte Erbmonarchie, deren Teile einerseits von Unterkönigen aus älteren ansässigen Familien regiert wurden, andererseits vom König ernannten Satrapen, d. h. Statthaltern, unterstanden. Die Satrapen übten eine Rechtsaufsicht über die autonomen griechischen Städte aus, die sich selbst verwalteten, aber Tribut zahlten und ihre Streitigkeiten nicht durch Kriege ausfechten durften, sondern durch Schiedsgerichte beilegen mußten – wir haben dafür inschriftliche Zeugnisse. Eingriffe in die inneren Verhältnisse mußten nur solche Griechenstädte befürchten, deren Loyalität unsicher war. In derartigen Fällen haben die Großkönige Stadtherren eingesetzt, d. h. Tyrannen, die indes stets selbst Griechen waren. Als diese dann gleichwohl den ionischen Aufstand entfachten, wurden sie abgesetzt. Der Satrap Mardonios unterstellte die abtrünnigen Städte daraufhin nicht etwa direkt persischer Kontrolle, sondern richtete Demokratien ein. Offenbar konnte er überzeugt sein, daß die Mehrheit in den griechischen Städten persertreu war und die Abenteuer ehrgeiziger Tyrannen nicht unterstützte. In der Spätzeit lagen in einzelnen ionischen Städten persische Besatzungen, doch gab es, während Alexander sie belagerte, keinen Aufstand zu seinen Gunsten.

Zu diesen Satrapen gehörte Gadatas, ein Perser der Namensform nach, der das westliche Kleinasien regierte. Wenn die Inschrift ihn *doulos* nennt, so fassen wir hier die griechische Ansicht, daß alle Untertanen, einschließlich der höchsten Würdenträger, Sklaven des Königs seien. Das persische Wort, das hier zugrunde liegt, lautet *bandaka* und bezeichnet den Gefolgsmann. Daß hier keine Sklaverei im griechischen Sinne vorlag, ergibt sich aus drei Sachverhalten: Diese *bandaka* konnten Ehen eingehen, sogar mit Prinzessinnen aus dem Königshaus, sie trugen Waffen und durften ohne Gerichtsurteil nicht von ihrem Gefolgsherrn getötet werden. Darius bescheinigt seinem Satrapen, daß er durch Anpflanzung von Fruchtgewächsen aus Mesopotamien in Kleinasien die Landwirtschaft gefördert habe. Wir wissen nicht, um welche *karpoi* es sich handelt, vielleicht waren es Pfirsiche, deren deutscher Name auf lateinisch *malum persicum* zurückführt und an die Herkunft aus Persien erinnert. Aber da zahlreiche Nutzpflanzen von dort stammen, wäre auch anderes denkbar. Die Sorge für die Landwirtschaft war nicht nur ein ökonomisches, sondern auch ein religiöses Gebot, wie uns die heiligen Schriften Zarathustras im Avesta verraten.

Darius tadelt Gadatas, weil dieser von Tempelbauern des Apollon Steuern erhebt und sie zu Frondiensten auf profanem Grund heranzieht. Apollon als Gott der Sonne zeigt eine gewisse Nähe zu Ahuramazda, dem Himmelsgott der Achämeniden. Daneben war Apollon der Gott von Delphi und darum mit Weissagung verbunden. In der Nähe der Mäandermündung wurde der weissagende Apollon in Didyma und in Klaros verehrt. Die Inschrift erweckt den Eindruck, daß die Perserkönige hier einmal ein zutreffendes Orakel eingeholt haben. Das überrascht nicht. Auch die Feldherrn des Darius haben auf dem Weg über die Ägäis nach Marathon dem Apollon in Delphi geopfert. Dies entspricht ihrer toleranten Religionspolitik, die nur dort verletzt wurde, wo Politik ins Spiel kam, wie in Hellas und Ägypten. Der bemerkenswerte Zug an der Gadatas-Inschrift aber ist der Vorgang, der ihr zugrunde liegt. Woher wußte Darius von den Klagen der Tempelbauern über den Amtsmißbrauch des Statthalters? Zwei Lösungen sind denkbar. Entweder haben die bedrückten Bauern über die Priester eine Beschwerde nach Susa geschickt, oder aber ein Inspektor des Darius hat sich der Klage angenommen. Solche Inspektoren gab es, sie hießen »das Auge des Großkönigs«. Daß ein solcher Bericht unserer Inschrift zugrunde liegt, läßt die Nachricht über die Einführung neuer Früchte vermuten. Bemerkenswert ist, daß der Großkönig überhaupt erfuhr, was in den Provinzen geschah, und zwar nicht über seine Satrapen, die ihrerseits der Kontrolle bedurften. Die Möglichkeit eines Appells an den König gegen eine ungerechte Entscheidung ist bezeugt.[5]

Das Schreiben des Darius an Gadatas ist griechisch erhalten. Das Original war vermutlich in Reichsaramäisch, einer semitischen Sprache, verfaßt. Persisch wurde von so wenigen gesprochen, daß es nicht als Reichssprache in Frage kam. Die Sprache der Herrschenden war nicht die herrschende Sprache. Es gab eine offizielle Mehrsprachigkeit, die es denkbar erscheinen läßt, daß die Apollonpriester bereits aus der Kanzlei in Susa eine griechische Antwort erhielten, so wie die Babylonier, Elamiter und Ägypter gleichfalls in ihrer Landessprache beschieden wurden. Das Achämenidenreich war ein Vielvölkerstaat, in dem die nichtpersischen Nationen die überwiegende Mehrheit bildeten. Der Gadatas-Brief bestätigt die vielfach bezeugte Bemühung der Perser um Frieden und Recht. Zwar gab es, anders als später in Rom, keine zentrale Gesetzgebung, aber die lokalen Rechtstraditionen wurden von den Persern geachtet und gefördert. Der berühmteste Fall ist die Redaktion des Alten Testaments als Gesetzbuch für die Juden, die Esra der Schreiber im Auftrag von Artaxerxes durchführte.

III. Der Niedergang

Mit dem 4. Jahrhundert v. Chr. setzen die Anzeichen für den Niedergang des Perserreiches ein.[6] Im Jahre 401 zog der jüngere Kyros, der als Satrap *(karanos)* in Kleinasien regierte, gegen seinen Bruder, den

Großkönig Artaxerxes II., um ihm die Krone zu rauben. Kyros besiegte seine Landsleute mit Hilfe von zehntausend griechischen Soldaten, verlor selbst aber das Leben. Den Söldnern gelang unter der Führung von Cheirisophos und Xenophon der Rückmarsch von Kunaxa bei Babylon diagonal durch Feindesland bis ans Schwarze Meer. Zur selben Zeit löste sich Ägypten, wiederum mit griechischer Unterstützung, aus dem Reichsverband, während Kleinasien, Zypern und Syrien durch Aufstände, Verrat und Bürgerkriege turbulente Zeiten durchmachten. In den Westprovinzen kämpfte der Spartanerkönig Agesilaos für die Freiheit der Griechenstädte, siegreich und doch vergebens. Denn der Großkönig mobilisierte die Gegner Spartas in Griechenland, so daß Agesilaos zurückberufen wurde. Mit persischem Gelde vernichtete der athenische General Konon die spartanische Flotte, wurde aber vom König festgenommen, als Athen ihm wieder zu mächtig wurde. Dieses mit viel Geld durchgeführte Ränkespiel neutralisierte die griechische Gefahr, so daß in einer momentanen Balance Artaxerxes II. 386 den nach ihm benannten Königsfrieden erlassen konnte, der die griechischen Städte Kleinasiens unter seine Hoheit zurückbrachte und Sparta als Friedenswächter in persischem Auftrag über Hellas einsetzte. Das war für die panhellenische Sache ein schwerer Rückschlag.

Der Erfolg des Großkönigs aber dauerte nicht an. Während der Hof durch Intrigen gelähmt war, machten die Satrapen und Vasallenkönige Politik auf eigene Faust. Sie führten Kriege, wie immer mit griechischen Söldnern, und bauten eigene, von Susa unabhängige Herrschaften auf. Dies gelang Euagoras auf Zypern, Maussolos in Karien und Datames in Kappadokien. Der große Satrapenaufstand nach 370 brachte das Reich um die Hälfte seiner Einkünfte.[7] In den Haremskabalen um die Nachfolge ging Artaxerxes III. Ochos als Sieger hervor. Er leitete seine Herrschaft mit einem beispiellosen Blutbad ein. Ohne Rücksicht auf Alter und Geschlecht ließ er alle Familienangehörigen, die ihm irgendwie gefährlich hätten werden können, abschlachten[8], wir hören von 80, ja 100 Opfern[9]. Als Entschuldigung wird angegeben, daß er damit nur seinen Konkurrenten zuvorgekommen sei und durch diese entschlossene Tat bei den Persern Ruhm geerntet habe. Mit derselben Entschiedenheit wandte er sich sodann der Wiederherstellung der königlichen Autorität im Westen zu. Nach mehreren erfolglosen Anläufen gelang 343 die Wiedereroberung Phöniziens und

Ägyptens, doch wurde der energische König fünf Jahre später von einem mächtigen Palasteunuchen vergiftet. Dieser Kämmerer verhalf dem letzten, nur entfernt mit den Achämeniden verwandten Darius III. Kodomannos[10] auf den Thron, wurde aber selbst von diesem sofort beseitigt. Der letzte Großkönig wird in den Quellen keineswegs als Schwächling beschrieben[11] und ist jüngst in gewisser Weise rehabilitiert worden[12], doch ändert dies nichts an der Tatsache, daß Kodomannos sowohl in der Schlacht bei Issos als auch in der bei Gaugamela vor Alexander floh, bevor die Entscheidung fiel. Er fand sein Ende durch die Hand seiner eigenen Leute. 330 hat der Satrap Bessos ihn auf der Flucht vor den Makedonen getötet und sich selbst zum Nachfolger proklamiert, bis er kurz darauf von Alexander gefangen und hingerichtet wurde..

Wie alle Großreiche des Altertums ist das der Achämeniden einer Eroberung zum Opfer gefallen. In Griechenland war die Erinnerung an Marathon und Salamis nie verblaßt. Wenn der Eid von Plataiai[13] auch eine bloße Legende sein sollte, so spiegelt der Schwur, die von den Persern zerstörten Tempel als Mahnmal zur Rache in Ruinen liegen zu lassen, die Stimmung gegenüber Persien. Platon empfand es als beschämend, daß die Griechen gegen die Perser nicht zusammenstünden[14], und der Rhetor Isokrates forderte zum gemeinsamen Kampf gegen den Großkönig auf, den Agesilaos begonnen und Jason von Pherai fortzusetzen geplant hatte[15]. Philipp von Makedonien vereinte nach seinem Sieg bei Chaironeia die Griechen im Korinthischen Bund und ließ sich von ihnen zum Feldherrn gegen Persien ernennen. Sein General Parmenion operierte bereits in Kleinasien, als er ermordet wurde und sein Sohn Alexander die Herrschaft übernahm. Im Laufe von nur zwei Jahren zerschlug Alexander die persische Kriegsmacht. 334 hatte er den Bosporus überquert, 333 den Großkönig bei Issos besiegt, 331 kampflos Ägypten eingenommen und am Ende des Jahres bei Gaugamela das persische Reichsaufgebot endgültig vernichtet. Die vier persischen Hauptstädte öffneten Alexander die Tore. Kämpfe gab es dann allerdings noch in Nordostiran und Indien. 326 kehrte er um. Sein zweiter Einzug in Babylon 323 vollendete die Unterwerfung des Achämenidenreiches.

IV. Die Gründe für den Untergang

Die Gründe für den raschen Zusammenbruch des Perserreiches liegen vorab in der Person Alexanders. So wie ein einziger Mann, nämlich Kyros, das Reich aufgebaut hatte, so hat ein einziger Mann, eben Alexander, die Achämenidenherrschaft beendet. Freilich hatte er, wie Kyros, eine Konstellation genutzt, die er vorfand. Die wichtigste Voraussetzung für Alexanders Sieg war die Überlegenheit der Griechen im Felde. Schon die Verbreitung der griechischen Reisläufer im persischen Solde offenbart deren militärische Bedeutung: Auch im Heere des Kodomannos leisteten sie gegen Alexander den härtesten Widerstand. Er aber konnte sich auf seine Leute ebenso verlassen wie diese sich auf ihn, der sich selbst ohne Rücksicht ins Gefecht stürzte und viele Male verwundet wurde.

Alexanders Erfolg in Persien hängt nicht nur zusammen mit dem Charisma seiner Person, sondern ebenso mit den Maximen seiner Politik. Er verwarf den Rat seines Lehrers Aristoteles, die Griechen als Gleiche, die Barbaren aber als Sklaven zu betrachten, bezeugte den gefangenen Frauen des Darius ebensolchen Respekt wie dem toten Gegner und dem Grabe des Reichsgründers. Alexander übernahm persisches Zeremoniell und persische Titel, heiratete eine persische Prinzessin, bewog seine Offiziere, gleichfalls Frauen aus Persien zu nehmen und richtete in der Massenhochzeit von Susa das größte Heiratsfest der Weltgeschichte aus. Ägypten wurde einem Einheimischen unterstellt, die Klientelkönige wurden bestätigt, auch wenn sie, wie Poros in Indien, Alexander mit der Waffe in der Hand entgegengetreten waren. Die persischen Satrapen blieben im Amt, und trotz der murrenden Makedonen bildete Alexander Perser an makedonischen Waffen aus. Eintracht und Gemeinsamkeit von Griechen und Persern standen auf seinem Programm, Babylon sollte Hauptstadt werden.

Alexander ist im Orient populärer geblieben als irgendein Achämenide. So wie die Ägypter ihn im Alexander-Roman zu einem unehelichen Sohn des letzten Pharao gemacht haben, so betrachtete ihn die persische Sage als Halbbruder des Darius. Firdusi und Nizami in islamischer Zeit sahen im Alexanderzug mitnichten den Zusammenbruch des achämenidischen Großreiches, sondern bloß einen Bruderzwist um die Thronfolge, den der gottbegnadete Iskender gewinnen mußte. Unser Problem, weshalb das Achämenidenreich zusammenbrach, stellt sich dem persischen Geschichtsbewußtsein überhaupt nicht. Aus der Sicht des Mittelalters sind die fünf Jahrhunderte der Seleukiden- und Partherzeit einfach verschwunden, an Alexander schließt sich nahtlos die Sassanidenzeit an. Ein Musterbeispiel der Verdrängung von Störfaktoren aus dem Geschichtsbild. Historisch vertretbar wäre immerhin die Ansicht, daß nicht durch, sondern nach Alexander das Achämenidenreich zerbrochen ist. Denn die Staatseinheit löste sich ja erst im Kampf der Diadochen auf.

Die Faszination Alexanders und der Glanz der griechischen Waffen bieten, so eindrucksvoll sie sind, jedoch keine hinreichende Erklärung für das Ende dieses Reiches. Eine solche ist nur zu finden durch einen Blick auf die Strukturschwächen Persiens. Sie treten in den Jahrzehnten vor Alexander, d. h. seit Xenophons Anabasis, deutlich hervor und sind bereits in der älteren Forschung eingehend erörtert worden.

Die prägnanteste Formulierung verdanken wir dem Orientalisten Hans Heinrich Schaeder.[16] Er machte sich die Ansicht des spartanischen Gesandten gegenüber dem persischen Feldherrn vor der Schlacht an den Thermopylen zu eigen. Da sagte der Grieche, wie Herodot berichtet: »Wohl verstehst du dich darauf, Knecht zu sein, aber die Freiheit hast du noch nie gekostet; du weißt nicht, ob sie süß ist oder nicht. Denn hättest du sie gekostet, du würdest uns raten, um sie zu kämpfen, nicht mit Speeren allein, sondern noch mit Beilen.«[17] Schaeder übernimmt hier die griechische, von Herodot und Aristoteles ausgeführte Idee des freien Bürgers, der allein ein stabiles Staatswesen zu tragen imstande ist. Wenn wir bedenken, daß Schaeder seine Bemerkungen 1941/42 in Berlin schrieb und davor warnte, daß der Reichsgedanke ins »Übergroße und Unwirkliche« wachse, daß der »Totalitätsanspruch der Perserherrschaft« nur noch »zwischen unterworfenen und noch zu unterwerfenden Völkern« unterscheide und die sittliche Aufgabe jeder Herrschaft zum »Vorwand des Unrechts und der Gewalt herabwürdigt«, so klingt das wie eine Kritik an Hitlers Großmachtplänen.

Die von Schaeder bei den Griechen gesuchte Antwort auf die Frage nach den Zerfallsgründen des persischen Reiches findet sich bei Herodot allenfalls andeutungsweise, ausführlich hingegen im frühen vierten Jahrhundert bei Isokrates, Xenophon und Platon. Während

Isokrates ein Interesse daran hatte, das Perserreich als morbide erscheinen zu lassen, um die Angriffslust der Griechen zu steigern, sind Xenophon und Platon verläßliche Zeugen für die Schwäche Persiens. Keiner von ihnen hat den Zusammenbruch des Reiches erlebt und daher auch nicht nachträglich auf einen Sittenverfall schließen können. Weder Xenophon noch Platon hatten ein Interesse daran, den Nachbarn im Osten schwächer zu schildern, als er war – ganz im Gegenteil: Xenophon hätte seinen Rückzug der Zehntausend noch heldenhafter, Platon seine Warnung vor der Barbarengefahr noch ernster darstellen können, wenn sie den Persern ihren alten Geist bescheinigt hätten. Daraus ergibt sich zumindest die subjektiv ehrliche Schilderung, die durch Xenophons Landeskenntnis auch Anspruch auf objektiven Gehalt erheben kann.

Xenophon läßt die Kyrupädie, seinen Erziehungsroman[18], ausklingen mit einer Beschreibung der Dekadenz in Persien. Er wirft den Persern seiner Zeit vor, die Frömmigkeit gegen die Götter und die Gerechtigkeit gegen die Menschen zu verletzen. Meineid, Rechtlosigkeit, Geldgier, Maßlosigkeit im Essen und Trinken kennzeichne das Hofleben und nicht nur das, denn wie die Herrscher sind, so sind gewöhnlich auch die Untertanen. Die früher so beliebte Jagd und die Reitkunst würden nicht mehr geübt, wie alles, was mit Strapazen verbunden sei. Warme Kleidung, bequeme Möbel und immer neue Genüsse würden geschätzt. Im Palast finde man Türhüter, Bäcker, Köche, Mundschenke, Badediener, Kämmerer, Kosmetiker usw. – bloß keine Krieger. Üppigkeit und Weichlichkeit hätten die alten Kriegstugenden untergraben, ohne Söldner könnten die Perser keinen Krieg mehr führen. Die Schwäche der Perser im Felde hatte Xenophon nicht nur bei Kunaxa erlebt. Sein Zeitgenosse und Mitschüler bei Sokrates namens Platon widmet dem Hofleben und der Prinzenerziehung in Persien einen Abschnitt in seinem Werk über die Gesetze.[19] Darius sei noch als Krieger erzogen worden, aber seine Nachfolger hätten die Königskinder im Luxus groß werden lassen, aus dem heraus Leistung nicht zu erwarten sei: Indem sie dem einfachen Volk die Freiheit und die Güter nahmen, zerstörten die Könige Gehorsam und Gefolgschaft. Auch wenn sie Hunderttausende ins Feld führen könnten, kämpften diese nur mit halbem Herzen, so daß die Sicherheit auf den Söldnern beruhe. Die absolute Despotie in Persien sei ebenso schlecht wie die radikale Demokratie in Athen, es gebe ein Zuwenig an Freiheit und ein Zuviel davon. Letzteres ende in einem Individualismus, der die Gemeinschaft nicht aufrecht erhalten könne. Die Niederlage Athens gegen Philipp und Alexander bei Chaironeia scheint das zu bestätigen. Platon hat sie nicht mehr erlebt, sie hätte ihn aber nicht verwundert. Wenn das Perserreich an seinem überzogenen Machtanspruch gescheitert sei, so unterlag Griechenland aus übertriebenem Freiheitsdrang, der sich zu gemeinsamem Handeln nicht mehr zusammenfand.

Die von Xenophon und Platon angeführten Verfallsgründe bieten fraglos einen Anhalt zum Verständnis. Gleichwohl sind sie um andere, vielleicht sogar wichtigere Faktoren zu ergänzen. Schwächend wirkte zum ersten ein demographischer Faktor: die vergleichsweise geringe Zahl der eigentlichen Perser. Um den Kern eines Weltreiches zu bilden, waren sie zu wenige und wurden auch nicht mehr. Während Nichtgriechen durch Übernahme der griechischen Paideia sich in Griechen verwandelten, Nichtrömer durch Eintritt in den Bürgerverband juristisch und politisch zu Römern wurden, hat das Persertum niemals auf Nichtperser übergegriffen. Der von Franz Altheim kreierte »Iranismus« ist kein Gegenstück zum Hellenismus. Es gab nur einen einzigen Grund für Nichtperser, Persisch zu lernen: die Gunst des Großkönigs. Den Persern fehlte der bei Griechen und Römern erkennbare kosmopolitische Ansatz, die expansive Identität. Ihre vielgerühmte religiöse Toleranz war, wie jede Toleranz, eine Form der Herablassung, weit entfernt von der polytheistischen Annahme einer Gleichwertigkeit aller Religionen. Die Perser blieben immer eine herrschende Minderheit. Herder verglich ihr Reich mit einem Baum: »Seine Wurzel war so klein, seine Äste dagegen waren so groß, daß es notwendig zu Boden stürzen mußte.«[20]

Eine weitere Rolle spielte die zivilisatorische Unterlegenheit der Perser. Nur militärisch waren sie führend. In Schrift und Sprache, Recht und Verwaltung, Baukunst und Technik waren Babylonier, Assyrer, Ägypter und Griechen weiter fortgeschritten. Insofern brachte die persische Herrschaft, anders als die der späteren Griechen über den Osten oder der Römer über den Westen den Unterworfenen keine zivilisatorischen Fortschritte. Ein dritter Schwachpunkt war das immer problematische Verhältnis zwischen der Zentrale und den Regionalmächten. Soweit sich der König der Könige nicht überhaupt auf halbsouveräne Unterkönige stützen mußte, haben seine Satrapen ihren Beamtenstatus regelmäßig in ein dynastisches Erbfürstentum umzuwandeln versucht. Diese durchgehende Feudalisierungstendenz lehrt, daß die Macht der Landesfürsten eher auf der Zustimmung von unten als auf der Gunst von oben beruhte. Mehrfach haben die Großkönige einen unbotmäßigen Satrapen abgesetzt und die Nachfolge niemand anderem als seinem Sohn anvertraut. Die schwache Verankerung der persischen Macht zeigt sich namentlich in den westlichen Gebieten, die ökonomisch und kulturell führend waren. Die Perser waren und blieben in den fruchtbarsten und wichtigsten Gebieten ihres Reiches Fremdherrscher: in Babylonien, Ägypten und Kleinasien zumal. Nicht zufällig ist hier immer wieder Widerstand ausgebrochen. Die Persis war ökonomisch schwach, die in den Schatzhäusern der Paläste ruhenden ungeheuren Mengen von Gold und Silber wurden nicht rechtzeitig zur Stützung des wankenden Reiches herangezogen, und die Rekrutierungsräume im persischen Osten lagen zu weit entfernt, um die Gefahr aus dem Westen zu bannen.

V. Fazit: Nationalismus oder Universalismus?

Der Untergang des Achämenidenreiches wirft jene Frage auf, die sich bei allen späteren Fällen bis zum Ende der Sowjetunion wiederholt: Sind Vielvölkerstaaten überhaupt lebensfähig? Handelt es sich um künstliche, kurzatmige Schöpfungen politischer Hybris, die aus dem Sendungsbewußtsein einzelner Völker und Eroberer mit überlegenen Machtmitteln zusammengezimmert werden? Oder haben wir es zu tun mit Stufen auf dem Wege von der steinzeitlichen Urhorde über den Stammes- und den Volksstaat zur kosmopolitischen Gemeinschaft der Menschheit, die zwar bisher immer durch erkennbare Konstruktionsfehler gescheitert sind, aber dennoch unwiderruflich in die Zukunft weisen? Es geht um die Alternative Nationalismus oder Universalismus.

Die entschiedenste Antwort im nationalen Sinne gab Herder 1791: Er glaubte, daß Universalreiche unlösbar mit Gewalt und Eroberung verbunden seien, und erhob das Perserreich zum Exempel dafür. Sein

Wunschbild war der Staat als Familie, als »wohlgeordnetes Hauswesen: Es ruhet auf sich selbst, denn es ist von der Natur gegründet ... Ein zusammengezwungenes Reich von hundert Völkern und hundertzwanzig Provinzen ist ein Ungeheuer, kein Staatskörper. Ein solches war Persiens Monarchie vom Anfange an.«[21]

In diesem Text bekennt sich Herder zum romantischen Gedanken, daß Völker Naturpflanzen im weltgeschichtlichen Garten Gottes seien, während Staaten als künstliche Zweckanstalten ihr Ziel um so sicherer verfehlen, je weiter sie über die vorgegebenen Volksgrenzen hinausgreifen. Diese Ansicht verkennt, daß auch Völker Konglomerate sind, daß auch sie geschichtlich entstehen und vergehen, während umgekehrt Staaten ihre Haltbarkeit ebensosehr ihrer politischen und wirtschaftlichen Stärke wie ihrer ethnischen Homogenität verdanken. Es fehlt nicht an Beispielen dafür, daß Völker aus Staaten hervorgegangen sind, in denen sich ursprungsverschiedene Gruppen zusammengefunden haben, die gewillt waren, gemeinsam zu leben.

So gewiß Herder Zustimmung verdient, wenn er sich gegen jede Form der Eroberung stellt, so gewiß hätte die Verselbständigung aller Völker eine Verzehn-, Verzwanzigfachung der Staaten zur Folge; weitere Millionen müßten umgesiedelt werden, und die Grenzkriege nähmen kein Ende. Zwischen Nationalismus und Universalismus ist ein Mittelweg zu finden. Die Aufgabe, das Zusammenleben zu regeln, kann sich nicht auf die Angehörigen der einzelnen Völker beschränken. Das von Herder erstrebte »wohlgeordnete Hauswesen« muß die Völker insgesamt umfassen. Wie die Debakel unserer Zeit lehren, ist es bis heute nicht gelungen, diese Gemeinschaft zu stiften. Daher sollten wir die älteren Reichsbildungen nicht in Bausch und Bogen verwerfen, sondern herausfinden, woran sie gescheitert sind, damit wir die begangenen Fehler vermeiden. Es stehen uns genug neue Skandale bevor.

Anmerkungen

1 Max Weber, Gesammelte Aufsätze zur Wissenschaftslehre, Tübingen 1968, S. 206.
2 Ed. Meyer, Geschichte des Altertums IV, Stuttgart 1939, S.14 ff.; J. Wiesehöfer, Das antike Persien, Zürich 1994, S. 19 ff.; Alexander Demandt, Antike Staatsformen, Berlin 1995, S. 111 ff.

3 Plutarch, Moralia 215 D.
4 Griechischer Text bei: Gerhard Pfohl, Griechische Inschriften als Zeugnisse des privaten und öffentlichen Lebens, München 1965, Nr. 95.
5 Athenaios 517 BC.
6 Ed. Maier V, S. 180 ff.
7 Ebenda, S. 305 ff.
8 Justin X 3,1.
9 Curtius X 5,23; Valerius Maximus IX 2 ext. 7.
10 Strabon 736.
11 Diodor XVII 6,1 ff.
12 Carl Nylander, Darius III – the Coward King. Point and Counterpoint, in: Jesper Carlsen (Hg.), Alexander the Great. Reality and Myth, Rom 1993 (Analecta Romana Instituti Danici, Supplementum XX), S. 145 ff.
13 Diodor XI 29.
14 Platon, Gesetze 692 D.
15 Isokrates, or. 4; 5.
16 H. H. Schaeder, Der Mensch in Orient und Okzident, 1960, S. 72 ff.
17 Herodot VII 135.
18 Xenophon VIII 8,8.
19 Platon, Gesetze, 693 D ff.
20 Johann Gottfried Herder, Ideen zur Philosophie der Geschichte der Menschheit, Leipzig 1791, XII 2.
21 Ebenda.

Literatur

Alexander Demandt, Antike Staatsformen, Berlin 1995
Johann Gottfried Herder, Ideen zur Philosophie der Geschichte der Menschheit, Leipzig 1791
Ed. Meyer, Geschichte des Altertums, IV, Stuttgart 1939; V, Stuttgart 1958
Carl Nylander, Darius III – the Coward King. Point and Counterpoint, in: Jesper Carlsen (Hg.), Alexander the Great. Reality and Myth, Rom 1993 (Analecta Romana Instituti Danici, Supplementum XX)
Gerhard Pfohl, Griechische Inschriften als Zeugnisse des privaten und öffentlichen Lebens, München 1965, Nr. 95
H. H. Schaeder, Das persische Weltreich (1942), in: ders., Der Mensch in Orient und Okzident, München 1960, S. 48 ff.
Max Weber, Gesammelte Aufsätze zur Wissenschaftslehre, Tübingen 1968, S. 206
J. Wiesehöfer, Das antike Persien, Zürich 1994

Helmuth Schneider
Das Ende des Imperium Romanum im Westen

I. Das Imperium Romanum –
Stabilität und Krisen von Augustus bis zu Theodosius

Seit Montesquieus ›Considérations sur les causes de la grandeur des Romains et de leur décadence‹ (1734) und Gibbons ›History of the Decline and Fall of the Roman Empire‹ (1776–1788) gehört der Untergang des weströmischen Reiches zu den großen Themen der Geschichtsschreibung und der modernen Geschichtswissenschaft. Dem Zerfall des Imperium Romanum wurde allgemein eine besondere historische Bedeutung beigemessen, denn der Zusammenbruch der römischen Herrschaft im westlichen Mittelmeerraum hatte auch den Niedergang der griechisch-römischen Zivilisation in Spanien, Gallien und Italien ebenso wie in Nordafrika zur Folge, und mit der Entstehung der germanischen Königreiche auf dem Gebiet der ehemaligen römischen Provinzen sowie der arabischen Invasion im 7. Jahrhundert n. Chr. war zudem die von den Römern geschaffene politische und zivilisatorische Einheit des Mittelmeerraumes endgültig verloren gegangen.

Das Imperium Romanum, auf das mittelalterliche und neuzeitliche Herrscher sich immer wieder beriefen und das die Verkörperung der Reichsidee schlechthin gewesen ist, hat über einen Zeitraum von mehr als 500 Jahren das Schicksal des mediterranen Raumes bestimmt. Auf dem Höhepunkt seiner Macht konnte Rom als Weltreich gelten, das die Völker und Städte einte, die Zustimmung der Bevölkerung besaß und zu dem es keine Alternative gab: Das Römische Reich umfaßte die Gebiete der griechisch-römischen Zivilisation, jenseits seiner Grenzen existierten nach antiker Sicht barbarische Völker. Der Aufstieg Roms zu einem Imperium war beispiellos und für die Zeitgenossen ein faszinierender Vorgang. Nach dem Sieg über Hannibal war Rom die mächtigste Stadt im westlichen Mittelmeerraum; in den folgenden Jahrzehnten konnten die Römer sich auch gegen die wichtigsten hellenistischen Monarchien, Makedonien und das Seleukidenreich, durchsetzen. Als der letzte König von Pergamon schließlich 133 v. Chr. sein Reich der römischen Republik vererbte, waren die Römer in Spanien, Nordafrika, Griechenland und Kleinasien präsent. Pompeius und Caesar, die aus persönlichem Ehrgeiz Kriege führten, machten im 1. Jahrhundert v. Chr. weite Gebiete in Kleinasien und Syrien sowie Gallien zu römischen Provinzen. Die Politik des Augustus war schließlich darauf gerichtet, für den von den Römern beherrschten Raum sichere Grenzen zu gewinnen. Im Norden waren die römischen Legionen an Rhein und Donau stationiert, und nach der Annexion von Mauretanien und Ägypten gehörte ganz Nordafrika zum Römischen Reich. Im Osten grenzte das Imperium an das Partherreich, das in mehreren Kriegen den Römern zwar schwerste Verluste zugefügt hatte, die römischen Provinzen aber nie ernsthaft zu gefährden vermochte.

Rom hat die Provinzen beherrscht und besteuert, ihren Reichtum an landwirtschaftlichen Produkten und an Bodenschätzen für sich genutzt, es gab dem mediterranen Raum aber auch eine einheitliche Verwaltung und ein einheitliches Rechtssystem, es sicherte mit seinen Legionen einer Bevölkerung von etwa 50 Millionen Menschen Frieden und schuf durch einen forcierten Ausbau der Infrastruktur die Voraussetzungen für eine Blüte der Landwirtschaft, des Handels und der Städte. Das von Augustus geschaffene politische System, der Prinzipat, erwies sich mehr als zwei Jahrhunderte lang als relativ stabil. Die *principes* besaßen das Kommando über die Legionen, die sich normalerweise loyal verhielten, und verfügten gleichzeitig über weitreichende politische Kompetenzen, so daß innere Konflikte nur selten gewaltsam ausgetragen wurden. Durch Mechanismen wie die Adoption oder die Übertragung wichtiger Ämter an den künftigen *princeps* konnte das schwierige Problem der Nachfolge geregelt werden. Die Senatoren, die während ihrer politischen Karriere oft beachtliche politische und militärische Erfahrungen sammeln konnten, waren bereit, Aufgaben in der Administration der Provinzen und bei der Verteidigung der Grenzen zu übernehmen; außerdem wurden die lokalen

Führungsschichten an der Verwaltung des Reiches beteiligt und langsam in den Senatorenstand integriert. Obgleich ein eigentlicher Verwaltungsapparat im modernen Sinn nicht existierte, war das Ämterwesen bereits so differenziert entwickelt, daß es den komplexen Aufgaben der Verwaltung eines angesichts der antiken Verkehrs- und Kommunikationstechnik ungeheuer großen Raumes zu entsprechen vermochte.[1]

Zu Beginn des 4. Jahrhunderts, im Zeitalter des Diocletianus und des Constantinus, schien die Existenz des Imperium Romanum in keiner Weise gefährdet zu sein, im Gegenteil, gerade die Bewältigung der Krisen des zurückliegenden 3. Jahrhunderts hatte deutlich gemacht, daß Rom auf neue Herausforderungen angemessen reagieren und den Angriffen auf die Grenzen des Reiches standhalten konnte. Auch alle Versuche, etwa in Gallien oder Syrien regionale Herrschaften zu errichten, waren erfolglos geblieben. Einige wenige Provinzen wie etwa Dacia wurden aus strategischen Gründen aufgegeben, aber es handelte sich hierbei um eher unbedeutende Gebietsverluste an den Rändern des Reiches. Über welche wirtschaftlichen sowie finanziellen Kapazitäten und über welche schöpferischen Kräfte das Reich in dieser Zeit verfügte, belegen die repräsentativen Großbauten in Rom, die Maxentius-Basilika oder die Diocletiansthermen, sowie die in vielen Städten errichteten christlichen Basiliken oder der Ausbau der neuen Residenz Konstantinopel.

Mit der offiziellen Anerkennung der Kirche durch Constantinus und mit dem Bekenntnis der Kaiser zum christlichen Glauben begann eine neue Phase in der Beziehung zwischen Imperium und Christentum. Die Christenverfolgungen, die das Reich seit Nero immer wieder belastet hatten, wurden eingestellt, und die Kirche erhielt durch umfangreiche Schenkungen ausgedehnte Besitzungen, die es ihr ermöglichten, Kranke, Arme und Schwache in einem für die Antike bis zu diesem Zeitpunkt ungekannten Ausmaß zu unterstützen und Institutionen sozialer Hilfeleistung zu schaffen. Die schwierige Herausbildung einer für alle christlichen Gemeinden verbindlichen theologischen Dogmatik wurde durch die Kaiser nachdrücklich gefördert, die einerseits in den Streit um die Natur Christi eingriffen und auf dem Konzil von Nikaia 325 ein für die streitenden Parteien annehmbares Glaubensbekenntnis durchsetzten und andererseits häretische Strömungen innerhalb des Christentums unterdrückten. Die Christianisierung, die zunächst die urbanen Zentren erfaßte, hatte die Entstehung einer einheitlichen und reichsweiten christlichen Kultur zur Folge; der Bau von Kirchen, die Ikonographie christlicher Mosaiken, Gottesdienste und Predigten, die Veröffentlichung sowie Lektüre theologischer Schriften, Nächstenliebe und Askese als christliche Ideale bestimmten zunehmend das städtische Leben in allen Teilen des Imperium Romanum. Die Einheit der Kirche fand schließlich ihren Ausdruck in den großen Konzilien, auf denen Bischöfe aus dem lateinischen Westen und griechischen Osten die strittigen Fragen des christlichen Glaubens entschieden.

Allerdings wurden im 4. Jahrhundert bereits Entwicklungen sichtbar, die für das Imperium bedrohlich werden sollten. Die Germanen, die nun größere Stammesverbände bildeten, verstärkten erheblich den Druck auf die Grenzen an Rhein und Donau; sie verwüsteten bei ihren Einfällen in Gallien zahlreiche Städte und nahmen ganze Landstriche in Besitz, bis Iulianus in den Jahren 356–359 Alamannen und Franken in mehreren Feldzügen besiegte. Im Osten erhoben die Sassaniden, anknüpfend an das alte Perserreich, Anspruch auf weite Gebiete des Imperium Romanum und verfolgten eine offensive Politik gegenüber Rom. Der Versuch des Iulianus, die römische Position durch einen gegen die persische Hauptstadt Ktesiphon am Tigris gerichteten Feldzug zu stärken, führte 363 zu einer militärischen Niederlage, zum Tod des Kaisers und zu einem Friedensvertrag, in dem Rom das nördliche Mesopotamien gegen den Willen der Bevölkerung an die Perser abtreten mußte.[2]

Gravierender noch waren aber die inneren Probleme des Reiches, das in der Zeit des Diocletianus von zwei Kaisern, den *augusti*, regiert wurde; unter Constantinus wurde das Imperium schließlich in vier Präfekturen aufgeteilt, die jeweils eine eigene Verwaltung mit dem *praefectus praetorio* an der Spitze besaßen. Für die Stadt Rom bedeutete die Dezentralisierung des Reiches zunächst den völligen Verlust der Hauptstadtfunktion im Imperium Romanum. Kontantinopel trat an die Stelle Roms, das Schwergewicht der römischen Politik verlagerte sich in den griechischen Osten. Damit büßte gleichzeitig auch der römische Senat seine Macht ein, er behielt im wesentlichen nur noch die Funktion eines Stadtrates von Rom. Die Senatoren bildeten zwar weiterhin eine soziale Schicht extrem reicher Großgrundbesitzer, sie waren aber nicht mehr die politische Elite des Imperium Romanum. Der neugebildete Senat von Konstantinopel vermochte nicht die Funktionen des römischen Senates zu übernehmen, das Reich hatte damit eine sozial homogene Führungsschicht verloren, die sich mit Kompetenz und Engagement der Verwaltung und dem Militärdienst gewidmet hatte.

Als geradezu verhängnisvoll für das Imperium erwiesen sich im Verlauf des 4. und 5. Jahrhunderts die zahlreichen Usurpationen, die zwar sämtlich erfolglos blieben, deren Bedeutung aber nicht unterschätzt werden sollte. Die großen militärischen Operationen waren in der Spätantike weniger gegen den äußeren Feind als vielmehr gegen Gegner im Inneren gerichtet; schon bald nach der Abdankung des Diocletianus 305 kam es zu längeren Kriegen, aus denen 312/313 schließlich Constantinus und Licinius als Sieger hervorgingen. Die Spannungen zwischen beiden Kaisern, die das Reich unter sich aufgeteilt hatten, führten wiederum zu einem militärischen Konflikt, der 324 mit der Niederlage des Licinius endete. Die Usurpationen des Flavius Magnentius 350, des Magnus Maximus 383 und des Flavius Eugnius 392 konnten nur unter erheblichen militärischen Anstrengungen niedergeschlagen werden; der Sieg des Constantius über Magnentius 351 bei Mursa in Pannonien gilt als eine der verlustreichsten Schlachten der römischen Geschichte überhaupt. Auch das Christentum trug zur Verschärfung der inneren Konflikte bei, denn theologische Streitfragen wurden nicht nur von den Klerikern diskutiert, sondern vor allem in den Städten des Ostens gewaltsam ausgetragen. In Nordafrika entstanden aus innerkirchlichen Konflikten Aufstandsbewegungen mit sozialrevolutionären Zügen. Gleichzeitig lähmte der Aufstieg der Kirche jene Gruppen und sozialen Schichten, die sich dem Imperium Romanum, der alten Religion oder der griechischen Philosophie weiterhin verpflichtet fühlten. Die Senatoren in Rom hielten ebenso an den überkommenen Traditionen fest wie in der östlichen Welt die Philosophen, die erneut die Lehren des Pythagoras oder Platons rezipierten, oder die Rhetoren, die in den attischen Rednern des 4. Jahrhunderts v. Chr. ihr Vorbild sahen. Jene Gruppen, die in den vorangegangenen Jahrhunderten Träger der griechisch-römischen Kultur und des Römischen Reiches gewesen waren, wurden dem christlichen Imperium der Spätantike zunehmend entfremdet.

Im 4. Jahrhundert n. Chr. zeigten sich als Folge des permanenten Drucks auf die Grenzen erste Auflösungserscheinungen im sozialen und wirtschaftlichen Bereich; die steigenden Ausgaben für das Militärwesen führten zu Steuererhöhungen, die vor allem die Landbevölkerung, aber auch die Städte trafen. In immer größerem Ausmaß versuchten die Bewohner des Imperium Romanum, sich dem Steuerdruck zu entziehen, indem sie ihr Land, ihre Wohnsitze oder ihren Beruf aufgaben oder sich in die Abhängigkeit mächtiger Militärs oder Großgrundbesitzer begaben, die sie vor den Steuereinnehmern zu schützen vermochten.[3] Trotz der Einführung eines differenzierten Steuersystems und des Ausbaus der Bürokratie konnte die Zentralverwaltung solche Tendenzen nicht unterbinden; in der Spätantike wurde es daher für das Imperium Romanum immer schwieriger, die Ressourcen Italiens und der Provinzen für die Verteidigung des Reiches einzusetzen.

Da die römische Gesellschaft nicht in der Lage war, genügend Soldaten für die Legionen zu stellen, und gerade Großgrundbesitzer zu verhindern suchten, daß ihre Pächter als Soldaten rekrutiert wurden, ging das Imperium dazu über, zunehmend Germanen oder Angehörige anderer Völker wie etwa der Hunnen für den Militärdienst zu verpflichten. Die römische Gesellschaft war zivil geworden, ihr Beitrag zu ihrer eigenen Verteidigung bestand nunmehr darin, die Steuern zu erwirtschaften, die für die Soldzahlungen an fremde Krieger ausgegeben werden mußten. Problematisch an dieser Entwicklung war vor allem die Tatsache, daß Germanen auch in die höheren Offiziersränge aufstiegen und im Range eines *magister militum* sogar die römische Armee führten.

II. Militärische Niederlagen und schwache Kaiser – Das Verdämmern der Macht

In der Forschung ist oft der Versuch unternommen worden, den Zusammenbruch des Imperium Romanum mit langfristigen politischen, sozialen, religiösen oder wirtschaftlichen Entwicklungen, mit den strukturellen Schwächen des politischen Systems, mit kultureller Dekadenz oder den Invasionen der Germanen zu erklären. Gegen jeden einzelnen dieser Erklärungsversuche können Einwände erhoben werden, und auch die These, gerade die Kumulation aller genannten Probleme und das unauflösliche Geflecht von Wechselwirkungen zwischen inneren und äußeren Ursachen habe das Imperium Romanum zu Fall gebracht, ist wenig überzeugend. Es stellt sich allgemein die Frage, ob der Untergang des Römischen Reiches unabwendbar war, ein Prozeß also, gegen den die römischen Herrscher und Eliten schlechthin machtlos waren.

Eine Untersuchung der Gründe für das Scheitern des Imperium Romanum darf neben dessen evidenten strukturellen Schwächen die zufälligen Konstellationen innerhalb der Herrscherfamilien und die mangelnde Kompetenz einer Reihe von Kaisern und höheren Beamten nicht unbeachtet lassen. Sowohl Valentinianus (364–375) als auch Theodosius (378–395) waren noch in der Lage, das Reich zu stabilisieren und seinen territorialen Bestand zu wahren. In dieser schwierigen Situation konnte es allerdings nicht folgenlos bleiben, daß beide Kaiser unerwartet früh starben und ihre Söhne zum Zeitpunkt ihres Todes noch Kinder waren. Als Valentinianus, der den Westen regierte, 375 starb, war Gratianus gerade 16 Jahre alt; die Söhne des Theodosius, Arcadius und Honorius, wurden 395 im Alter von 17 und zehn Jahren Herrscher der östlichen bzw. westlichen Reichshälfte. Auf Arcadius, der 408 starb, folgte sein gerade sieben Jahre alter Sohn Theodosius II., während im Westen Valentinianus III., der Sohn der Galla Placidia, 425 im Alter von sechs Jahren zum Kaiser erhoben wurde.[4] Diese Kinder, die noch zu Lebzeiten ihrer Väter zu Mitregenten ernannt worden waren, konnten angesichts der weitverbreiteten Loyalität gegenüber der Dynastie bei der Ernennung des Kaisers nicht übergangen werden, waren aber gleichzeitig nicht fähig, das ihnen übertragene Amt wirklich auszufüllen. Ihr Interesse galt kaum der Politik und der Kriegführung, sie lebten abgeschirmt im Palast und überließen weitgehend anderen die Ausübung von Herrschaft und vor allem die Führung der Armee. Die traditionell enge Beziehung zwischen Kaiser und Soldaten löste sich auf, und dadurch ergab sich für die germanischen Heerführer die Chance, eine dominierende Stellung im Imperium zu erlangen. Im Osten übten zudem Hofkreise, insbesondere auch Eunuchen, einen großen Einfluß auf die Politik aus. Unter solchen Umständen war die Zeit der Dynastie des Theodosius (395–455 im Westen, 395–450 im Osten) durch schwache Herrscher und innere Rivalitäten geprägt.

Entscheidende militärische Niederlagen der Römer hatten ihre Ursache in der Unfähigkeit der Herrscher und ihrer Berater sowie im korrupten Verhalten der Beamten, was bereits für die Schlacht bei Adrianopel 378 zutrifft. Hintergrund dieser für das Imperium so folgenschweren Niederlage war das Vordringen der Hunnen nach Westen und die dadurch verursachte Flucht der Goten aus ihren Wohnsitzen nördlich der Donau. In dieser Situation erlaubten die Römer den Goten, die Donau zu überschreiten und in das Reich zu kommen. Es war geplant, die Stämme zunächst mit Lebensmitteln zu versorgen und dann in den Provinzen anzusiedeln, ein Vorgehen, für das es durchaus Präzedenzfälle gab; so hatten unter Valentinianus kriegsgefangene Alamannen in der Poebene Land erhalten. Als die Goten in unerwartet großer Zahl in die Donauprovinzen strömten, war die römische Verwaltung mit ihrer Versorgung überfordert, und bald herrschte unter den Germanen Hunger. Einige römische Beamte nutzten diese Notlage aus, indem sie die Goten zwangen, für die Lieferung minderwertiger Nahrungsmittel Stammesangehörige, darunter auch Kinder von Häuptlingen, als Sklaven zu verkaufen. Als die Goten sich nach einigen gewaltsamen Zwischenfällen zunehmend bedroht fühlten, kam es zu den ersten Gefechten, in denen beide Seiten schwere Verluste erlitten. Schließlich plünderten die Germanen die ganze Provinz Thrakien, wobei sie durch entlaufene Sklaven, zumeist ebenfalls Germanen, fortlaufend Verstärkung erhielten. Erst spät erkannten Valens und seine Berater das Ausmaß der Gefahr, die dem Imperium drohte, und zogen Truppen aus Armenien in Thrakien zusammen. Der Westen schickte nicht nur Offiziere und Soldaten zur Unterstützung des Valens, Gratianus selbst eilte 378 mit einem Heer nach Osten. Valens, der eifersüchtig auf die militärischen Erfolge seines Neffen Gratianus den Sieg in der Entscheidungsschlacht für sich beanspruchen wollte, wartete nicht die Ankunft dieser Verstärkungen ab, sondern faßte den Entschluß, die Goten allein mit seinem Heer anzugreifen. Am Tage der Schlacht, am 9. August 378, marschierte das römische Heer bei großer Hitze, die durch die von den Germanen gelegten Brände noch verstärkt wurde, dazu unzureichend mit Wasser und Nahrungsmitteln versorgt, achtzehn Kilometer zum befestigten Lager der Germanen. Der letzte Versuch, den Konflikt in Verhandlungen beizulegen, scheiterte, da undisziplinierte römische Einheiten ohne Befehl die Germanen angriffen und damit die Schlacht eröffneten, die mit einer katastrophalen Niederlage der Römer und mit dem Tod des Valens endete.[5]

Der Historiker Ammianus Marcellinus verglich die Schlacht bei Adrianopel mit der Niederlage von Cannae (216 v. Chr.), in der die römischen Legionen von den Karthagern vernichtend geschlagen worden waren. In rein militärischer Hinsicht mag dieser Vergleich zutreffend sein, aber anders als Cannae war Adrianopel ein Wendepunkt in der römischen Geschichte. Während Hannibal seinen Sieg nicht zu nutzen vermochte und schließlich Italien verlassen mußte, konnten die Goten sich auf dem Gebiet des Imperium Romanum behaupten. Theodosius, Nachfolger des Valens in der östlichen Reichshälfte, war gezwungen, in dem Friedensvertrag von 382 die Eigenständigkeit der Goten anzuerkennen und mit ihnen ein Bündnis wie mit einer fremden Macht abzuschließen. Die Goten erhielten Land auf dem Territorium des Reiches, unterstanden aber nur ihren eigenen Königen, die allerdings verpflichtet waren, im Kriege Truppen zu stellen. Seit dieser Zeit waren die Germanen nicht nur eine Bedrohung von außen, sondern auch ein Machtfaktor im Inneren des Reiches, der nicht mehr übergangen werden konnte. Nach dem Tod des Theodosius (395) kam es wiederum zu Feindseligkeiten und bewaffneten Konflikten zwischen dem Imperium und den Goten unter dem König Alarich. Die Germanen plünderten Griechenland und Norditalien und eroberten schließlich nach kurzer Belagerung am 24. August 410 die Stadt Rom, ein Ereignis, das in der römischen Welt ein ungeheures Aufsehen erregte. Der Einzug des Gotenkönigs in die stark befestigte Stadt wurde als ein sichtbares Zeichen für den Niedergang der Macht Roms aufgefaßt.[6] Die Goten blieben aber nicht in Italien, sondern wurden von Athavulf, dem Nachfolger Alarichs, über die Alpen nach Südgallien geführt, wo sie die Gegend um Tolosa und Narbo besetzten und ein dauerhaftes germanisches Königreich auf dem Boden einer römischen Provinz zu gründen vermochten.

Wegen der Kämpfe gegen die Westgoten konnten die Römer die Rheingrenze und die gallischen Provinzen nicht mehr verteidigen, als mehrere germanische Stämme, Vandalen, Alanen und Sweben, gegen Ende des Jahres 406 den Rhein überschritten und Gallien verwüsteten. Bereits im Herbst 409 drangen die Germanen in Spanien ein und teilten die Halbinsel unter sich auf.[7] Damit war die Invasion der germanischen Stämme aber keineswegs beendet: Im Jahre 429 setzten die Vandalen unter ihrem König Geiserich von Südspanien nach Afrika über und okkupierten den Norden der Provinz Numidien. Das zwischen Valentinianus III. und den Vandalen 435 geschlossene Bündnis bot jedoch keinen dauerhaften Schutz für das prokonsularische Africa (das heutige Tunesien). Schon 439 griffen die Vandalen die römische Provinz an und eroberten Karthago, das Residenz der Vandalenkönige wurde. Wenige Jahre später traten die Römer die verlorenen Gebiete in Afrika in einem Vertrag offiziell an die Vandalen ab. Auch Britannien konnte nicht gehalten werden; Honorius war nicht in der Lage, Truppen zu entsenden, als der Druck der Iren, Scoten und Picten immer stärker wurde und die Sachsen vom Meer her die Insel angriffen.

Zwischen 406 und 440 gingen der Westen und weite Teile Nordafrikas für Rom verloren. Alle Bemühungen, eine wirkungsvolle Verteidigung gegen die Germanenstämme zu organisieren, scheiterten an innerrömischen Konflikten. Nach dem Einfall der Germanen im Jahre 406/407 und dem Eindringen in Spanien wurden in den Provinzen mehrere Gegenkaiser ausgerufen. Die Kämpfe gegen diese Usurpatoren beanspruchten das römische Militär stärker als die Abwehr der eindringenden Germanenstämme. Auch der Verlust Nordafrikas war ein Ergebnis der Rivalität zwischen ehrgeizigen römischen Amtsträgern. Als Flavius Felix, der als *magister militum* die römische Armee befehligte, seinen Gegenspieler Bonifatius, der eigenmächtig Afrika verwaltete, zu entmachten suchte und ihm den Krieg erklärte, rief dieser die Vandalen zu Hilfe. Wie sich gezeigt hat, ließen die Germanen sich freilich nicht für die Ziele des Bonifatius instrumentalisieren, sondern verfolgten ihre eigenen Interessen. Der Zusammenbruch der römischen Verwaltung im Westen wurde zudem durch Aufstandsbewegungen der Landbevölkerung beschleunigt. Im Nordwesten Galliens und im Norden Spaniens vertrieben die Bagauden die Großgrundbesitzer und errichteten ein eigenes, von Rom unabhängiges Regiment.

Das Vordringen der Germanen im frühen 5. Jahrhundert hat den westlichen Mittelmeerraum vollständig verwandelt; an die Stelle des Imperium Romanum traten nun mehrere germanische Königreiche und mit Rom allenfalls locker verbundene Stämme. Als eigentlich römische Gebiete konnten im Westen nur noch Italien und Südgallien gelten. Damit waren alte, für Italien lebenswichtige wirtschaftliche Verbindungen unterbrochen. Seit Mitte des 2. Jahrhunderts v. Chr. war das Gebiet von Karthago für Rom ein wichtiger Getreidelieferant gewesen. Da in der Spätantike das ägyptische Getreide vor allem der Versorgung von Konstantinopel diente, hatte die Getreideproduktion in Nordafrika für die Stadt Rom in dieser Zeit eher noch an Bedeutung gewonnen. Mit der Aufgabe der Provinz Afrika hatte Rom seine wirtschaftliche Basis eingebüßt.

Die Einfälle der Germanen und die Unfähigkeit der Kaiser, das Imperium zu verteidigen, hatten erhebliche Auswirkungen auf die innere Situation des weströmischen Reiches. In einer Zeit permanenter Kriegführung gewannen die germanischen Heerführer in römischen Diensten einen wachsenden Einfluß auf die Politik. Diese Entwicklung hatte bereits im späten 4. Jahrhundert eingesetzt: Der Franke Arbogast, der von seinen Soldaten zum *magister militum* ausgerufen worden war, behauptete nicht nur seine Stellung, als Valentinianus II. ihn entlassen wollte, sondern erhob nach dessen Tod eigenmächtig den Rhetor Flavius Eugenius zum Kaiser des westlichen Reiches. Durch den Sieg des Theodosius über Arbogast im September 394 blieb diese Usurpation allerdings eine kurze Episode.

Der Vandale Stilicho hingegen übte in der Zeit zwischen 395 und 408 faktisch die Macht im weströmischen Reich aus. Eine solche Position eines germanischen Heerführers erwies sich aus zwei Gründen als problematisch: Einerseits bestand in der römischen Führungsschicht, besonders in der engeren Umgebung des Kaisers, ein großes Mißtrauen gegenüber Stilicho, der vedächtigt wurde, mit den Goten, aber auch mit anderen Stämmen insgeheim zusammenzuarbeiten, andererseits besaßen diese Feldherren den Ehrgeiz, die höchste Position im Reich, die des Kaisers, durch eine geschickte Heiratspolitik für ihre Familie zu sichern, wodurch die antigermanischen Ressentiments noch einmal verstärkt wurden. Unter solchen Voraussetzungen wurde Stilicho trotz seiner Verdienste um das Reich Opfer des Argwohns, den seine Ambitionen erregten. Seine Ermordung im August 408 hatte verhängnisvolle Konsequenzen: 30 000 Germanen sollen zu Alarich übergelaufen sein, und auf römischer Seite gab es keinen Feldherrn mehr, der Alarich ebenbürtig war und der die Eroberung Roms im Jahre 410 hätte verhindern können.[8]

Dasselbe Schicksal wie Stilicho ereilte später Flavius Aëtius, der zwischen 425 und 451 als *magister militum* erfolgreich gegen die Germanen und Hunnen gekämpft hatte. Aëtius, der aus der Provinz Moesia stammte und wahrscheinlich Illyrer war, hatte es noch einmal vermocht, den imperialen Anspruch Roms im Westen zur Geltung zu bringen. Er war zwar gezwungen, die neu entstandenen germanischen Königreiche anzuerkennen, aber es gelang ihm durch eine kluge Bündnis- und Heiratspolitik, vor allem die Westgoten für eine an den Interessen Roms orientierte Politik zu gewinnen und die nach Westen vordringenden Hunnen zurückzuschlagen. Wie Stilicho suchte auch Aëtius seine Stellung durch eine verwandtschaftliche Bindung an die herrschende Dynastie zu befestigen; 454 verlobte sich sein Sohn mit Placidia, Tochter von Valentinianus III. Dies konnte den Kaiser allerdings nicht davon abhalten, Aëtius im September 454 in Rom zu ermorden. Wenn Valentinianus III. geglaubt hatte, auf diese Weise seine Herrschaft gegen den Ehrgeiz seines wichtigsten Heerführers sichern zu können, hatte er sich getäuscht, denn im März 455 wurde der Kaiser – vielleicht auf Drängen des einflußreichen Senators Petronius Maximus – von Anhängern des Aëtius umgebracht. Damit erlosch im Westen fünf Jahre später als im Osten, wo Theodosius II. 450 nach einem Jagdunfall gestorben war, die Dynastie des Theodosius.

Das Ende einer Dynastie hatte in der römischen Prinzipatszeit schon früher zu einschneidenden Krisen geführt, die nur schwer zu bewältigen waren. Auf die Absetzung und den Selbstmord Neros (68 n. Chr.), die Ermordung des Commodus (192) und des Severus Alexander (235) folgte jeweils eine Zeit der Wirren und der inneren Kriege, bis es schließlich einem Kaiser gelang, wiederum ein stabiles Regime zu errichten. Als die Ermordung von Valentinianus III. eine akute Krise in Rom auslöste, war das westliche Reich durch die Invasionen der Germanen bereits so geschwächt, waren die Institutionen so machtlos geworden, die Ressourcen so verbraucht, daß für eine wirkliche Erneuerung des Imperiums im Westen keine Basis mehr bestand. Auch das Ostreich war nach dem Tod von Theodosius II. kaum handlungsfähig. Die Kaiser des Ostens, Marcianus (450–457), Leo (457–474) und Zeno (474–491) waren mit Usurpationen, religiösen Auseinandersetzungen um die Lehre des Monophysitismus sowie mit den Forderungen und Plünderungszügen der Ostgoten konfrontiert; sie verfügten unter diesen Voraussetzungen nicht über die Machtmittel, um im Westen wirksam eingreifen zu können. Eine gemeinsame Flottenexpedition von Rom und Konstantinopel gegen das Vandalenreich im Jahre 468 war der einzige Versuch, das Schicksal Roms noch einmal zu wenden. Das Unternehmen scheiterte aber kläglich, vielleicht deswegen, weil der römische Befehlshaber Basiliskos vom Vandalenkönig Geiserich bestochen worden war. In den Jahren zwischen 455 und 476 fanden nur zwei Kaiser des Westens Anerkennung durch das Ostreich, nämlich Anthemius (467–472) und Nepos (474–475), die beide von Konstantinopel nach Rom geschickt worden waren.

III. Der Zusammenbruch des weströmischen Reiches und die Verwandlung der Mittelmeerwelt

Die Ermordung des Aëtius konnte an den Machtverhältnissen im Westen nichts ändern. Die Kaiser waren schwach, und wie in den vorangegangenen Jahrzehnten hatte ein Heerführer, der Swebe Flavius Rikimer, alle Macht inne. Die Handlungsspielräume Rikimers waren aber noch erheblich größer als die von Stilicho oder Aëtius. Da eine Dynastie nicht mehr existierte, konnte Rikimer geradezu nach eigenem Belieben Kaiser ernennen und stürzen, wobei er nicht einmal davor zurückschreckte, den von Ostrom als Kaiser eingesetzten Anthemius im Jahre 472 in Rom zu belagern. Ein Neffe Rikimers, Gundobad, ermordete den Kaiser schließlich. Von Stilicho bis zu Rikimer, der noch 472 starb, hat die Rivalität zwischen den Kaisern und den germanischen Feldherren das politische Geschehen in Westrom bestimmt. Unter diesen Umständen ernannte Orestes, ein Heerführer, der den von Ostrom eingesetzten Kaiser Nepos vertrieben hatte, 475 seinen eigenen Sohn Romulus Augustus, der noch ein Kind war, zum Kaiser; von Ostrom nie anerkannt, muß auch Romulus als Usurpator gelten.

Italien war im 5. Jahrhundert Opfer der Kriegszüge der Westgoten und der Vandalen geworden, Rom wurde zweimal, 410 und 455, von den Germanen erobert und geplündert. Stets war es aber möglich gewesen, die Forderungen der Germanen nach Land durch eine Ansiedlung in den Provinzen oder durch Anerkennung ihrer Eroberungen zu erfüllen und sie auf diese Weise von Italien selbst fernzuhalten. Es war nur konsequent, daß die germanischen Truppen in dem Augenblick, in dem Rom seine Provinzen verloren hatte, als Lohn für ihre Dienste einen Anteil am italischen Boden verlangten. Da Orestes nicht bereit war, den Germanen irgendwelche Zugeständnisse zu machen, kam es zu einer Revolte der Soldaten unter Führung des Odovacar; Orestes wurde besiegt, sein Sohn Romulus im September 476 des Amtes enthoben. Die Germanen folgten dem Vorbild jener Stämme, die in den Provinzen Königreiche gegründet hatten, und machten Odovacar zum König von Italien. Mit der Begründung eines germanischen Königtums in Italien war aber kein Platz mehr für einen weströmischen Kaiser, dessen Position für einen germanischen Heerführer nun auch keine Attraktivität mehr besaß. Ostrom, in diesen Jahren selbst in innere Kämpfe verstrickt, war nicht in der Lage, gegen Odovacar vorzugehen. Erst mehr als zehn Jahre später entsandte Zeno die Ostgoten unter Theoderich nach Westen, allerdings nicht, um Italien für das Imperium Romanum zurückzugewinnen, sondern um den Ostgoten, die Konstantinopel immer stärker bedrohten, ein neues Ziel zu geben. Odovacar unterlag den Goten, wurde jahrelang in Ravenna belagert und schließlich nach Verhandlungen, in denen eine gemeinsame Herrschaft über Italien vereinbart worden war, von Theoderich im März 493 getötet. Mit dieser Tat begann die Geschichte des Ostgotenreiches, das in den folgenden vierzig Jahren – bis 535 – die Geschicke Italiens bestimmte. 497 wurde Theoderich vom oströmischen Kaiser Anastasius schließlich offiziell als König anerkannt. Damit hatte das oströmische Reich, dessen militärische Ressourcen für die Niederschlagung von Usurpationen und von Aufständen der Isaurier in Kleinasien in Anspruch genommen waren, den Westen faktisch aufgegeben.[9]

Wichtiger noch als die Entstehung des Ostgotenreiches unter Theoderich, das keinen dauerhaften Bestand haben sollte, war für die folgende Entwicklung des ehemals römischen Westens der Aufstieg des Frankenreiches unter Chlodwig in Nordgallien. Von historischer Bedeutung war die Entscheidung des Frankenkönigs, sich anders als die übrigen Germanen, die meist dem arianischen Glauben anhingen, zum katholischen Glauben zu bekennen. Das katholische Frankenreich bildete nach dem Sieg über die Westgoten bei Vouillé 507 den Kern des frühmittelalterlichen Westeuropas.

Konstantinopel, das die Goten erst unter Alarich und dann unter Theoderich in den Westen geschickt und so das Germanenproblem für die östliche Reichshälfte gelöst hatte, konnte sich während des 5. und 6. Jahrhunderts nicht nur gegen die Angriffe der Perser behaupten, sondern versuchte im Zeitalter des Iustinianus (527–565) auch den Westen zurückzuerobern. Gleichzeitig kam es in Konstantinopel zu einer kulturellen Blüte, die ihren heute noch sichtbaren Ausdruck in der Bautätigkeit des Iustinianus, vor allem in dem grandiosen Kuppelbau der Hagia Sophia fand. Die Erfolge der Feldherren Belisar und Narses im Westen waren allerdings nur von kurzer Dauer; Italien ging noch im 6. Jahrhundert an die Langobarden verloren. Die Konstellationen des 4. und 5. Jahrhunderts waren für die Zukunft des Mittelmeerraumes kaum noch ausschlaggebend; der Arabersturm, der Eroberungsfeldzug des Islam nach dem Tod des Propheten 632, veränderte die politische Situation zuerst im Osten, dann im gesamten Mittelmeerraum radikal. Die Eroberungen von Damaskus (635), Caesarea (640), Ägypten (642) und Karthago (695) bedeuteten nicht nur den Verlust wirtschaftlich wichtiger Gebiete, sondern auch das Ende der christlich-spätantiken Kultur in weiten Teilen des östlichen Mittelmeerraums.[10] Ostrom war nun nicht mehr der Teil des Imperium Romanum, der überlebt hatte, es war nun ein griechisches Kaisertum, dessen Herrschaft sich nur noch auf Griechenland und Teile Kleinasiens erstreckte. Byzanz hielt zwar formal an den alten römischen Traditionen fest, konnte aber den damit verbundenen Anspruch auf politische Führung keineswegs mehr erfüllen.

Die Institutionalisierung und Verrechtlichung politischer Macht war im spätantiken Imperium Romanum so weit fortgeschritten wie in keiner anderen antiken Gesellschaft, die Verwaltung gut organisiert und geführt von Personen, die aufgrund ihrer Kompetenz Karriere gemacht hatten. So leistungsfähig dieses politische System auch war, es blieb angewiesen auf die Autorität und die Kompetenz der Kaiser, und es zerbrach, als die Kaiser über mehrere Jahrzehnte hinweg versagten. Wirtschaftliches Handeln und Kultur sind immer auch von bestimmten politischen Kontexten, von Rechtssicherheit und Frieden abhängig; ohne diesen politischen Rahmen war die antike Kultur nicht mehr lebensfähig, hatte die antike Gesellschaft ihre Grundlagen verloren. Vor allem waren die Voraussetzungen für die städtische Kultur der Antike zerstört, mit dem Verfall der urbanen Zentren und dem Niedergang des Handels war die Mittelmeerwelt wieder ländlich geworden. Sozialer, wirtschaftlicher und kultureller Wandel sind damit weniger als Ursache, sondern vielmehr als Folge des Zusammenbruchs des Imperium Romanum zu begreifen.

Der Zerfallsprozeß des westlichen Imperium Romanum weist klare Zäsuren auf: Mit der Schlacht von Adrianopel 378 verlagerte sich die Auseinandersetzung mit den Germanen von den Grenzen in das Innere des Reiches. Die Kaiser hatten jetzt vor allem die Aufgabe, die einzelnen Stämme in das Reich zu integrieren. Die Unfähigkeit, mit den Goten eine für beide Seiten annehmbare, langfristige Übereinkunft zu erzielen, hat das Reich entscheidend geschwächt, so daß die Invasion von 406/407 nicht abgewehrt werden konnte und Gallien, Spanien und schließlich Afrika für das Westreich verlorengingen. Das Ende der Dynastie des Theodosius 455 war auch das eigentliche Ende des weströmischen Reiches, die folgenden Ereignisse sind nur noch als ein Epilog aufzufassen, der verdeutlicht, daß die institutionellen Grundlagen des Imperium Romanum sich im Westen weitgehend aufgelöst hatten und die Voraussetzungen für eine Fortexistenz der römischen Herrschaft nicht mehr bestanden. Italien war zum Objekt des Ehrgeizes einzelner Personen wie Rikimer, Orestes oder Odovacar geworden. Mit der Anerkennung des Theoderich durch Ostrom 497 war der Zusammenbruch der römischen Herrschaft in Italien offiziell bestätigt.

So entscheidend die Einfälle der Germanen im 4. und 5. Jahrhundert für die historische Entwicklung auch gewesen sein mögen, den Niedergang Roms können sie allein nicht hinreichend erklären. Die Tragödie des Imperium Romanum bestand darin, daß die Kaiser gerade in der Zeit, in der die Germanen die Provinzen im Westen überrannten, als Kinder an die Macht gelangten und schwache Persönlichkeiten waren, die in hohem Maße von ihrer Umgebung abhängig und den Anforderungen ihres Amtes in keiner Weise gewachsen waren; das Reich ist im Westen wesentlich an der Unfähigkeit der Herrscher aus der Dynastie des Theodosius gescheitert.

Anmerkungen

1 Karl Christ, Geschichte der römischen Kaiserzeit, München ³1995; Peter Garnsey/Richard Saller, The Roman Empire, London 1987.
2 Ammianus Marcellinus, 16–25.
3 A. H. M. Jones, Over-Taxation and the Decline of the Roman Empire, in: ders., The Roman Economy, Oxford 1974, S. 82–89.
4 A. H. M. Jones/J. R. Martindale/J. Morris, The Prosopography of the Later Roman Empire, Bd. 1, A. D. 260–395, Cambridge 1971; J. R. Martindale, The Prosopography of the Later Roman Empire, Bd. 2, A. D. 395–527, Cambridge 1980.
5 Ammianus Marcellinus, 31, 1–13; Orosius, Adversus paganos, 7,33: vgl. H. Elton, Warfare in Roman Europe, A. D. 350–425, Oxford 1996.
6 Orosius, Adversus paganos, 7,39.
7 Ebenda, 7,40.
8 Ebenda, 7,38.
9 Prokopios, Gotenkriege, 1,1.
10 Albrecht Noth, Früher Islam, in: Ulrich Haarmann (Hg.), Geschichte der arabischen Welt, München ²1991, S. 58–73.

Literatur

Peter Brown, Die letzten Heiden – Eine kleine Geschichte der Spätantike, Frankfurt a. M. 1995

Averil Cameron, Das späte Rom, München 1994

Karl Christ (Hg.), Der Untergang des römischen Reiches, Darmstadt 1970

Alexander Demandt, Der Fall Roms, München 1984

Ders., Die Spätantike, München 1989

Ders., Die Auflösung des Römischen Reiches, in: ders. (Hg.), Das Ende der Weltreiche, München 1997

Edward Gibbon, The History of the Decline and the Fall of the Roman Empire, 1776–1788. (dt. Teilausgabe: Edward Gibbon, Verfall und Untergang des Römischen Reiches, Nördlingen 1987)

A. H. M. Jones, The Later Roman Emire 284–602, Oxford 1964

Ramsay MacMullen, Roman Government's Response to Crisis A. D. 235–337, New Haven/London 1976

Franz Georg Maier, Die Verwandlung der Mittelmeerwelt, Frankfurt a. M. 1968 (Fischer Weltgeschichte 9)

John Matthews, The Roman Empire of Ammianus, London 1989

Herwig Wolfram, Das Reich und die Germanen, Berlin 1990

Franz Georg Maier
Byzanz: Selbstbehauptung und Zerfall einer Großmacht

Die Frage nach den Bedingungen, die angesichts ständiger Bedrohung von innen und außen durch tausend Jahre eine Selbstbehauptung des Byzantinischen Reiches möglich machten, sei historisch von höherem Interesse als die nach den Ursachen seines Niedergangs: Diese These habe ich in einer Studie über die Gründe der Widerstandskraft von Byzanz vertreten. In der Tat hat unter den Großstaaten der Weltgeschichte nur das Chinesische Reich mit fast 2000 Jahren ungebrochener Kontinuität eine längere Lebensdauer aufzuweisen. Doch die historische Leistung von Byzanz erschöpft sich nicht im Überleben als politischem System. Es entfaltete eine schöpferische Kultur, die über alle Krisenzeiten hinweg eine erstaunliche Regenerationsfähigkeit erwies. Nur darum konnten auf das abendländische Mittelalter, auf den Nahen Osten und vor allem auf den Balkanraum geschichtliche Wirkungen von einer außerordentlichen Vielfalt und Dichte ausgehen, die bis in die Gegenwart spürbar sind. Doch trotz dieser außergewöhnlichen historischen Kontinuität verschwand das Byzantinische Reich nach fast tausend Jahren eigenständiger Geschichte von der Landkarte. Dieses Faktum fordert die Frage nach Gründen für den schließlich unaufhaltsamen Zerfall heraus: Warum ging Byzanz trotz aller erstaunlichen Widerstandskraft zugrunde?

I. Forschung und Methode

Die Beschäftigung mit dem Untergang großer Reiche fügt sich durchaus in eine große historiographische Tradition ein. Geschichtsphilosophen wie Geschichtsschreiber sind von Endzeiten und Untergängen in ungewöhnlichem Maß fasziniert. Die Frage, aus welchem Grunde das

Interesse der Geschichte sich vielfach stärker auf Dekadenz und Verfall richtet als auf Aufstieg, Bewahrung und Leistung, ist hier nicht zu diskutieren. Unbestreitbar bleibt, daß bestimmte historische Situationen – und die unserer Zeit mag dazugehören – die Erforschung von Formen und Mechanismen geschichtlichen Niedergangs in besonderer Weise herausfordern. Shmuel N. Eisenstadt definierte als Thema eines Sammelbandes »the pattern that prevails in the destinies of the great empires of history«. Carlo Cipolla fragte noch präziser: »Why do empires decline and fall? What ›laws‹ or ›mechanisms‹ regulate that seemingly inescapable cycle which appears to reproduce on a large scale the ontogenetic cycle of life and death?«.[1]

Allerdings wird die Frage nicht an alle historischen Kulturen mit gleichem Nachdruck gestellt. Verglichen mit den Bibliotheken, die sich mit dem Untergang des Römischen Reiches befassen, erscheint das Interesse der Forschung an den Ursachen des Niedergangs von Byzanz eher gering. Das ist nicht allein dadurch bedingt, daß dieser Zeitraum noch längst nicht genügend durchforscht ist. Es mag auch damit zusammenhängen, daß Edward Gibbons »Decline and Fall of the Roman Empire« (1776) einen zählebigen Geschichtsmythos schuf, der die byzantinische Geschichte insgesamt als Zerfallsprozeß einer großen Vergangenheit deutete – als »denkwürdige Abfolge von Revolutionen, die im Laufe von fast 13 Jahrhunderten den soliden Bau menschlicher Größe allmählich unterhöhlte und schließlich zerstörte«[2]. Gibbons Entwurf fügte sich nur allzu gut in den Verkürzungsprozeß der historischen Perspektive im 19. Jahrhundert. Aus nationalstaatlicher Blickenge erschien das Byzantinische Reich für das Mittelalter bedeutungslos; aus klassizistischer Begriffsenge stand es als »orientalisch« und »dekadent« unter doppelt negativen Vorzeichen.

Das Buch des französischen Byzantinisten Charles Diehl »Byzance: Grandeur et Décadence« (1919) zeigt in der Formulierung des historischen Themas einen Wandel im Urteil über historische Rolle, Leistung und Versagen von Byzanz an.[3] Doch blieben die seltenen Ansätze der Fachbyzantinistik zur Erklärung des Verfalls zu allgemein oder auf Teilperspektiven beschränkt – man nehme als Beispiel Spyros Vryonis' Buch »The Decline of Medieval Hellenism in Asia Minor« (1971) oder die Studie von Peter Charanis »Economic factors in the decline of the Byzantine Empire«[4]. Es ist kaum zufällig, daß viele Gesamtdarstellungen der byzantinischen Geschichte einfach ereignisgeschichtlich mit der Eroberung der Hauptstadt Konstantinopel im Jahre 1453 enden, ohne an dieses Ereignis Überlegungen zu den Ursachen des Niedergangs anzuknüpfen – von L. Bréhier und A. A. Vasiliev über G. Ostrogorsky zu D. M. Nicol oder R.-J. Lilie[5]. Insgesamt trifft Peter Schreiners Urteil zu: »Der Untergang des Reiches hat mittelbare und unmittelbare Ursachen. Eine zusammenfassende Analyse ist bisher nicht erfolgt«[6].

Die Frage nach den Ursachen des Untergangs von Staaten und Kulturen wies man ursprünglich der »Geschichtsphilosophie« in der Tradition Hegels zu, später den universalhistorischen Entwürfen eines Spengler oder Toynbee; heute gelten sie als Domäne der »Social Theory« oder der Kulturanthropologie. Solch subtiler Wechsel der Disziplin ändert jedoch nichts an einer grundlegenden Tatsache: Alle Entwürfe gesamtgesellschaftlicher Niedergangsprozesse im historischen Kontext untersuchen Verlauf und Wirkungsmechanismen anhand vorgegebener geschichtstheoretischer Modelle. Das ist erkenntniskritisch gar nicht anders möglich. Denkmodelle sind für eine historische Rekonstruktion prinzipiell unverzichtbar – ob wir uns ihrer bewußt oder unbewußt bedienen. Das eigentliche methodische Problem liegt in der Frage nach der Adäquatheit solcher historischer Modelle.

Ebenso bezeichnend wie bedenklich bleibt die monokausale Tendenz vieler Deutungsansätze von historischen Gesamtverläufen. Allzu häufig konzentrieren sie sich auf die Suche nach der einen dominanten Ursache, die diesen Prozeß bedingt. Auch die bisherigen Erklärungsversuche der Byzantinistik neigen in der Regel dazu, *einen* historischen Faktor als entscheidend für den Niedergangsprozeß zu betrachten. So erörtert Charles Diehl zwar »Elemente der Macht« und »Elemente der Schwäche«, verknüpft diese jedoch nur punktuell mit der Verfallsproblematik und beschränkt sich auf Feststellungen wie: »One of the main causes of collapse was certainly the progressive dwindling and final exhaustion of military power.«[7]

Historiker besitzen offenbar von altersher eine Affinität zu monokausalen Denkformen, die ihrerseits eng verknüpft sind mit deterministischen Geschichtsbildern. Das können biologistische Kreislaufmodelle sein – von Sallust bis Oswald Spengler und Donald M. Nicol:

»The institutions of the Empire could never be revived. Perhaps they had died of old age and decay, like the ancient tree trunk whose younger branches still put forth leaves but whose heart is hollow, so that it falls when the great gale comes.«[8]

Häufiger aber sind Geschichtsentwürfe evolutionären Charakters. Philosophiegeschichtlich aus der nichtanalytischen Tradition des deutschen Idealismus stammend, suchen sie den historischen Prozeß bei aller unbestrittenen Differenzierung im einzelnen letztlich aus einer prima causa zu erklären. Doch auch bei einem im Prinzip multifaktoriellen Ansatz wie der von Joseph A. Tainter propagierten Theorie der »declining marginal returns in complex societies« sind Tendenzen zu einer Metatheorie des Verfalls schlechthin nicht zu übersehen[9].

Der unbestreitbaren Komplexität umfassender historischer Prozesse sind nur komplexe Erklärungsmodelle adäquat, die über hergebrachte Regeln genetischer Kausalität hinausführen. Jede monokausale Deutung erzwingt den Rückgriff auf Vorverständnisse und Postulate, die nur noch metaphysisch ableitbar, aber nicht mehr rational diskutierbar sind. Zudem erweist auch die Überprüfung konkreter historischer Fälle monokausale Interpretationen immer wieder als unzureichend. Das gilt nicht zuletzt für die Geschichte von Byzanz: Kein bisher in der Diskussion genannter Faktor erklärt allein oder dominant Überleben oder Untergang dieses historischen Gebildes.

Die Frage nach Bestand und Zerfall historischer Gesellschaften zielt im Grunde auf Stabilitätsbedingungen und Stabilitätsgefährdungen dynamischer Systeme. Sie erfordert darum Denkmodelle interagierender Faktoren, die die Interdependenz politischer, sozialer, wirtschaftlicher und kultureller Entwicklungen untersuchen und einzelne deterministische »Ursachen« oder »Antriebskräfte« durch eine Mehrzahl von Bedingungen und Faktoren in ihrer Wechselwirkung ersetzen. Solche mehrdimensionalen Analysen suchen Auslösefaktoren zu erfassen, nicht aber primäre oder dominante Ursachen im traditionellen Sinn.

Doch von geschichtstheoretischen und wissenschaftsgeschichtlichen Überlegungen nun zum historischen Phänomen selbst. Was meinen wir, wenn wir – einen historischen Prozeß im Grunde recht unspezifisch kennzeichnend – vom Niedergang von Byzanz reden? Wann und wie vollzog er sich?

II. Niedergang als Verlauf

Zu beginnen ist mit einer grundsätzlichen Feststellung. Als Verlaufsmodell unterscheidet sich die spezifische Figur des byzantinischen Schicksals von Niedergangs- oder Zerfallsprozessen anderer historischer Mächte. Beim Untergang von Byzanz geht es nicht um plötzlichen Kollaps, sondern um langsame Desintegration – um einen lang anhaltenden Prozeß von fast 300 Jahren, der, abgesehen vom vierten Kreuzzug, der äußeren Dramatik entbehrt. Das wird verständlich aus einem knappen Blick auf den Gesamthorizont der byzantinischen Geschichte.

Der Beginn, das 6. Jahrhundert mit der Herrschaft Justinians, bezeichnet zugleich den ersten Höhepunkt dieser historischen Gesellschaft. Das bis nach Nordafrika und Südspanien sich erstreckende Reich spielte in einer Zeit der Dezentralisierung und der lokalen Horizonte unbestritten die Rolle einer mittelmeerisch-orientalischen Führungsmacht. Dem folgte eine für Byzanz lebensbedrohende doppelte Krise: außenpolitisch die arabisch-islamische Expansion mit dem Verlust der reichen Ostprovinzen, im Innern die großen religiösen und sozialen Konflikte des Bilderstreits.

Byzanz überwand diese Krise, gewann aber seine Weltstellung als einzige Großmacht am Mittelmeer nicht wieder. Doch blieb es unter der Herrschaft der Kaiser aus dem Hause der Makedonen seit dem 9. Jahrhundert der Staat mit der wirksamsten Verwaltung, dem schlagkräftigsten Heer und der größten Finanzkapazität. Das Vordringen der seldschukischen Türken führte zwar 1071 zur vernichtenden byzantinischen Niederlage von Manzikert und zum Verlust großer Teile Kleinasiens. Doch gelang es der neuen Dynastie der Komnenen, diese Staatskrise zu meistern und das Reich nochmals zu festigen.

Bis zur Mitte des 12. Jahrhunderts bildete das orthodoxe Byzanz neben dem christlichen Abendland und dem islamischen Kalifat weiterhin einen beherrschenden Schwerpunkt der europäisch-mediterranen Welt. Doch hinter einer immer noch beeindruckenden Fassade künstlerischen und höfischen Lebens zeichnete sich bereits eine Entwicklung ab, die Stellung und Prestige von Byzanz schwer erschütterte. Das Reich war außenpolitisch isoliert; Handel und Steueraufkommen gingen zurück; Abwehrmaßnahmen gegen die neu erstarkten Seldschuken von Ikonion kamen zu spät. Im Sommer 1176 besiegelte die Niederlage bei Myriokephalon den definitiven Verlust Kleinasiens.

Myriokephalon, ein ebenso folgenreiches militärisches Desaster wie Manzikert, bezeichnet das Ende der nochmals errungenen Großmachtstellung von Byzanz. Das komnenische Experiment einer erneuten Stabilisierung war mißlungen; der vierte Kreuzzug endete unter dem Druck macht- und handelspolitischer Interessen mit der Auflösung des byzantinischen Staates. Von der Katastrophe der Eroberung Konstantinopels im Jahre 1204 hat er sich nie vollständig erholt. Auf dem alten Reichsboden entstand ein pluralistisches politisches System von Klein- und Mittelstaaten. Byzanz hörte auf, eine Großmacht zu sein; die Position der Hauptstadt als politisches und wirtschaftliches Zentrum war endgültig gebrochen. Der Ausstrahlungsbereich der byzantinischen Kultur wurde für die Zukunft entscheidend eingeschränkt; die Kluft zwischen westlicher und östlicher Kirche vertiefte sich weiter.

Doch konnte sich unter der Dynastie der Palaiologen (1261–1453) in dem neuen, labilen System rivalisierender fränkischer, türkischer und slawischer Staaten erneut ein Byzantinisches Reich etablieren. Nach dem Tode des ersten Palaiologen-Herrschers Michael VIII. (1282) verlor es zwar schnell seine temporäre Vormachtstellung, konnte aber für noch fast 200 Jahre seine staatliche Existenz bewahren – freilich als ein in fast permanenten Kriegen mehr und mehr Territorium einbüßender ägäisch-balkanischer Kleinstaat. Der Weg zu einem machtpolitischen Wiederaufstieg wurde durch die Rückeroberung der alten Hauptstadt 1261 eher blockiert. Die Realität hätte ein politisches Zentrum in Mistra oder Athen erfordert, doch die byzantinische imperiale Tradition war stärker.

Die Momente innerer Schwäche im spätbyzantinischen Staat sind nicht zu verkennen. In einem mehr und mehr desintegrierenden politischen System mit schwindenden finanziellen und militärischen Ressourcen versuchte eine häufig wenig fähige Regierung ohne Erfolg, im Innern religiöse Wirren, Thronstreitigkeiten und Bürgerkriege zu meistern, nach außen weitere Gebietsverluste zu verhindern. Der Kaiser sah sich immer stärker auf die großen Adelsfamilien angewiesen, deren wachsende Unabhängigkeit letztlich seine eigene Stellung untergrub.

Die wirtschaftliche Lage verschlechterte sich zusehends, auch wenn Konstantinopel selbst noch eine Zeitlang ein Handelszentrum blieb. Ständige Kriegführung und schwindendes Territorium vergrößerten die Kluft zwischen Steueraufkommen und Finanzbedarf des ohnehin schon schwer verschuldeten Staates weiter. Unpopuläre Sparmaßnahmen, Münzverschlechterung, steigende Verschuldung an Genua und Venedig, schließlich sogar die Verpfändung der Kronjuwelen an lateinische Bankhäuser vermochten die Finanzkrise nicht zu bannen. Zunehmend fehlten Mittel für Verwaltung, Diplomatie und vor allem für eine den Verteidigungslasten gewachsene Armee; für die Flotte mußte ohnehin schon lange auf Genua oder Venedig zurückgegriffen werden. Zugleich verschärfte die Unterdrückung der Bauernbevölkerung durch den Landadel den Gegensatz zwischen Arm und Reich. Gefördert durch die wirtschaftliche Depression, kam es so vor allem im 14. Jahrhundert zeit- und stellenweise zu sozialen Unruhen – besonders nachhaltig in der Bewegung der sogenannten »politischen Zeloten« in Thessaloniki, denen es gelang, für mehr als sieben Jahre (1342–50) eine unabhängige Republik einzurichten.

In schroffem Gegensatz zu diesem Prozeß des Niedergangs steht die Kultur. Byzanz brachte insbesondere unter den frühen Palaiologen in Kunst und Literatur so bedeutende Leistungen hervor, daß man diese Zeit geradezu als zweite byzantinische Renaissance bezeichnet hat. »The intellectual life of Byzantium never shone so brilliantly as in those two sad centuries ... At no other epoch was Byzantine society so highly educated and so deeply interested in things of the intellect and the spirit.«[10] Besonders bezeichnend für die bildende Kunst und die Literatur dieser beiden Jahrhunderte ist die erneute nachhaltige Rolle altgriechischer Vorbilder. Mistra, die Hauptstadt der byzantinischen Morea, hat man einen Brennpunkt geistiger Wiederbesinnung des byzantinischen Griechentums genannt – einen Ort, an dem die klassischen Autoren für byzantinische Schriftsteller und Gelehrte mehr als bloße Stilmodelle waren.

Außenpolitisch zerbrachen die Reste byzantinischer Machtstellung im Zweifrontenkrieg gegen Serben und Osmanen und im ständigen Konflikt mit fränkischen Fürstentümern und den italienischen Seerepubliken. Bald nach 1371 mußte Byzanz schließlich die Oberhoheit des türkischen Sultans formell anerkennen. Es überlebte im Grunde nur noch als ein zu Tribut und Heeresfolge verpflichteter Vasallenstaat, dessen effektiver Herrschaftsbereich kaum über das Vorfeld von Konstantinopel hinausreichte. Nur unerwartete außenpolitische Entwicklungen, vor allem der Mongoleneinfall unter Timur Lenk, verschafften Byzanz als Pufferstaat am Bosporus zunächst noch eine fast hundert Jahre dauernde Atempause, bis unter Muhammad II., dem Eroberer (1451–1481), der Schlußangriff auf Konstantinopel begann. Im Jahre 1453 wurde die Hauptstadt endgültig erobert.

Im Rückblick wird ein Grundzug der byzantinischen Geschichte deutlich. Äußere Bedrohung und innere Krisen wurden immer wieder durch Wandel aufgefangen und gemeistert. In umfassenden Prozessen sozialer und politischer Adaption paßte die byzantinische Gesellschaft ihre Institutionen an eine veränderte soziale Lage und an eine verwandelte politische Umwelt an. Die durch die arabische Expansion herausgeforderten großen Reformen des 7. und 8. Jahrhunderts erfaßten den politisch-administrativen wie den sozialen Bereich und schufen grundlegend neue Strukturen des byzantinischen Lebens im Mittelalter. Das Wiedererstarken von Byzanz nach der Krise von Manzikert (1071) war durch eine veränderte Wirtschafts- und Handelspolitik der Komnenenkaiser geprägt, die nochmals eine erfolgreiche Abwehr der Seldschuken ermöglichte.

Mit der Herrschaft der Komnenen endete freilich eine Geschichte von nahezu 700 Jahren erfolgreicher Selbstbehauptung. Der vierte Kreuzzug (1204) bezeichnet die Wende des byzantinischen Schicksals. Im Gegensatz zu ähnlich umfassenden Bedrohungslagen im 7.–8. und im 11.–12. Jahrhundert gelang es nun nicht mehr, die außenpolitische Situation zu meistern; ebensowenig war die byzantinische Gesellschaft noch zu einer durchgreifenden Regeneration fähig. Die Geschichte der letzten 300 Jahre von Byzanz wurde so trotz aller retardierenden Momente zur Dauerkrise – zu einem Prozeß der Auflösung, der von bedeutsameren historischen Entwicklungen überlagert wurde.

III. Interagierende und selbstverstärkende Faktoren

Die ineinandergreifenden Hauptfaktoren der Dauerkrise lassen sich mit einiger Sicherheit bezeichnen. Einmal der Wandel der außenpolitischen Großlage, der den Anforderungsdruck an das politische System und die Wirtschaft erheblich verschärfte. Hatte sich das ursprüngliche Kräftedreieck von christlichem Europa, Byzanz und Islam bereits durch die Aufteilung des Reiches im vierten Kreuzzug aufgelöst, so veränderte sich seit dem 14. Jahrhundert mit dem Neuerstarken des Orients unter türkischer Führung die machtpolitische Konstellation durchgreifend. Die Expansion des Osmanenstaates verwandelte Schritt für Schritt die in Mittel- und Kleinstaaten aufgeteilte islamische und ägäische Welt in einen geschlossenen türkischen Machtbereich. Gefahr und Nachhaltigkeit des osmanischen Vordringens wurden in Byzanz lange verkannt; temporäre Bündnisse mit den Türken dienten in folgenschwerer Fehleinschätzung der Lage als Mittel einer kurzsichtigen einzelstaatlichen Interessenpolitik. Die schrittweise Reduktion des byzantinischen Territoriums war ein Parameter im Niedergang von Byzanz, der wesentlich durch grundlegende machtpolitische Veränderungen mitbedingt war. Dennoch wäre es verfehlt, die außenpolitische Bedrohung samt den Fehlreaktionen einer mehr und mehr in Widerspruch zur Realität geratenden Politik als allein entscheidenden oder zumindest dominierenden Faktor zu bewerten.

Das zunehmende Schwinden der Selbstbehauptungsfähigkeit der byzantinischen Gesellschaft hatte tiefere und komplexere Gründe. Erfolge äußeren Drucks setzen in aller Regel ein Nachlassen der eigenen Widerstandskraft voraus. In Byzanz war dies wesentlich bedingt durch Wandlungen der politisch-gesellschaftlichen Struktur und durch einen Rückgang der wirtschaftlichen Kapazität. Politisch war die Entwicklung durch Funktionsschwund und wachsende Instabilität der staatlichen Ordnung bestimmt. Angesichts der Größe wie der ethnischen und religiösen Komplexität des Staates hatten Struktur und Stabilität des politischen Systems stets eine entscheidende Rolle unter den Elementen der Widerstandskraft von Byzanz gespielt. In der Spätzeit jedoch erwiesen sich Herrscher, Zivilverwaltung und Armee immer weniger fähig, das traditionelle System absolutistischer Kaisermacht aufrechtzuerhalten. Eine wie früher auf Konstantinopel hin zentralisierte Regierungs- und Verwaltungsordnung ließ sich nicht mehr wiederherstellen. Einmal fehlte bei der Vielzahl von Lehnsstaaten und Sonderherrschaften im griechischen Raum die territoriale Geschlossenheit. Zum anderen glich sich die politische Struktur des byzantinischen Herrschaftsgebiets immer mehr der eines Feudalstaates an. Die alte Verwaltung verschwand endgültig; der Staat brach mehr und mehr in halbautonome Provinzen auseinander. Neben den direkt von Konstantinopel verwalteten Restgebieten in Kleinasien und Thrakien standen als regionale Verwaltungseinheiten die Despotate von Thessaloniki und Morea – de facto eine Art erblicher (häufig von kaiserlichen Prinzen regierten) Großlehen.

Der unaufhaltsame Zerfall des traditionellen politischen Systems in der spätbyzantinischen Zeit war zu einem wesentlichen Teil die Folge eines Wandels der gesellschaftlichen Struktur, dessen Anfänge ins 10. Jahrhundert zurückreichen: des Aufstiegs der großgrundbesitzenden Aristokratie. Seit dem Ende des 11. Jahrhunderts begann sich unter den Zwängen der außenpolitischen und militärischen Situation die delikate Balance zwischen Staat und lokalen Magnaten zugunsten der großen Grundbesitzer zu verschieben. Mit dem Ende des 12. Jahrhunderts wurde dann offenbar, wie sehr ein durch staatliches Einwirken auf die Gesellschaft erhaltenes ausgeglichenes soziales Gefüge ein Element der Stabilität in Byzanz gewesen war.

Die Entwicklung war vor allem durch die Ausdehnung des Instituts der *Pronoia* bezeichnet – der Verleihung von Land durch den Kaiser gegen die Verpflichtung zu bestimmten Dienstleistungen, vor allem Militärdienst. Zunächst meist auf Lebenszeit befristet, wurde diese Institution seit dem Ende des 12. Jahrhunderts praktisch erblich. Die fränkische Eroberung verstärkte noch die zentrifugalen Tendenzen, die unter den großen Magnatenfamilien von Byzanz längst wirksam waren; im 13. Jahrhundert erhielt die Pronoia ihre der westlichen Vasallität in vielem vergleichbare endgültige Form. Unter den späteren Palaiologen ließen sich der Anspruch einer kaiserlichen Zentralgewalt wie die im Prinzip fast unbeschränkte Verfügungsgewalt der Provinzdespoten gegenüber den Sonderinteressen der großen landbesitzenden Aristokratie immer weniger durchsetzen. De facto übten häufig die lokalen Grundherren die Macht aus; für die Reichsverwaltung waren sie als eine Art erblicher Beamtenstand praktisch unentbehrlich.

Das Pronoia-System bedrohte auch die Finanzkraft des Staates und die finanzielle Verfügungsgewalt der Zentrale. Seit Michael VIII. wurden Pronoia-Ländereien zunehmend von allen Abgaben befreit; zugleich entließ man in steigendem Maß auch nicht zum Militärdienst verpflichtete Besitzer von Ländereien aus der Steuerpflicht. In der Landwirtschaft als wichtigstem ökonomischen Sektor führten neben den Steuererlassen der Pronoia ständige Gebietsverluste und schwindende Ressourcenerfassung zum unaufhaltsamen Rückgang des Steueraufkommens. Gleichzeitig sanken die Einkünfte aus Handel und Zollabgaben, da Venedig und Genua als eigentliche Gewinner des vierten Kreuzzuges den Seehandel in der Ägäis und im Ostmittelmeer immer mehr monopolisierten. Die andauernde wirtschaftliche Regression unterhöhlte so jene ökonomische und finanzielle Kapazität, die lange ein Stützpfeiler der Macht von Byzanz gewesen war.

Der Triumph der großen Grundbesitzer und der davon untrennbare Untergang des freien Wehrbauerntums erwiesen sich nicht zuletzt darum als zentrale Faktoren in der Auflösung des byzantinischen Staates, weil sich das Pronoia-System auch auf die militärische Organisation negativ auswirkte. Die Befreiung vieler Pronoia-Güter von der Militärdienstpflicht, dazu der kurzsichtige Verkauf der von den Laskariden geschaffenen Soldatengüter durch Michael VIII. bedeuteten das Ende einer aus einheimischen Soldaten aufgebotenen Armee. Die Anwerbung einer Söldnerarmee aber vergrößerte wiederum die finanziellen Lasten; es wurde damit zunehmend schwieriger, die zur Verteidigung notwendigen Streitkräfte aufzustellen. Mit der Kontrolle über die Armee entglitt der Zentrale die Verfügung über die Außenpolitik und zugleich ein wichtiges innenpolitisches Disziplinierungsinstrument.

Stabilität oder Schwäche, Verharren oder Wandlungsfähigkeit eines politisch-sozialen Systems sind nicht zuletzt von der Balance traditionaler und nicht-traditionaler Elemente abhängig. Lange standen in der Geschichte der byzantinischen Gesellschaft Wandel und Veränderung neben traditionalem Verharren. In den beiden letzten Jahrhunderten aber scheinen die innovativen Kräfte zu schwinden. Das mag angesichts der Spätblüte von Kunst und Literatur in Byzanz unter den Palaiologen überraschend erscheinen. Doch hat diese Spätblüte einen bedeutsamen, allerdings oft nicht genügend beachteten Aspekt, der sich an dem Neuplatoniker Georgios Gemistos Plethon aufweisen ließe. Plethons Pläne zur Staats- und Gesellschaftsreform zielten eindeutig, aber völlig unrealistisch, auf eine Erneuerung altgriechischer Formen und Normen. Darin bezeugte sich eine Einstellung, in der das traditionale Element die Überhand gewonnen hatte. Das Gewicht konservativer Denkstrukturen, möglicherweise verstärkt durch eine gewisse Insellage der orthodoxen Byzantiner, ist zu stark geworden für Adaption oder Erneuerung. Es ist zwar bis heute eine offene Frage, in welchem Grade der spätbyzantinischen Kultur die Fähigkeit verloren ging, neue soziale Formen und kulturelle Leitbilder zu schaffen. Dennoch ist dies zumindest als möglicher zusätzlicher Faktor in Betracht zu ziehen.

IV. Niedergang als Wandel der Interaktion

Eine durchgreifende Richtungsänderung im historischen Prozeß kann nach den eingangs skizzierten methodischen Prinzipien nicht allein durch die negative oder positive Veränderung bestimmter Einzelfaktoren erklärt werden; eine entscheidende Rolle spielt der Wandel ihrer Interaktion. Welche Verschiebungen im traditionellen Interaktionsgefüge der byzantinischen Gesellschaft leiten, spätestens nach 1204, eine Phase zunehmender und schließlich irreversibler Instabilität ein? Eine Antwort auf diese Frage begegnet nicht zuletzt darum erheblichen Schwierigkeiten, weil die die spätbyzantinische Gesellschaft destabilisierenden Kräfte bedingt sind von den gleichen durchgängigen Konstanten der byzantinischen Geschichte, deren disruptives Potential in früheren Phasen zugunsten einer relativen Stabilität gebändigt oder zumindest neutralisiert werden konnte.

Zu diesen strukturellen Konstanten gehört einmal der Druck der Außenpolitik. Eine durch die Jahrhunderte anhaltende Bedrohung der Reichsgrenzen im Osten und im Nordwesten steigerte sich immer wieder zu existenzgefährdenden Krisen. Ebenso konstant blieb von Anfang an ein gesellschaftlich-innenpolitischer Grundkonflikt: der Antagonismus zwischen dem Monarchen, der eine bürokratisch-zentralistische politische Ordnung mit gesichertem Zugriff auf Entscheidungsprozesse und staatliche Ressourcen zu behaupten suchte, und der großen landbesitzenden Aristokratie, deren Machtpositionen und wirtschaftliche Interessen eine solche Politik bedrohte. Die ökonomische Konstante ist bezeichnet durch den agrarischen Grundcharakter der Wirtschaft bei begrenzter Produktionsleistung der Landwirtschaft. Einem ständigen hohen Finanzbedarf des Staates stand so ein nur beschränkt leistungsfähiges ökonomisches System gegenüber. Das aus strukturellen Mängeln resultierende Gefälle zwischen Bedarf und Erzeugung ließ sich nur in jenen Phasen einigermaßen überwinden, in denen der byzantinische Staat zur nachhaltigen Erfassung der wirtschaftlichen Ressourcen fähig war.

Von den Anfängen bis um die Mitte des 12. Jahrhunderts beruhte die Widerstandskraft von Byzanz auf einem Interaktionsgefüge, in dem stabilisierende Interdependenzen die disruptiven Faktoren überwogen. Die Wechselwirkungen zwischen politischem System, sozialer Struktur, wirtschaftlichem Potential und orthodoxer Religion – so prekär diese zeitweilig sein mochten – neutralisierten den Konflikt zwischen kaiserlicher Zentrale und provinzialem Grundadel, erhielten die Balance zwischen Armee und Zivilverwaltung, zwischen Staat und Kirche, zwischen äußeren und inneren Lasten des Reiches.

Seit dem späten 12. Jahrhundert aber ist die stabilisierende Balance der Kräfte in diesem Interaktions-Geflecht auf Dauer gestört; das disruptive Potential sich gegenseitig verstärkender Faktoren wächst. Das vasallitätsähnliche *Pronoia*-System, das die politische und soziale Struktur der spätbyzantinischen Gesellschaft zunehmend bestimmte, löste den gesellschaftlichen Dauerkonflikt zwischen zentraler und lokaler Herrschaft einseitig zugunsten der landbesitzenden Aristokratie auf. Die *Pronoia* destabilisierte das politische System und schwächte zugleich die wirtschaftlichen Ressourcen des Staates – in einer Phase, in der die Handeskonkurrenz der Seestädte ihrerseits die ökonomische Rezession förderte. Die permanente Finanzkrise wiederum hatte direkte Rückwirkungen auf Verteidigung und Außenpolitik: Sie schwächte die Armee als Instrument der Selbstbehauptung genau in dem Moment, in dem sich die äußere Bedrohung stetig verstärkte.

Über die Konstellation auslösender Momente, die den Übergang von Balance zu Instabilität und damit zu Regression und Niedergang bezeichnen, lassen sich letztlich nur Vermutungen anstellen. Ein möglicher Erklärungsansatz verweist auf die außergewöhnliche Kumulation äußeren Drucks in der verhältnismäßig kurzen Zeitspanne zwischen 1176 und 1204: Seldschuken, Serben und Bulgaren, Normannen, Staufer und Ungarn. Doch geht die schwindende Selbstbehauptungsfähigkeit von Byzanz weniger auf die direkten Folgen des 4. Kreuzzuges zurück als auf das nachfolgende Verfehlen einer Anpassung durch Wandel. Entscheidend für die Dauerkrise von Staat und Gesellschaft im späten Byzanz war, daß – strukturell betrachtet – der Krise von 1204 keine durchgreifende Erneuerung mehr folgte. Im Interaktionsgefüge, das den historischen Prozeß des 13.–15. Jahrhunderts bestimmt, verstärkt das enge Ineinandergreifen von politisch-sozialer Instabilität, wachsendem außenpolitisch-militärischen Druck und sich verschärfender wirtschaftlicher Regression die destabilisierenden Tendenzen. Zugleich aber geht die in früheren Krisen bewährte Fähigkeit zu gesellschaftlicher Adaption offensichtlich zurück.

Noch sind definitive Aussagen über die Gründe des Niedergangs von Byzanz nicht möglich. Wenn die vorliegende Skizze zum Nachdenken ebenso wie zum Widerspruch anregt, hat sie ihren Zweck erfüllt. Eine letzte Überlegung sei nur noch als Problem formuliert. Nichts ist aufschlußreicher als die Metaphern, die wir benutzen, um Form und Tendenz eines historischen Prozesses zu kennzeichnen. Niedergang, Zerfall, Untergang – solche Deutungsbegriffe entspringen einer zwar gängigen, aber doch eingegrenzten Perspektive von Byzanz als Staat, Gesellschaft oder Kultur, als geschlossenem Phänomen.[11] Doch ein Denken in solchen »individuellen Totalitäten« blendet die Dialektik von Zerfall und Neubeginn als Aspekt des historischen Prozesses aus – suggeriert Diskontinuität, wo im Grunde Kontinuitäten weiterbestehen. Begreifen wir aber Entwicklung nicht als »a thing moving either up and down«, sondern als »changes in variation within complete systems«[12] (und versuchen damit, der intellektuellen Falle des Fortschrittsbegriffs zu entkommen), dann erscheint Transformation als der adäquatere Begriff – Transformation byzantinischer Strukturen und Traditionen zu wirksamen Substraten eines weiterführenden historischen Prozesses.[13]

Anmerkungen

Durch Nachweise ergänzter Text des in Kassel gehaltenen Vortrages, der auf eigene Veröffentlichungen zurückgreift: »Tradition und Wandel: Über die Gründe der Widerstandskraft von Byzanz«, in: Historische Zeitschrift 218, 1974, S. 265–282; »Die Partner des christlichen Abendlandes« und »Byzanz und der Balkan 1081–1453«, in: Handbuch der europäischen Geschichte Bd. 2, Stuttgart 1987, S. 268–279; 1125–1168; »Endzeit und Historie«, in: Rom und der griechische Osten, Stuttgart 1995, S. 1–8. Ich verzichte auf die (in Politik- und Geschichtswissenschaft derzeit gängige) Unterscheidung »exogener und endogener Kräfte«; sie suggeriert eher die strikte Scheidung relevanter Faktoren als deren Interdependenz.

1. S. N. Eisenstadt, The Decline of Empires, Englewood Cliffs NJ 1967, S. V; C. Cipolla, The Economic Decline of Empires, London 1970, S. 1.
2. E. Gibbon, The History of the Decline and Fall of the Roman Empire, ed. J. B. Bury, Bd. I, 1900, S. V.
3. Englische Ausgabe: Byzantium. Greatness and Decline, New Brunswick 1957 (mit »Introduction and Bibliography« von P. Charanis).
4. Journal of Economic History 13, 1953, S. 412–24.
5. L. Bréhier, Vie et mort de Byzance, Paris 1948: A. A. Vasiliev, History of the Byzantine Empire, 2. Aufl. Madison 1952; G. Ostrogorsky, Geschichte des byzantinischen Staates, 3. Aufl. München 1963 (ders., The Palaeologi, in: Cambridge Medieval History IV 1, 2. Aufl. London 1966, S. 331–387); D. M. Nicol, The Last Centuries of Byzantium, London 1972; R.-J. Lilie, Byzanz. Kaiser und Reich, 1994; D. M. Nicol, The End of the Byzantine Empire, London 1979, S. 94–95, zählt summarisch »The causes of the Empire's death« (eine bezeichnende Formulierung) auf.
6. P. Schreiner, Byzanz, 1986, S. 121. K.-P. Matschke, Der Untergang einer Großmacht. Thesen und Hypothesen zur Stellung von Byzanz in einer vergleichenden Niedergangsgeschichte von Staaten und Gesellschaften, in: Zeitschrift für Geschichtswissenschaft 37, 1989, S. 890–904, gibt lediglich einen informativen, von der Zwangsjacke marxistischer Theoreme nicht völlig freien Forschungsüberblick. Doch vgl. den nach Abschluß des Manuskripts erschienenen Beitrag von P. Schreiner, Das Ende eines tausendjährigen Reiches: Byzanz (in: H. Altrichter/H. Neuhaus (Hg.), Das Ende von Großreichen, Erlangen/Jena, 1996, S. 133–143), erweiterte Fassung in: HZ 266, 1999; Schreiners grundsätzliche Überlegungen berühren sich mehrfach mit dem hier Vorgetragenen.
7. Engl. Ausgabe (oben Anm. 3), S. 200.
8. The Last Centuries of Byzantium, S. 435. Auch »The End of the Byzantine Empire« (oben Anm. 5) nennt »old age« als wichtigen Grund, S. 94.
9. J. A. Tainter, The Collapse of Complex Societies, Cambridge 1988 (zu Byzanz vgl. S. 70, 151, 202f.).
10. S. Runciman, The Last Byzantine Renaissance, Cambridge 1970, S. 1–2.
11. Grundsätzlich vgl. R. Starn, Meaning-levels in the theme of historical decline, History and Theory 14, 1975, S. 1–31.

12 S. J. Gould, Life's Grandeur. The spread of excellence from Plato to Darwin, 1996, S. 1, 16.
13 Aufschlußreiche Beobachtungen zum Phänomen »Byzanz nach Byzanz« in dem von A. Bryer und H. Lowry herausgegebenen Sammelband »Continuity and Change in Late Byzantine and Early Ottoman Society«, Birmingham 1986.

Literatur

H.-G. Beck, Geschichte der orthodoxen Kirche im byzantinischen Reich, Göttingen 1980
L. Bréhier. Le monde byzantin, 3 Bde., Paris 1948–50
E. Eickhoff, Macht und Sendung. Byzantinische Weltpolitik, Stuttgart 1981
H. Hunger (Hg.), Das byzantinische Herrscherbild, Darmstadt 1975
R.-J. Lilie, Byzanz. Kaiser und Reich, Köln/Wien 1994
F. G. Maier (Hg.), Byzanz. Fischer Weltgeschichte Bd. 13, Frankfurt a. M. 1973
D. M. Nicol, The Last Centuries of Byzantium, 1261–1453, London 1972
D. Obolensky, The Byzantine Commonwealth. Eastern Europe, 500–1453, London 1971
G. Ostrogorsky, Geschichte des byzantinischen Staates, München ^{3}1963
P. Schreiner, Byzanz, München ^{2}1992
S. Vryonis, The Decline of Medieval Hellenism in Asia Minor and the Process of Islamization from the Eleventh through the Fifteenth Century, Berkeley/London 1971
P. Wirth, Grundzüge der byzantinischen Geschichte, Darmstadt ^{2}1989

Ingrid Baumgärtner
Das Reich der Staufer: Endzeiterwartung und Untergang im Urteil von Zeitgenossen und Historikern

In seinem Roman »Mann aus Apulien« beschreibt Horst Stern anschaulich die Ausdehnung des staufischen Reiches am Höhepunkt seiner Macht unter Kaiser Friedrich II., und zwar aus der Perspektive eines Adlers, dem staufische Familien- und römische Kaisertradition verbindenden Wappentier von Kaiser und Reich, und mit dem raffinierten Stilmittel der gleichnishaften Projektion der Gestalt Friedrichs auf sein Herrschaftsgebiet: »Herr Friedrich liegt tief unter mir rücklings auf dem Imperium. (...) Seine Füße mit den goldenen Sporen an den rehbestickten Stiefeln traktieren Worms. Seine Unterschenkel im Beinkleid aus byzantinischer Seide beschweren Bayern und Burgund. Unter seinen angehobenen Knien ziehen sich die Alpen hindurch (...). Die von tausend langen Ritten gestählten Oberschenkel (...) pressen das lombardische Reichsitalien, Mailand und Parma vor allem (...). Sein Gesäß lastet auf der von ihm abgefallenen Stadt Viterbo, zu deren Zerstörung, so hat er rachsüchtig geschworen, er sogar einen schon ins Paradies gesetzten Fuß noch einmal zurückziehen würde. Sein Kreuz umwölbt drohend das Patrimonium Petri; könnte er, so machte er Rom zu einer Kloake. Die Schultern hat Herr Friedrich zwischen die ihm freundlich gesinnten Städte Andria am Adriatischen und Salerno am Tyrrhenischen Meer gebettet, sein Haupt auf das waldige Kissen seiner geliebten Provinz Basilicata. Im unruhigen Werfen des Kopfes (...) gehen Herrn Friedrichs Blicke sorgenvoll zwischen seinen beiden Sizilien, der Insel und den Festlandprovinzen, hin und her: Was soll ohne ihn aus dem mütterlichen Erbe werden?«[1]

Diese Sicht eines rückblickenden Historikers verbindet auf das Trefflichste die Beschreibung der großräumigen Ausdehnung des mächtigen staufischen Reiches in der ersten Hälfte des 13. Jahrhunderts vom Herzogtum Sachsen im Norden bis zum Königreich Sizilien im Süden mit dem Wissen um seinen bevorstehenden Zusammenbruch. Denn schon bald sollte das Königreich Sizilien wieder vom Deutschen Reich getrennt und damit die beachtliche Machtstellung des Heiligen Römischen Reiches im Mittelmeerraum deutlich reduziert werden.

Im Gegensatz zu den langlebigen Weltreichen (wie dem Römischen Reich und Byzanz) war das Reich der Staufer ein relativ kurzlebiges Gebilde, das an ein einziges Herrschergeschlecht gebunden war und gleichsam als ein kurzer Abschnitt des mittelalterlichen Römischen Reiches von ungefähr der Mitte des 12. bis zur Mitte des 13. Jahrhunderts andauerte. Allein aus diesen formalen Gründen ist es fraglich, ob das Ende des Stauferreiches überhaupt als der »Untergang eines Reiches« im klassischen Sinne bezeichnet werden kann. Die Geschichtsschreibung nahm in Vergangenheit und Gegenwart unterschiedlich Stellung zu diesem Problem.

Handelte es sich also überhaupt um den Untergang eines Reiches? Oder war es vielleicht nur der Untergang eines Herrschers und seines Geschlechts, der aus Schwaben stammenden Hohenstaufen? Und wie beurteilten anfangs die Zeitgenossen und später die Historiker die damit verbundenen Ereignisse? Im folgenden ist der Zusammenbruch der staufischen Herrschaft unter vier Aspekten näher zu beleuchten: I. Wie vollzogen sich Aufstieg und Zerfall staufischer Herrschaft? II. Welche Faktoren trugen zum schnellen Niedergang bei? III. Wie bewerteten Zeitgenossen und mittelalterliche Geschichtsschreiber diesen »Untergang«? IV. Welche Urteile fällten Historiker vom 19. Jahrhundert bis heute? Ziel der folgenden Ausführungen ist es aufzuzeigen, wie sich das Bild vom »Untergang« der Staufer im Laufe der Jahrhunderte mehrmals einschneidend veränderte.

I. Aufstieg und Zerfall staufischer Macht

Die Geschichte vom Aufstieg des Stauferreiches ist schnell umrissen: Mit der Wahl Konrads III. zum König (1138) herrschte der erste Staufer über das Deutsche Reich. Nachfolger im Königsamt wurde 1152 sein Neffe Friedrich Barbarossa, dessen Herrschaftsprogramm – knapp formuliert – auf die Wiederherstellung des Reiches in seiner alten Größe abzielte. Gemeint war damit, im Anklang an den römischen Weltherrschaftsgedanken, die effektive Befehlsgewalt über die drei Königreiche Deutschland (*Regnum teutonicum*), Burgund (*Regnum Burgundiae*) und Reichsitalien (*Regnum Italiae*). Von den deutschen Fürsten war Barbarossa zum König gewählt worden. Burgund (speziell Hochburgund und die Provence) konnte er 1156 durch Heirat mit Beatrix, der Erbin der Freigrafschaft Burgund, sichern, um später (1178) auch dort die Königskrone zu erlangen. Seine Bemühungen als Kaiser (seit 1155) richteten sich deshalb auf Reichsitalien. Dort war sowohl der Widerstand der wirtschaftlich prosperierenden Lombardenstädte zu brechen als auch die südliche Reichsgrenze gegen den expansiven Kirchenstaat zu schützen.

Die großräumige Verbindung des Deutschen Reiches mit dem Königreich Sizilien erfolgte über eine Heiratsverbindung, nämlich die 1186 in Mailand geschlossene Ehe zwischen Heinrich VI., Sohn Friedrich Barbarossas und staufischem Thronfolger, und Konstanze, Erbtante des kurz darauf unerwartet verstorbenen sizilischen Königs Wilhelm II. Die daraus resultierende Vereinigung zwischen dem *Imperium Romanum* und dem Königreich Sizilien (1189, realisiert 1194) stieß aufgrund des damit verbundenen Machtzuwachses des staufischen Hauses sowohl beim Papsttum als auch bei den deutschen Fürsten auf einen beträchtlichen Widerstand. In der Folgezeit sollte diese Konstellation zur äußersten Konfrontation zwischen Kaisertum und Papsttum auf italienischem Boden führen; der Konflikt kulminierte unter Friedrich II., dem einzigen Sohn dieses Herrscherpaares.

Auch der Niedergang läßt sich, reduziert auf das Aussterben des staufischen Geschlechts, trotz der zahlreichen Nachkommen Friedrichs II. (nach unseren Kenntnissen vermutlich 16 Kinder von immerhin zwölf Frauen) rasch skizzieren: Kaiser Friedrich II. starb 1250 nach mehreren mißlungenen Mordanschlägen eines natürlichen Todes und hinterließ ein bereits zu seinen Lebzeiten vielfach gefährdetes Staatswesen. Sein ältester Sohn, König Heinrich (VII.), galt nach einem tiefen Zerwürfnis mit dem Vater als Staatsverräter und war bereits 1242 auf dem Weg von einem kalabrischen Kerker in den anderen verunglückt. Der zweite Sohn, der letzte staufische König in Deutschland, Konrad IV. (1237/1250–1254), starb bei dem Versuch, das sizilische Erbe anzutreten, überraschend früh für die in ihn gesetzten Erwartungen. Danach erhoben die deutschen Fürsten keinen Staufer mehr zum König. Friedrich von Antiochien, ein unehelicher Sohn Friedrichs II., Generalvikar von Ancona und der Toscana, starb 1256. Manfred, ein weiterer unehelicher Sohn Friedrichs II., wurde zwar zunächst als Regent und seit 1258 als König umstrittener Nachfolger seines Vaters im Königreich Sizilien, aber er fiel in der Entscheidungsschlacht bei Benevent (1266) gegen Karl von Anjou, den Bruder des französischen Königs, den gegnerische Kräfte ins Land gerufen hatten. Der sogenannte letzte Staufer, der blondgelockte Jüngling Konradin, Sohn Konrads IV., unterlag zwei Jahre später bei Tagliacozzo demselben Karl von Anjou, der ihn, den erst Sechzehnjährigen, bekanntlich auf dem Marktplatz von Neapel in einem öffentlichen Spektakel enthaupten ließ. Und Friedrichs unehelicher Sohn Enzio, Liebling des Vaters und seit 1238 König von Sardinien, war bereits 1249 in die Hände der feindlichen Bologneser gefallen, die ihn, den romantisch verklärten Sänger und Dichter, bis zu seinem Tode im Jahre 1272 insgesamt 23 Jahre gefangenhielten. Er durchlebte hier – wie es Ernst Kantorowicz, der große Biograph Friedrichs II., so eindringlich formulierte – in seinen Kerkermauern »den ganzen grauenhaften Untergang des staufischen Caesarenhauses«[2].

Es war das tragische und schnelle Ende einer Familie, deren systematische Ausrottung auch nicht vor den Frauen und unmündigen Kindern haltmachte, die – wie Helena von Epirus, die zweite Gattin Manfreds, und deren vier Kinder – die langjährige Kerkerhaft der Anjou entweder nicht überlebten (der Primogenitus Heinrich starb erst 1318 im Kerker von Castel dell'Uovo in Neapel) oder nach ihrer Freilassung zumeist ruhmlos endeten. Während die staufischen Töchter (wie Beatrix, die Tochter Manfreds) immerhin auf Gnade hoffen konnten oder bereits – wie fast alle weiblichen Nachkommen Friedrichs II. – mehr oder weniger den Schutz ihrer nicht selten auf das

Staufererbe spekulierenden Ehemänner und deren Familien genossen, wurden mögliche Thronprätendenten erbarmungslos bis an ihr Lebensende verfolgt. Es war wie das plötzliche Zusammenfallen eines Kartenhauses, dessen Stabilität mit dem Verlust einer einzigen Karte verlorengeht; und diese Karte war Friedrich II., der Kaiser, der es wie kein anderer verstanden hatte, seine Zeitgenossen zu faszinieren und gleichzeitig zu polarisieren.

Doch der biologische Zufall allein bewirkte wohl kaum die Auslöschung des geschichtsmächtigen Geschlechts. Welche weiteren Gründe lassen sich für die rasche Beseitigung der staufischen Herrschaft anführen? Warum die systematische Verfolgung? Zu fragen ist nach langfristigen Ursachen und Faktoren, die den schnellen Zerfall staufischer Macht begünstigten.

II. Ursachen und Faktoren des Niedergangs

Im Römischen Reich markiert der Tod König Konrads IV. das Ende der Stauferherrschaft. Vielfältige Schwierigkeiten waren diesem Ende vorausgegangen, so daß gar nicht daran zu denken war, Konrads zweijährigen Sohn Konradin, damals ohnedies umstrittener Herzog von Schwaben, seinem Vater im Königtum nachfolgen zu lassen. Die wichtigsten politischen Zusammenhänge sollen im folgenden knapp resümiert werden.

Ein zentraler Punkt langwieriger Auseinandersetzungen war neben dem immer wieder aufflackernden Streit zwischen Staufern und Welfen, einer Konstanten der staufischen Geschichte, die hier nicht eingehender erörtert werden kann, die neue Verbindung des Reichs mit Sizilien; sie war eine schwerwiegende Besonderheit des staufischen Großreichs. Sie führte, da die hochmittelalterliche Herrschaftspraxis die kontinuierliche Präsenz des Herrschers erforderte, nach Meinung zahlreicher Historiker zwangsläufig zur Vernachlässigung königlicher Pflichten in Deutschland. Zugleich entzündeten sich an den wachsenden Herrschaftsansprüchen, die mit dem Ausgreifen nach Süditalien verknüpft waren, die Widerstände einiger einflußreicher Gruppierungen. Zu nennen sind die deutschen Fürsten, das Papsttum, die norditalienischen Städte und einige angrenzende europäische Mächte.

Die oppositionelle Haltung der deutschen Fürsten offenbarte sich, zweifellos vorbereitet durch den staufisch-welfischen Gegensatz, vielleicht am deutlichsten bei der Ablehnung des Erbreichsplanes, mit dem Heinrich VI. die Nachfolge seines damals noch nicht einmal zweijährigen Sohnes in Deutschland und Italien sichern wollte. Es folgte die Doppelwahl von 1198, bei der sowohl der Staufer Philipp von Schwaben, ein Onkel Friedrichs II., als auch der Welfe Otto IV., Sohn Herzog Heinrichs des Löwen, zu Königsehren kamen. Ergebnis war der staufisch-welfische Thronstreit, bei dem Papst Innozenz III. den welfischen Kandidaten mit großem Engagement unterstützte. Auch wenn letztlich Friedrich II. als lachender Dritter den Streit für sich entscheiden und dank seiner packenden Persönlichkeit die angeschlagene Stauferherrschaft noch einmal retten konnte, konzentrierte er seine Bemühungen doch ganz auf Italien. Die Herrschaft in Deutschland delegierte er, zumindest zeitweise, an seinen Sohn Heinrich (VII.). Die nachfolgenden Staufer, König Konrad IV. und sein Sohn Konradin, starben schon beim Vorstoß, ihr sizilisches Erbreich in Besitz zu nehmen.

Die Schwierigkeiten mit dem Papsttum, welche die Ambitionen der Staufer in Italien von Anfang an begleiteten, lassen sich auf das verständliche Interesse der Päpste zurückführen, ihren Herrschaftsraum in Mittelitalien zu festigen. Eine feste Verbindung zwischen dem Römischen Reich und dem sizilischen Königtum konnten die zunehmend auf universale Geltung bedachten Päpste nicht tolerieren. Die Auseinandersetzungen eskalierten unter Friedrich II., es kam zum offenen Bruch mit Gregor IX. und zur zweiten unwiderruflichen Exkommunikation des Kaisers (1239). Der folgende »Endkampf der Kurie gegen den Kaiser«, fortgesetzt von Innozenz IV. insbesondere auf dem berüchtigten Konzil von Lyon (1245), polarisierte die beidseitigen Anhänger. Die Loyalität deutscher Fürsten, insbesondere des von der Amtsenthebung bedrohten hohen Klerus, war in Gefahr, der zunehmende Abfall vom Kaiser führte in weiten Teilen zur praktischen Unregierbarkeit des Landes. Die auf Betreiben des Papstes gewählten Gegenkönige, der thüringische Landgraf Heinrich Raspe (1246–1247) und Graf Wilhelm von Holland (1247–1256), gefährdeten und übernahmen partiell die staufische Herrschaft.

Eine entscheidende Rolle spielte selbstverständlich auch die Gesinnung der norditalienischen Städte, deren kommunalem Unabhängigkeitsstreben die Staufer nur traditionelle Ordnungsvorstellungen und mangelnde Kompromißbereitschaft entgegenstellten. Die bereits von Barbarossa stark unterschätzten Städte setzten sich, von der kaiserlichen Kanzlei zu Aufständischen und Rebellen hochstilisiert, auch gegen seinen Enkel erfolgreich zur Wehr. Die verwickelte Kriegführung in Norditalien verschlang nicht nur die aus dem reichen Sizilien herausgepreßten Gelder, sondern vergeudete auch die enorm hohe Wirtschaftskraft der blühenden Metropolen. Sei es nun der langsame Niedergang kaiserlicher Gewalt nach dem großen Sieg von Cortenuova (1237), der schmerzhafte Verlust Parmas (1247), der praktische Einfluß der päpstlichen Familie Fieschi oder – weniger überzeugend – die messianische Spannung unter dem Stadtvolk, die nach Ferdinando Bernini den staufischen Ruin vorbereiteten, es war im Grunde ein verzweifelter Kampf konkurrierender Sozialsysteme, bei dem die Bewertung des staufischen Verhaltens (als staatsmännisch oder reaktionär) auch heute noch vom politischen Bewußtsein und der nationalen Perspektive abhängig ist.

Zu erinnern ist ferner an den nachfolgenden Eingriff europäischer Mächte in Italien und Deutschland. Das staufische Reich wurde zum Tummelplatz der europäischen Konkurrenz. Der willig herbeigeeilte Karl von Anjou eroberte mit päpstlicher Zustimmung Süditalien, die deutsche Doppelwahl von 1257 führte zur Katastrophe des Interregnums mit zwei landfremden Nominalkönigen, nämlich Richard von Cornwall, Bruder des englischen Königs, und Alfons dem Weisen, König von Kastilien. Das Wahlrecht der deutschen Fürsten hatte sich gegen die dynastischen Ambitionen durchgesetzt. Ergebnis war ein politisches Trümmerfeld, die sozusagen »schreckliche kaiserlose Zeit«.

Natürlich können weitere Gründe für das Scheitern der Staufer angeführt werden. Zu denken wäre an den zweifellos ungünstigen Zeitpunkt des Todes Friedrichs II., als gerade wieder Hoffnung aufkeimte, an die mangelnde Durchsetzungsfähigkeit der Erben, denen das Glück im Kampf einfach fehlte, oder – grundsätzlicher – an einen Wandel von Idee und Bedeutung des Kaisertums, dessen Weltherrschaftsanspruch faktisch nicht durchsetzbar war, so daß es vorübergehend in ein Vakuum mündete. Sehr viel wichtiger erscheint mir aber die Frage, was dieses klar faßbare und leicht erklärbare Ende einer Dynastie und deren Herrschaftsperiode zum erschütternden »Untergang« machte. Welche Stilisierungen wurden hier im Laufe der Zeit wirksam, und welche Argumente wurden aufgegriffen? Wie wurde der von uns heute leicht begreifliche Auflösungsprozeß von Zeitgenossen und Historikern wahrgenommen? Zu fragen ist also nach den Interpretationen des bisher knapp skizzierten Bildes. Ausgewählte Zeitgenossen, mittelalterliche Geschichtsschreiber nachfolgender Generationen und Historiker des 19. und 20. Jahrhunderts sollen im folgenden kurz zu Wort kommen.

III. Die Urteile von Zeitgenossen und mittelalterlichen Geschichtsschreibern

Einen wichtigen Ausgangspunkt für zeitgenössische Urteile bildeten die Selbststilisierungen der Staufer, die vielfach aufgenommen und unterschiedlich verarbeitet wurden. Hatten bereits Barbarossa und seine Berater das Wesen des Reiches in ihren Vorstellungen sakralisiert (ausgedrückt im Begriff *sacrum Romanum imperium*) und die Würde des Kaisertums durch die Rückführung auf antike Grundlagen überhöht, so verstand sich der propagandistisch begabte Enkel erst recht als Stellvertreter Gottes auf Erden und gottesunmittelbarer Herrscher, als Herr und Wandler der Welt, als oberster Gesetzgeber, als Wahrer des Friedens und als letzter Kaiser der Weltgeschichte.

Dieses gesteigerte Selbstbewußtsein manifestierte sich in ganz besonderer Weise nach der Rückkehr vom Kreuzzug im Jahre 1229. Aus diesem Jahr stammt beispielsweise das vieldiskutierte Relief an der Kanzel der Kathedrale von Bitonto bei Bari. Die zufällig überlieferte Predigt eines Klerikers namens Nicolaus verrät uns als eine Art Anleitung zum Verständnis der Darstellung, daß hier die Staufer als Endkaisergeschlecht in Form eines Jessebaumes abgebildet sind. Und dies war kein Zufall. Auf dem Kreuzzug von 1228/29 verstärkte sich zweifellos die Sakralisierung der staufischen Herrschaft, sei es mit der auf Jerusalem bezogenen Idee des Davidkönigtums oder dem erstmals faßbaren Nimbus der Gottesunmittelbarkeit. Gleichzeitig übertrugen die offiziellen, rhetorisch geschickt formulierten Schriftstücke der Kanzlei ausgewählte Worte aus Bibel und Liturgie auf die Person des

Kaisers, dem dadurch eine gleichsam christusähnliche, messianische Stellung zugeschrieben wurde.

Den Kreuzzug ins Heilige Land hatte zudem eine Welle eschatologischer Erregung begleitet, denn der Glaube an einen Endkaiser war seit langem mit Jerusalem verbunden. Dieser letzte mächtige Kaiser sollte Juden und Heiden bekehren, die wilden Völker Gog und Magog besiegen und dann Krone und Szepter auf dem Berg Golgatha niederlegen. Dies galt als Zeichen für das Ende des *imperium romanum*, des letzten in der Kette der vier im Alten Testament von Daniel (2, 31–45) prophezeiten Weltreiche, und für den Beginn eines tausendjährigen Friedensreiches. Nach jüdischer Zeitrechnung entsprach das Jahr 1240 obendrein dem Jahre 5000, für das viele Rabbiner den Messias erwarteten.

Im Hintergrund stand das Geschichtsbild des kalabresischen Abtes Joachim von Fiore (1135–1202), des im biblischen Sinne wirkenden Propheten, dessen Lehren sich rasch verbreitet hatten. Kern von Joachims Gedankengebäude war die Unterteilung der Geschichte in drei Perioden, bezeichnet als *status*: die Zeit des Vaters, also die Epoche des Alten Testaments bis zur Geburt Christi, die Zeit des Sohnes, beginnend mit dem Neuen Testament und bis in die Gegenwart Joachims reichend, und die Zeit des Heiligen Geistes mit der vermehrten Gnade und der unmittelbaren Erkenntnis der göttlichen Wahrheit auf Erden. Die Dauer des zweiten Zeitalters sollte nach den Berechnungen Joachims genau 42 Generationen umfassen, die mit Ausnahme der letzten beiden Generationen, die länger währen konnten, jeweils konstant auf 30 Jahre festgesetzt waren. Konkret konnte nach diesem Schema also bis zum Jahr 1200 gerechnet werden. Die Länge der letzten beiden sich anschließenden Generationen war jedoch vollkommen unbestimmt, so daß eine genaue Berechnung des Beginns des mit den Freuden des Himmlischen Jerusalems angefüllten Zeitalters des Heiligen Geistes, das im Mittelpunkt der joachimitischen Geschichtsdeutung stand, unmöglich war. Die Ankunft eines ersten Antichristen sollte dieses dritte glückliche Zeitalter einleiten, ihn würde eine nicht genauer bezeichnete Persönlichkeit der Kirche besiegen.

Sowohl in päpstlichen als auch in kaiserlichen Kreisen gab es Anhänger dieser übrigens von kirchlicher Seite mehrmals überprüften, aber nie als häretisch verurteilten Lehre. Im Zuge der wachsenden

Auseinandersetzungen mit dem Papsttum konnte nun Friedrich entweder zum Vorläufer des Antichristen oder zum letzten, heiß ersehnten, Gerechtigkeit und Frieden bringenden Messiaskaiser hochstilisiert werden. Dieser Gedanke dürfte für Zeitgenossen keinesfalls abwegig gewesen sein, zumal Friedrich selbst ihn zweifellos förderte. Immerhin identifizierte ein anonym tradierter Jeremias-Kommentar, der erst um 1240 entstand und fälschlich unter Joachims Namen Verbreitung fand, den Antichristen eindeutig mit Friedrich II. Die Betroffenheit der Zeitgenossen hatte offensichtlich polarisierende Wirkung; Anhänger und Gegner spannten Friedrich noch zu Lebzeiten in eschatologische Vorstellungsreihen ein.

Einen zusätzlichen Ansatzpunkt für vermehrte Spekulationen um Endzeiterwartung und Weltenende bildete der unerwartete Einfall der Mongolen. Wie apokalyptische Heerscharen griffen die Tataren an, schlugen am 9. April 1241 bei Liegnitz ein polnisches Heer vernichtend und verwüsteten Ungarn. Interessant ist, wie die Zeitgenossen diesen erschreckenden Vorfall in Verbindung mit dem Kaiser und seinen politischen Schwierigkeiten bewerteten. In der französischen Reimchronik des Philippe Mousket lesen wir beispielsweise die Beschuldigung: »Und es wurde durch die Welt berichtet, daß der Kaiser Friedrich durch einen Vertrag die Tataren kommen ließ, um die Christenheit zu vernichten.«[3] Etwas vorsichtiger berichtet Matthäus Paris, der 1259 verstorbene englische Historiograph, in seiner *Chronica Maiora*, einer Art Weltchronik: »Es gab nämlich Leute, die sagten, daß der Kaiser diese Pest der Tataren aus freien Stücken angestiftet (...) habe und, auf die Alleinherrschaft über die ganze Welt bedacht, zum Umsturz des Christenglaubens nach dem Vorbilde Luzifers oder des Antichristen mit keckem Ansturm sich verschwöre.«[4] Der Verdacht, Friedrich habe die Tataren herbeigerufen, um mit ihrer Hilfe seine Macht über die Welt auszubauen und den christlichen Glauben zu vernichten, spielte natürlich auf die Sage an, daß die von Alexander eingeschlossenen tatarischen Völker Gog und Magog zur Zeit des Antichristen hervorkommen und an seiner Seite kämpfen würden.

An die Vorstellungen vom alles verheerenden Antichristen knüpfte Kardinal Rainer von Viterbo, ein unerbittlicher Feind des Kaisers, in anderem Zusammenhang an, als er nach einer von ihm geschürten Erhebung in der vormals kaisertreuen Stadt Viterbo den eiligen Anmarsch des auf Rache sinnenden Friedrichs mit den Worten beschrieb: »Er kam aber auf rotem Roß, um der Erde den Frieden zu nehmen.«[5] Und der englische Chronist Matthäus Paris nennt die tieferen Gründe für den unweigerlich folgenden endgültigen Verlust Viterbos: »Sein [Friedrichs, d. Verf.] Ansehen war dahin, und es verbreitete sich ein unheilvolles Gerücht, daß er es niemals für der Mühe wert gehalten hatte, dem Gottesdienste beizuwohnen oder zu beten, Geistlichen die gebührende Ehre zu erweisen, wie ein gläubiger Katholik zu denken und zu reden und sich des Umgangs mit sarazenischen Mädchen zu enthalten, ja daß er vielmehr Sarazenen und andere Ungläubige ins Reich gerufen und ihnen erlaubt habe, die festesten Städte zu erbauen.«[6] Der mangelnde Respekt des seit 1239 erneut Exkommunizierten für die Kirche und der enge Umgang mit den sizilischen Arabern, die ihn als Sarazenengarde bewachten und denen er Lucera als ständigen Wohnsitz im Norden Apuliens an der Grenze zum Kirchenstaat zugewiesen hatte, stimmten die Zeitgenossen nicht nur mißtrauisch, sondern dienten auch als einleuchtende Erklärungen für erlittene Fehlschläge.

Im Lager der kaiserlichen Gegner sollten diese Vorwürfe noch drohender formuliert werden: »Fürst der Tyrannei, Zerstörer der kirchlichen Lehre und Verderber der Geistlichkeit, Umstürzer des Glaubens, Lehrer der Grausamkeit, Erneuerer der Zeiten, Zersplitterer des Erdkreises und Hammer der ganzen Welt!«[7] Mit diesen unmißverständlichen Ausdrücken bezeichnete der eifrige Agitator und päpstliche Legat Albert Behaim den Kaiser kurz vor dessen Absetzung durch Innozenz IV. auf dem Konzil von Lyon im Juni 1245. In der Retrospektive verweisen all diese Bezeichnungen auf das bevorstehende Verderben, den tiefen Fall. Den Zeitgenossen aber ging es um die Ausdeutung sibyllinischer Weissagungen, um die Prophezeiungen vom schrecklichen Antichristen und vom mythisch überhöhten Endkaiser, und beide waren mit dem Ansehen der herrschenden Dynastie verbunden.

Das Ende des Stauferreiches versuchten erst die Nachgeborenen zu erklären, so zum Beispiel der Chronist Salimbene de Adam, der im ausgehenden 13. Jahrhundert noch unter dem frischen Eindruck von Friedrichs schillernder Persönlichkeit die Schicksalsschläge des Kaisers aufzählte. Der geschwätzige Franziskaner aus Parma war ein entschiedener Gegner des Kaisers. Kurzweilig und boshaft faßte er die sogenannten »Mißgeschicke«, also die Ursachen für den Zusammenbruch des staufischen Reiches, in seiner wohl zwischen 1281 und 1288 verfaßten Chronik in zehn Punkten zusammen.[8] Die Mißerfolge waren der Abfall des Sohnes Heinrich (VII.) und dessen Tod im Jahre 1242; die kaiserliche Forderung nach apostolischer Armut von Papst und Kardinälen, welche er übrigens mit dem Geiz und der Habgier des Kaisers erklärt; die Absicht, die Lombarden zu unterwerfen, und das Mißlingen dieses Unternehmens; die Absetzung des Kaisers auf dem Konzil von Lyon mit der öffentlichen Kundgebung der Verfehlungen; die Wahl eines Gegenkönigs zu Friedrichs Lebzeiten; die Erhebung der kaisertreuen Stadt Parma gegen den Kaiser, die Salimbene sogar als die unmittelbare »Ursache des ganzen Sturzes«[9] betrachtet; die Eroberung der kaiserlichen Stadt Vittoria einschließlich Schatz und Krone durch Parma; die Erhebung von bislang treuen Fürsten und Baronen gegen den Kaiser und deren grausame Bestrafung; die Gefangennahme des Lieblingssohnes Enzio durch die Bolognesen sowie schließlich die im Vergleich zum Kaiser standhaftere Herrschaft des Markgrafen Pallavicini in der Lombardei. Diese treffende Situationsanalyse ergänzte der Chronist zuletzt noch um zwei weitere Gründe: die endgültige Exkommunikation durch Gregor IX. und die Konfiszierung des Königreichs Sizilien. Aber so sehr Salimbene auch den staufischen Kaiser mit spitzen Bemerkungen beschimpfte und kritisierte, bezeichnete er ihn doch nicht als den Antichristen, sondern er sprach mit den Worten der Sibylle, für die Zeitgenossen vielleicht sogar realistischer, vom Ende des Kaisertums: »Mit ihm wird auch das Imperium enden, denn, wenn er auch Nachfolger finden wird, so werden sie doch der durch die Römerkrone gewonnenen Kaiserwürde beraubt sein.«[10] Immerhin sollten bis zur nächsten Kaiserkrönung im Jahre 1312 noch mehrere Jahrzehnte vergehen; Friedrich war, wenigstens vorläufig, der letzte Kaiser.

Gleichzeitig häuften sich im Volk die Zweifel an Friedrichs Tod. Mehrfach tauchten nach 1250 »falsche Friedriche« auf, sie belebten die verschiedensten Regionen des Reiches, sogar Sizilien. Von Salimbene bis zu Heinrich von Langenstein im ausgehenden 14. Jahrhundert ließen sich in nahezu jedem Jahrzehnt Zeitgenossen finden, die an die leibhafte Rückkehr des Kaisers glaubten und damit ihrer Hoffnung auf das Erscheinen des Frieden und Gerechtigkeit verheißenden Endkaisers Ausdruck verliehen. Zahlreiche Legenden rankten sich um den Tod dieses letzten Kaisers und sein Nachleben. Die kirchliche Überlieferung versetzte ihn und seine Nachkommen in den Ätna, den Sitz des Teufels; die Ghibellinen versuchten hingegen, seine namensgleichen Enkel und Urenkel aus der weiblichen Linie, vor allem Friedrich den »Freidigen« von Thüringen und Meißen, Sohn der legitimen Friedrich-Tochter Margarethe, oder auch Friedrich III. von Sizilien, Sohn Peters III. von Aragon und der Manfred-Tochter Konstanze, als dritten Friedrich für das politische Ziel der Weltherrschaft zu instrumentalisieren. Besonders beeinflußte natürlich das päpstliche Absetzungsurteil mit der Verurteilung Friedrichs als Ketzer die nachfolgende Geschichtsschreibung. Der Florentiner Guelfe Giovanni Villani beschimpfte den Verfolger der Kirche als apokalyptisches Tier, und selbst in der Dichtung des imperialistisch gesinnten Dante Alighieri finden wir Friedrich im Inferno in den Feuersärgen der Ketzer (Inferno 10, 119). Symptomatisch für alle Widersprüchlichkeiten ist, daß sich die Sage erstaunlich früh des entrückten staufischen Kaisers bemächtigte. Selbst in der entlegenen Reichsburg Kyffhäuser, nicht mehr im fernen Süden oder auf dem heimischen Hohenstaufen, glaubte man im 15. Jahrhundert den schlafenden Kaiser, der eines Tages wiederkehre, um die Kirche zu reinigen und das Reich zu erneuern. Erst im 16. Jahrhundert wurde diese Sage dann, so wie wir sie heute kennen, auf Friedrich Barbarossa übertragen.

Wie lassen sich nun diese Erwartungen und Hoffnungen der Zeitgenossen, die mit diesem letzten mächtigen Kaiser verbunden waren, mit unserer Suche nach dem Untergang des Stauferreiches vereinbaren? Gert Melville äußerte vor einigen Jahren seine gravierenden Bedenken gegenüber einer unreflektierten Übertragung neuzeitlicher Begriffe wie Niedergang, Untergang und Fortschritt auf das Mittelalter als Erklärungskategorien für heute als negativ oder positiv empfundene Geschichtsverläufe; er ging sogar soweit, dem Mittelalter ein Niedergangsbewußtsein vollkommen abzusprechen.

Nach der Durchsicht der Quellen muß wohl auch für das Stauferreich gelten, daß die zeitgenössische Geschichtsschreibung das Phänomen Untergang oder Niedergang kaum thematisierte. Zwar genießt es der schadenfreudige Salimbene einige Jahrzehnte später, die staufischen »Mißgeschicke« in anekdotischer Breite aufzuführen, aber anstatt von Untergang spricht er von Mißgeschicken und vom damals offensichtlichen Ende des Kaisertums. Die Zeitgenossen akzentuierten indessen die mythische Überhöhung, sei es des »letzten Kaisers« oder des teuflischen Zerstörers der Christenheit; sie schufen den Mythos vom Zukunftskaiser und den Mythos vom Antichristen. Eng damit verbunden waren Endzeitangst und Wendehoffnung. An Endkaisertum und Endzeiterwartung entzündete sich die außerordentlich widersprüchliche Beurteilung des staufischen Herrschergeschlechts. Und dies hatte Auswirkungen auf die spätere Beurteilung der Staufer, vor allem im Zusammenhang mit ihrem mutmaßlichen »Untergang«.

IV. Wertungen der Historiker vom 19. Jahrhundert bis heute

Das Bild der Staufer war in der Geschichte einem kontinuierlichen Wandel unterworfen. Dieser Wandel betraf neben dem Wissen über die Staufer vorwiegend deren Bewertung durch die Nachwelt. Das Wissen hat sich im Laufe der Jahrhunderte verfestigt und durch die Forschung vermehrt. Die Bewertungen waren jedoch Ausdruck eines sich wandelnden Zeitgefühls. Anschaulichstes Beispiel ist die Einbindung der Staufer in die nationale Geschichtsauffassung.

Es muß nicht eigens betont werden, daß die Staufer sich selbst und ihre Herrschaft keineswegs als nationale Angelegenheit betrachteten. Das *Regnum Teutonicum* war für sie eine selbstverständliche Realität, eine wichtige Basis für das weitaus höher eingeschätzte *Imperium Romanum*, das sie allein sakralisierten und als Ausdruck einer höheren Bestimmung beanspruchten. Die staufischen Geschichtsschreiber, allen voran Otto von Freising und sein vertrauter Notar Rahewin, verorteten die Staufer deshalb nicht nur in der Reichsgeschichte, erst die Welt- und Heilsgeschichte gab dem aus Schwaben stammenden Geschlecht seine Größe und seinen Ruhm. Aber darin wurzelte freilich auch eine besondere Tragik, nämlich der von nachfolgenden Generationen akribisch registrierte Untergang. Denn erst die Nachwelt vereinnahmte die Staufer gewissermaßen rückwirkend für die nationale Zielsetzung und bescheinigte dem staufischen Reich seinen unwiderruflichen Untergang. Diese Tendenz konnte sich freilich erst mit der zunehmenden Bedeutung der Nationalgeschichte einstellen. Ansätze dazu finden sich immerhin schon bei dem Kölner Kanoniker Alexander von Roes, der in seiner »Gedenkschrift über den Vorrang des Römischen Reiches« von 1281 das Vorrecht der Deutschen auf das Kaisertum (*imperium*) und die damit verbundene Vorherrschaft der Deutschen gegenüber den Italienern, ausgestattet mit dem *sacerdotium*, und den Franzosen, ausgestattet mit dem *studium*, verteidigte. Und diese Richtung hat vom Kurialen und konservativen Reformer Dietrich von Nieheim (ca. 1340–1418) über die Sagenpoesie Friedrich Rückerts und der Brüder Grimm bis zu den Historikern des 19. und 20. Jahrhunderts immer wieder Anhänger gefunden. Wortführer waren einflußreiche und geachtete Historiker: Friedrich von Raumer, Leopold von Ranke, Wilhelm von Giesebrecht und Karl Hampe. Sie alle akzeptierten das *Imperium* als einen allgemeinen Rahmen zur Aufwertung der deutschen Geschichte, als deren wichtigste Repräsentanten die Staufer galten.

Grundlage waren nicht nur das universale Kaisertum und die staufische Weltherrschaftsidee, beides beliebte Themen der historischen Forschung in Deutschland seit dem 19. Jahrhundert und heftig diskutiert bis in die Gegenwart, sondern vor allem die negative Sicht auf die territorialstaatliche Zersplitterung des Spätmittelalters, eingeleitet durch den unglücklichen Zerfall staufischer Macht und das »schreckliche« Interregnum. Anknüpfungspunkt war »das alte Einheitsreich unter den deutschen Kaisern des Mittelalters«[11], das Staufertum als letztes Symbol nationaler Größe und Geschlossenheit. Aus diesem Blickwinkel argumentierte 1923 auch Oswald Spengler in seinem pathetischen Entwurf einer Weltgeschichte, der unter dem Titel »Der Untergang des Abendlandes« das historische Bewußtsein einer breiten Schicht von Bildungsbürgern prägte: »Wallenstein knüpfte unbewußt dort an, wo die Hohenstaufen aufgehört hatten.«[12] Und Karl Hampe bewunderte in seiner 1924 in Heidelberg gehaltenen Rektoratsrede Friedrich II. sogar als den »letzten jener deutschen Kaiser, der diesen Namen in vollem Umfange verdient, der, schon von den Zeitgenossen bezeichnet als das Wunder und der Umgestalter der Welt, in gewissem Sinne der Größte, zum mindesten die reizvollste und fesselndste Persönlichkeit unter unseren Kaisern war«.[13] Einem solch großartigen Kaiser war im Mittelalter kein Nachfolger mehr gewachsen, der Niedergang war gewissermaßen vorprogrammiert.

Aber es gab auch Gegenmeinungen, die diese einseitige Glorifizierung nicht gelten ließen. Preußisch gesinnte Autoren des 19. Jahrhunderts, beispielsweise der stark rezipierte Publizist Gustav Freytag oder Heinrich von Sybel, engagierter Vorstreiter der kleindeutsch-protestantischen Historiker, betonten, daß die Staufer mit ihrem Drang nach Süden in die Irre gegangen seien. Aus der mangelnden Erfüllung der nationalen Aufgabe erklärte sich deshalb auch das staufische Scheitern. Und Sybel feierte anstatt der großen Kaiser Friedrich Barbarossa oder Friedrich II. sogar den Welfenherzog Heinrich den Löwen als den eigentlichen Helden der Nationalgeschichte. Besonders umstritten war bei einem solchen Blick auf die Staufer natürlich die Gestalt Friedrichs II., den Johannes Haller, einflußreicher nationalkonservativer Historiker der ersten Hälfte unseres Jahrhunderts, einfach als »Sizilianer« und »erste(n) Ausländer auf dem deutschen Throne«[14] aus der deutschen Geschichte ausgliederte. Er könne – nach den Worten Hallers – »überhaupt kein deutscher Herrscher mehr genannt werden«.[15] Dieses Urteil traf bekanntlich auf leidenschaftlichen Widerspruch, am wirkungsvollsten artikuliert von Ernst Kantorowicz, Mitglied des Heidelberger George-Kreises und selbst notgedrungen in »kaiserloser Zeit« lebend. Er verklärte sein Idol zum »Traum Deutschlands«, zum wichtigsten Vertreter des staufischen »Göttergeschlechts«, mit dem der »schöne freie Stolz der glücklichen Stauferzeit« ein Ende fand.[16]

In dieser überzogen positiven Sicht der Stauferzeit gründeten letztlich auch die Begriffe, mit welchen die älteren Weltgeschichten die gewissermaßen nachstaufische Zeit bis zur Reformation (die Jahre zwischen 1254 und 1521) kennzeichneten: »Ausgang des Mittelalters« bei Julius Pflugk-Hartung in der 1909 erschienenen Ullstein-Weltgeschichte, die »letzten Zeiten des Mittelalters« in Schlossers Weltgeschichte, »Auflösung des Reiches« in der Deutschen Geschichte von Dietrich Schäfer (1910) oder schlicht »Übergang zur neueren Zeit« in Dahlmann-Waitz' Quellenkunde zur deutschen Geschichte (8. Auflage 1912). Alle diese Begriffsprägungen orientierten sich am vielfach beklagten Zusammenbruch der universalen Gewalten, namentlich des Kaisertums, der angeblich »für das deutsche Volk« ausschlaggebenden Norm. So lamentierte die frühere deutsche Forschung über den nach 1250 verstärkt einsetzenden Regionalismus und Partikularismus, ohne zu erkennen, daß diese anwachsenden Tendenzen bereits vorher eingesetzt hatten. Forscher diskreditierten die spätmittelalterlichen Territorialstaaten als typisch deutsche Fehlentwicklung, sie verurteilten die Regierungen schwacher Könige und den Egoismus der Fürsten, sie bedauerten das Fehlen eines leistungsfähigen Mittelpunktes im Reich und verwiesen beharrlich auf den eklatanten Niedergang des Kaisertums unter den nachstaufischen Königen.

Übersehen wurden die zukunftsweisenden Elemente, die erst in der neueren Forschung wieder an Boden gewinnen. Auch diese Richtung ist im Prinzip nicht neu. Vorläufer dieser Richtung war mit gewissen Einschränkungen Jacob Burckhardt, der Friedrich II. bereits 1860 zum »erste(n) moderne(n) Mensch(en) auf dem Throne«[17] machte. Vom dramatischen Untergang der Staufer ist in der heutigen Forschung nicht mehr viel übriggeblieben. Die neueren Ansätze akzentuieren die Bemühungen der Territorialherren zur Abschaffung der zahlreichen Mißstände im Reich, die zumindest in ihren eigenen Territorien vom Erfolg gekrönt waren, den Aufschwung der deutschen Städte im 13. Jahrhundert, die stark zunehmende Schriftlichkeit oder den Boom spätmittelalterlicher Universitätsgründungen.

Zwei Phänomene, welche die aktuelle Forschungssituation in Deutschland kennzeichnen, wirken sich hier aus: der Rückgang des nationalen Selbstverständnisses und die Betonung all der Kontinuitäten, die wir außerhalb der traditionellen Herrschaftsgeschichte finden. Trotzdem zeigten die Feiern zum 800. Geburtstag Friedrichs II. an Weihnachten 1994, wie gerne auch heute noch Italiener und Deutsche diesen mysteriösen Herrscher für sich und ihre Ziele vereinnahmen. Besonders gefährdet sind trotz der zeitgemäß kritischen Grundeinstellung immer noch die Biographen des »letzten« Kaisers, einprägsam greifbar im jüngsten Urteil David Abulafias, »daß nach seinem [Friedrichs] Tod das Heilige Römische Reich in eine lange Niedergangsphase geriet, aus der es sich erst wieder« mit Karl V. befreite.[18] Aber auch wenn diese alte Ansicht, der Untergang der Staufer habe den Anbruch einer neuen (gleichsam schlechteren) Zeit heraufbeschworen, nur noch selten vertreten wird, so bleibt die Zäsur in der Mitte des 13. Jahrhunderts gemeinhin weiter bestehen. Begründet wird sie freilich weniger markant mit allgemeinen »Qualitätswandlungen« des täglichen Lebens, sei es das Entstehen von Familiennamen, der Modewandel bei der Kleidung, die überregionale Mobilität oder das Spätmittelalter als Krisenzeit. Der ehemals tragische Untergang des Stauferreiches ist heute gleichwohl zu relativieren und wohl treffender als schrittweiser Zerfall staufischer Macht innerhalb eines in veränderter Form weiterbestehenden Reiches zu bezeichnen. Zugleich ist das Bewußtsein gestiegen, daß die kurzen widersprüchlichen Beschreibungen in den Quellen einen weiten Interpretationsspielraum bei der Suche nach den Gründen für die politischen Vorgänge um die letzten Staufer eröffnen.

V. Schlußbetrachtung

Wie ist der zu Beginn geschilderte Untergang der Staufer also letztlich zu beurteilen? Welche auslösenden Faktoren trugen zum effektiven Niedergang wenn nicht des Reiches, so doch des staufischen Hauses bei? Und wie wirkte die staufische Selbststilisierung auf die spätere Geschichtsschreibung? Die beste Erklärung bietet ein breit gestreutes Faktorenbündel:

Zahlreich sind die innenpolitischen Ansatzpunkte. Denken wir nur an die überdimensionale, kaum beherrschbare Vereinigung des Reichs mit dem Königreich Sizilien, an die begrenzte politische Amtsgewalt der Staufer, die bekanntlich die Erblichkeit ihrer Herrschaft gegenüber den deutschen Fürsten nie formal durchsetzen konnten, oder an den Egoismus deutscher Fürsten, die über dem Ausbau der eigenen Territorien das Reich als Gesamtheit vergaßen. Hinzu kamen die kräftezehrende Außenpolitik, die zerstörerischen Attacken der Kurie mit der folgenreichen zweiten Bannung Friedrichs und dem Absetzungsdekret des Jahres 1245 ebenso wie das machthungrige Eingreifen westeuropäischer Mächte, insbesondere des Kapetingers Karl von Anjou in Italien. All diese politischen Faktoren beherrschten lange Zeit die Diskussion der deutschen Forschung. Im Vordergrund standen die deutlich greifbaren Konsequenzen für das Römische Reich; dazu gehören die Einengung der universalpolitischen Tendenzen der deutschen Könige im Mittelmeerraum, die Abtrennung Siziliens vom Reich und letztlich der Niedergang der Reichsherrschaft im Königreich Burgund.

Weitere endogene Faktoren sind mit dem Blick auf die Sozial- und

Wirtschaftsentwicklung zu ergänzen: der einschneidende Wandel im Wirtschafts- und Sozialgefüge, der sich mit dem Aufstieg der Städte vielschichtig bemerkbar machte, und das mangelnde Verständnis der traditionell orientierten Staufer für die innovative Kraft der oberitalienischen Städte, deren Wirtschafts- und Organisationskraft bisher nur vereinzelt als Ursache genannt wurde. Doch gerade diese Lombardenstädte verwandelten den »Triumphator« zuerst zu einem Besiegten.

Nicht zu unterschätzen sind schließlich die religiös-kulturellen Anstöße wie die im Volk virulenten Untergangsprophetien um Endzeitangst und Wendehoffnung oder die Sehnsucht nach einer geeinten Christenheit angesichts der Spaltung durch den verketzerten Kaiser. Keine Bedeutung dürften hingegen demographisch-naturwissenschaftliche Erklärungsmodelle besitzen; weder Bevölkerungsschwund noch klimatische Einbrüche lassen sich ausdrücklich nachweisen. Zu diskutieren ist freilich nach wie vor das Zusammenspiel der genannten Faktoren, die im Laufe der Geschichte vollkommen unterschiedlich gewichtet wurden.

Der Zerfall des Stauferreiches kann also (denken wir an das Römische Reich) kaum mit dem Untergang großer Reiche verglichen werden. Es war vielmehr der gleichsam zwingende Niedergang eines Geschlechts, weniger des ihm auf Zeit anvertrauten Reiches, und dieser Niedergang war eng mit dem zeitgenössischen Mythos um Kaiser Friedrich II. und seiner Interpretation verbunden. Die Zeitgenossen sahen vor allem den Mythos, den die Geschichtsschreiber der folgenden Generationen bereitwillig rezipierten. Gab er doch die Möglichkeit, die Staufer im Sinne eines eschatologisch faßbaren Endkaisergeschlechts zu überhöhen. Erst die Zeitgebundenheit von Forschung und historischen Urteilen kreierte im 19. und 20. Jahrhundert den tragischen Untergang, der heute im Sinne eines Übergangs in das von den Fürsten dominierte Spätmittelalter überwunden scheint. Aber vielleicht wird auch er wieder einmal aufleben, ebenso wie die nur in der Wahl der Perspektive differierenden Erwartungen um Endkaiser und Antichrist.

Anmerkungen

1 Horst Stern, Mann aus Apulien, München 1986, Neudruck 1988, S. 441 f.
2 Ernst Kantorowicz, Kaiser Friedrich der Zweite, ⁴Stuttgart 1993, S. 617.
3 Kaiser Friedrich II. in Briefen und Berichten seiner Zeit, hg. und übersetzt von Klaus J. Heinisch, Darmstadt 1968, S. 521; Philippus Mousket, Historia regum Francorum, hg. von Adolf Tobler (MGH SS 26), Hannover 1882, S. 718–821, hier S. 819.
4 Kaiser Friedrich II. in Briefen und Berichten seiner Zeit, S. 520; Matheus Parisiensis, Chronica maiora, hg. von F. Liebermann (MGH SS 28), Hannover 1888, S. 107–389, hier S. 213.
5 Kantorowicz, Kaiser Friedrich der Zweite, S. 536.
6 Kaiser Friedrich II. in Briefen und Berichten seiner Zeit, S. 551; Matheus Parisiensis, Chronica maiora, S. 229 f.
7 Kaiser Friedrich II. in Briefen und Berichten seiner Zeit, S. 525.
8 Die Chronik des Salimbene von Parma, bearb. von Alfred Doren, Bd. 1 (GdV 93), Leipzig 1914, S. 350–353; Salimbene de Adam OFM, Cronica, hg. von Oswald Holder-Egger, Hannover 1905–1913 (MGH SS 32), S. 341 ff.
9 Die Chronik des Salimbene von Parma, S. 351.
10 Ebenda, S. 357.
11 Karl Hampe, Kaiser Friedrich II. in der Auffassung der Nachwelt, Stuttgart u. a. 1925, S. 6.
12 Oswald Spengler, Der Untergang des Abendlandes. Umrisse einer Morphologie der Weltgeschichte, Bd. 2, München 1923, Neudruck 1972, S. 1043.
13 Hampe, Kaiser Friedrich II. in der Auffassung der Nachwelt, S. 6.
14 Johannes Haller, Die Epochen der deutschen Geschichte, zuerst 1922, Stuttgart, Berlin 1934, S. 81.
15 Ebenda, S. 81.
16 Kantorowicz, Kaiser Friedrich der Zweite, S. 632, 524, 630.
17 Jakob Burckhardt, Die Kultur der Renaissance in Italien, Neudruck Stuttgart 1981, S. 29.
18 David Abulafia, Herrscher zwischen den Kulturen. Friedrich II. von Hohenstaufen, Berlin 1991, S. 7.

Quellen und Literatur

Quellen

Die Chronik des Salimbene von Parma, bearb. v. Alfred Doren, 2 Bde. (GdV 93 und 94), Leipzig 1914; kritische Edition: Salimbene de Adam OFM, Cronica, hg. von Oswald Holder-Egger, Hannover 1905–1913 (MGH SS 32)

Kaiser Friedrich II. in Briefen und Berichten seiner Zeit, hg. und übersetzt von Klaus J. Heinisch, Darmstadt 1968

Darstellungen

David Abulafia, Herrscher zwischen den Kulturen. Friedrich II. von Hohenstaufen, Berlin 1991

Christoph Anz, Ein Rebell wider Willen? Joachim von Fiore und das Fortwirken seiner Geschichtstheologie bis zur Mitte des 13. Jahrhunderts, in: Marie Theres Fögen (Hg.), Ordnung und Aufruhr im Mittelalter. Historische und juristische Schriften zur Rebellion (Ius Commune. Sonderhefte 70), Frankfurt am Main 1995, S. 163–183

Ferdinando Bernini, Come si preparò la rovina di Federico II (Parma, la lega mediopadana e Innocenzo IV dal 1238 al 1247), in: Rivista storica italiana 60 (1948) S. 204–249

Antonio Crocco, Federico II nella cronica di Salimbene, Napoli 1970

Richard K. Emmerson/Bernard McGinn (Hg.), The Apocalypse in the Middle Ages, Ithaca and London 1992

Odilo Engels, Die Staufer, 3. erweiterte Auflage Stuttgart, Berlin, Köln, Mainz 1984

Arnold Esch/Norbert Kamp (Hg.), Friedrich II. Tagung des Deutschen Historischen Instituts in Rom im Gedenkjahr 1994 (Bibliothek des Deutschen Historischen Instituts in Rom, 85), Tübingen 1996

Josef Fleckenstein, Das Bild der Staufer in der Geschichte. Bemerkungen über Möglichkeiten und Grenzen nationaler Geschichtsbetrachtung (Göttinger Universitätsreden 72), Göttingen 1984

Othmar Hageneder, Weltherrschaft im Mittelalter, in: Mitteilungen des Instituts für österreichische Geschichtsforschung 93 (1985), S. 257–278

Martin Häusler, Das Ende der Geschichte in der mittelalterlichen Weltchronistik (Beihefte zum Archiv für Kulturgeschichte, Heft 13), Köln, Wien 1980

Ernst Kantorowicz, Kaiser Friedrich der Zweite, ^{4}Stuttgart 1993

Bernard McGinn, Apocalypticism in the Western Tradition (Variorum Collected Studies Series, CS 430), Aldershot 1994

Gert Melville, Zur geschichtstheoretischen Begründung eines fehlenden Niedergangsbewußtseins im Mittelalter, in: Niedergang. Studien zu einem geschichtlichen Thema, hg. von Reinhart Koselleck und Paul Widmer (Sprache und Geschichte 2), Stuttgart 1980, S. 103–136

Hans Martin Schaller, Das Relief an der Kanzel der Kathedrale von Bitonto, in: Archiv für Kulturgeschichte 45 (1963), S. 295–312; danach in: Stupor mundi, 1966, S. 591–616; Ausgabe 1982, S. 299–324; jetzt auch in: H. M. Schaller, Stauferzeit. Ausgewählte Aufsätze, Hannover 1993, S. 1–23 mit Nachtrag 1992

Theodor Schieder (Hg.), Handbuch der europäischen Geschichte, Bd. 2: Europa im Hoch- und Spätmittelalter, hg. von Ferdinand Seibt, Stuttgart 1987

Ernst Schubert, Einführung in die Grundprobleme der deutschen Geschichte im Spätmittelalter (Grundprobleme der deutschen Geschichte), Darmstadt 1992

Tilman Struve, Utopie und gesellschaftliche Wirklichkeit. Zur Bedeutung des Friedens-Kaisers im späten Mittelalter, in: HZ 225 (1977), S. 65–95

Stupor mundi. Zur Geschichte Friedrichs II. von Hohenstaufen, hg. von Gunther Wolf (Wege der Forschung 101), Darmstadt 1966; 2., völlig neubearb. Auflage Darmstadt 1982

Die Zeit der Staufer. Geschichte – Kunst – Kultur. Katalog zur Ausstellung, 5 Bde., Stuttgart 1977–79 (bes. die Beiträge von Klaus Schreiner, Bd. 3, S. 249–262, Bd. 5, S. 521–579, und Arno Borst, Bd. 3, S. 263–274)

Hansgerd Göckenjan
Weltherrschaft oder Desintegration?
Krise und Zerfall des Mongolischen Großreiches

»Wie kommt es dazu, daß die Nomadenvölker, die, in kleine Stämme aufgeteilt, friedlich bei ihren Herden leben, ...im Laufe weniger Jahre sich zu so großen Massen zusammenballen und dann eine Kraft darstellen, die mit Leichtigkeit die fest in sich gefügten Hochkulturen über den Haufen wirft? Wie kommt es, daß die Nomaden nach der Niederwerfung einer Hochkultur dort ihre Herrschaft für eine Weile aufrechterhalten können, ohne durch eine Erhebung der Unterworfenen ernstlich gefährdet zu werden, dann aber plötzlich alle Kraft verlieren und oft fast kampflos das Feld wieder räumen?«[1]

Eine Antwort auf diese Fragen, die der Sinologe Wolfram Eberhard vor nunmehr fast einem halben Jahrhundert in seinem Beitrag über den »Prozeß der Staatenbildung bei mittelasiatischen Nomadenvölkern« stellte, könnte dazu beitragen, nicht nur zentrale Fragen der Reiternomadenforschung zu lösen. Sie dürfte auch Erklärungen für Aufstieg und Niedergang eines von Reiternomaden gebildeten Großreiches geben und ist daher noch heute von unverminderter Bedeutung.

Das gilt vor allem im Hinblick auf das Mongolische Weltreich, das im 13. Jahrhundert von Tschinggis Khan und seinen Nachfolgern geschaffen wurde. Mit einer Fläche von etwa 25 Millionen Quadratkilometern und einer Gesamtbevölkerung von über 80 Millionen Menschen, die es auf dem Höhepunkt seiner Machtentfaltung um 1280 n. Chr. zählte, bildete es das größte Imperium des Mittelalters. Aus welthistorischer Perspektive wurde es nur vom Britischen Empire mit einer Ausdehnung von insgesamt 38 Millionen Quadratkilometern übertroffen. Im Unterschied zum Empire, das als Seemacht auf allen fünf Kontinenten ein Fünftel der Hemisphäre einnahm, war das Mongolenreich eine eurasische Kontinentalmacht, deren kompakte Ländermasse sich vom Gelben und Ostchinesischen Meer bis zur Adria und von der sibirischen Taiga bis zum Persischen Golf erstreckte. Anders als das Empire, das nahezu vier Jahrhunderte überdauerte, benötigte das Mongolische Großreich für seine Entfaltung nicht einmal drei Menschenalter. Auch waren Aufstieg und Zerfall so untrennbar miteinander verbunden und verzahnt, daß es geboten erscheint, sie in einem komplexen Zusammenhang zu beurteilen.

I. Die Entstehung des Mongolischen »Weltreiches«

Die Frage, wie es etwa einer Million Mongolen gelingen konnte, innerhalb von wenigen Jahrzehnten eine Ländermasse zu erobern, die den weitaus größten Teil des eurasischen Doppelkontinents bedeckte, hat seit jeher in der historischen Forschung zu lebhaften Auseinandersetzungen geführt. In deren Verlauf setzte sich jedoch die Erkenntnis durch, daß monokausale Deutungsversuche kaum ausreichen dürften, um die Ursachen für die räumlich weitausgreifenden Expansionen der Mongolen und deren Aufstieg von einer »Clan-Föderation« zum »Weltreich« zufriedenstellend zu erklären.[2]

Man hat daher die Erfolge der Mongolen mit einer Reihe von Hypothesen zu erklären versucht, deren Gewichtung im einzelnen aber umstritten geblieben ist. Nahezu alle Autoren stimmen jedoch darin überein, daß der charismatischen Führerpersönlichkeit Tschinggis Khans eine bestimmende Rolle zukommt. Eine außergewöhnliche militärische Begabung und strategischer Weitblick verbanden sich bei ihm mit seiner Eignung, als visionärer Gesetzgeber zu wirken, und mit hervorragender Menschenkenntnis, die ihn früh befähigte, sich mit für ihre künftigen Aufgaben geeigneten und loyalen Gefolgsleuten zu umgeben. Erste kriegerische Erfolge, die diesen Anhängern die Aussicht auf Beute und künftigen Machtgewinn verhießen, verschafften dem jungen Temüdschin (mongol., »Schmied«), dem späteren Tschinggis Khan, bald Zulauf.

Seit der Reichsversammlung (*quriltai*) von 1206, die Temüdschin zum Khan wählte, kam in Rangbezeichnung und Herrschaftssymbolik des neuen Monarchen Tschinggis Khan (»ozeangleicher Khan«) ein erheblich gesteigertes Macht- und Sendungsbewußtsein zum Ausdruck. Fortan beriefen sich Tschinggis Khan und seine Nachfolger auf göttliche Weisung. Aus ihr leiteten sie den Anspruch auf Weltherrschaft ab. Noch Hülägü, der Eroberer von Bagdad, verkündete 1258 dem Kalifen, der Ewige Himmel habe Tschinggis Khan und seine Dynastie erwählt und ihnen die ganze Erde vom Osten bis zum Westen übertragen.

Kraftvolle und machtbewußte Herrscherpersönlichkeiten aus dem Tschinggisiden-Clan bestimmten auch nach dem Tode Tschinggis Khans (1227) maßgeblich die Geschicke des Weltreichs. Zu ihnen zählte Tschinggis Khans Sohn Ögödei (1227–41) ebenso wie der Enkel Batu (1229–55), der in der Erinnerung der Mongolen als Sayin Khan (»der gute Khan«) fortlebte.

Doch war der Aufstieg auch der fähigsten Prätendenten erst dann möglich, wenn sie im Einklang mit den Expansionsbestrebungen der nomadischen Steppenhirten vorgingen. Deren Verbände gerieten aber stets dann in Bewegung, wenn erhebliche Klimaschwankungen eintraten, die zu längeren Dürre- bzw. Kälteperioden oder unerwarteten Frosteinbrüchen führen konnten. Jüngere Forschungen zeigten, daß auch in der Mongolei zwischen 1175 und 1260 langfristige Wetterverschlechterungen eintraten, die Viehsterben zur Folge hatten. Aus dem Verlust der Herden ergaben sich Hungersnöte, die die Nomaden zu weiträumigen Wanderungsbewegungen und periodischen Raubzügen zwangen. In solchen Krisenzeiten waren die benachbarten Kulturreiche Angriffsziele von magischer Anziehungskraft. Nicht selten führten die Auseinandersetzungen mit den Seßhaften in den Randzonen der Kulturreiche zu einer sozialen Differenzierung der Nomadengesellschaften und zur Entfremdung der weitgehend assimilierten Stammesaristokratie von der Masse der in den ursprünglichen Weidegebieten verbliebenen und zum Teil verarmten Nomaden.

Einmal zur Macht gelangt, konnten sich Tschinggis Khan und seine Nachfolger auf ein einzigartiges militärisches Potential stützen. Um 1240 belief sich die Gesamtstärke der mongolischen Streitkräfte bereits auf etwa 400 000 Mann. Schon die zeitgenössischen Historiker rühmten diese Armee übereinstimmend als unbesiegbar. Ein persischer Autor preist sie mit den Worten: »Was die Organisation ihrer Armee angeht, so kann von Adam angefangen bis zum heutigen Tag in keinem Geschichtswerk und in keinem Buche nachgelesen werden, daß irgendeiner der Könige, die die Herren ihrer Völker waren, jemals über eine Armee wie die der Tartaren verfügte... Welche Armee in der ganzen Welt kann sich mit der mongolischen messen?«[3]

Taktik und Strategie der Mongolen wurzelten in den Traditionen innerasiatischer Reiterkrieger, die der byzantinische Schriftsteller Theodoros Synkellos bereits im 7. Jahrhundert so überspitzt wie prägnant mit der Kennzeichnung »wilde Völker, deren Leben der Krieg ist«,[4] zu beschreiben versuchte. Zeitgenössische Beobachter erwähnen immer wieder die Ausdauer, Zähigkeit und Anspruchslosigkeit der durch das harte Leben in der Steppe geprägten und an widrigste Gelände- und Klimaverhältnisse gewöhnten Nomaden und ihrer Pferde, die sie zu weiträumigen und zeitlich sorgfältig abgestimmten Operationen befähigten. Große Treibjagden, die als Manöver abgehalten wurden, und regelmäßige Musterungen erhöhten die Einsatzbereitschaft und Kampfkraft der Truppenverbände. Die Bewaffnung der Mongolen (Reflexbogen, Säbel, Fangschlinge, Lederpanzer u. ä.) bot ideale Voraussetzungen für den Kampf in der Steppe. Die Mongolen standen schon bei den Zeitgenossen im Ruf, die besten Bogenschützen der Welt zu sein. Die höchst mobilen Reiterverbände vermieden in der Regel den Nahkampf und suchten im überraschenden, von einem Pfeilhagel begleiteten Angriff den Gegner von den Flügeln her zu umfassen oder durch »fingierte Flucht« in den Hinterhalt zu locken.

Das Dezimalsystem, mit dessen Hilfe Tschinggis Khan eine Neuordnung seines Heeres wie des ganzes Volkes 1203 vornahm und die überkommene Gentilordnung zerschlug, war bei den zentralasiatischen Völkern als militärisches Ordnungsprinzip weit verbreitet und wurde von den Mongolen eingeführt, um die »überlegene Beweglichkeit und Schlagkraft ihrer Heere mit einer disziplinierten Manövrierfähigkeit zu verbinden, die sie zu einer einzigartigen furchtbaren Waffe machte«.[5] Häufig weisen die Quellen auf die strikte Disziplin hin, der Tschinggis Khan alle Soldaten ohne Rücksicht auf ihren Rang bei Androhung drakonischer Strafen unterwarf und die so gewaltsam die beständigen Fehden zwischen den mongolischen Clans und Stämmen unterband.

Die Eroberung alter Kulturreiche in den Feldzügen gegen das nordchinesische Chin-Reich (seit 1211) und im Krieg gegen den Choresm-

Schah in Zentralasien (1219–24) verhalf den Mongolen zu neuen Ressourcen. Schon vor Beginn der militärischen Unternehmungen liefen zahlreiche Fremde, deren Zustrom sich in der Folgezeit noch – vor allem durch turksprachige Elemente (»Tataren«) – verstärkte, zu den Mongolen über. Unter den Deserteuren befanden sich zahlreiche hohe Offiziere und zivile Amtsträger. Sie vermittelten den Mongolen neue Waffen- und Belagerungstechniken, führten das Uigurische als Amtsschrift und -sprache ein und schufen ein für die Administration unentbehrliches Kanzleiwesen. Sie organisierten ein engmaschiges Post- und Kurierwesen, überzeugten Tschinggis Khan, daß es ertragreicher sei, Steuern von den Bauern einzunehmen, als deren Felder in Weideland für die mongolische Reiterei zu verwandeln, und ließen zur Erhebung der Steuern eine Zählung der Haushalte durchführen.

So trugen fremde Kollaborateure, die als »Tataren« bald auch die Mehrheit der mongolischen Truppen stellten, nicht nur entscheidend zu deren Siegen über die benachbarten Kulturreiche bei, sondern sorgten in den unterworfenen Ländern auch für eine funktionierende Verwaltung und somit – wenn auch bisweilen unfreiwillig – für die Fortdauer der Mongolenherrschaft. Denn, so hatte einer dieser Überläufer den Großkhan Ögödei gemahnt: »Das Reich ist zu Pferde geschaffen worden, aber es kann nicht zu Pferde regiert werden.«[6]

Nicht zuletzt war es den Anstrengungen der fremden Ratgeber zu verdanken, wenn sich nach all den entsetzlichen Verwüstungen und Gemetzeln, die der Mongolensturm mit sich gebracht hatte, noch zu Lebzeiten Tschinggis Khans im Inneren des Großreiches eine dauerhafte Rechtsordnung bildete. Zudem trug die vom Herrscher verordnete religiöse Toleranz vorerst beträchtlich zur Wahrung des inneren Friedens und der Reichseinheit bei.

Wie alle Steppenimperien verfügte aber auch das Mongolenreich über ein erhebliches Potential an zentrifugalen Kräften, die sich auf die Dauer durchsetzen sollten. Nomadenreiche waren nicht selten instabile Verbände, deren Zusammenhalt von der Fähigkeit des Khans abhing, sein vom Himmel verliehenes »Heil« (türk.: *qut*, mongol.: *qutuq*) durch die Fürsorge für sein Volk und erfolgreiche Kriegszüge unter Beweis zu stellen. Verlor er dieses Charisma durch Niederlagen und Rückschläge, so drohten der Abfall einzelner Verbände und schließlich allgemeiner Aufruhr. Die Khane reagierten daher auf erste

Anzeichen von Abfall oder Empörung mit Gegenmaßnahmen. Aufrührer wurden, wenn man sie überwältigte, unverzüglich beseitigt, fremde Fürsten, die die Überläufer aufgenommen hatten, unter Androhung von Kriegshandlungen zu deren Auslieferung genötigt. Attila verhielt sich in dieser Hinsicht nicht anders als der Awarenkhagan Bajan oder der Türke Istämi.

Zwar war es Tschinggis Khan gelungen, die Stammesverbände als politische Einheiten durch die Einführung der Dezimalordnung wie durch die Übernahme eines nichtnomadischen, »bürokratischen« Verwaltungssystems weitgehend auszuschalten, doch drohte noch 1237 Khan Batu dem ungarischen König Béla IV.: »Ich habe auch erfahren, daß du die Kumanen, meine Sklaven, unter deinem Schutz hältst. Deshalb befehle ich dir, sie fortan nicht bei dir zu behalten, und mich dir ihretwegen nicht zum Gegner zu machen.«[7]

Wie ernst der Reichsgründer selbst die latent vorhandene Gefahr von Abfallbewegungen nahm und wie entschlossen er widerspenstige Stammesverbände zu bestrafen suchte, zeigt eine Episode, die eine authentische Quelle, die berühmte »Geheime Geschichte« der Mongolen, überliefert. Danach hatte Tschinggis Khan während eines Vergeltungsfeldzuges gegen das abtrünnige Volk der Tanguten 1226 einen schweren Unfall erlitten. Als die mongolischen Prinzen und Heerführer daraufhin zusammentraten und den Abbruch des Unternehmens beschließen wollten, schaltete sich der Herrscher selbst mit den Worten ein: »Die Tangut-Leute werden von uns sagen, wir seien zurückgekehrt, weil uns der Mut fehlt« und mahnte die sofortige Bestrafung der Aufständischen an.[8]

II. Die Machtkämpfe der Nachfolger Tschinggis Khans

Vom Abfall unterworfener Fürsten oder Vasallenverbände war jedoch in der Regel nur die Peripherie des Reiches betroffen. Weit bedrohlicher für den Zusammenhalt mußten die Streitigkeiten und Machtkämpfe erscheinen, die von Anfang an in der Herrscherfamilie selbst ausbrachen. Wie ein roter Faden durchziehen die Darstellungen von Bruderzwisten und die Aufrufe zur Eintracht unter den Familienangehörigen die »Geheime Geschichte«.

Nicht selten waren es die Mütter, die sich mit harten Worten zwischen die Streitenden stellten und eindringlich zur Versöhnung mahnten. Schon Bodonquoa, die legendäre Ahnherrin Tschinggis Khans, suchte ihre fünf Söhne mit der sogenannten »Pfeilparabel« zur Einigung anzuhalten: »Ihr meine fünf Söhne seid aus einem Leib geboren. Wenn ihr, wie eben diese fünf Pfeile, jeder für sich allein lebt, könnt ihr gleich jenen einzelnen Pfeilen leicht zerbrochen werden. Bleibt ihr aber in Eintracht zusammen wie jenes Bündel Pfeile, wie könnte euch dann irgend jemand so leicht etwas tun?«[9]

Die »Geheime Geschichte« läßt später Temüdschins Mutter Höelün als Verfechterin der familiären Eintracht auftreten. Temüdschin selbst war hingegen mehrfach aktiv in die familiären Auseinandersetzungen verwickelt. Für ihn wurde der Kampf um die Anerkennung als Oberhaupt des Clans der Bordschigid immer mehr wesentliches Element seines Aufstiegs zur Macht. Gegen den Widerstand der Mutter tötete Tschinggis Khan seinen Stiefbruder. Nur mit Mühe vermochte Höelün zu verhindern, daß er seinen Bruder Qasar ebenfalls beseitigte. Tschinggis Khan wich vor ihr zurück, denn, so die »Geheime Geschichte«, er »geriet... in Furcht vor ihr«. Gleichwohl suchte er insgeheim den Bruder weiterhin zu entmachten, um ihn, den möglichen Rivalen beim Kampf um die Macht, auszuschalten. Die Reaktion Höelüns schildert die »Geheime Geschichte« lakonisch mit den Worten: »Als die Mutter davon erfuhr, ging es mit ihr, durch die Gedanken daran, schnell abwärts.«[10]

Der Tod der Mutter nötigte Tschinggis Khan, deren Mittlerrolle innerhalb der Familie zu übernehmen. Hatte der erfolgreich bestandene Machtkampf des Herrschers mit seinen Brüdern dessen Position und damit auch die der Zentralmacht gefestigt, so drohte ein Streit seiner vier Söhne Dschötschi, Tschagatai, Ögödei und Tolui um die Thronfolge die Eintracht der Familie zu sprengen, und zwang Tschinggis Khan zu einer richtungsweisenden Entscheidung. Sie wurde jedoch dadurch erschwert, daß die Mongolen zu dieser Zeit keine verbindliche Erbfolgeregelung kannten. Fest stand lediglich, daß nur ein Mitglied des Bordschigid-Clans beim Tode des Khans dessen Nachfolge antreten konnte. Ferner galt, daß die Verfügungsgewalt über den *Ulus*, d. h. über alle Untertanen, alles Volk des Khans, dem Clan als Kollektiv zustand. Im Prinzip waren sowohl Brüder und Neffen als auch die

Söhne des Verstorbenen erbberechtigt. Schon zu Tschinggis Khans Zeiten hatte sich indessen die »Tendenz verstärkt, die Thronfolge seinem Sohn zu überlassen«.[11] Der Khan selbst hatte ja dieser Entwicklung durch die Ausschaltung seines Bruders Qasar Vorschub geleistet.

In der Regel galt nach dem Tod des Vaters der älteste Sohn als Familienoberhaupt. Der Jüngste aber, der als »Feuerprinz« (mongol.: *ötčigin*) bereits zu Lebzeiten der Eltern zu Hause geblieben war und das Herdfeuer gehütet hatte, erbte das Palastzelt (mongol.: *ordo*), die Frauen und die Weidegründe des Vaters. Er befand sich somit beim Tod des Herrschers in einer sehr vorteilhaften Ausgangsposition. Tatsächlich behauptete schon der zeitgenössische persische Chronist Dschuwaini: »Nach dem Gesetz und dem Brauch der Mongolen wurde die Position des Vaters dem jüngsten von der Hauptfrau geborenen Sohn übertragen...«[12]

Allerdings blieb unberücksichtigt, daß Dschuwaini sein Werk nach 1252 verfaßte, als in Karakorum der Großkhan Möngke (1251–59) und in Täbris der Il-Khan Hülägü (1256–65) regierte. Beide Herrscher waren Söhne des jüngsten Tschinggis Khan-Sohnes Tolui. Der »Hofhistoriker« Dschuwaini handelte demnach in ihrem Interesse, wenn er die Legitimität der herrschenden Dynastielinie zu beweisen suchte.

Nach dem Zeugnis der »Geheimen Geschichte«, die zwischen 1227 und 1240 geschrieben wurde, bevorzugte Tschinggis Khan als Thronfolger zunächst seinen ältesten Sohn Dschötschi. Die Entscheidung des Vaters wurde nicht widerspruchslos hingenommen. Tschagatai, der zweite Sohn erklärte, er wolle nicht von einem »Bastard« regiert werden. Damit bezog er sich auf das Gerücht, daß Dschötschi kein Sohn Tschinggis Khans sei, sondern von einem Merkit abstamme, der Tschinggis Khans Gemahlin Börte, die Mutter der vier erbberechtigten Söhne, geraubt hatte. Dschötschi entgegnete mit heftigen Worten, es kam zum heftigen Streit, den Tschinggis Khan mit einem Kompromiß beizulegen versuchte. Weder Tschagatai noch Dschötschi sollten, so die Entscheidung des Khans, seine Nachfolge antreten. Selbst Tolui, der sich ständig in der Nähe des Vaters aufgehalten hatte und zeitweilig von diesem offen bevorzugt worden war, fand jetzt keine Berücksichtigung. Tschinggis Khan folgte vielmehr dem Vorschlag Tschagatais, Ögödei zu benennen. Die »Geheime Geschichte« geht kaum auf die Beweggründe ein, die den Herrscher zu seiner Entscheidung veranlaßt hatten. Sie vermerkt allein die Worte, mit denen Tschagatai seine Zustimmung bekundete: »Ögödei ist aufrichtig. Wir wollen Ögödei benennen.«[13]

Ausführlich nahm der über die Verhältnisse am Hof der Mongolenkhane gut unterrichtete armenische Chronist Kirakos von Gandschak zu den Motiven Tschinggis Khans Stellung. Der habe, so Kirakos, noch kurz vor seinem Tode eine Charakterisierung seiner Söhne vorgenommen: Tschagatai sei kämpferisch und liebe das Heer, sei aber von Hochmut erfüllt, Tolui sei ein erfolgreicher Krieger, aber geizig. Hingegen verfüge Ögödei über vielseitige Begabungen, vor allem aber über ein freigebiges Wesen.[14]

Ögödei mochte mithin durchaus dem Bild entsprechen, das sich Tschinggis Khan und die Mongolen im allgemeinen von einem idealen Fürsten machten. Dessen Freigebigkeit bot ja die Gewähr für die Loyalität seiner Gefolgsleute. Tatsächlich entsprach Ögödei später diesen Erwartungen, da er bei seinem Herrschaftsantritt die Schatzkammern öffnen ließ, um seine Krieger mit Geschenken zu überhäufen.

Die von allen Brüdern beschworene Vereinbarung erwies sich nach außen als so wirksam, daß der designierte Thronfolger Ögödei nach dem Tode Tschinggis Khans 1228 von der Reichsversammlung einhellig zum Großkhan gewählt wurde. Gleichwohl gab es Anzeichen dafür, daß der Bruderzwist langfristig verhängnisvolle Folgen für den inneren Zusammenhalt der Tschinggisiden-Dynastie wie für die Reichseinheit haben sollte. Zu beachten ist zudem, daß Tschinggis Khan bei derselben Zusammenkunft im Jahre 1218 jedem seiner Söhne einen Teil des Reiches mit der dort lebenden Bevölkerung (*ulus*) als »Apanage« zugewiesen hatte, um »jeden über ein Reich regieren« zu lassen. Denn, so fügte er zur Begründung hinzu, »Mutter Erde ist weit, Flüsse und Wasser sind zahlreich«.[15]

Der Hinweis macht deutlich, daß die Mongolen früh die gewaltige Ausdehnung ihres Reiches in der Praxis als zunehmende Belastung empfanden, die schon aus logistischen Gründen kaum von einem Reichszentrum aus allein zu überwinden war. Da »im 13. Jahrhundert die Kommunikationsmittel und die Verwaltungstechnik für die Bewältigung solcher Entfernungen völlig unzugänglich waren«,[16] ließ sich eine Dezentralisierung der Reichsverwaltung kaum vermeiden.

Schien sie doch den Vorteil zu bieten, daß sich die Söhne durch frühzeitige Übernahme eigener *Ulus*-Bereiche auf die Praxis künftiger Herrschaftstätigkeit vorbereiten konnten.

Bei der Zuteilung der Territorien hatte Dschötschi als Ältester die entferntesten Regionen westlich des Irtysch zu übernehmen, während der jüngste Sohn, Tolui, die mongolischen Kernlande verwaltete. Tschagatai erhielt Transoxanien und das Siebenstromland, während Ögödei über die östliche Dsungarei und die neu eroberten chinesischen Gebiete herrschen sollte. Da die Grenzen zwischen den einzelnen *Ulus* nicht genau festgelegt wurden, waren künftige Konflikte zwischen den Brüdern geradezu vorprogrammiert.

Obwohl alle Söhne die Entscheidungen Tschinggis Khans und die Designation Ögödeis zum künftigen Großkhan durch einen Schwur bekräftigt hatten, kam es schon während des Feldzuges, den Tschinggis Khan 1218–23 gegen den Choresm-Schah führte, erneut zu heftigen Auseinandersetzungen zwischen Dschötschi und seinen Brüdern Tschagatei und Ögödei. Den Anlaß dazu bot die Belagerung der Stadt Urgentsch am Amu Darya, die von den Brüdern gemeinsam angegriffen wurde. Urgentsch gehörte zu dem *Ulus*, den Tschinggis Khan Dschötschi übertragen hatte. Dschötschi bemühte sich daher, die Stadt vor der Zerstörung zu bewahren, und versprach den Einwohnern, sie zu schützen, wenn sie sich kampflos ergäben. Schließlich ließ er ausrufen, Tschinggis Khan habe ihm die Stadt übertragen und verboten, sie zu zerstören. Ein persischer Historiker berichtet sogar, Dschötschi habe sich auch mit Tschinggis Khan überworfen und Mordabsichten gegen ihn gehegt. Angeblich habe der Sohn im Zorn ausgerufen: »Tschinggis Khan ist wahnsinnig geworden, so viele Völker niederzumetzeln und so viele Länder zu verwüsten. Ich könnte mir Verdienste erwerben, wenn ich meinen Vater bei der Jagd tötete, ein Bündnis mit dem Sultan Mohammed (dem Choresm-Schah) schlösse, dieses Land zur Blüte brächte und den Muslimen Beistand leistete.«[17] Tschinggis Khan aber sei durch Tschagatai über diesen Vorfall unterrichtet worden und habe die Weisung erteilt, Dschötschi heimlich zu beseitigen.

Die Nachricht kann schon allein deshalb nicht zutreffen, weil der Choresm-Schah zum Zeitpunkt des Streits 1223 nicht mehr lebte. Den Konflikt zwischen Vater und Sohn bezeugt aber auch ein anderer persischer Autor, Raschid ad-Din, dessen Version glaubwürdiger klingt. Danach hatte sich Dschötschi nach 1223 in die Steppengebiete westlich des Irtysch zurückgezogen. Als er der Aufforderung des Vaters, vor ihm zu erscheinen, nicht Folge leistete, entstandte Tschinggis Khan Truppen unter dem Befehl Ögödeis und Tschagatais, um Dschötschi zu bestrafen. Allein der frühzeitige Tod des Rebellen, der im Frühjahr 1227, sechs Monate vor dem Ableben Tschinggis Khans, starb, bewahrte ihn vor der Vergeltung. Dschötschi verfügte offenbar über gute Beziehungen zu seinem jüngsten Bruder Tolui. Beide waren ja bei der Designation Ögödeis zurückgesetzt worden, obwohl sie ursprünglich über bessere Aussichten als Thronbewerber verfügt hatten. Zur engen politischen Zusammenarbeit der beiden Prinzen trug vermutlich auch bei, daß sie mit zwei Schwestern aus der Fürstenfamilie des mongolischen Stammesverbandes der Kereit verheiratet waren. Auf der anderen Seite bildete die enge Allianz zwischen Ögödei und Tschagatai das Gegengewicht zum Bündnis von Dschötschi und Tolui. So fällt auf, daß Ögödei noch als Großkhan bei wichtigen politischen Entscheidungen nicht Tolui oder die Söhne Dschötschis, sondern ausschließlich Tschagatai zu Beratungen heranzog.

Tolui vertrat auch nach dem Tode Dschötschis eine eigenständige Politik gegenüber seinen älteren Brüdern. Gestützt auf die ihm unterstehenden Gardetruppen und die kaiserliche Schatzkammer übernahm er nach dem Tode des Vaters 1227 die Regentschaft über das Gesamtreich. Zunächst scheint er, wie chinesische Quellen bezeugen, die Einberufung der Reichsversammlung zur Wahl des neuen Großkhans hinausgezögert zu haben. Immerhin vergingen zwei Jahre, bis Ögödei 1229 seine Herrschaft antreten konnte. Anders als Dschötschi aber suchte Tolui nicht den Bruch mit dem Bruder. Gemeinsam unternahmen sie Feldzüge gegen die nordchinesische Chin-Dynastie, deren Untergang 1234 allerdings Tolui, der zwei Jahre zuvor starb, nicht mehr erlebte.

Unterdessen schien der innere Frieden unter den Tschinggisiden wieder hergestellt zu sein. An dem großen Westfeldzug, der auf der Reichsversammlung von 1235 beschlossen und dessen Leitung Batu, dem Sohne Dschötschis, übertragen worden war, nahmen zwölf Prinzen teil, unter ihnen Nachkommen aller vier Söhne Tschinggis Khans. Noch während des Feldzuges, in dessen Verlauf bis 1241 u. a. die

Wolgabulgaren, Kumanen, fast alle Fürstentümer der Rus, Ungarn und Polen unterworfen wurden, brachen jedoch erneut Streitigkeiten zwischen den beteiligten Prinzen aus. Alte Frontstellungen wurden wieder bezogen. Denn Büri und Güjük, die Söhne Tschagatais und Ögödeis, bestritten auf verletzende Weise Batu die Vorrangstellung und verließen ohne dessen Zustimmung das Heer. Da Möngke Partei für Batu ergriff, war das alte Bündnis zwischen den Linien Dschötschis und Toluis wieder gefestigt. Einzig das besonnene Verhalten Ögödeis, der Güjük und Büri heftig tadelte und zum Heer zurücksandte, bewahrte vorerst beide Parteien vor einem bewaffneten Zusammenstoß.

Doch vertiefte die Kränkung, die Batu widerfahren war, die Spannungen zwischen ihm und Güjük. Sie bieten die Erklärung dafür, daß Batu auf die Nachricht vom Tode Ögödeis (21. Dezember 1241) den Westfeldzug abbrach, um an der Wahl des neuen Großkhans teilzunehmen. Batu, der durch die Eroberungen im Westen erheblich an Macht gewonnen hatte, konnte zwar die Wahl Güjüks 1246 zum Großkhan nicht verhindern, suchte sich aber vom Großkhanat zu lösen. Er war schon der Reichsversammlung ferngeblieben, die Güjük zum Khan gewählt hatte, und stellte von sich aus, sehr zum Unwillen Güjüks, russischen Fürsten die Bestätigungsurkunde aus, ohne sie nach Karakorum weiterzuleiten.

Güjük, der seine Prärogative bedroht sah, setzte zu Beginn des Jahres 1248 Truppen in Marsch, um eine Strafexpedition gegen Batu zu unternehmen, der ihm seinerseits, durch Toluis Witwe Sorkhakhtani gewarnt, entgegenrückte. Der plötzliche Tod Güjüks verhinderte jedoch den militärischen Zusammenstoß zwischen den mächtigsten Opponenten der beiden Bürgerkriegsparteien. Eine für den Bestand des Gesamtreiches äußerst gefährliche Krise war somit noch einmal abgewendet. Zwar gelang es Güjüks Witwe, die Regenschaft zu übernehmen, doch vermochte sie der Koalition zwischen Batu und dem Toluiden-Clan nicht lange Widerstand zu leisten.

Batu, der als ältester Tschinggiside einen rechtlich begründeten Anspruch auf die Thronfolge hätte anmelden können, verzichtete auf seine Rechte und setzte durch, daß Möngke, der älteste Sohn Toluis, 1251 zum Großkhan gewählt wurde. Der Thronerhebung Möngkes folgte ein blutiges Strafgericht. Die Witwe Güjüks und mehrere Prinzen der Linien Ögödeis und Tschagatais, die dem Wahlakt ferngeblieben waren und zuletzt einen Umsturzversuch geplant hatten, wurden hingerichtet.

Die »herkunftshierarchische Clanpolitik« (M. Weiers) der Nachkommen Dschötschis und Toluis hatte sich durchgesetzt und ihre bislang härteste Bewährungsprobe bestanden. Die überlebenden Khane der Ögödei- und Tschagatai-Linien blieben fortan auf einen zentralasiatischen Herrschaftsbereich beschränkt. Die Einheit des mongolischen Reichsverbandes blieb fürs erste erhalten. Vereint betrieben die Khane und Prinzen aus den Familienzweigen Dschötschis und Toluis die weitere militärische Expansion des Großreiches, das unter Khubilai seine größte Ausdehnung erlangte.

III. Die Separation der Teilreiche

Zu den besonderen Merkmalen des Mongolischen Weltreiches gehört, daß es auf dem Zenit äußerer Machtentfaltung die deutlichsten Bruchlinien und Anzeichen inneren Verfalls aufwies. Die Einheit des Reiches war nur durch das fortdauernde Bündnis zwischen den Nachfahren Dschötschis und Toluis bewahrt worden. Auch wurde die Autorität des Großkhans Möngke von Batu und dessen Brüdern formal nicht in Frage gestellt. Faktisch existierten jedoch zwei Machtzentren: in Karakorum und in Sarai an der unteren Wolga, wo Batu residierte. An die Stelle der Alleinherrschaft Tschinggis Khans und seines Nachfolgers Ögödei war ein dualistisches System getreten, in dem Möngke und Batu gleichberechtigt agierten. Möngke selbst erklärte Wilhelm von Rubruk 1254 dies mit den Worten: »Wie die Sonne nach allen Seiten ihre Strahlen aussendet, so erstreckt meine und Batus Macht sich überall hin.«[18]

Hinzu kam, daß sich der Ögödei-Enkel Khaidu, der sich selbst als »Großkhan« bezeichnete und sich im ehemaligen Teilreich Tschagatais in Zentralasien seit 1269 gegenüber Möngke und Batu behauptet hatte, bis 1303 halten konnte. Im Westen hatte der vierte Sohn Toluis, Hülägü, zwischen 1255 und 1260 von Samarkand aus ein neues Teilreich erobert, das seine Nachfolger, die Il-Khane (Il-Khan: »Friedensfürst, Landesfürst«) für ein Jahrhundert regieren sollten und das sich ursprünglich vom Schwarzen Meer bis zum Persischen Golf und vom zentralanatolischen Hochland bis zum Hindukusch erstreckte.

Neben den fortwährenden internen Streitigkeiten der einzelnen Tschinggisiden-Dynastien trugen vor allem vermehrte kulturelle und religiöse Differenzen zur wechselseitigen Entfremdung der Teilreiche und zum allmählichen Zerfall des Gesamtimperiums entscheidend bei. Der Versuch der mongolischen Steppenaristokratie, die militärische Überlegenheit der Reiternomaden mit der Verwaltungspraxis ihrer uigurischen, chinesischen und persischen Berater zu einem auf Dauer funktionierenden Reichsorganismus zu vereinen, mußte schon an der zu geringen Zahl der mongolischen Eroberer scheitern. Hinzu kam, daß die Mongolen selbst in zwei Gruppen zerfielen. Die eine blieb der nomadischen Lebens- und Wirtschaftsform verhaftet. Die andere sah ihre Existenz eher in einer Symbiose mit den von ihr unterworfenen seßhaften Bevölkerungsgruppen gesichert. So war der Kampf, den Khaidu mit Khubilai austrug, letztlich auch eine Auseinandersetzung, die die in den zentralasiatischen Steppen verbliebenen traditionsbewußten Nomaden mit jenen Mongolen führten, die allmählich der Anziehungskraft der chinesischen Kultur erlagen und ihre wirtschaftliche Existenz zunehmend den Abgabeleistungen tributpflichtiger Bauern und Städter verdankten.

Die angeschlossenen und unterworfenen Ethnien, die ursprünglich allein der Autorität des Großkhans unterstellt waren, aber im Laufe der Zeit unter die Herrschaft der Teilreiche gerieten, trugen zur Herausbildung von regional bedingten Sonderformen des Identitätsbewußtseins in den Teilreichen nicht unerheblich bei. Aus dem *Ulus* Dschötschis oder Batus wurde später ein von turksprachigen Ethnien dominiertes *Descht-i-Kiptschak* (Steppe der Kiptschak-Kumanen), aus den mongolischen Toluiden eine halb sinisierte Yüan-Dynastie.

Eine Schlüsselrolle bei der Formierung und Separation der Teilreiche spielten die Religionen der jeweils ansässigen Bevölkerungselemente. Die Mongolen, ursprünglich Polytheisten und Animisten, in deren religiöser Vorstellungswelt der »Ewige Himmel« (*tängri*) eine zentrale Stellung einnahm, hielten sich gegenüber unterworfenen Völkern zunächst an den Grundsatz Tschinggis Khans, daß deren Glaubensbekenntnisse nicht angetastet und sie nicht zum Religionswechsel gezwungen werden dürften. Im Verhältnis zu den Anhängern der verschiedenen Weltreligionen (Buddhismus, Christentum, Islam, Judentum), die sich an den Höfen der Mongolenkhane einfanden, spielte die religiöse Toleranz oder besser Indifferenz der Mongolen eine wichtige Rolle. Sie war stark von einer pragmatischen Einstellung bestimmt. Zeigte man sich doch duldsam nur unter dem Vorbehalt, daß die Geistlichen der verschiedenen Bekenntnisse auf ihre Weise den Segen des Himmels über die Dynastie herabrufen sollten. Kennzeichnend für diese Auffassung ist die von Wilhelm von Rubruk überlieferte Aussage Möngkes: »Wie Gott der Hand verschiedene Finger gegeben hat, so hat er auch den Menschen verschiedene Wege gegeben, selig zu werden.«[19] Durchaus folgerichtig war das Gebot der Toleranz daher auch in der *Yasa*, dem Gesetzeswerk Tschinggis Khans, verankert: »Niemand darf eine Glaubenslehre gegenüber einer anderen fanatisch vertreten.«[20]

In der Praxis führte diese Einstellung nicht selten dazu, daß die Mongolen die Anhänger eines religiösen Bekenntnisses gegen die Verfolgung durch Andersgläubige in Schutz nahmen. So verteidigten sie die orientalischen Christen im Iran, Irak und in Syrien gegen Übergriffe muslimischer Fanatiker. Bei christlichen Reisenden und Diplomaten, die die mongolischen Höfe aufsuchten, konnte daher leicht der Eindruck entstehen, daß die Khane die Christen begünstigten. Bestärkt sahen sich die europäischen Besucher in ihren Erwartungen noch durch die Tatsache, daß einige Angehörige der Tschinggisiden-Dynastie sich zum nestorianischen Christentum bekannten.

Die Mongolen ihrerseits erkannten bald, daß viele syrische und armenische Christen in den Kriegen gegen das Kalifat und die Mamluken auf ihrer Seite standen. So verbreiteten syrische Christen die Nachricht, aus dem Osten rücke ein König David oder ein Priesterkönig Johannes an der Spitze fremder Völker an, um den bedrängten Kreuzfahrerstaaten Unterstützung gegen ihre muslimischen Gegner zuteil werden zu lassen. Als Hülägü, dessen Gemahlin eine nestorianische Christin war, 1260 als Sieger in Damaskus einzog, befanden sich in seiner Begleitung König Het'um von Kleinarmenien und dessen Schwiegersohn Fürst Bohemund VI. von Antiochia.

Der ohnehin gefährdete Zusammenhalt der Tschinggisiden und der Fortbestand des Mongolischen Weltreiches mußten aber endgültig fraglich erscheinen, wenn ungeachtet der von Tschinggis Khan verordneten Toleranzbestimmungen religiöse Spannungen und Glaubenskämpfe im Reichsinneren ausbrachen und auf die Dynastie übergriffen. Schon der Großkhan Güjük hatte auf Anraten seiner nestorianischen Ratgeber die Christen zu Lasten der Muslime begünstigt. Tschagatai verbot in seinem *Ulus* den Muslimen alle Riten, die den Vorschriften der *Yasa* widersprachen.

Die religiösen Auseinandersetzungen erreichten ihren Höhepunkt um 1260, als das Mongolenreich ohnehin eine Schwächeperiode zu bewältigen hatte. 1255 starb Batu. 1259 folgte ihm der Großkhan Möngke in den Tod. Beide Herrscher waren durch ihr enges Bündnis zu Garanten der »Achse« zwischen den Dschötschiden und Toluiden geworden, die nun, nach ihrem Ableben, zerbrach.

Die Nachfolge Batus als Khan der »Goldenen Horde« hatte dessen Bruder Berke angetreten, der schon vor seiner Thronbesteigung zum Islam übergetreten war und als besonders gläubiger Muslim galt. Er hatte aber wie alle Tschinggisiden auf Befehl Möngkes ein Fünftel seines Heeres für den Feldzug bereitstellen müssen, den der Toluide Hülägü 1255–58 gegen das Abbasidenkalifat unternahm. Um so empörter reagierte Berke, als er die Nachricht von der Zerstörung Bagdads und vom gewaltsamen Tod des Kalifen erhielt.

Er wies das ihm zustehende Fünftel an der Kriegsbeute zurück und erklärte: »Er [Hülägü] zerstörte alle muslimischen Städte, entthronte die muslimischen Herrscherfamilien und vernichtete, ohne die Verwandten um Rat zu fragen, den Kalifen. Wenn mir der ewige Gott beisteht, werde ich ihn für das Blut der unschuldigen Opfer zur Rechenschaft ziehen.«[21] Berke fügte ausdrücklich hinzu, daß ihm seine religiösen Pflichten mehr bedeuteten als die verwandtschaftlichen Bindungen. Mehr noch, er verbündete sich mit den Mamluken, die durch den Sieg über die Truppen Hülägüs bei Ain Dschalut (»Goliathsquelle«) am 3. September 1260 den Nimbus der Unbesiegbarkeit der Mongolen zerstört hatten.

Berkes Streit mit Hülägü weitete sich rasch zu einem allgemeinen Bürgerkrieg der Tschinggisiden aus, der das Gesamtreich in seinen Grundfesten erschütterte. Der Großkhan Möngke griff persönlich in die Auseinandersetzung ein und übertrug seinem Bruder Hülägü die Kaukasusländer, die vorher zum *Ulus* Berkes gehört hatten. Den neuen Großkhan Khubilai (1260–94) hatte Berke von vornherein nicht anerkannt, sondern sich mit dessen schärfstem Rivalen Arig Böke verbündet. Tatsächlich tragen die Münzen aus dem Ulus Berkes noch den Namen des Großkhans Möngke, aber nicht mehr den Khubilais.

Somit war das Mongolenreich in zwei feindliche Lager zerfallen, die auch durch eine kulturelle Scheidelinie getrennt wurden. Auf der einen Seite standen Berke, Arig Böke und der Ögödei-Enkel Khaidu, die über mächtige Steppenimperien im nordpontischen und zentralasiatischen Raum herrschten und den nomadischen Traditionen wie den Gesetzen der *Yasa* stärker verbunden blieben. Die andere Front bildeten die Toluiden, die ihre Machtzentren von den Randzonen der Steppe in die Kernräume der von ihnen eroberten Kulturreiche in China und Persien verlegt hatten. Sie stützten sich auf die stabilen Fundamente eines polyethnisch zusammengefügten, effektiven Verwaltungsapparats und die überlegenen Wirtschaftsstrukturen einer seßhaften Bevölkerungsmehrheit. In China verfügten sie zudem über den Vorzug, als erste fremdstämmige Dynastie auftreten zu können, die das ganze Land beherrschte und die politische Einheit des Reiches der Mitte wiederhergestellt hatte. Khubilai trug daher nur den Fakten Rechnung, wenn er 1271 den chinesischen Kaisertitel und für seine Dynastie die chinesische Devise *Yuan* (»Uranfang«) übernahm.

Als politisch höchst dauerhafte Konstante, die den Bestand des Mongolischen Weltreiches zu sichern suchte und dessen Expansion in der zweiten Hälfte des 13. Jahrhunderts noch einmal ermöglichte, erwies sich die Allianz der Toluiden in Persien und China. Sie öffnete beide Reiche für die Außenwelt, stellte diplomatische Kontakte zu abendländischen Fürsten her, sorgte für unbehinderte Reise- und Handelsverbindungen zwischen dem Mittelmeerraum und Ostasien und bildete ein Gegengewicht zur islamischen Mächtekonstellation zwischen der Goldenen Horde und dem Mamluken-Sultanat.

Erst als die traditionell geübte religiöse Toleranz der Il-Khane durch den Übertritt des Khans Ghazan (1295–1304) zum Islam und die sich anschließenden Verfolgungen von Christen und Buddhisten ins Wanken geriet, traten Spannungen in den Beziehungen zum Großkhanat auf. Seit 1295 wurde der »Großkhan« (*qā'ān al'-a zam*) auf den Münzen der Il-Khane nicht mehr erwähnt und durch deren Rangbezeichnung »der Größte Sultan« (*as-sultān al'a zam*) ersetzt. Die Loslösung des Il-Khanats vom Gesamtreich war damit auch offiziell vollzogen.

IV. Der Zerfall der Teilreiche

Die mongolischen Teilreiche überlebten die Auflösung des Gesamtimperiums nur um wenige Jahrzehnte. Die Gründe für den Verfall waren vor allem in den inneren Verhältnissen zu suchen. Das Il-Khanat war schon 1292 durch die Einführung von Papiergeld nach chinesischem Muster in eine schwere Finanz- und Wirtschaftskrise geraten. Handel und Gewerbe brachen zusammen, die Versorgung der Bevölkerung mit Gütern des täglichen Bedarfs kam zeitweise zum Erliegen. Die religiösen Spannungen zwischen Muslimen auf der einen und Christen und Buddhisten auf der anderen Seite, aber auch zwischen Sunniten und Schiiten, nahmen zu. Hier wie im benachbarten ehemaligen *Ulus* Tschagatais griff das alte Erbübel der Sippenfehden erneut um sich.

Wie tief verwurzelt die Animositäten zwischen den einzelnen Clans waren, erweist eine Episode, die der persische Autor Hafiz-i Abru schildert: Der Il-Khan Abu Said (1317–35) habe als seinen Nachfolger den Prinzen Arpa vorgeschlagen. Einer der Emire verweigerte jedoch seine Zustimmung. Denn Arpa, so begründete er seine Ablehnung, stamme von jenem Arig Böke ab, den schon sein Vorfahr auf Weisung Khubilais bekämpft habe.[22] Die feudale Anarchie in beiden Reichen wurde noch verschärft durch die wachsende Zahl der Tschinggisiden-Prinzen, die ihre Ansprüche anmeldeten und sich an den Familienzwisten beteiligten. So nahmen an der Reichsversammlung von 1311 bereits 1400 Prinzen teil.

Gleichwohl blieb das Bewußtsein von der »göttlichen Sendung« und Zusammengehörigkeit der Tschinggisiden-Dynastie unter deren Angehörigen und Untergebenen lebendig. Dieser Glaube an die gemeinsame Bestimmung wurde selbstbewußt in einem Schreiben vorgetragen, das der Il-Khan Oldschejtü (1304–16) 1305 an König Philipp IV. den Schönen von Frankreich richtete: »Wir älteren und jüngeren Brüder hatten zusammen durch verleumderische Worte übler, niedriger Leute an Zuneigung nachgelassen. Jetzt, beschenkt vom Himmel mit Einsicht, sind Temür Khagan [der Großkhan Temür Oldschejtü, 1294–1307], Toghtogh [Tohtu, Khan der Goldenen Horde, 1291–1312], Tschapar, Duwa u. a. sowie Wir, Nachkommen des Tschinggis Khagan, hinsichtlich der seit 45 Jahren bis jetzt miteinander ausgetragenen Anschuldigungen … zu einer gegenseitigen Übereinkunft gekommen, und haben, vom Land der Chinesen, wo die Sonne aufgeht, bis zum Talu [?]-Meer, die Staatsvölker zusammengenommen ... Wir haben uns das Wort gegeben und gesagt: Wer unter uns anders denkt, gegen alle die wollen wir zusammenstehen!«[23]

Freilich, Anspruch und Wirklichkeit waren nur selten miteinander zu vereinbaren. Aus der Sicht der unterworfenen Völker ergab sich häufig ein anderes Bild. Wie in Persien, so hatten auch in China die mongolischen Eroberungen katastrophale Folgen. Weite Gebiete des Reiches waren durch den Krieg verwüstet, ein erheblicher Teil der Anbauflächen in Weideland für die Nomaden verwandelt worden. Die verbliebenen Bauern wurden nicht nur durch chinesische Grundbesitzer, sondern auch durch mongolische Adlige und fremde Steuerpächter ausgebeutet. Zwar ließen die Eroberer die gesellschaftlichen und staatlichen Strukturen vordergründig weiter bestehen und öffneten das Land für den Fernhandel, doch führte der Export von Metallgeld und dessen Ersetzung durch Papiernoten zur Geldentwertung und Verarmung weiter Bevölkerungsschichten.

Verschärfend wirkte sich aus, daß die Mongolen im Bewußtsein, zahlenmäßig den Chinesen weit unterlegen zu sein, und in der Absicht, die politische Kontrolle weiter auszuüben, die Gesellschaft hierarchisch in vier Gruppen gliederten: 1. die Mongolen, 2. die zentralasiatischen Hilfsvölker (Muslime, Uiguren u. a.), 3. die Nordchinesen und 4. die »Südbarbaren« (Manzi), d. h. die Bewohner des früheren südchinesischen Sung-Reiches. Nur die beiden ersten Klassen genossen eine rechtlich privilegierte Stellung. Heiraten zwischen Angehörigen dieser Schichten waren verboten. Ebenso untersagte man den Chinesen, Waffen zu tragen oder eine Fremdsprache, vor allem Mongolisch, zu lernen.

Als in den zwanziger Jahren des 14. Jahrhunderts Hungersnöte ausbrachen, kam es zu mehreren Wellen von revolutionären Erhebungen, die sich zunächst gegen alle Reichen, später aber zunehmend gegen die Mongolen und ihre fremden Hilfsvölker richteten. Deren soziale Exklusivität wie die Verteilung auf die im ganzen Reich verstreuten Garnisonen ließen sie im Verlauf der allgemeinen Erhebung, die sich von 1355 bis 1368 wie ein Flächenbrand ausbreitete, bald in eine isolierte Lage geraten. Aus ihr konnten sich nach Auskunft mongolischer Quellen nur der letzte Großkhan Toghan-Temür und ein Viertel aller in

China stationierten Mongolen in ihre nördliche Steppenheimat zurückziehen.

Die Zurückgebliebenen wurden bis zum 16. Jahrhundert von der chinesischen Gesellschaft assimiliert. Trotz mehrfacher Bemühungen gelang es Toghan-Temür und seinen Nachfolgern nicht, wieder in China Fuß zu fassen, doch wurde die Großkhan-Würde in der Tschinggisiden-Familie weiter vererbt, bis der letzte von ihnen 1635 mit der Übergabe des kaiserlichen Siegels die Mandschu-Herrscher als legitime Nachfolger im Großkhanat anerkannte.

Am längsten unter allen mongolischen Teilreichen behauptete sich der *Ulus* Batus, besser bekannt unter dem Namen der »Goldenen Horde« (von mongol.: *orda*, »Heerlager, Palastzelt« und dem Goldbelag des Khans-Zeltes). Militärisch konnten sich Batu und seine Nachfolger auf das nahezu unerschöpfliche Reservoir der türkischen Stammesverbände an der Wolga (Wolgabulgaren) und in den pontischen und kaspischen Steppen (Oghuzen, Kumanen u. a.) stützen. Sie bildeten schon während des großen Westfeldzuges das Gros des mongolischen Heeres und verschmolzen mit den zugewanderten Mongolen und deren altaischen Hilfsvölkern zu neuen turksprachigen Ethnien, den »Tataren«.

Der von Berke vollzogene Übertritt zum Islam führte außenpolitisch zum langfristigen Bündnis mit den Mamluken in Ägypten und intensivierte die kulturellen Beziehungen zur muslimischen Welt. Fruchtbare Weidegebiete und die günstige Lage der großen Handelszentren auf der Krim (Kaffa), an der Wolga (Alt- und Neu-Sarai, Astrachań) und in Choresmien erlaubten den Tataren, ihr Nomadenleben beizubehalten. Hingegen war das Verhältnis zur Ruś für die Khane und Emire der Goldenen Horde von nachgeordneter Bedeutung. Sie begnügten sich damit, Fürsten ein- und abzusetzen, Tribute und Heeresfolge aufzuerlegen, notfalls auch zu erzwingen, ließen aber die kirchlichen Strukturen unangetastet. Erst nach 1480 konnten die Moskauer Großfürsten und Zaren das »Tatarenjoch« abwerfen.

Der Verfall der Horde wurde aber nicht durch sie, sondern auch hier durch die internen Streitigkeiten und partikularistischen Bestrebungen der tatarischen Clans verursacht. Der Nimbus der Dynastie blieb davon unberührt. Tschinggisiden regierten auch nach dem Untergang der Horde (1502) in deren Nachfolgekhanaten in Kasan (bis 1552),

Astrachań (bis 1556), Sibir (bis 1598) und der Krim (bis 1783). Selbst die letztlich siegreichen russischen Zaren nahmen das Prestige, das die Nachkommen Tschinggis Khans bei Tataren und Usbeken, Kirgisen und Burjäten genossen, für sich in Anspruch und konnten so offiziell als deren Erben auftreten.

Anmerkungen

1 Wolfram Eberhard, China und seine westlichen Nachbarn. Beiträge zur mittelalterlichen und neueren Geschichte Zentralasiens, Darmstadt 1978, S. 267–271, hier S. 267.
2 Vgl. dazu die richtungweisenden Ausführungen von Michael Weiers zur anthropogeographischen Betrachung der mongolischen Geschichte, in: ders. (Hrsg.), Die Mongolen, Darmstadt 1986, S. 149–154.
3 Ala-ad-Din Ata-Malik Juvaini, The History of the World-Conqueror, Ed. John Andrew Boyle, I., Manchester 1958, S. 29–30.
4 Homilia 6,26.
5 K. A. Wittfogel, Fêng Chia-Shêng: History of Chinese Society, Liao (907–1125). Philadelphia 1949, S. 24.
6 Zit. nach René Grousset, Die Steppenvölker. Attila – Tschinggis Khan – Tamerlan, Essen 1975, S. 375.
7 Zit. n. Hansgerd Göckenjan u. James R. Sweeney, Der Mongolensturm. Berichte von Augenzeugen und Zeitgenossen 1235–1250, Graz, Wien, Köln 1985, S. 109.
8 Geheime Geschichte der Mongolen. Herkunft, Leben und Aufstieg Činggis Qans, hg. von Manfred Taube, München 1989, § 265, S. 196–199.
9 Ebenda, §§ 18–22, S. 8–9.
10 Ebenda, § 244, S. 171–172.
11 Paul Ratchnevsky, Cinggis Khan. Sein Leben und Wirken, Wiesbaden 1983, S. 113.
12 Juvaini, The History of the World-Conqueror, II, S. 549.
13 Geheime Geschichte, § 254, S. 188.
14 L. A. Chonlarjan (Hrsg.), Kirakos Gandzakia, Istorija Armenii, Moskau 1976, S. 153.
15 Geheime Geschichte, § 254, S. 188.
16 Gavin Hambly, Zentralasien, Frankfurt am Main 1966, S. 122.
17 H. G. Raverty (Hrsg.), Tabaqāt-i Nāsirī. General History of the Mohammadan Dynasties of Asia, London 1881, II, S. 1002.
18 P. Anastasius van den Wyngaert (Hrsg.), Sinica Franciscana. I, Quaracchi – Firenze 1929, I, S. 251.
19 Ebenda, S. 298.
20 Das Mongolische Weltreich. Al-'Umari's Darstellung der mongolischen Reiche, hg. von Klaus Lech, Wiesbaden 1968, S. 97.

21 W. Tiesenhausen, Sbornik materialov otnosjaščichsja k istorii zolotoj ordy, I, St. Petersburg 1884, S. 77–78.
22 Vgl. Tilman Nagel, Timur der Eroberer und seine Zeit und die islamische Welt des späten Mittelalters, München 1993, S. 178.
23 Zit. nach Weiers, Die Mongolen, S. 334.

Literatur

Michal Biran, Qaidu and the Rise of the Independent Mongol State in Central Asia, Richmond, Survey 1997

Stephan Conermann/Jan Kusber (Hrsg.), Die Mongolen in Asien und Europa, Frankfurt am Main 1997

Arne Eggebrecht (Hrsg.), Die Mongolen und ihr Weltreich, Mainz 1989

Joseph F. Fletcher, The Mongols: ecological and social perspectives, in: Harvard Journal of Asiatic Studies 46 (1986), S. 11–50

Hansgerd Göckenjan/James Ross Sweeney, Der Mongolensturm. Berichte von Augenzeugen und Zeitgenossen 1235–1250 (Ungarns Geschichtsschreiber Bd. 3), Graz/Wien, Köln 1985

Charles J. Halperin, Russia and the Golden Horde, Bloomington 1985

Walther Heissig/Claudius C. Müller (Hrsg.), Die Mongolen, I–II, Innsbruck/Frankfurt am Main 1989

P. Jackson, The dissolution of the Mongol empire, in: Central Asiatic Journal 22 (1978), S. 186–244

Paul Ratchnevsky, Cinggis-Khan. Sein Leben und Wirken (Münchener Ostasiatische Studien Bd. 32), Wiesbaden 1983

Bertold Spuler, Die Goldene Horde. Die Mongolen in Rußland 1223–1502, Wiesbaden ^{2}1965

Ders., Die Mongolen in Iran, Berlin ^{3}1968

Manfred Taube (Hrsg.), Geheime Geschichte der Mongolen. Herkunft, Leben und Aufstieg Činggis Qans, München 1989

Michael Weiers (Hrsg.), Die Mongolen. Beiträge zu ihrer Geschichte und Kultur, Darmstadt 1986

Jürgen Osterhammel
China: Niedergang und Neubildung eines Vielvölkerreiches

I. 1644: »Barbareneinfall«, »Revolution« und das Ende der Ming-Dynastie

Abermals ein Untergang. Jahr um Jahr, seit fast einem Vierteljahrhundert, Hunger in Nordchina.[1] Das Klima hatte sich verschlechtert, ganze Ernten waren ausgefallen. Das Vorrücken der europäischen Seemächte hatte den Silberzufluß aus Übersee zu einem Rinnsal reduziert; in weniger als zehn Jahren hatte sich der Silberpreis verdoppelt. In gleichem Maße stieg die Steuerlast der Bauern (sie war in Silber zu entrichten), ohne daß der Staat seine Forderungen erhöht hätte. Das war nun dennoch nötig, denn die Truppen wollten bezahlt sein und drohten mit Rebellion. Zugleich war immer weniger Verlaß auf den Transport des Steuersilbers in die Hauptstadt; die Staatszentrale begann die Kontrolle über ihre Beamten in den Provinzen zu verlieren. Tausende von Staatsbediensteten niedriger Ränge waren bereits aus Geldmangel entlassen worden; einige hatten sich an die Spitze aufrührerischer Bauern, andere – im hohen Norden – in den Dienst des Feindes gestellt. Elementare Staatsaufgaben wurden seit längerem schon unzureichend erfüllt. Das System der öffentlichen Getreidespeicher verfiel, die vernachlässigten Flußdämme brachen, Bewässerungsanlagen im trockenen Norden und Eindeichungen an den Seeufern des Südens wurden unbrauchbar. Nun war in mehreren Provinzen plötzlich die Pest aufgetreten. In einigen Städten von Henan, so hieß es, hörte man im Sommer keinen lebendigen Laut mehr, nur das Summen der Fliegen.

In der Hauptstadt herrscht zu Beginn des Jahres 1644 das Chaos. Die Barbarenarmeen nähern sich unaufhaltsam, doch Beamten- und Eunuchencliquen setzen ihre alten Fehden fort. Aber nicht die Barbaren sind es, die der alten Ordnung den Todesstoß versetzen.[2] Ein Rebell zieht an der Spitze von mehreren hunderttausend Mann auf Peking, seinen Vormarsch durch geschickte Propaganda gegen die Dynastie begleitend. Verräter öffnen die Tore der Stadt. Am Morgen des 25. April befiehlt der Kaiser, die Palastglocke zu läuten, um seine Minister zusammenzurufen. Niemand erscheint. Da verläßt der Herrscher des Erdkreises seinen Palast. Im kaiserlichen Garten nähert er sich dem »Kohlehügel«, von dem aus er mit seinen Haremsdamen das Panorama Pekings zu genießen pflegte. Heute besteigt er ihn nicht. Als die Aufständischen später in die Verbotene Stadt eindringen, finden sie Chongzhen, den Kaiser von China, erdrosselt unter einem Baum.

Li Zicheng, der Rebellenführer, läßt die Leiche des Kaisers zerstükkeln, Hunderte von hohen Beamten zu Tode quälen und Teile der Stadt Peking verwüsten. Sein Triumph jedoch ist von kurzer Dauer. Er räumt die Hauptstadt, um sich gegen die verbliebenen loyalistischen Truppen zu wenden. Diese unglaubliche Gelegenheit nutzen die »Barbaren« – als solche erschienen die Mandschus den meisten Chinesen –, um sich der Metropole, nicht ohne Hilfe durch chinesische Überläufer, zu bemächtigen. Anfang Juni wird der sechsjährige Mandschumonarch als erster Kaiser der neuen – eigentlich schon 1636 proklamierten – Qing-Dynastie inthronisiert. Seine Familie wird bis 1911 über China herrschen.

So endete nach beinahe drei Jahrhunderten die Ming-Dynastie in einem Szenario, das Edward Gibbon nicht fremd gewesen wäre, das zeitgenössische europäische Beobachter, etwa der scharfsichtige Jesuit Martin Martini, als neuerlichen Beleg für die unausweichliche »Revolution der Reiche« interpretierten und das die chinesischen Geschichtsschreiber als Musterfall für das Wirken jenes sich immerfort wiederholenden »dynastischen Zyklus« erkannten, den schon im 2. Jahrhundert v. Chr., also während der Früheren Han-Dynastie, der große Gelehrte Dong Zhongshu in einer anspruchsvollen Theorie dargestellt hatte.[3]

Untergänge wie den der Ming hatte das chinesische Kaiserreich, 221 v. Chr. als Zusammenfassung mehrerer Königtümer gegründet, immer wieder erlebt. Selten war ein Dynastiewechsel als undramatischer Machttransfer verlaufen. Einige Umbrüche, etwa der Fall der Han-Dynastie im 3. Jahrhundert, hatten den epochalen Charakter des Untergangs Westroms – jedenfalls für die Betroffenen. Sie waren mit jahrzehntelangen Gewalttätigkeiten größten Ausmaßes verbunden, mit einem artikulierten Bewußtsein von Verfall und Verlust, apokalyptischen Stimmungen, tiefen gesellschaftlichen Verschiebungen, Änderungen im politischen System. Keine der zentralisierenden, pazifizierenden, rationalisierenden und wiedervereinenden Neustiftungen des Reiches – im späten 6. Jahrhundert durch die Sui- und Tang-Dynastien, im 10. durch die Song, im 14. durch die Ming und eben im 17. Jahrhundert durch die Qing – führte zur bloßen Restauration früherer Zustände. So hat man es sich lange in Europa vorstellen wollen, und so hat es bereits früh die chinesische Historiographie selber gesehen: Vom allerersten Himmelssohn, Qin Shihuangdi, bis zum allerletzten, dem durch seine Memoiren und aus Bernardo Bertoluccis Film bekannten Kindkaiser Puyi, sei China sich gleichgeblieben, eine Kultur des ewigen Stillstandes. Nichts ist falscher. Die einheimische Theorie der ewigen Wiederkehr des Gleichen in Gestalt des dynastischen Zyklus ist nur dann akzeptabel, wenn man sie so allgemein formuliert, daß sie wiederum trivial wird. Ohnehin kann sie nur schlecht zwischen Symptomen und Ursachen unterscheiden. Bei jedem der imperialen Übergänge waren die Standardingredienzien (Schwäche im Zentrum, ökologische Krise, Verfall der Sitten, Bedrohung von außen, usw.) anders gemischt.

Der Fall der Ming-Dynastie 1644 zog jahrzehntelange Wirren nach sich: Kriegszüge gegen die letzten Ming-Prinzen und ihre Anhänger; brutale Übergriffe der Mandschus, die den Schrecken des nahezu zeitgleichen Dreißigjährigen Krieges in nichts nachstanden; Bevölkerungsumsiedlungen; Säuberungen am Hofe und in der Bürokratie. 1662 wurde der letzte Ming-Prätendent gefaßt und erdrosselt, doch erst 1681 war der Widerstand gegen die Qing erloschen und das Reich befriedet. Chinas »langes« 18. Jahrhundert begann, eine Periode von Frieden, Wohlstand und dynastischem Glanz, wenn auch vielleicht nicht von Kulturleistungen allerhöchster Maßstäblichkeit.

II. Die Qing-Dynastie und der Ausbau des Vielvölkerreiches

In den desorientierenden und blutigen Jahrzehnten um die Mitte des 17. Jahrhunderts schien es vielen Chinesen, als sei das Ende ihrer Zivilisation, als das Ende *der* Zivilisation gekommen. Was aber ist damals – im Abstand von, sagen wir, einem Jahrhundert betrachtet – tatsächlich untergegangen? *Nicht* verschwunden ist ohne Zweifel die chinesische Zivilisation: weder die Hochkultur noch die chinesische Gesellschaft in ihren fundamentalen Organisationsformen. Die neue Dynastie veränderte die gesellschaftliche Struktur nur insofern, als sie eine chinesisch-mandschurische Doppelelite installierte. Der rapide Verlust an sozialer Komplexität, der nach Joseph Tainter das Hauptmerkmal eines Zivilisationskollapses sein soll, trat nicht ein.[4] Die drei großen Qing-Kaiser Kangxi, Yongzheng und Qianlong, die nacheinander von 1661 bis 1796 regierten, wurden sogar zu spendablen Förderern von Künsten und Gelehrsamkeit.

Auch das politische System der Ming, die autokratisch-bürokratische Doppelherrschaft, ging nicht unter. Die Qing übernahmen es, von Übeln wie der Eunuchentyrannei der späten Ming-Zeit gereinigt, nahezu komplett; sie führten es sogar zu einem Höhepunkt seiner Leistungsfähigkeit. China ist vermutlich selten seit dem glanzvollen 11. Jahrhundert so effizient und gerecht regiert worden wie im zweiten Quartal des 18. Jahrhunderts unter dem mandschurischen Kaiser Yongzheng. Die Mandschus hatten China nicht als primitive Wüteriche erobert. Sie hatten ihren eigenen Staatsapparat schon vor 1644 teilweise sinisiert, sich nach der Übernahme des Kaisertums aber genügend Distanz bewahrt, um die Reformbedürftigkeit des chinesischen Systems zu erkennen und Abhilfe zu schaffen.

Wenn Zivilisation und Staat 1644 nicht untergingen, dann vielleicht das Reich? Was überhaupt ist unter dem chinesischen »Reich« zu verstehen? Der Terminus *diguo*, der sich unter diesem Eintrag in heutigen Wörterbüchern findet, ist ein Neologismus der letzten Jahrhundertwende, zusammengesetzt aus *di* für »Kaiser« und *guo*, dem alten Begriff für »Land« im Sinne von umgrenztem Herrschaftsgebiet: Die Königreiche, die im 3. vorchristlichen Jahrhundert zum Einheitsreich der Qin-Dynastie vereinigt wurden, wurden schon von den Zeitgenossen als *guo* bezeichnet. Mit *diguo* hingegen sind außerchinesische Reiche gemeint: das römische, das spanische, das britische, usw. Der Begriff liegt auch dem sinomarxistischen Konzept des Imperialismus (*diguozhuyi*) zugrunde und ist mit ihm im heutigen Sprachgebrauch negativ belastet.

Die Kaiser selbst hatten keine Vorstellung von einem genau umgrenzten Herrschaftsterritorium. Die Idee der konkurrenzlosen, vom Himmel sanktionierten Universalmonarchie, deren Herrschaft oder Oberhoheit in fein abgestuften Graden der Verbindlichkeit vom gesamten zivilisierten Erdkreis anerkannt wurde, schloß Konzepte wie die neuzeitlich-europäischen von Staatsvolk und Staatsgebiet aus. Sprach der Kaiser von der Sphäre seiner Autorität, so verwendete er den Ausdruck *tianxia*: »alles, was unter dem Himmel ist«. Die Begriffsgeschichte hilft uns also nicht weiter. Weder gab es im klassischen China ein Äquivalent zum römischen *imperium* im Sinne eines territorialen Herrschaftsverbandes, noch hat sich der chinesische Staat des 19. und 20. Jahrhunderts selber als Imperialmacht definiert, die fremdethnische Völker in einem Abhängigkeitsverhältnis hält. Die Volksrepublik China versteht sich offiziell als Gemeinschaft gleichberechtigter und freier Völker.

Da die chinesische Semantik für systematische Zwecke nicht ausreicht, mag es ratsam sein, eine von der chinesischen Begrifflichkeit absehende Definition von der Art vorzuschlagen, wie sie in der vergleichenden Geschichtswissenschaft als Hilfskonstruktion dient:[5]

Ein Reich ist ein großräumiger territorialer Herrschaftsverband, der sich von anderen solcher Verbände (etwa einem Nationalstaat) durch die Kombination folgender Merkmale abhebt:

(1) die eindeutige Unterscheidbarkeit zwischen einem machtausübenden Zentrum und Peripherien, die oft einer besonderen prokonsularischen oder kolonialen Verwaltung unterstehen,

(2) die ethnische und sprachlich-religiöse (also kulturelle) Heterogenität der Untertanenschaft,

(3) eine diese Heterogenität überwölbende gesamtimperiale Elite, deren Kern ein Herrenvolk bildet, die aber in der Regel Elemente aus anderen Bevölkerungsgruppen kooptiert,

(4) eine von dieser Elite getragene Ideologie von universalem Geltungsanspruch,

(5) ein Bewußtsein zivilisatorischer Überlegenheit, das Nachbar-

völker außerhalb des Reiches als kulturell defizitäre »Barbaren« zu betrachten geneigt ist.

Das zweite dieser fünf Merkmale ist bei einer Betrachtung Chinas besonders wichtig. *Alle* gemeinhin als Reiche bezeichneten Herrschaftsgebilde der neueren Geschichte – sowohl die Übersee-Imperien der Spanier, Briten, Franzosen und Holländer als auch die Landreiche der Osmanen, Mogulen, Qing, Habsburger und des Hauses Romanov – waren Vielvölkerreiche. Das Territorium, über das die Ming-Dynastie selbst auf dem Höhepunkt ihrer Ausdehnung effektiv gebot, war dies nicht. Es deckte sich ziemlich genau mit den heutigen achtzehn Provinzen des chinesischen Kernlandes, reichte also im Norden über die Große Mauer nicht hinaus und hörte im Westen mit den Provinzen Sichuan und Yunnan auf: ein riesiges Gebiet von mehr als 2000 km Erstreckung in west-östlicher wie in nord-südlicher Richtung, aber eines, das, abgesehen von kleinen, enklavenhaft isolierten Minderheiten im Süden, nahezu ausschließlich von ethnischen Han-Chinesen bewohnt war. Sie sprachen chinesische Dialekte, praktizierten das chinesische Familiensystem mit seinen verschiedenen regionalen Spielarten, befolgten im Alltag und bei Festanlässen die Rituale der konfuzianischen Tradition (besonders die Ahnenverehrung), waren weithin von der volksreligiösen Vorstellungswelt des Daoismus geprägt und hielten sich für Abkömmlinge des mythischen Gelben Kaisers. An ihrer spezifisch chinesischen Identität konnte kein Zweifel bestehen. Ming-China kannte das Konzept völkerrechtlich festgelegter Grenzen nicht, es sah sich nicht als Glied einer Familie der Völker; die Loyalität der Menschen galt teils dem Kaiser, teils ihrer Herkunftsregion, noch keinesfalls einer ethnisch und territorial mit Bedeutung gefüllten Größe »China«. Ming-China war daher eher ein Proto-Nationalstaat, übrigens ein wirtschaftlich erstaunlich dicht integrierter, als ein Imperium; es stand in dieser Hinsicht dem damaligen Japan, das um 1600 in eine Phase zentralstaatlicher Bündelung der Kräfte eingetreten war, näher als dem multikulturellen Indien, dessen nördlicher Teil im 16. Jahrhundert unter der turkstämmigen, islamischen, kulturell iranisierten Dynastie der Mogulen zu einer klaren Illustration unserer Reichsdefinition wurde.

Es ist mehr als definitorische Pedanterie, darauf zu beharren, daß die Katastrophenerfahrung des 17. Jahrhunderts kein klassisches Großreich traf, sondern einen Proto-Nationalstaat. Was vielen Zeitgenossen als Untergang vor dem Barbarenansturm erschien, erwies sich als *Übergang* zu einer neuen Evolutionsstufe des kaiserlichen China über den Proto-Nationalstaat hinaus. Die folgenschwerste Neuerung war die Gründung eines von Peking aus zentralistisch regierten ost- und innerasiatischen Vielvölkerreiches von beispielloser Ausdehnung. Dieses zentralisierte Einheitsreich, das im 19. Jahrhundert in eine tiefe Krise geriet und in der Mitte des 20. eine erstaunliche Wiederauferstehung erfuhr, ist kein Überrest früherer Zeiten; es ist ein Produkt des 18. Jahrhunderts.

Gewiß gab es frühere chinesisch dominierte Vielvölkerreiche in Ostasien. Die Han- und die Tang-Dynastie dehnten ihre Herrschaftssphären weit über den han-chinesischen Siedlungsraum hinaus aus, doch waren die Peripherien, vergleicht man diese früheren Reichsstrukturen mit denen des 18. Jahrhunderts, organisatorisch nur schwach mit dem Zentrum verbunden; die Herrschaft des Kaisers war in vielen Gebieten eher symbolischer als tatsächlicher Natur. Als die Mongolen im 13. Jahrhundert China eroberten und 1279 dort unter dem Namen Yuan ihre eigene Dynastie errichteten, wurde der Siedlungsraum der Han-Chinesen zu einem Teil des mongolischen Weltreichs. Dessen symbolischer Mittelpunkt lag sogar zeitweise in Peking, nachdem der Yuan-Kaiser Kubilai (auch Kaiser Shizu, reg. 1260–1294, bekannt als Gast- und Arbeitgeber Marco Polos) zugleich die Würde des Groß-Khans aller Mongolen übernommen hatte.

Das Mongolische Weltreich war aber ein lockeres, dezentrales Gebilde, das vom Großkhan keinesfalls bis in seine entferntesten Ausläufer auch wirklich dirigiert und kontrolliert werden konnte. Auch stand die Mongolei zu Peking nicht in einem Verhältnis einer Peripherie zu einem Zentrum. Ihre organisatorische Einbindung in die zentrale Verwaltung war so schwach, daß sie mit dem Zusammenbruch der Mongolenmacht in China um die Mitte des 14. Jahrhunderts sofort wieder verschwand. Deshalb wurde die Mongolei kein Teil des auf die Mongolenzeit folgenden Ming-Reiches.

Die Position der Mandschus gegenüber China unterschied sich von derjenigen der Mongolen. Sie waren kein Volk von Hirtennomaden, kein Blitz aus der Steppe, sondern eine Konföderation von Jägerstämmen, die teilweise zum Ackerbau übergegangen waren. Unter ihrem weitsichtigen und energischen Einiger Nuerhaci (1559–1626), einem

Staatsbilder vom Rang seiner Zeitgenossen Heinrich IV. von Frankreich und Abbas I. von Persien, hatten sie eine Strategie der Machtinstitutionalisierung nach chinesischem Muster eingeschlagen und waren dadurch auf die Übernahme der Regierung des großen Nachbarn nicht unvorbereitet. Das zivilisatorische Entwicklungsgefälle zwischen Mandschus und Chinesen war wesentlich geringer als einige Jahrhunderte zuvor das zwischen Mongolen und Chinesen. Es gab indessen kein mandschurisches Reich, an das China hätte angegliedert werden können. Die Mandschus machten 1644 Peking zum unangefochtenen Zentrum ihrer Aktivitäten und usurpierten das chinesische Kaisertum in allen seinen Dimensionen. Das kleine mandschurische Staatswesen ging danach in einer politischen Ordnung auf, deren Raison nicht länger chinesisch, sondern sinomandschurisch war.

Erstes Gebot war die Sicherheit der Dynastie. Nachdem 1681 die letzten Gegner im chinesischen Kernland ausgeschaltet worden waren, konnte sich die Qing-Dynastie auf ihr externes Umfeld konzentrieren. Von Japan, das kontinentalen Abenteuern radikal abgeschworen hatte, ging keine Bedrohung aus, ebensowenig von den europäischen Seemächten. Der Kranz kleiner Tribut- oder Vasallenstaaten von Burma bis Korea stand unter fester Kontrolle. Mit dem erstarkenden Zarenreich konnte 1689 ein vertraglicher *modus vivendi* gefunden werden. So blieben als Unruhefaktor im imperialen Perimeter nur die Mongolen. Ihre Stämme und Stammesgruppen hatten sich zwar durch innere Zwistigkeit selber geschwächt, doch war eine Einigung unter einem neuen Tschinggis Khan nicht ausgeschlossen. Besonders gefährlich schienen Versuche eines mongolisch-tibetischen Bündnisses zu sein.

Frühere chinesische Dynastien hatten sich der innerasiatischen Völker teils durch die strategische Defensive, verkörpert in der Großen Mauer, zu erwehren versucht, teils durch eine Politik der Beschwichtigung mittels Geschenken und Heiratsallianzen. Kaiser Kangxi und seine beiden Nachfolger wählten einen dritten Weg: die Offensive. Ihr Ziel war es nicht, die Große Mauer zu befestigen, sondern sie zu überschreiten und überflüssig zu machen. Zentralasien sollte nicht abgeschreckt, sondern einverleibt werden. Eine solche Politik wäre von einer rein chinesischen Dynastie wahrscheinlich niemals erwogen worden. Die selbst aus dem Land jenseits der Großen Mauer stammenden Mandschus kannten jedoch die Verhältnisse auf *beiden* Seiten der großen Militär- und Kulturgrenze. Sie hatten kein Interesse an der üblichen Ideologisierung des Gegensatzes zwischen »zivilisierter« Ackerbaukultur und »barbarischem« Nomadentum. Ihre eigene ursprüngliche Gesellschaftsorganisation war feudal gewesen und damit der mongolischen nahe verwandt. Traditionell hatte es enge Beziehungen zwischen den Mandschus und den ihnen benachbarten Mongolen gegeben. Die Qing-Kaiser kannten also die Mongolen gleichsam von »innen«. Sie kultivierten bewußt eine doppelte Identität als Himmelssohn an der Spitze der chinesischen Ämterpyramide und als innerasiatischer Khan und Kriegsfürst.

Ihr nicht-han-chinesischer Hintergrund ermöglichte es so den Qing-Kaisern, auf geradezu machiavellistische Weise in das komplizierte innerasiatische Machtspiel einzugreifen, dessen Interna den Chinesen stets verschlossen geblieben waren.[6] Man nutzte die Streitigkeiten unter den Mongolen, bot sich als Schutzmacht der einen Gruppe an, um dadurch eine andere zu isolieren. Manchmal genügten propagandistische Mittel, etwa die schlaue Patronage des Lamaismus, um Loyalität zu erzeugen. In anderen Fällen wurde militärisch interveniert. Hatte der Reichseiniger Kangxi in seiner Zentralasienpolitik noch vorwiegend auf friedliche Mittel gesetzt, so unternahm sein Enkel Qianlong mehrere gewaltige Kriegszüge, die 1757 zur fast völligen Vernichtung der letzten mongolischen Gegenmacht und gleichsam nebenbei auch zur Kontrolle über das von Muslimen bewohnte Ostturkestan führten. Tibet schließlich wurde seit 1720 in mehreren Schritten allmählich unter ein Protektoratsverhältnis gezwungen.[7] Damit hatten die Qing erreicht, was keiner der früheren autochthonen Dynastien gelungen war: die dauerhafte Unterwerfung Innerasiens. Neben William Pitt d. Ä., dem Leiter der englischen Politik während des Siebenjährigen Krieges, und der Zarin Katharina II. war der Qianlong-Kaiser einer der drei weltweit erfolgreichsten Imperialisten des 18. Jahrhunderts.

Um 1760 war das Reichsgebiet gegenüber dem Territorium maximaler Ming-Herrschaft mehr als verdoppelt worden. Es hatte nun seine größte Ausdehnung in der chinesischen Geschichte erreicht und umfaßte das gesamte Staatsgebiet der heutigen Volksrepublik China (einschließlich Tibets und Xinjiangs), dazu Taiwan, große Landstriche nördlich des Amur sowie die Äußere Mongolei. In den 1790er Jahren wurde dazu noch den unruhigen Gurkhas in Nepal der Tributstatus aufgezwungen. Zu einer Zeit, da das indische Mogul-Reich nurmehr dem Namen nach existierte und sich das Osmanische Reich an einigen Fronten in der Defensive befand, präsentierte sich das sino-mandschurische Vielvölkerimperium als asiatische Supermacht.

III. Erosion, Schwächung, aber kein Untergang

Als es im Herbst 1793 zu der denkwürdigen Audienz des britischen Gesandten Lord Macartney beim 82jährigen Kaiser Qianlong kam, trafen die beiden stärksten imperialen Potenzen Asiens aufeinander. Qianlong hatte keinen machtpolitischen Grund, den Briten Zugeständnisse zu machen. Macartney, der erfahrene Diplomat, sah und spürte aber erste feine Risse im Gebäude der Qing-Herrschaft. Damals spätestens begann der Niedergang des kaiserlichen China. Ziemlich genau hundert Jahre später beschleunigte er sich zum Untergang, wenn man diese Differenzierung vornehmen will. Es ist dennoch erstaunlich, wie gut sich die letzte Dynastie im 19. Jahrhundert gegen das Vordringen der europäischen Mächte zu behaupten verstand.[8] Erst eine völlig unerwartete militärische Niederlage in einem Krieg mit dem stets herablassend betrachteten Japan, bei dem es um beiderseitige Hegemonieansprüche in Korea ging, löste 1895 nicht allein den Zusammenbruch der chinesischen Landesverteidigung und die zügellose Gier aller imperialistischen Staaten aus, sondern auch eine moralische Krise von unvergleichlicher Ernsthaftigkeit.

Nachdem dann 1898 eine liberale Reform von oben in den Anfängen vereitelt worden war und 1900 die Unterstützung des Hofes für die fremdenfeindliche Bewegung der sogenannten »Boxer« (*Yihetuan*) eine Invasion Nordchinas durch sechs europäische Mächte, Japan und die USA provoziert hatte, glaubte fast niemand in der politisch wachen Öffentlichkeit, daß die Qing-Dynastie die existenzbedrohenden Probleme des Landes würde meistern können. Wie manch anderes bedrängte Ancien Régime rafften sich die Qing dann aber noch einmal zu einem sehr respektablen, ja teilweise vorbildlichen reformerischen Kraftakt auf.[9] Der aber verletzte viele Interessen von Kräften, die sich mit dem Chaos bereits angefreundet hatten. Das Qing-System (und mit ihm die Monarchie überhaupt) stürzte im Herbst 1911 nicht, weil es besonders starke Feinde hatte, sondern weil ihm im Lande die Freunde fehlten. Am Ende standen der Hof und die hohe Beamtenschaft allein. Die außerbürokratischen Eliten opferten die Dynastie, und das Volk verteidigte seinen Kaiser nicht.

Die Krise des chinesischen Staates und der chinesischen Zivilisation im 19. und 20. Jahrhundert ist ein immenses Thema.[10] Hier interessiert ein wichtiges Ergebnis dieser Krise: Der chinesische *Staat* ist nicht »untergegangen« – in dem Sinne etwa, wie der patrimoniale Mogulstaat in Indien seit ungefähr 1790 durch die britische Kolonialbürokratie ersetzt wurde. Während der Phase der Republik (1912–1949) fehlte die Klammer einer reichsweiten Administration. China zerfiel in eine Vielzahl von semi-autonomen Herrschaftsgebieten, die von Militärmachthabern der verschiedensten Couleur kontrolliert wurden. Auch die 1927 von ihren Gegnern aus den Städten vertriebene Kommunistische Partei konnte in den dreißiger und vierziger Jahren ihre Basisgebiete nur dadurch halten, daß sie sich in eine militärische Macht verwandelt hatte. Kein einziger Regionalherrscher dieser Übergangsepoche erstrebte aber jemals die eigenstaatliche Sezession von der jeweiligen Zentralregierung, wie schwach diese auch immer sein mochte. Die *nationale* Idee des politischen Zusammenhalts aller Han-Chinesen wurde niemals in Frage gestellt.

Der chinesische Staat nahm eine polyzentrische Form an; jedes einzelne Herrschaftsgebiet hatte nun seine eigene Bürokratie. Zugleich drangen die republikanischen Staatsapparate aber tiefer in die Gesellschaft ein, als der kaiserliche Staat mit seiner durchschnittlichen Relation von einem Distriktbeamten pro 200 000 Untertanen dies jemals vermocht hatte.[11] Die Kommunisten fanden daher bei ihrer gesamtchinesischen Machtübernahme 1949 kein völliges Chaos vor, sondern manche Fragmente von Staatlichkeit, auf denen sie aufbauen konnten. Der chinesische Staat hatte durch das Ende der Qing 1911 eine viel stärkere Zäsur erfahren als durch den Sturz der Ming 1644, aber er ging nicht unter. Er wurde nach 1949 binnen weniger Jahre im einheitsstaatlichen Rahmen unter einer kommunistischen Parteidiktatur rekonstituiert: eine enorme Ordnungsleistung, die sich mit dem Aufbau der Qing-Herrschaft unter den Kaisern Kangxi und Yongzheng vergleichen läßt.

Ob die chinesische *Zivilisation* untergegangen ist, ist eine viel schwierigere Frage, die sich allenfalls kulturkritisch-spekulativ, aber nicht empirisch beantworten läßt. Auf dem Höhepunkt der maoistischen Kulturrevolution, etwa 1968–1970, wäre man geneigt gewesen, sie zu bejahen. Damals wurden Relikte dessen, was man pauschal »Feudalismus« nannte, vernichtet, wo immer man ihrer habhaft werden konnte. Eine ganze Generation verlor den Kontakt zur Tradition. Mittlerweile wird man eher urteilen, daß die chinesische Zivilisation einem sozusagen »normalen« Modernisierungsprozeß unterworfen ist und der sich neu entfaltende Kapitalismus die Tradition kaum weniger wirkungsvoll unterminiert, als der Kommunismus dies getan hat. »Untergang« wäre ein unangemessen nostalgisches Urteil, jedenfalls aus nicht-chinesischem Munde.

IV. Die Beharrungskraft des Vielvölkerreiches

Was geschah mit dem *Vielvölkerimperium*? Die reichsbildenden Qingherrscher hatten Sorge getragen, die neu gewonnenen Peripherien stabil in das Reich zu integrieren. Sie wurden aber nicht in die allgemeine Provinzialverwaltung einbezogen – so wie es Frankreich später mit Algerien machte. Für jedes dieser Gebiete wurden besondere quasikoloniale Verwaltungseinrichtungen unter einem zentralen Amt für koloniale Angelegenheiten, dem *Lifanyuan*, entwickelt. In der Mongolei bestand die alte Stammes- und Bannereinteilung fort; ein feudalistisches und personalistisches Band der Loyalität zwischen den mongolischen Fürsten und dem Kaiser war hier das maßgebende Element. In Tibet wurde die Herrschaft durch Residenten ausgeübt und bei sonstiger Unabhängigkeit im Innern durch eine kleine Garnison gesichert, während Ostturkestan als militärisches Besatzungsgebiet verwaltet wurde. 1884 wurde es unter dem Namen »Xinjiang« (Sinkiang, Neues Grenzgebiet) zur Provinz erhoben; das gleiche widerfuhr Taiwan im Jahr darauf.

Es scheint, als sei die Qing-Herrschaft von den ihr unterworfenen Völkern nicht unbedingt als drückende *Fremd*herrschaft empfunden worden. Die Mandschu-Dynastie ließ gegenüber dem Islam der Turkvölker und dem lamaistischem Buddhismus der Mongolen und Tibeter ein beträchtliches Maß an Religionsfreiheit zu. Der alte chinesisch-innerasiatische Kulturkonflikt wurde auch dadurch entschärft, daß man in der Militär- und Zivilverwaltung der Peripherie fast ausschließlich Mandschus und Mongolen einsetzte. Wichtige Dokumente wurden nicht nur in den Staatssprachen Chinesisch und Mandschurisch, sondern auch in Mongolisch, Tibetisch, Kalmückisch und Osttürkisch abgefaßt. Die Qing bemühten sich um Legitimität in den Augen der kolonialen Bevölkerung. Aus logistischen Gründen war die ökonomische Ausbeutbarkeit besonders Tibets und Xinjiangs begrenzt. Insgesamt war die Qing-Expansion kein Fall von wirtschaftlichem Imperialismus, sondern ein sicherheitspolitisch und reichsideologisch motiviertes Zuschußgeschäft. Schon die großen Feldzüge des 18. Jahrhunderts hatten die Staatsfinanzen überstrapaziert. Danach konnten keine Methoden gefunden werden, um die Besatzungsregimes aus den Ressourcen vor Ort zu finanzieren. Vor allem die Garnisonen in Ostturkestan mußten ständig subventioniert werden. Das Imperium stand finanziell auf schwachen Füßen. Dennoch begann die territoriale Erosion des Reiches *nicht* in Zentralasien.

Man kann sich das Qing-Reich, stark vereinfacht, als ein Ineinander von drei konzentrischen Kreisen vorstellen. Den inneren Kreis bildete das Kernchina der achtzehn Provinzen südlich der Großen Mauer, also ungefähr das Gebiet der Ming-Dynastie. Darum lagerte sich als zweiter Ring die koloniale Peripherie (Mongolei, Xinjiang, Tibet); die Mandschurei, die als dünn besiedeltes Stammland der Dynastie einen Sonderstatus genoß, und Taiwan, in dem die han-chinesische Besiedlung früher als in den anderen peripheren Gebieten eine wichtige Rolle spielte, sollten auch dazugerechnet werden. Den äußeren Ring schließlich stellten die Tributstaaten dar (Korea, Vietnam, Siam/Thailand, Burma, Nepal), die dem Kaiser als ihrem Oberherrn regelmäßig huldigten und von denen man erwartete, daß sie ihre außenpolitische Loyalität niemand anderem zukommen ließen. Sie unterstanden keiner direkten chinesischen Verwaltung und waren der Sache nach das, was Europäer im 19. Jahrhundert eine »Einflußsphäre« nannten.

Die »Öffnung« Chinas erfolgte bekanntlich seit dem Opiumkrieg von 1840–42 durch Großbritannien, unterstützt von Frankreich und den USA. Obwohl Britisch-Indien im Himalaya an das Qing-Reich grenzte, geschah die Öffnung von der Seeseite aus, an einer Grenze, der man in Peking mit Ausnahme kurzer Zwischenperioden keine sonderliche sicherheitspolitische Bedeutung beigemessen hatte. Erst 1904 unternahmen die Briten einen Versuch der militärischen Invasion Tibets von Indien aus, der aber zu wenig führte. Die frühe »Öffnung« Chinas blieb zunächst ohne Folgen für die Vielvölkerstruktur des Reiches. Die von den Chinesen so genannten Ungleichen Verträge sahen keine nennenswerten Abtretungen von Grenzgebieten vor, sondern führten zunächst nur zur Errichtung kleiner Kaufmannsenklaven in den Wirtschaftszentren des Kernlandes. Der früheste und umfangreichste Gebietsverlust – die Abtretung des Landes nördlich des Amur an das Zarenreich 1860 – betraf eine tigerreiche und nahezu menschenleere Waldgegend und schien verschmerzbar zu sein. Das große Potential dieser Gebiete erkannte damals in China niemand, und niemand sah die Chance, sie durch Kolonialisation an das Reich zu binden. Als folgenreicher erwies sich die Öffnung der russisch-chinesischen Grenze für den Handel. Sie ermöglichte die nun beginnende »friedliche Durchdringung« der Mandschurei.

Während der vierzig Jahre nach dem Opiumkrieg zeigten die ausländischen Mächte wenig Verlangen nach der Annexion von chinesischem Territorium. Eine viel größere Gefahr für die Dynastie und den Zusammenhalt ihres Reiches ging von inneren Unruhen aus. Man kennt den großen Taiping-Aufstand der Jahre 1850–1864, dessen Schauplätze in Süd- und Mittelchina lagen. Weniger bekannt sind andere Herausforderungen der Pekinger Autorität. In verschiedenen Teilen des Kernlandes – vornehmlich in der südwestlichen Provinz Yunnan und in den nordwestlichen Provinzen Shaanxi (Shensi) und Gansu – lebten seit Jahrhunderten (die meisten Familien seit dem 13. Jahrhundert, als die Mongolen Kaufleute aus dem asiatischen Westen ins Land geholt hatten) Muslime (*hui*), die sich nur durch ihre Religion und Lebensführung, nicht aber sprachlich und physisch von ihren Nachbarn unterschieden. Aus lokal unterschiedlichen Gründen, die zum Teil erst als Folge der bürgerkriegsartigen Taiping-Turbulenzen virulent wurden, brachen in mehreren dieser Hui-Gebiete nach 1855 Aufstände aus: Anlässe waren vor allem Sondersteuern auf Hui, chinesische Zugriffsversuche auf von Hui kontrollierte Silberminen oder Versuche der Behörden, radikale Sufi-Sekten zu unterdrücken.

Die Muslimaufstände waren defensiver Natur; die Hui fühlten sich sowohl vom Staat als auch von ihren landhungrigen nicht-muslimischen Nachbarn bedroht. Der Qing-Staat betrieb also gegenüber den alteingesessenen muslimischen Minderheiten im Kernland eine viel repressivere Politik als gegenüber der großen muslimischen Bevölkerungsmehrheit im neu eroberten Ostturkestan, deren Wohlwollen man pflegte. Die Muslimaufstände wurden in aufwendigen Kampagnen mit großer Brutalität unterdrückt. Seit deren Ende 1873 haben die Hui den chinesischen Staat nie wieder herausgefordert.

Die Muslimaufstände im Nordwesten blieben nicht ohne Wirkung auf das nahe Ostturkestan, gegen das die autonomen Sultane im benachbarten Kokand bereits im frühen 19. Jahrhundert den Heiligen Krieg erklärt hatten. Die Unruhen ermutigten Ya'qub Beg, einen muslimischen Militärführer, mit (wenngleich vorsichtiger) russischer, britischer und türkischer Unterstützung zur Erhebung gegen die Besatzungsmacht. Die Truppen der Qing-Dynastie, geführt durch hanchinesische Kommandeure, machten diesem einstweilen letzten Versuch einer Staatsbildung im islamischen Innerasien den Garaus. Die Dynastie war sogar stark genug, 1881 das Zarenreich zum Rückzug aus dem zehn Jahre zuvor okkupierten Yili-Gebiet zu zwingen. Damit war Xinjiang definitiv für das Reich gesichert. Am Vorabend des hochimperialistischen Zeitalters waren Verhältnisse geschaffen worden, die bis in die Gegenwart andauern. Von einem Reichsuntergang kann also im fernsten Westen des Imperiums nicht die Rede sein.

Andernorts ließen sich diese Erfolge nicht wiederholen. Zwischen 1874 und 1895 geriet der gesamte Tributpuffer unter die Kontrolle dritter Mächte: Burma wurde britisch, Vietnam französisch, Japan annektierte die Ryukyu-Inseln und errichtete nach seinem militärischen Sieg von 1895 ein De-facto-Protektorat über den mit Abstand wichtigsten Tributstaat: Korea. Gleichzeitig ging mit der Abtretung Taiwans als Kolonie an Japan erstmals ein wirklich wichtiger Teil des eigentlichen Reiches verloren. Auch die Mandschurei, seit Jahrzehnten schon das Ziel einer ungesteuerten han-chinesischen Siedlungsemigration aus Nordchina, weckte nun die Begehrlichkeit der imperialistischen Mächte. Zwischen 1895 und 1945 standen erst der wirtschaftlich wichtige Süden und schließlich die gesamte Mandschurei unter der unterschiedlich intensiven Kontrolle Rußlands bzw. Japans.

Trotz dieser herben Verluste vermochte es die Qing-Dynastie, den Vielvölkercharakter ihres Imperiums bis zum Schluß zu wahren. Xinjiang und die Mongolei, die beiden wichtigsten Regionen eines inneren Kolonialismus,[12] waren verteidigt worden. In Tibet hatte sich die Kontrolle durch chinesische Residenten im Laufe des 19. Jahrhunderts weitgehend verflüchtigt, doch war das Land nicht in die Hände der Briten gefallen. Das Qing-Reich löste sich also nicht von seinen Randgebieten her auf. Es gab keine erfolgreichen Sezessionsversuche von Satrapen ähnlich der Unabhängigkeit Ägyptens von Konstantinopel unter dem Pascha Muhammad Ali nach 1805, keine nationalen Unabhängigkeitsbewegungen vergleichbar dem griechischen Freiheitskampf, keine Pluralisierung der Zentralgewalt wie bei der diokletianischen Teilung des Römischen Reiches in den Jahren 286/293. Der europäisch-japanische Imperialismus schwächte das Zentrum mehr durch symbolische Erniedrigungen des Herrscherhauses und riesige Finanzforderungen, besonders die Boxer-Entschädigung von 1901, als durch Gebietsraub: Taiwan und die Mandschurei waren für das Qing-System wichtig, aber keinesfalls *lebenswichtig*. Die Qing-Dynastie brach 1911 aus primär internen Ursachen im *Zentrum* zusammen.

Dieser Zusammenbruch strahlte freilich bald auch auf die Peripherie aus: Der politisch aufmerksame 13. Dalai Lama erklärte unverzüglich die Unabhängigkeit Tibets und vertrieb die chinesische Garnison aus Lhasa.[13] Bis zu seiner sogenannten »Befreiung« durch Pekings Truppen im Jahre 1950 war das theokratisch regierte Tibet fortan ein autonomer Staat, allerdings ohne mächtige Freunde im Ausland. 1913 mußte die Chinesische Republik die Selbständigkeit der Äußeren Mongolei unter russischem Protektorat anerkennen; sie wurde während der Russischen Revolution kurzfristig zurückerobert, dann aber nach dem vereinten Sieg mongolischer Partisanen und der Roten Armee 1921 definitiv zu einem eigenen Staat.[14] Extrem kompliziert verlief die Geschichte Xinjiangs während der Republikzeit. Jedenfalls gelang es den in verschiedene Schulen des Islam gespaltenen Turkvölkern nicht, gegen geschickt zwischen der Sowjetunion und den schwachen Regierungen in Peking bzw. später Nanjing (Chinas Hauptstadt 1927–1937) taktierende Provinzgouverneure zu einer eigenen Nationalstaatsbildung zu gelangen.[15] 1951 sicherte die Volksbefreiungsarmee Xinjiang für das neue Regime.

Das chinesische Imperium löste sich auf, als das Zentrum nicht nur geschwächt wurde (das war seit dem Beginn des 19. Jahrhunderts der Fall), sondern als es kollabierte. Die kaiserliche Staats- und Reichsverwaltung – um ein auf den Indian Civil Service gemünztes Wort David Lloyd Georges zu übernehmen: »the steel-frame of empire« – hatte aufgehört zu existieren. Die Wiedergewinnung der nicht-han-chinesischen Peripherie folgte der Neubildung eines starken Einheitsstaates 1949/50 auf dem Fuße. Allein die Äußere Mongolei, Stalins Vasall, blieb unerreichbar. In Gestalt der befreundeten kommunistischen Staaten Nordkorea und Nordvietnam lebten sogar Reminiszenzen an den alten Tributgürtel wieder auf.

Woher kam der Wille, das Imperium wiedererstehen zu lassen? Eine der ersten Amtshandlungen des Revolutionsführers Sun Yatsen als kurzzeitiger Präsident der Republik bestand darin, am 15. Februar 1912 in feierlicher Zeremonie an den Ming-Gräbern in Nanjing dem Dynastiegründer Hongwu (Zhu Yuanzhang) die Vertreibung der Mandschus zu melden und ihm für seinen Schutz zu danken.[16] Die Revolutionäre hatten seit der Jahrhundertwende eine auch rassistisch gefärbte Anti-Mandschu-Propaganda betrieben; die junge Republik wies bei jeder Gelegenheit das Qing-Erbe zurück. Niemand dachte indessen daran, sich mit der kleinchinesischen Territorialität der Ming zu begnügen. Sun Yatsen und seine Nachfolger verwandelten die Realität des polyethnischen Imperiums in die Vision eines unitarischen Nationalstaates, der verschiedene »Völker« (*minzu*) anerkannte, aber die Assimilation dieser Minderheiten an die han-chinesische Mehrheit erwartete und betrieb. Jiang Kaishek, der Nachfolger Sun Yatsens und maßgebende Politiker Chinas zwischen 1926 und 1947, bezeichnete die innerasiatischen Völker sogar als »Untergruppen« der alten chinesischen Rasse.[17]

Die Kommunistische Partei, skeptisch gegenüber der Assimilationsbereitschaft der Minderheiten, setzte dem in den dreißiger Jahren programmatisch das Konzept eines »einheitlichen Vielvölkerstaates« (*tongyi duominzu guojia*) entgegen, der den Nicht-Han-Chinesen große Autonomiespielräume lassen würde. Auf die Agitation durch geschulte Nationalitätenkader wurde früh großer Wert gelegt. Nach der Machtübernahme 1949 war von Selbstbestimmungsrechten allerdings nicht mehr die Rede. Autonomiebestrebungen wurden nun als «konterrevolutionär« bekämpft. Die »territoriale Integrität« der Volksrepublik erhielt oberste Priorität. Die Staatsraison der Volksrepublik wurde nicht demokratisch oder ethnisch, sondern territorial definiert. Die Volksrepublik hat sich von Anfang an nicht als locker gefügtes Reich, sondern als dicht integrierten Nationalstaat verstanden, der seinen Minderheiten nach Gutdünken folkloristische Nischen zuweist. Der räumliche Herrschaftsanspruch wird historisch begründet und richtet sich auf sämtliche Gebiete, die *jemals* von Peking aus regiert wurden. In der günstigen internationalen Situation von 1950, als Stalin an einem unabhängigen Ostturkestan nicht interessiert war und die angelsächsischen Mächte den Tibetern noch nicht einmal verbal und symbolisch beisprangen, konnte dieses Konzept mit großer Schnelligkeit sehr weitgehend realisiert werden. Die KP trat das Erbe der bis heute verunglimpften »feudalistischen« Qing-Dynastie an.

V. Das Reich der Qing-Dynastie in vergleichender Perspektive

Die Qing-Dynastie wendete bei Aufbau und Verwaltung ihres Reiches zahlreiche der Methoden an, die dem Historiker der europäischen Expansion geläufig sind. Manche Parallelen etwa zur beinahe zeitgleichen Errichtung der britischen Herrschaft in Indien sind frappant. Mindestens ebenso stark fallen aber auch die Unterschiede zu den europäischen Seereichen auf: Die Qing standen ihren quasi-kolonialen Untertanen (mit einer gewissen Ausnahme der muslimischen Turkvölker) ethnisch und kulturell viel näher, als es den (West-) Europäern in ihrem Verhältnis zu Asiaten, Afrikanern und den Völkern Amerikas jemals möglich war. In der Beziehung der Metropole zu ihren Peripherien, deren Ressourcen mit vorindustriellen Mitteln kaum genutzt werden konnten, spielte ökonomische Ausbeutung keine vorrangige Rolle. Eine demographisch bedeutsame han-chinesische Siedlungsemigration entwickelte sich erst seit der zweiten Hälfte des 19. Jahrhunderts. Sie bewirkte zwar die Unterminierung der überkommenen Gesellschaften und Lebensweisen in der Mongolei (vor allem der Inneren) und in Xinjiang, führte aber nicht zur Entstehung sezessionsbereiter kreolischer Eliten wie in Nord- und Iberoamerika und später in einigen der afrikanischen Siedlungskolonien (etwa Algerien oder Rhodesien / Zimbabwe). Auch war bei keinem der europäischen Seereiche – mit der Ausnahme Portugals 1974 – der Abfall der Kolonien eine Folge eines metropolitanen Systemzusammenbruchs in *Friedenszeiten*, wie dies in China 1911 / 12 der Fall war.

Weitere Perspektiven eröffnet der Vergleich mit den mediterranen Reichen. Anders als das Imperium Romanum und das Osmanische Reich war das Qing-Imperium zivil-bürokratisch organisiert. Es war viel bürokratischer als das Römische und viel ziviler als das Osmanische Reich. Sein Kitt war eine hierarchisch geordnete, von einem nicht-militärischen Ethos bestimmte Verwaltung, die sich geschickt aller möglichen Arten von einheimischer »Kollaboration« bediente. Die Qing waren um 1760 sicherheitspolitisch saturiert. Eine autonome militärische Expansionsdynamik, wie sie von manchen Historikern dem Osmanischen Reich zugeschrieben wird, gab es nicht. Das Reich erlebte keine nennenswerten militärischen Rückschläge an seinen Grenzen, die stets viel leichter zu verteidigen waren als die römischen und osmanischen. Trotz seiner Ausdehnung war das Qing-Reich im geopolitischen Sinne viel weniger überdehnt als die meisten vergleichbaren Reichsstrukturen.[18] Die internen Zentrum-Peripherie-Verhältnisse blieben stets eindeutig geklärt. Die eroberten Gebiete waren keine hochkulturellen Zentren mit eigenem wirtschaftlichen Gewicht und mit Traditionen, die denen der herrschenden Macht an Prestige ebenbürtig waren. Man denke zum Kontrast an die Stellung von Ägypten oder Palästina in den Reichen der Römer und der Osmanen oder an das Gewicht der polnischen Nation im Zarenreich.

Der offensichtlichste Unterschied zu allen anderen der erwähnten Reiche besteht in der zahlenmäßigen Überlegenheit des imperialen Volkes. Die Han (einschließlich der Mandschus) dürften insgesamt niemals weniger als 90 % der Gesamtbevölkerung des Qing-Herrschaftsbereichs ausgemacht haben. Im Vergleich dazu betrug der Anteil der Russen im Zarenreich 1897 etwa 44 %, derjenige der Deutsch-Österreicher im Habsburgerreich nach dem Zensus von 1910 etwa 24 %, derjenige der Bewohner der britischen Inseln im Britischen Empire um 1925 etwa 10 %. In der Bevölkerungszählung von 1990 wurde der Anteil der »nationalen Minderheiten« an der Bevölkerung der Volksrepublik China mit ca. 8 % beziffert.[19]

So sehr erst die Mandschus zum Aufbau eines innerasiatischen

Großreichs fähig waren und so sehr sie auch die Janusköpfigkeit ihres Kaiser- und Khantums zu bewahren trachteten: Es ist wichtig zu sehen, daß sie ihren Expansionskurs erst einschlugen, *nachdem* die Herrschaft über das chinesische Kernland – nicht als fremde Tyrannei, sondern als Anpassung an die Formen chinesischer Staatlichkeit – gesichert war. Innerasien wurde nicht zur Kraftquelle einer »barbarischen« Unterjochung Chinas; vielmehr wurden die enormen Potentiale des Kernlandes in den Dienst der Reichsbildung gestellt. Der koloniale Schweif war niemals imstande, mit dem metropolitanen Hund zu wedeln.

Das chinesische Vielvölkerreich entstand in der ersten Hälfte des 18. Jahrhunderts – nicht, wie Sir John Seeley über das britische Empire gesagt hat, »in a fit of absence of mind«,[20] sondern in einem Prozeß planvoller Reichsbildung. Es blieb trotz der Aggression Japans und der europäischen Großmächte bis zum Sturz der Monarchie 1911 bestehen, fiel während des dezentralen Intermezzos der von Bürgerkrieg und Krieg zerrissenen Republik (1912–1949) in eine Art von latentem Schlummerzustand und wurde in der Mitte des 20. Jahrhunderts – etwa gleichzeitig mit dem Beginn der Auflösung der westeuropäischen Kolonialreiche – durch eine Kombination von machtpolitischer Entschlossenheit, ideologischem Opportunismus, militärischer Übermacht und außenpolitischer Gunst des Augenblicks als polyethnischer Nationalstaat wiederbelebt. Von allen großen Reichen der Geschichte ist das chinesische am häufigsten nahe an den Punkt seiner Auflösung geraten. Untergegangen ist es niemals.

Anmerkungen

1 Eine vorzügliche Analyse der Spätzeit der Ming-Dynastie unternimmt William Atwell, The T'ai-ch'ang, T'ien-ch'i, and Ch'und-chen Reigns, in: Frederick W. Mote / Denis Twitchett (Hrsg.), The Cambridge History of China, Bd. 7: The Ming Dynasty, 1368–1644, Teil 1, Cambridge 1988, S. 585–640.

2 Zu den Ereignissen des Jahres 1644 ausführlich: Frederic Wakeman, Jr., The Great Enterprise: The Manchu Reconstruction of Imperial Order in Seventeenth-Century China, 2 Bde., Berkeley / Los Angeles, London 1985, Bd. 1. Eine Auswahl übersetzter chinesischer Quellen findet sich in Lynn A. Struve (Hrsg.), Voices from the Ming-Qing Cataclysm: China in the Tiger's Jaws, New Haven / London 1993.

3 Vgl. Wolfgang Bauer, China und die Hoffnung auf Glück. Paradiese, Utopien, Idealvorstellungen, München 1971, S. 115–118.
4 Vgl. Joseph A. Tainter, The Collapse of Complex Societies, Cambridge 1988, S. 31, 38.
5 Angeregt wurde diese Definition vor allem durch Überlegungen bei Michael W. Doyle, Empires, Ithaca/London 1986, S. 30–47.
6 Vgl. Sabine Dabringhaus, Machtkämpfe auf dem Dach der Welt. Tibet zwischen chinesischem und britischem Imperialismus, in: Jürgen Osterhammel (Hrsg.), Asien in der Neuzeit 1500–1950. Sieben historische Stationen, Frankfurt a. M. 1994, S. 65–81.
7 Vgl. Sabine Dabringhaus, Das Qing-Imperium als Vision und Wirklichkeit. Tibet in Laufbahn und Schriften des Song Yun (1752–1835), Stuttgart 1994, S. 43–56.
8 Vgl. Jürgen Osterhammel, China und die Weltgesellschaft. Vom 18. Jahrhundert bis in unsere Zeit, München 1989, S. 152–171.
9 Vgl. Douglas R. Reynolds, China 1898–1912: The Xinzheng Revolution and Japan, Cambridge, Mass. 1993.
10 Vgl. meinen eigenen sozialgeschichtlich akzentuierten Interpretationsversuch: Jürgen Osterhammel, Shanghai, 30. Mai 1925: Die Chinesische Revolution, München 1997.
11 Vgl. Philip A. Kuhn, The Development of Local Government, in: John K. Fairbank/Albert Feuerwerker (Hrsg.), The Cambridge History of China. Bd. 13: Republican China 1912–1949, Teil 2, Cambridge 1986, S. 329–360; Prasenjit Duara, Culture, Power, and the State: Rural North China, 1900–1942, Stanford 1988.
12 Vgl. zum Begriff des inneren Kolonialismus: Robert J. Hind, The Internal Colonial Concept, in: Comparative Studies in Society and History 26 (1984), S. 543–568.
13 Es handelte sich nicht um eine Unabhängigkeitserklärung im Sinne des westlichen Völkerrechts, aber doch um den Ausdruck der »intention of ruling Tibet without Chinese titles and devoid of Chinese internal interference«. Melvyn C. Goldstein, A History of Modern Tibet, 1913–1951, Berkeley/Los Angeles, London 1989, S. 62.
14 Vgl. Charles R. Bawden, The Modern History of Mongolia, London/New York ²1989, Kap. 5–6.
15 Vgl. Andrew D. W. Forbes, Warlords and Muslims in Chinese Central Asia: A Political History of Republican Sinkiang, 1911–1949, Cambridge 1986.
16 Vgl. Marie-Claire Bergère, Sun Yat-sen, Paris 1994, S. 241.
17 Vgl. Sabine Dabringhaus, Ethnische Identitäten im modernen China, in: Wolfgang Reinhard (Hrsg.), Die fundamentalistische Revolution. Partikularistische Bewegungen der Gegenwart und ihr Umgang mit der Geschichte, Freiburg i. Br. 1995, S. 76.
18 Zum Problem von »over-extension« oder »overstretch« in der Geschichte von Imperien vgl. besondes Jack Snyder, Myths of Empire: Domestic Politics and International Ambition, Ithaca/London 1991.
19 Colin Mackerras, China's Minorities: Integration and Modernization in the Twentieth Century, Hongkong 1994, S. 238–240 (Tab. 9.1.).

20 Sir John Seeley, The Expansion of England [1883], hrsg. von John Gross, Chicago/London 1971, S. 12.

Literatur

Marie-Claire Bergère/Lucien Bianco/Jürgen Domes (Hrsg.), La Chine au XXe siècle, 2 Bde., Paris 1989

Sabine Dabringhaus, Ethnische Identitäten im modernen China, in: Wolfgang Reinhard (Hrsg.), Die fundamentalistische Revolution: Partikularistische Bewegungen der Gegenwart und ihr Umgang mit der Geschichte, Freiburg i. Br. 1995, S. 69–110

Lowell Dittmer/Samuel S. Kim (Hrsg.), China's Quest for National Identity, Ithaca/London 1993

Kenneth Lieberthal u. a. (Hrsg.), Perspectives on Modern China. Four Anniversaries, Armonk, N. Y./London 1991

Jürgen Osterhammel, China und die Weltgesellschaft. Vom 18. Jahrhundert bis in unsere Zeit, München 1989

Ders., Shanghai, 30. Mai 1925. Die chinesische Revolution, München 1997

Helwig Schmidt-Glintzer, China – Vielvölkerreich und Einheitsstaat. Von den Anfängen bis heute, München 1997

Richard J. Smith, China's Cultural Heritage. The Ch'ing Dynasty, 1644–1912, Boulder/San Francisco/Oxford ²1994

Jonathan Spence, Chinas Weg in die Moderne, aus dem Amerikanischen von Gerda Kurz und Siglinde Summerer, München/Wien 1995

Frederic Wakeman, Jr., The Fall of Imperial China, New York 1975

Hans-Joachim König
Der Zerfall des Spanischen Weltreichs in Amerika. Ursachen und Folgen

Als Spanien im Jahre 1808 von französischen Truppen okkupiert wurde, beherrschte es ein Imperium, das sich von Kalifornien und Texas bis Südchile / Patagonien, von der Mündung des Orinoko bis zum Pazifik erstreckte und für ungefähr 17 Millionen Menschen Heimat war. Es umfaßte damit große Gebiete der heutigen Vereinigten Staaten, das gesamte Mittelamerika mit Ausnahme von englischen Stützpunkten an der Ostküste, die Karibikinseln Kuba, Santo Domingo und Puerto Rico sowie Südamerika ohne Brasilien und die niederländischen, englischen und französischen Besitzungen von Guayana. 1824 beschränkte sich Spaniens Herrschaftsgebiet in Amerika nur mehr noch auf Kuba und Puerto Rico; im ehemaligen Imperium hatten sich souveräne Staaten gebildet, die sich um die internationale Anerkennung bemühten. Innerhalb von 15 Jahren war das größte zusammenhängende Imperium zerbrochen, das europäische Mächte im Verlauf der europäischen Expansion errichtet hatten. Seit 1492, als Christoph Kolumbus eine für die Europäer Neue Welt entdeckte, hatte es über 300 Jahre Bestand gehabt und war auch dann nicht auseinandergefallen, als das Mutterland durch den Spanischen Erbfolgekrieg (1701–1714) geschwächt war.

Seit jeher haben sich die Historiker mit der Frage nach den Gründen für den Zusammenbruch des Spanischen Weltreichs beschäftigt. Warum zerfiel das Spanische Weltreich gerade zu dieser Zeit? Konnte Spanien seine Rolle als Metropole nicht mehr ausüben? Was veranlaßte die Kolonien, sich fast zeitgleich vom Mutterland zu trennen und eigene Wege zu gehen? Schon diese Fragen deuten an, daß eine Analyse der Ursachen sinnvollerweise die längerfristigen Entwicklungen sowohl im Mutterland als auch in den Kolonien berücksichtigen sollte, denn die Besetzung Spaniens durch französische Truppen im Jahre 1808 wirkte lediglich als Auslöser für den Zusammenbruch. Augenscheinlich lagen die Ursachen tiefer und auch weiter zurück. Sie sind deutlich zu erfassen, wenn man die Art der Beziehungen bzw. Bindungen zwischen Mutterland und Kolonien und ihren Wandel betrachtet.

I. Spaniens zweite Konquista durch die Bourbonischen Reformen ab 1750

In der Mitte des 18. Jahrhunderts ist mit den Bourbonischen Reformen ein deutlicher Wandel in der Politik der spanischen Krone gegenüber den außereuropäischen Gebieten zu erkennen, von dem sich besonders der amerikanische Teil der kolonialen Oberschicht, die Kreolen, zunehmend betroffen fühlte, weil das bisherige Beziehungsgefüge ins Wanken geriet. Worum ging es dabei? Nach dem politischen und wirtschaftlichen Niedergang des spanischen Reiches unter dem letzten Habsburger Karl II. (1700), der mit dem Spanischen Erbfolgekrieg (1701–1714) seinen Tiefpunkt erreicht hatte, führte die neue Dynastie der Bourbonen beginnend mit Philipp V. (1701–1746), Ferdinand VI. (1746–1759) und besonders unter dem aufgeklärten Absolutismus Karls III. (1759–1788) ein umfangreiches Reformprogramm durch, das dazu bestimmt war, Spanien politisch, wirtschaftlich und kulturell zu erneuern und seine Bedeutung als Großmacht in Europa und Amerika wiederherzustellen bzw. sie zu verteidigen und so den Bestand des Weltreichs zu sichern.

Denn um die Mitte des 18. Jahrhunderts war Spanien im Vergleich zu den entwickelteren Ländern Europas ein zurückgebliebenes Agrarland. Nur in den exportorientierten Provinzen Sevilla einschließlich Cádiz, Katalonien sowie in der Provinz um die Hauptstadt Madrid waren größere Teile der Bevölkerung in der handwerklich-manufakturellen Produktion sowie im Handel beschäftigt. Hinzu kam, daß Spaniens Handelsbilanz negativ war. Der Wert der Importe von Fertigwaren aus Europa, darunter besonders Textilien, überstieg den Wert der Exporte von Agrarprodukten und Rohstoffen. Das Handelsbilanzdefizit ließ sich nur durch den Reexport amerikanischer Edelmetalle und kolonialer Agrarprodukte ausgleichen. Im übrigen hatte

Spanien, das selbst überwiegend nur landwirtschaftliche Erzeugnisse wie Wein, Branntwein, Olivenöl bereitstellte, gegenüber seinen amerikanischen Gebieten weitgehend die Funktion eines Transitlandes, das zum einen vorwiegend europäische, nichtspanische Fertigwaren nach Amerika und zum anderen in die europäischen Länder wiederum Edelmetalle sowie tropische und subtropische Agrarprodukte und Rohstoffe reexportierte.

Das Wiedererstarken Spaniens war nach der Vorstellung der spanischen Aufklärer und Staatsmänner des 18. Jahrhunderts vor allem durch die Belebung der Wirtschaft zu erreichen, die es durch eine effektivere Staatsverwaltung abzusichern galt. So nahmen neben Maßnahmen zur Wirtschaftsförderung solche zum Ausbau und zur Verbesserung der Verwaltungsorganisation einen wichtigen Platz innerhalb der Reformpolitik ein. Die Verwaltungsreformen betrafen den Aufbau von Ressortministerien mit direkt dem König verantwortlichen Einzelbeamten anstelle der alten Ratsgremien oder den Ausbau einer zentralisierten und nach einheitlichen Richtlinien arbeitenden Verwaltungsbürokratie. Sie waren nicht nur dazu bestimmt, die Wirksamkeit des staatlichen Verwaltungssystems zu erhöhen, sondern dienten auch dazu, die Zentralgewalt, d. h. die Krone, und ihre Kontrolle und Autorität in allen Bereichen des staatlichen Lebens zu stärken.

Die Bemühungen der Bourbonen, Spaniens Position in Europa wiederherzustellen, blieben nun nicht auf das Mutterland beschränkt, sondern bezogen die amerikanischen Gebiete mit ein und wiesen ihnen eine besondere Rolle zu. Sie gingen dabei von der Konzeption des Neo-Merkantilismus, d. h. von der Konzentration auf den Außenhandel aus. Die aufklärerisch-absolutistischen Vorstellungen, wie die amerikanischen Gebiete zum Nutzen Spaniens neu in Wert zu setzen seien, erstreckten sich jedoch nicht nur auf die bloßen Außenhandelsbeziehungen, sondern umfaßten alle wichtigen Bereiche politischer, wirtschaftlicher und sozialer Entwicklung. Die Grundzüge dieses Konzepts sind in der berühmten, schon 1743 im Manuskript vorliegenden und dann 1789 veröffentlichten Schrift des spanischen Finanz- und Kriegsministers José del Campillo y Cossío *Neues System der ökonomischen Herrschaft für Amerika (Nuevo sistema de gobierno económico para la América)* enthalten. Seine Denkschrift war die theoretische Anleitung für zahlreiche praktische Reformmaßnahmen in Hispanoamerika vor allem in der reformintensiven Regierungszeit Karls III. Campillos Überlegungen, die von einer Gesamtanalyse der Situation in den hispanoamerikanischen Gebieten ausgingen und so ein Bild der damaligen Beziehungen zwischen den Kolonien und dem Mutterland geben, lassen sich geradezu als ein umfassender staatlicher Entwicklungsplan für Hispanoamerika charakterisieren, dessen Ergebnis allerdings primär der Gesundung und Entwicklung Spaniens dienen sollte. Den Dreh- und Angelpunkt von Campillos Entwurf bildete der Handel zwischen Mutterland und Kolonien. Um diesen zu steigern, und das bedeutete, den kolonialspanischen Markt soweit wie möglich zu erschließen und zu erweitern, waren Reformen im Verwaltungsapparat, im Wirtschaftsleben sowie in der Gesellschaftspolitik erforderlich. Campillo ging in einem Dreierschritt vor: Kritik, Bestandsaufnahme der Möglichkeiten und Reformmaßnahmen.

In der Kritik hob Campillo vor allem die mangelhafte Entwicklung der kolonialen Landwirtschaft, die Unterdrückung und unzulängliche Integration der Indios sowie die dünne Besiedlung – also den Außenhandel beeinträchtigende Faktoren – hervor und beklagte überdies die Monopolisierung des Handels sowie die Struktur des Bergbaus, der zwar große Summen produziert habe, aber letztlich vernachlässigt worden sei. Zur Bestandsaufnahme schlug Campillo vor, wie zu Zeiten der Habsburger umfassende Generalvisitationen in Amerika durchführen zu lassen. Deren Aufgabe sollte neben der Überprüfung der Kolonialbehörden vor allem darin bestehen, die Möglichkeiten zur wirtschaftlichen Nutzung und Entwicklung der Kolonien einschließlich neuer Steuerquellen sowie für weitergehende Reformen administrativer und wirtschaftlich-fiskalischer Art zu eruieren. Zur Reform der Verwaltungsorganisation in allen amerikanischen Provinzen sollten Intendanten ernannt werden, die in Spanien schon seit 1711 eingeführt waren. Die Intendanten an der Spitze neu zu gliedernder territorialer Verwaltungseinheiten, der *intendencias*, sollten in ihren Verwaltungsbezirken als allseits zuständige staatliche Entwicklungsagenten das neue System der ökonomischen Staatsverwaltung Schritt für Schritt vorantreiben.

Als fiskalische Maßnahme zur Verbesserung der Einkünfte des Mutterlandes empfahl Campillo, die Fabrikation und den Verkauf von

Tabak und Tabakwaren zu einem staatlichen Monopol zu machen. Nach dem Vorbild Englands und Frankreichs verlangte er die Liberalisierung des Handels zwischen Spanien und seinen überseeischen Kolonien, d. h. die Aufhebung des andalusischen Handelsmonopols nach Amerika mit Cádiz als einzigem Im- und Exporthafen sowie die Abschaffung des bisherigen obligatorischen Konvoisystems der Handelsflotten. Von einem freizügigen Handel erwartete Campillo eine Belebung der Manufakturproduktion im Mutterland, wodurch auf die Einfuhr ausländischer Produkte verzichtet werden könnte und gleichzeitig dem Schmuggelhandel stärker als bisher ein Riegel vorgeschoben würde. Als guter Merkantilist forderte Campillo, die Manufakturen, besonders die Textilprodukte, in den Kolonien zu verbieten, um die wenigen spanischen Manufakturen vor unliebsamer Konkurrenz zu schützen. Zudem sollte auf diese Weise die Abhängigkeit der Kolonien von der Lieferung durch das Mutterland gewahrt bleiben. Falls der koloniale Markt von den spanischen Fabriken jedoch nicht ausreichend versorgt werden könnte, sollte auf alle Fälle den in den spanischen Kolonien produzierten Waren vor den ausländischen der Vorzug gegeben werden, um ein Eindringen fremder Kolonialmächte zu vermeiden.

Die Überlegungen Campillos sind in zweierlei Hinsicht sehr aufschlußreich. Zum einen machen sie als Situationsanalyse deutlich, daß Spanien bis zu diesem Zeitpunkt seine amerikanischen Gebiete nach anfänglichem Zugriff weitgehend sich selbst überlassen hatte und der amerikanische Reichtum, die Erträge aus Bergbau und Landwirtschaft, nicht mehr in dem Maße wie noch im ersten Jahrhundert der Kolonisation nach Spanien/Europa abflossen, sondern in Amerika blieben, daß insgesamt die Bindung an das Mutterland nachgelassen hatte, man könnte auch sagen, daß sich sowohl die ökonomische Abhängigkeit als auch die bürokratische Kontrolle gelockert hatten. Spanien übte zwar eine bürokratische Kontrolle aus. Doch hatte sich mit den Kreolen, den in Amerika geborenen und zur weißen Oberschicht gehörenden Spaniern, eine gesellschaftliche Schicht gebildet, deren wirtschaftliche Bedeutung die spanischen Bürokraten nicht übersehen konnten und durften, so daß eine politische Praxis geübt wurde, in der sich die spanische Herrschaft über lange Zeit als eine Art Kompromiß oder Ausgleich zwischen imperialer Oberhoheit und regionalen Interessen der Kreolen darstellte. Oft hatten sich Europa-Spanier und Amerika-Spanier gemeinsam gegen soziale Proteste von unten zur Wehr gesetzt und ihre soziale Stellung verteidigt. Die Kreolen erwarteten geradezu diese Hilfe, und wegen der gewährten Hilfe verhielten sie sich dem fernen Mutterland gegenüber loyal, solange dieser Zustand einer informellen Emanzipation, wie John Lynch mit Recht diese Art der Beziehungen genannt hat, nicht gefährdet wurde.[1]

Zum anderen besagen Campillos Überlegungen als Strategiekonzept für die zukünftigen Beziehungen, daß die überseeischen Besitzungen nun im wirklichen Sinn Kolonien, nämlich abhängige Gebiete, zu sein hatten: einerseits Lieferanten von Rohstoffen aus dem wirtschaftlichen und aus dem Bergbaubereich und andererseits Abnehmer von Fertigwaren aus Spanien.

Die Umsetzung dieses Konzepts erfolgte verstärkt nach der Niederlage Spaniens gegen England im Siebenjährigen Krieg (1755–1763), der u. a. mit der Einnahme Havannas 1762 durch die Engländer auch die Gefährdung der überseeischen Gebiete vor Augen geführt hatte. Karl III. und seine Minister sahen sich vor die Alternative gestellt, entweder gegenüber dem Rivalen England weiter an Boden zu verlieren oder aber Spanien zu modernisieren und den Vorsprung anderer europäischer Nationen wieder einzuholen. Die Reformpolitik ist deswegen in verschiedenen Arbeiten als »defensive Modernisierung« bezeichnet worden.[2] Damit ist allerdings nur ein Aspekt benannt worden. Denn die Bemühungen um eine Wiederherstellung und Ausweitung der königlichen Autorität und um eine verstärkte Kontrolle über das weite Kolonialgebiet und über die kolonialen Institutionen selbst lassen sich auch als »neuer Imperialismus«, als »zweite Konquista« oder als *reconquista* bezeichnen, die im Unterschied zur ersten Konquista nicht die Indios, sondern nun die Kreolen, die in Amerika geborenen Spanier, betraf.[3]

In der territorialen Neuorganisation der amerikanischen Reiche ist deutlich das Bestreben zu erkennen, die amerikanischen Gebiete durch die Repräsentanz des königlichen Willens effektiver durchzugliedern, sie wirtschaftlich stärker als bisher zu nutzen und sie besonders gegenüber dem Zugriff des englischen Rivalen militärisch abzusichern. In einem ersten Anlauf schon 1717 und dann endgültig 1739 wurde im nordandinen Raum ein großes Gebiet aus dem Vizekönigreich Peru herausgelöst und als Vizekönigreich Neu-Granada errichtet. Es umfaßte das Gebiet der *Audiencias* von Quito, Santafé de Bogotá und Panama sowie die Provinz Venezuela, die der *Audiencia* von Santo Domingo unterstanden hatte. Die Provinz Caracas erhielt u. a. wegen drohender englischer Invasionen schon 1742 administrative Eigenständigkeit gegenüber dem Vizekönig in Santafé und wurde 1777 zusammen mit den wichtigen Küstenprovinzen Guayana, Maracaibo, Cumuná sowie den Inseln Trinidad und Margarita zur selbständigen Generalkapitanie Venezuela erhoben, die vom Vizekönigreich vollständig getrennt war. Caracas wurde 1786 Sitz einer eigenen *Audiencia*. Um den karibischen Raum vor Angriffen der Engländer besser verteidigen zu können, wurde 1764 die Provinz Kuba zur Generalkapitanie erhoben. Zu ihr gehörten auch die riesigen Gebiete Louisianas westlich des Mississippi, das Frankreich im Frieden von Paris 1763 als Ausgleich für den Verlust Floridas an Spanien hatte abtreten müssen. 1776 entstand zur besseren Verteidigung der nördlichen Gebiete des Vizekönigreichs Neu-Spanien, in die Spanien vorgedrungen war und die unter ständigen Attacken und Übergriffen von noch nicht unterworfenen Indianerstämmen, aber auch Russen und Engländern litten, eine neue Einheit, die sogenannte Generalkommandantur der internen Provinzen *(Comandancia General de las Provincias Internas)* mit so wichtigen Grenzprovinzen wie Sonora, Sinaloa, Kalifornien, Texas und Neu-Mexico.

Auch im Süden des Kontinents, wo ebenfalls Interventionen von ausländischen Mächten drohten, zugleich noch nicht besiedelte Räume vorhanden waren, vollzogen sich weitreichende administrative Neugliederungen. Im Zuge der geplanten neuen wirtschaftlichen Inwertsetzung der amerikanischen Kolonien richtete die spanische Krone ihr Interesse nicht mehr nur auf die Bergbauerträge. Damit gewann die La-Plata-Region, die bislang nur ein relativ unbeachteter Teil des Vizekönigreichs Peru gewesen war, eine neue Bedeutung. Um sich das Wirtschaftspotential dieser noch kaum erschlossenen Region zu sichern und diese vor Übergriffen des portugiesischen Nachbarn zu schützen, wurde 1776/77 das Vizekönigreich La-Plata mit Sitz in Buenos Aires errichtet. Das vierte Vizekönigreich umfaßte nicht nur die heutigen Staaten Argentinien, Paraguay und Uruguay, sondern auch das reiche Bergbaugebiet von Hochperu, dem heutigen Bolivien. 1783 wurde Buenos Aires Sitz einer *Audiencia*. Chile erhielt 1778 den Rang einer Generalkapitanie, als die spanische Zivilisation zunehmend auch in das Gebiet südlich des Bio-Bio-Flusses vordrang, der über Jahrhunderte die Grenze zu den unbeugsamen Araukanern gebildet hatte.

Um das Kolonialreich besser verteidigen zu können, ließ Karl III. ab 1763 strategisch wichtige Verteidigungsanlagen besonders im Karibikraum neu befestigen. Noch wichtiger und weitreichender war der Beschluß, die relativ kleinen Verbände regulärer Truppen in Amerika durch permanente Milizen zu ergänzen. Diese sollten sich hauptsächlich aus Einheimischen zusammensetzen, mit Angehörigen der weißen Oberschicht als Offizieren. Da mit der Verleihung des Offizierspatents die Milizangehörigen der Zivilgerichtsbarkeit entzogen wurden, war es nicht schwierig, genügend kreolische Offiziere zu gewinnen. So ließ sich zwar eine Verstärkung der militärischen Abwehrkräfte erreichen, die auch bei inneren Unruhen wie sozialen Protesten eingesetzt werden konnten. Zugleich begab sich Spanien in eine gewisse Abhängigkeit von kreolischen Militärs, die ihre erworbene militärische Ausbildung nicht nur für, sondern, wie sich später zeigte, gegebenenfalls auch gegen Spanien einbringen konnten.

Seit 1765 nahm die spanische Krone eine schrittweise Liberalisierung des Handels zwischen Mutterland und Kolonien vor, der sich entsprechend dem Prinzip des Merkantilismus bislang in einem geschlossenen Wirtschafts- und Handelsraum vollzogen hatte. In diesem System war der Handel mit anderen Mächten verboten, das Handelsmonopol lag beim Mutterland, und der interkontinentale Handel vollzog sich auf bestimmten Routen und mit festgelegten Auslauf- bzw. End- und Zielhäfen. Spaniens Ausfuhrhafen war Sevilla bzw. Cádiz, die Endhäfen in Amerika waren Cartagena de Indias / Portobello auf dem Isthmus von Panama und Veracruz in Mexiko, von wo aus der Weitertransport in die Kolonialgebiete erfolgte. Nun wurde die Zahl der Anlaufhäfen in Spanien und in den Kolonien erweitert. Das berühmte Freihandelsreglement *(Reglamento para el comercio libre)* vom 12. Oktober 1778, mit dem 13 spanische und 24 amerikanische Häfen das Recht auf unmittelbaren interkontinentalen Handel erhielten, bedeutete dann die endgültige Formulierung eines freieren Handels, der aber nach wie vor auf den Handel innerhalb des spanischen Handels- und Wirtschaftsraums beschränkt war. Handel mit nicht-spanischen

Häfen war den Amerikanern nach wie vor untersagt. Im übrigen profitierten von der größeren Freiheit des Handels nur die spanischen Großkaufleute in den spanischen und amerikanischen Häfen. Amerikanischen Kaufleuten war weiterhin nur der innerkoloniale Handel erlaubt. Das Freihandelsreglement sah die Kombination von Freiheit und Protektionismus vor. Ziel war es, die Besiedlung bevölkerungsarmer Regionen zu fördern, den Schmuggelhandel auszuschalten und über ein gestiegenes Handelsvolumen höhere Steuern einzunehmen.

Vor allem aber sollten die Kolonien einerseits als Absatzmärkte für spanische Produkte, die gegenüber ausländischen Waren eine Zollvergünstigung erhielten, und andererseits als Lieferanten von Rohstoffen für Spaniens Industrie stärker als bisher in Wert gesetzt werden. Tatsächlich brachte die Einführung des Freihandels Spanien Vorteile: Das Handelsvolumen stieg in den Jahren bis 1796 um mehr als das Vierfache, der Anteil spanischer Produkte an der Ausfuhr erhöhte sich von 38% im Jahr 1778 auf 52% in den Jahren 1782–1796, ohne jedoch auf die erhoffte Entwicklung der spanischen Industrie stimulierend zu wirken. Für den Export aus Amerika standen bald bislang vernachlässigte Produkte wie Tabak, Kakao, Zucker, Koschenille, Indigo, Häute und Heilpflanzen bereit; allerdings machten sie nur weniger als die Hälfte des Gesamtimports in Spanien aus, über 50% entfielen auf die nach wie vor wichtigen Bergbauerzeugnisse. Gleichwohl erlebte die amerikanische Landwirtschaft enorme Zuwächse, während die ohnehin schwach ausgebildeten Manufakturen, besonders die einheimische Textilproduktion, die Artikel für die unteren Schichten und für den täglichen Bedarf herstellte, unter der Konkurrenz importierter Waren zu leiden hatte.

Konkurrenz bedeuteten auch die zahlreichen spanischen Immigranten, Beamte und Kaufleute, die im Zuge der erfolgreichen Handelspolitik nach Amerika auswanderten. Sie kamen im Unterschied zu früheren Auswanderungswellen nun aus dem nördlichen Spanien, aus Regionen, die für wirtschaftliche Aktivität und Unternehmensgeist standen. Aufgrund ihrer Tüchtigkeit, aber auch wegen der für die Europa-Spanier noch bestehenden Privilegien in bezug auf die Ämterbesetzung und auf das Handelsmonopol gelang es ihnen schnell, wichtige administrative und ökonomische Positionen einzunehmen – zum Nachteil der Kreolen.

Die Maßnahmen zur Dezentralisierung der territorialen Verwaltung des Imperiums in Amerika verbanden die Träger der Bourbonischen Reform mit einer stärkeren Zentralisierung der politischen Kontrolle durch die Regierung in Madrid. Ab 1765 wurden in Neu-Spanien, Peru, Chile und Neu-Granada Generalvisitationen durchgeführt, die die Grundlage für weitere Reformmaßnahmen bildeten. Im Zuge institutioneller Veränderungen tauchten neue hohe Beamte auf. 1776 wurde an allen amerikanischen *Audiencias* das Amt eines Regenten eingeführt, der mit der Leitung und Koordinierung der *Audiencia* betraut war und so einen Teil der vizeköniglichen Kompetenz übernahm. Direkt von der Krone ernannte und mit weitreichenden Vollmachten ausgestattete General-Visitatoren besuchten Mexiko, Peru, Neu-Granada und Quito und führten Neuerungen im politischen und wirtschaftlichen Bereich durch.

Zur effizienteren und ertragreicheren Verwaltung der königlichen Finanzen und zur strafferen Durchgliederung der Territorialbehörden wurde ab 1782 auch in Amerika – mit Ausnahme des Vizekönigreichs Neu-Granada – das Intendantensystem eingerichtet. Die bislang von den Vizekönigen wahrgenommene Aufsicht über das Finanz- und Steuerwesen wurde nun direkt dem Indienminister unterstellten Beamten übertragen. Diese traten als neue Instanz neben den Vizekönig und führten ihrerseits die Aufsicht über die untergeordneten Provinzintendanten, über Beamte also, die in den neugeschaffenen übersichtlicheren Verwaltungsbezirken der *Intendencias* alle Verwaltungsangelegenheiten der früheren regionalen und lokalen Verwaltungsbehörden wie Gouverneure, *Alcaldes Mayores* oder *Corregidores* regeln und für die Entwicklung von Handel, Verkehr, Bergbau und Landwirtschaft sorgen sollten. Dieser für die Kreolen empfindliche neuerliche bürokratische Zugriff wurde dadurch noch problematischer, daß im Unterschied zu der bis zur Mitte des 18. Jahrhunderts geübten Praxis, auch Amerika-Spanier zu Beamten der *Audiencias* zu benennen bzw. ihnen die Möglichkeit zum Ämterkauf zu gewähren, nun nach 1750 nicht nur der Ämterkauf unterbunden wurde, sondern auch überwiegend Europa-Spanier, die sogenannten *Peninsulares* in die hohen Verwaltungs- und Kirchenpositionen Hispanoamerikas berufen wurden.[4] Diese Reformmaßnahmen erschienen als »neuer Imperialismus«, als »zweite Konquista«.

Parallel zur engeren bürokratischen Kontrolle und damit zur fiskalischen Überwachung wurden seit 1750 auch stärkere Anstrengungen unternommen, die Einkünfte der Krone zu erhöhen. Dies geschah einmal durch die Steigerung der Bergbauerträge mit Hilfe moderner Techniken oder durch die erhöhte Produktion von Agrarerzeugnissen wie Zucker, Kakao, Kaffee und Tabak. Zum anderen wurden staatliche Monopole ausgeweitet und die Eintreibung der Steuern, vor allem der vier- bis sechsprozentigen Verkaufssteuer *(alcabala)*, nunmehr vom Staat selbst und zunehmend rigoroser in die Hand genommen.

Mit den hier nur skizzierten Maßnahmen zur Vereinheitlichung und Kontrolle der inneren Organisation des spanischen Imperiums, aber auch mit handelspolitischen Maßnahmen wie der schrittweisen Aufhebung des Handelsmonopols strebten die bourbonischen Reformer nicht nur die Herstellung eines großen und ertragreichen Wirtschaftsraums an, sie planten auch die Bildung eines die Teile des spanischen Imperiums verschmelzenden Nationalstaates, eines *solo cuerpo de nación*. Diese Ausweitung der Reformen auf den politischen Bereich fand ihren sinnfälligen Ausdruck darin, daß 1790 die beiden speziellen Indienministerien aufgelöst und die amerikanischen Angelegenheiten nach Sachgebieten auf die fünf in Spanien bestehenden Ministerien für Auswärtiges, Krieg, Marine, Justiz und Finanzen aufgeteilt wurden. Damit war die alte spanische Konzeption von einer Vielheit verschiedener Reiche *(reinos)*, die allein durch die Person des Königs miteinander verbunden waren, endgültig verschwunden. An ihre Stelle war die Vorstellung eines einheitlichen Nationalstaates getreten.

Da die Konsolidierung eines solchen großspanischen Staates die Loyalität auch der Amerika-Spanier voraussetzte, sahen die Reformer eine Reihe von Regelungen vor, die bei den Kreolen ein Identitätsgefühl mit dem neuen Staat hervorrufen sollten. Schon 1768 hatten die Fiscales Campomanes und Moñino, der spätere Conde de Floridablanca, die zukünftige Personalpolitik formuliert: Damit gegenseitige Freundschaft entstehe und daraus ein Nationalstaat erwachse, sollte eine bestimmte Anzahl von Kreolen sowohl in Amerika als auch in Spanien hohe Ämter bekleiden können und dadurch in ihren Interessen an die Metropole gebunden werden, während gleichzeitig Spanier hohe Ämter in Amerika besetzen sollten.[5] 1776 griff die Krone dieses Integrationskonzept, das zugleich eine Reaktion auf die Unruhe unter den Amerika-Spaniern wegen der Ernennungspraxis darstellte, in einem königlichen Gesetz auf. Dieses legte fest, daß Amerika-Spanier auch bei Vakanzen in Spanien angemessen zu berücksichtigen seien und ihnen ein Drittel der hohen Kirchenämter in Amerika vorbehalten werden sollte. Allerdings bedeutete dies keine Lösung des Problems der politischen Beteiligung, denn diese Regelung schloß die Besetzung der *Audiencias* nicht mit ein. Ebenfalls 1776 erhielten die kreolischen Kadetten die gleichen Aufstiegschancen wie die Spanier. 1792 erfolgte die Anordnung, ein *Real Colegio de Nobles Americanos* in Granada zu gründen; eine Anordnung von 1793 sah vor, eine Kompanie von Amerika-Spaniern in der Königlichen Garde aufzustellen.

II. Reaktionen der Kreolen auf die zweite Konquista – Selbstbewußtsein und Kritik

Die Ergebnisse dieser Politik blieben jedoch hinter den Erwartungen zurück, denn die bourbonische Reformpolitik machte es den zur sozialen und ökonomischen Oberschicht gehörenden Amerika-Spaniern, die nach den Angaben von Alexander von Humboldt um 1800 ca. 19 % der Gesamtbevölkerung Amerikas ausmachten, immer schwerer, sich mit dem Mutterland Spanien zu identifizieren und gegenüber dem spanischen Staat loyal zu bleiben. Nicht nur die stärkere Ausbeutung des wirtschaftlichen Reichtums Amerikas zum Nutzen Spaniens, neue Steuermaßnahmen sowie die höhere und effektivere Besteuerung und die Konkurrenz neuer privilegierter Einwanderer, sondern vor allem die neue Praxis der Beamtenernennung führte bei den Amerika-Spaniern zunehmend zur Diskussion über die Legitimität der spanischen Herrschaft. Die von den Amerikanern als Diskriminierung empfundene Benachteiligung bei der Ämterbesetzung trug einerseits zur Entfremdung und Rivalität zwischen Europa-Spaniern, die nur etwas mehr als 1 % der weißen Bevölkerung ausmachten, und Amerika-Spaniern bei und förderte andererseits eine immer stärker werdende Bindung an die eigene Region bzw. an Amerika.

Über diese Einschätzung der Amerika-Spanier hinsichtlich ihrer Diskriminierung gibt es zahlreiche Belege. Sehr eindringlich hat z. B. der Rat der Stadt Mexiko diese Entfremdung, die Interessendivergenzen zwischen Spaniern und Amerikanern sowie die Forderung nach der Berücksichtigung, ja Bevorzugung der Amerikaner bei der Ämtervergabe in seiner Eingabe an den spanischen König Karl III. vom 2. Mai 1771 dargelegt. Auch die Vereinbarungen *(Capitulaciones)* von Zipaquirá in Neu-Granada vom 5. Juni 1781 zur Beilegung des Aufstandes der *Comuneros* – eines Zusammenschlusses von unteren und mittleren Bevölkerungsschichten der von den steuerlichen Maßnahmen besonders betroffenen Städte Socorro, San Gil, Vélez, Girón und Pamplona – enthalten ähnliche Forderungen.

Insgesamt ist in solchen Schriften folgender Grundtenor festzustellen: In ihren Argumentationen gehen die Kreolen von der Gleichberechtigung zwischen Spaniern und Amerikanern aus, die unter dem gemeinsamen König gleiche Rechte haben, so daß auch die Amerikaner Anspruch auf Teilhabe an der politischen Macht und auf Berücksichtigung bei der Ämtervergabe besitzen. Gleichzeitig aber schränken die Kreolen die Gültigkeit und Geltung des Gleichheitsprinzips für die Spanier wieder ein, betonen im Gegenteil die Überlegenheit der Einheimischen. Ihre Argumentation drückt ihre Überzeugung aus, daß zwischen Amerika-Spaniern und Europa-Spaniern eine unüberbrückbare Interessendivergenz bestehe. Sie besagt, daß auf der einen Seite die Amerikaner nicht mehr nur Spanier und daß umgekehrt die Europa-Spanier in Amerika nur Fremde sind, die keine persönliche und tiefere Beziehung zu Amerika besitzen und deshalb an dessen Interessen vorbei regieren. Das Argument der Interessendivergenz sowie der Beziehungslosigkeit der Spanier zu Amerika blieb eine Konstante in den kreolischen Klagen über politische Diskriminierung und fand in der heißen Phase der Loslösung vom Mutterland vehemente Verfechter, die diesen minderberechtigten Status als Kolonialstatus anprangerten.

Logischerweise impliziert die Betonung der Andersartigkeit auch die Betonung der Eigenart, so daß die politischen Forderungen, die sich aus den Klagen ergaben, und ihre Begründung ohne Zweifel das gewachsene Bewußtsein einer eigenen amerikanischen Identität widerspiegeln, einer Identität, die sich langfristig nur in politischer Selbstbestimmung innerhalb eines eigenen Territoriums erfüllen konnte. Die Kreolen fühlten sich als Einheimische bei der Wahrnehmung amerikanischer Interessen den Spaniern überlegen und leiteten daraus den Anspruch auf Selbstbestimmung für Amerika ab. Allerdings gewann das Kriterium, Amerikaner zu sein, nur in dieser gemeinsamen Abgrenzung nach außen gegen Spanien eine kontinentale Dimension. Denn als eine vorgegebene staatlich-politische oder kulturelle Einheit wurde Amerika nicht gesehen. Die Kreolen begriffen sich in Opposition zu den Europa-Spaniern zwar als Amerikaner, sie verstanden sich aber ebenfalls als Einwohner einer engeren, erfahrbaren und erlebten Heimat. Obwohl immer wieder von Amerika und von den Amerikanern die Rede war und obwohl man sich einer gemeinsamen allgemeinen amerikanischen Interessenlage gegenüber Spanien bewußt war, bezog sich die Identifizierung doch auf den engeren Bereich der jeweiligen *Audiencia*. Tatsächlich stellte das spanische Kolonialreich in Amerika weder in politischer noch in wirtschaftlicher Hinsicht eine Einheit dar. Es war vor allem durch die Verwaltungsbezirke der *Audiencias*, der königlichen Appellationsgerichtshöfe, räumlich gegliedert, die wegen ihrer judikativen und politischen Entscheidungsbefugnisse für die Bewohner ihres jeweiligen Einzugsbereichs von großer administrativer Bedeutung waren. Gerade innerhalb der Grenzen der *Audiencias* hatte sich bei der jeweils führenden Schicht der Kreolen ein Bewußtsein regionaler Eigenart und der Zugehörigkeit zur Region und ihrer Gesellschaft entwickelt. In dem Maße, wie die Kreolen aufklärerische Ideen übernahmen und ihre jeweiligen Regionen mit den naturgeographischen Ressourcen zu erforschen begannen, verstärkte sich auch das Selbstbewußtsein. So vollzog sich die Abgrenzung auf zwei Ebenen: einerseits gegenüber dem Mutterland, andererseits gegenüber den anderen Regionen.

Bedeutenden Anteil an der Entwicklung eines amerikanischen Selbstbewußtseins hatten auch die Ideen der europäischen Aufklärung mit ihrem Glauben an die Vernunft und ihrem optimistischen Vertrauen in die Wissenschaften, vornehmlich die Natur- und Erfahrungswissenschaften, als Faktor menschlichen Fortschritts. Sie waren in Spanien besonders in der zweiten Hälfte des 18. Jahrhunderts rezipiert und zusammen mit eigenen Ansätzen zu einem politischen Konzept verarbeitet worden. Sie leiteten mit der Abkehr von den traditionellen Bildungsinhalten der spanischen Scholastik und der Hinwendung zur modernen Wissenschaft und ihren Forschungsmethoden eine kulturelle Reform ein, die zu einem wichtigen Bestandteil des gesamten bourbonischen Reformprogramms wurde. Denn die neuen Wissenschaften, eingesetzt zur Erforschung und besseren Nutzung der natürlichen Reichtümer Spaniens und seiner Kolonien, erschienen als das adäquate Instrument, Spaniens ökonomische und politische Vormachtstellung wiederherzustellen. Diese praktisch-pragmatische und utilitaristische spanische Aufklärung, die sich von der mehr theoretisch-spekulativen Aufklärung französischer Provenienz abhob, gelangte bald auch in die Kolonien.

Entsprechend den wirtschaftspolitischen Zielen, wie sie Campillo y Cossío formuliert hatte, förderten die spanische Krone, ihre Minister und die hohen Kolonialbeamten das auch in den Kolonien erwachende Interesse an den Naturwissenschaften und an Wirtschaftsfragen. Da von der Modernisierung im Bergbau und der Effektivierung der Landwirtschaft die stärksten Wachstums- und Entwicklungsimpulse bzw. die größten Profite erwartet wurden, konzentrierten sich die Förderungsmaßnahmen auch auf diese Bereiche. Die spanische Krone organisierte zur Bestandsaufnahme der Reichtümer Amerikas zahlreiche Forschungsexpeditionen: 1777 konnte eine botanische Expedition mit den Botanikern Hipolito Rúiz, José Pavon und dem Franzosen J. Dombey nach Peru und Chile aufbrechen (1777–1788); ab 1783 erforschte eine königliche botanische Expedition unter der Leitung des spanischen Naturforschers José Celestino Mutis die Flora und Fauna des Vizekönigreichs Neu-Granada. 14 Jahre wirkte eine botanische Expedition unter Martin de Sesse in Neu-Spanien (1788–1802). An der von dem Italiener A. Malaspina geleiteten Expedition rund um Amerika und über den Pazifik (1789–1794) nahmen zahlreiche spanische Wissenschaftler und Naturforscher teil. Im Bergbaubereich konnten die Brüder Fausto und Juan José D'Elhuyar, die sich bei europäischen Fachleuten in den Naturwissenschaften weitergebildet hatten, Expeditionen in Mexiko, Peru und Neu-Granada durchführen, um den Abbau von Edelmetallen wieder in Gang zu bringen.

Von Bedeutung wurde, daß an diesen Unternehmungen Kreolen als Forscher, Zeichner oder Maler mitarbeiteten und sich durch diese Tätigkeit Landeskenntnisse erwarben und die Reichtümer und Möglichkeiten ihres eigenen Landes entdeckten. Sie wurden ihrerseits häufig zu Multiplikatoren der neuen Wissenschaften und Denkweisen und gaben in ihren eigenen Studien über Geographie und Wirtschaftsfragen ihre Erkenntnisse über die Entwicklungsbedingungen und -möglichkeiten der einzelnen amerikanischen Regionen an ihre Landsleute weiter. Medium und Instrument solcher Verbreitung und Meinungsbildung waren literarische Zirkel, *Tertulias*, die nach dem Vorbild solcher Zirkel in Frankreich oder Spanien entstanden waren, oder die sogenannten Patriotischen Gesellschaften, Gesellschaften von Vaterlandsfreunden zur Förderung der Wirtschaft, *Sociedades de amigos del país*, in denen man sich mit Literatur, wissenschaftlichen Fragen, neuen Techniken, aber auch mit Fragen des aktuellen Zeitgeschehens beschäftigte. Ohne das Medium Zeitungen jedoch, die gerade in der Zeit der Modernisierungspropagierung in Amerika gegründet wurden, wären die *Tertulias* oder die *Sociedades de amigos del país* nur esoterische Clubs geblieben und hätten die Ergebnisse der Zusammenkünfte keine größere Wirkung gehabt. Mit den Zeitungen aber waren wichtige Voraussetzungen geschaffen. Gerade die Zeitungen haben als Bildungsorgane wesentlich an der Verbreitung der Ideen der Aufklärung mitgewirkt und zugleich Patriotismus geweckt oder verstärkt und insgesamt einen nationalen, für den Emanzipationsprozeß wichtigen Optimismus hinsichtlich der eigenen Möglichkeiten gefördert.

Die von Spanien vorgenommene naturgeographische Bestandsaufnahme, mit der eigentlich die Inwertsetzung der Kolonien vorangetrieben werden sollte, barg den Keim der Loslösung vom Mutterland in sich. In dem Maße nämlich, wie die Kreolen die wirtschaftlichen Möglichkeiten und Reichtümer ihrer jeweiligen Region wahrnahmen, stieß bei ihnen ein Konzept immer mehr auf Ablehnung, das die wirtschaftliche Entwicklung der Kolonien in Abhängigkeit zu Spanien fördern wollte. Deshalb wurde der von Spanien geplante Entwicklungsprozeß auf das eigene Land bezogen, das nun zunehmend den Mittelpunkt der wirtschaftlichen und politischen Überlegungen darstellte.

Parallel zur geographischen Orientierung und zur naturkundlichen Bestandsaufnahme und in enger Wechselwirkung mit ihnen erfolgte eine Überprüfung der wirtschaftlichen Möglichkeiten und der Grundstruktur einer jeden Region. Seit der Rezeption der von der spanischen Aufklärung propagierten nützlichen Wissenschaften begannen spanische Verwaltungsbeamte, aber auch Amerikaner, die Kreolen, in mehr oder weniger umfangreichen Studien die Wirtschaftssituation der einzelnen Großregionen kritisch zu analysieren und gleichzeitig Verbesserungsvorschläge zu machen. Die Wirtschaftsstudien gingen nun insofern über die bloße Beschreibung der natürlichen Gegebenheiten und der klimatischen und geographischen Vorzüge einer Region hinaus, als sie auch die politischen bzw. wirtschaftspolitischen Bedingungen aufzeigten, in deren Rahmen die wirtschaftliche Entwicklung sich vollziehen konnte oder zumindest nicht mehr behindert wurde. Für diesen Entwicklungsprozeß galt es, günstigere Bedingungen als bisher zu schaffen. Deshalb beschrieben die amerikanischen Ökonomen die Diskrepanz zwischen der bestehenden schlechten Situation und der ihrer Meinung und Analyse nach möglichen, bei effektiver Ausnutzung der natürlichen Gegebenheiten und sinnvoller Anwendung moderner Technik zu erwartenden wirtschaftlichen Entwicklung ihrer Region. Die jeweiligen Regionen erschienen den Wirtschaftskritikern in einer optimistischen Beurteilung der Entwicklungsmöglichkeiten geradezu als Mittelpunkt der Neuen Welt.

Die Analyse der wirtschaftlichen Situation in den Kolonien einerseits sowie die zunehmende Kenntnis von entwicklungsfördernden theoretischen Überlegungen und technischen Errungenschaften in anderen Ländern Europas andererseits stießen zwangsläufig auf die entwicklungshemmenden Grenzen, die durch das spanische Wirtschaftssystem gegeben waren. Dies mußte bei den Wirtschaftskritikern selbst und bei ihren Lesern oder Bekannten eine Abwehrhaltung gegen Spanien als den Urheber dieser Beschränkungen auslösen und zugleich zu einer wachsenden Identifizierung mit ihren jeweiligen Ländern führen, die im Unterschied zu dem um die Jahrhundertwende stagnierenden Spanien entwicklungsfähig erschienen.

Die Vorschläge zur Intensivierung von Landwirtschaft, Handel und Gewerbe lassen erkennen, wie sehr die Ökonomen ihre Region jeweils wegen ihrer wirtschaftlichen Besonderheiten und Vielfältigkeiten als lebensfähige Einheiten verstanden. Darin waren auch immer gewisse Vorstellungen von der Eigenständigkeit des eigenen Landes enthalten, so daß die Wirtschaftskritiker nicht nur eine Abgrenzung gegenüber Spanien, sondern gleichzeitig gegenüber den anderen amerikanischen Regionen vornahmen. Damit erhielten diese Regionen, die durch das Beziehungsgefüge der alten *Audiencias* Verwaltungs-, Wirtschafts-, Finanz- und Rechtseinheiten bildeten, zusätzlich neue Konturen.

III. Die Krise im spanischen Mutterland – Anlaß für Separation und Eigenstaatlichkeit

Seit 1796 und besonders im ersten Jahrzehnt des 19. Jahrhunderts trat erneut ein Wechsel in den Beziehungen zwischen Mutterland und Kolonien ein. Durch den Niedergang der spanischen Macht in den internationalen Konflikten und durch den Verfall der bourbonischen Dynastie, ferner durch die von Napoleon erzwungene Abdankung des legitimen spanischen Königs und seines Nachfolgers sowie die Proklamation Joseph Bonapartes zum spanischen König entstand in Spanisch-Amerika ein Machtvakuum, das die Kreolen zur Stärkung ihrer eigenen Position gegenüber Spanien und den spanischen Kolonialbehörden zu nutzen vermochten.

Vor allem im ökonomischen Bereich, im so vielversprechend gewachsenen Handelsverkehr hatte sich Spaniens Niedergang gezeigt. Bedingt durch die Kriege, die es gegen England führen mußte, seit es im Vertrag von Ildefonso 1796 zum Bündnispartner Frankreichs geworden war, erlebten die Handelsverbindungen zwischen Spanien und seinen Kolonien häufige Unterbrechungen. Spanien bot ebensowenig die Gewähr für eine ausreichende Versorgung mit europäischen Gütern, wie es für erweiterte Absatzmöglichkeiten der von zahlreichen Ökonomen gerade für die amerikanischen Gebiete als besonders entwicklungsförderlich propagierten Agrarprodukte sorgen konnte. Ein häufig beklagter und seit dem ausgehenden 18. Jahrhundert zunehmender Schmuggelhandel aber belegt, daß gerade auf diesem Gebiet wirtschaftliche Interessen und Aktivitäten in Amerika vorhanden waren. Zudem waren die kommerziellen Bindungen dadurch gelockert worden, daß Spanien 1797 den Kolonien das Recht einräumen mußte, mit neutralen Nationen Handel zu treiben. Die mehrmalige Zurücknahme bzw. Neugewährung dieser Konzessionen in den folgenden Jahren stärkte kaum das Vertrauen in das spanische Handelssystem, das sich in internationalen Konflikten als anfällig erwies.

Durch die Vernichtung der spanischen Flotte in der Seeschlacht von Trafalgar 1805 hatte Spaniens militärische Schutzfunktion gegenüber Amerika merklich gelitten. Die englische Invasion in der La-Plata-Mündung 1806/07 enthüllte dies mit aller Deutlichkeit. Denn nicht spanisches Eingreifen von See, nicht spanische Hilfstruppen, nicht der amtierende spanische Vizekönig in Buenos Aires, der Marqués de Sobremonte, schlugen die englischen Angriffe zurück, sondern die Miliztruppen der Stadt Buenos Aires, die Amerikaner selbst unter Führung des französischen Offiziers Santiago Liniers. Die Bedeutung dieses Ereignisses kann nicht hoch genug eingeschätzt werden, führte es doch den amerikanischen Kreolen die militärische Schwäche Spaniens einerseits, zugleich aber auch die eigene militärische Leistungsfähigkeit vor Augen.

Zu dem militärischen Machtverfall kamen erschwerend die internen Auseinandersetzungen der bourbonischen Dynastie hinzu. Seit 1788 lag die spanische Krone in den Händen Karls IV., der sich zunehmend als unfähig erwies und die Regierung dem Günstling der Königin, Manuel Godoy, überließ. Die allgemeine Unzufriedenheit über die Intrigen am spanischen Hof, über die zunehmende Ineffektivität der Regierung sowie der Einmarsch französischer Truppen zur gemeinsamen Eroberung Portugals führten schließlich zu dem von Offizieren und breiten Kreisen der spanischen Bevölkerung getragenen Aufstand von Aranjuez am 19. März 1808, in dessen Verlauf Karl IV. seinen Minister Godoy entließ und selbst zugunsten seines Sohnes Ferdinand VII. abdanken mußte. Napoleon wiederum erhielt durch diese Vorgänge den Vorwand, nun auch in die spanischen Verhältnisse einzugreifen. Madrid und bald ganz Spanien wurde von französischen Truppen besetzt; in der Zusammenkunft von Bayonne vom 20. April bis 5. Mai 1808 zwang Napoleon den jungen König Ferdinand VII., in den die Spanier so viel Hoffnung auf eine allgemeine Erneuerung gesetzt hatten, die Krone an seinen Vater zurückzugeben, und diesen brachte er dazu abzudanken. Während Napoleon seinen Bruder, José Bonaparte, zum *Rey de España e Indias* machte, wurden die spanischen Bourbonen in Frankreich gefangengehalten.

Die Spanier jedoch akzeptierten die neue napoleonische Dynastie nicht. Schon am 2. Mai 1808 war in Madrid eine Volkserhebung gegen die französischen Truppen ausgebrochen, die schnell weite Teile Spaniens erfaßte und in einen allgemeinen nationalen und über Jahre dauernden politischen und militärischen Widerstand gegen die Besetzung durch die Franzosen überging. Diesen Widerstand organisierten zuerst regionale autonome Juntas; am 20. September 1808 wurden dann mit der Obersten Zentraljunta, der *Junta Central Suprema*, und seit Anfang des Jahres 1810 mit ihrer Nachfolgeinstitution, dem Regentschaftsrat, provisorische Regierungen ins Leben gerufen, die eine einheitliche staatliche Lenkung im Namen Ferdinands VII. zu etablieren suchten.

Angesichts der Krise der spanischen Monarchie, angesichts der militärischen und politischen Ereignisse in Europa, die ein aktives Eingreifen Spaniens in seinen Kolonien nicht gestatteten, sahen sich die Kreolen vor die Möglichkeit gestellt – in gewissem Sinn auch dazu gezwungen –, über ihre Zukunft zu entscheiden. Dies war um so wichtiger, als die intakt gebliebenen spanischen Kolonialbehörden durchaus geneigt waren, die napoleonische Dynastie anzuerkennen, während die Kreolen den Bourbonen und besonders Ferdinand VII. gegenüber loyal bleiben wollten. In dieser Konstellation sahen die Kreolen nun die Möglichkeit, eine eigene Position gegenüber den alten Kolonialbehörden aufzubauen. Auf Initiative der Stadträte, der *Cabildos*, entstanden ab 1809 in zahlreichen Städten ebenfalls Juntas, denen es vor allem darum ging, weitgehende politische Selbständigkeit zu erringen. Zunächst sollte dies durchaus noch im Rahmen des spanischen Imperiums geschehen. Positive Entscheidungshilfen glaubten die Zentraljunta und der Regentschaftsrat den Kolonien dadurch zu geben, daß sie in mehreren Proklamationen und Dekreten die Überseegebiete zur Entsendung von Delegierten für die Zentraljunta bzw. zur Teilnahme an dem einzuberufenden Ständeparlament, den *Cortes*, einluden, den ehemaligen Kolonialstatus für aufgehoben erklärten und das auch von den Kreolen geforderte Repräsentativprinzip anerkannten, den amerikanischen Gebieten also Autonomie zubilligten. Nun könnten sich die Amerika-Spanier zur Würde von freien Menschen erhoben sehen, nun seien sie nicht mehr wie vorher unter ein hartes Joch gezwängt und (...) gequält durch Habgier (...) Nun hinge ihr Schicksal nicht von Vizekönigen oder von Gouverneuren ab, es liege nun in ihren eigenen Händen.[6]

Doch statt die Bindung zwischen den beiden Hemisphären, zwischen Europa-Spaniern und Amerika-Spaniern zu stärken, wirkten diese Gleichheitsangebote eher kontraproduktiv und lieferten den Kreolen weitere Argumente, die spanischen Kolonialbehörden durch eigene Organe der Selbstregierung zu ersetzen und immer mehr Selbständigkeit zu fordern, bedeuteten die spanischen Angebote doch die

Bestätigung früher vorgetragener Kritik am spanischen Kolonialsystem.

Ohne Frage haben das Machtvakuum in Spanisch-Amerika nach 1808, das Vorbild autonomer Juntas in Spanien und die neue, die Gleichheit betonende Politik der spanischen Interimsregierungen die amerikanischen Kreolen zu den weitgehenden politischen Forderungen, die sie seit 1808 erhoben, ermutigt. Hervorgerufen haben sie diese Forderungen jedoch nicht. Diese stellen sich vielmehr eindeutig als Ergebnis eines längerfristigen, durch politische und ökonomische Benachteiligung bedingten Entfremdungsprozesses gegenüber der Kolonialmacht Spanien und eines parallel dazu verlaufenden Identifizierungsprozesses mit den jeweils eigenen erfahrbaren Regionen dar.

Zahlreiche politische Äußerungen der Kreolen ab 1808 nahmen noch einmal die alten Argumente auf und gingen dann den entscheidenden Schritt weiter. Diese Texte erhalten ihre Bedeutung dadurch, daß sie systematisch die Punkte, die nach Meinung der Kreolen das Verhältnis zwischen Spanien und Amerika belastet und eine adäquate und für möglich gehaltene wirtschaftliche Entwicklung Amerikas verhindert hatten, auflisten und daraus politische Konsequenzen ziehen. Sie lassen erkennen, wie stark gesellschaftliche Wandlungsvorgänge bzw. verhinderter oder nur partieller Wandel entscheidend auf die Herausbildung eines Anspruchs auf Eigenstaatlichkeit eingewirkt haben. Die Argumentation dieser Schriften folgte einem bestimmten Schema: Sie beschrieben die Diskrepanz zwischen dem realen, durch 300jährigen Kolonialstatus bedingten Entwicklungsstand und den vorhandenen Entwicklungsmöglichkeiten. Sie machten nun, anders als es noch zehn oder zwanzig Jahre zuvor gehandhabt werden konnte, die Metropole explizit für die Rückständigkeit verantwortlich, was nach dem Eingeständnis fehlerhafter Kolonialpolitik durch Zentraljunta und Regentschaftsrat nicht mehr mit Gefahren verbunden war. Alle altbekannten Vorwürfe sind enthalten: die mangelnde oder nur einseitige scholastische Bildung und Ausbildung; die parteilichen Gerichtsverfahren zuungunsten der Amerikaner, langwierige juristische Entscheidungen; die unzureichende Infrastruktur im Hinblick auf Kommunikation und Handelswege zu Wasser und zu Lande; fehlende industrielle Innovationen und Impulse; übermäßige Besteuerung; Behinderungen eines erfolgversprechenden Außenhandels mit Bodenschätzen und Agrarprodukten. Alle diese Vorwürfe richteten sich gegen die Fehlleistungen einer Kolonialmacht, durch die sich, so die Argumentation, Amerika in einem Zustand der Barbarei und Unwissenheit befand. Zu erklären war diese Stagnation weder durch die angebliche Unfähigkeit oder Inferiorität der Amerikaner noch durch eine unzureichende naturgeographische Ausstattung Amerikas.

In solchen Äußerungen der Kreolen ist ein Patriotismus, der auf Selbstbestimmung abzielte, nicht zu übersehen: Allein die politische Selbstbestimmung schien den Kreolen nach den bisherigen Erfahrungen die Gewähr zu bieten, die vorhandenen wirtschaftlichen Möglichkeiten zu nutzen. Dies sollte allerdings nicht mehr im Sinn Spaniens geschehen, das sich fragen lassen mußte, wie es denn mit den Reichtümern Amerikas umgegangen sei und wo diese geblieben seien. Vielmehr sollte den eigenen wirtschaftlichen Interessen Rechnung getragen werden, um in Zukunft an dem weltweiten Wirtschaftsprozeß teilzuhaben, aus dem Amerika durch das bisherige Handelssystem ausgeschlossen gewesen war. Für zahlreiche Kreolen war deshalb die Antwort auf die Frage, welche Maßnahmen sie ergreifen sollten, um die Freiheit, die sie seit September 1808 besaßen, richtig zu gebrauchen, nicht schwer: Sie sahen eine Lösung darin, in ihren jeweiligen Regionen – meist den alten Audiencia-Einheiten – souveräne Staaten zu bilden, die unabhängig von Spanien, aber auch unabhängig von den übrigen Teilen des bisherigen Kolonialreichs die jeweils eigenen Interessen wahrnehmen sollten. Für viele Kreolen war mit der Loslösung der Kolonien von Spanien ganz natürlich auch die Desintegration des Kolonialreichs in verschiedene, die je spezifischen Interessen und Möglichkeiten verfolgende Regionen verbunden.

In den meisten hispano-amerikanischen Kolonien erfolgten deshalb ab 1810 mit der Erklärung der Unabhängigkeit die ersten Schritte zur Bildung eigener Staaten. Und eben an diesem Punkt entzündeten sich die Auseinandersetzungen zwischen unabhängigkeitswilligen Kreolen, den Patrioten, spanientreuen Kreolen und Spaniern. Es begannen die über 15 Jahre dauernden Unabhängigkeitskriege. Nach der Erklärung der Unabhängigkeit konnten sich in einigen Fällen (Mexiko, Neu-Granada, Venezuela, Peru) sogar die Anhänger Spaniens nochmals durchsetzen und besonders nach 1814, d. h. nach der Rückkehr Ferdinands VII. auf den spanischen Thron, amerikanische Gebiete erneut zurückerobern. Gerade die dann von Spanien gegenüber den Patrioten ausgeübte Gewalt und rigorose Bestrafung haben die Separationsbewegungen innerhalb der Kreolen gefördert und selbst spanientreue Kreolen an einem liberalen Spanien zweifeln lassen.

Zweifel waren schon durch die Politik der liberalen *Cortes* gegenüber Amerika lautgeworden. Die liberale spanische Regierung hatte zwar nach 1808 in dem Bemühen, auch die Überseegebiete für die Überwindung der Krise in Spanien zu gewinnen, weitgehende wirtschaftliche und politische Zugeständnisse gemacht, hatte aber vor der Gewährung einer vollen Gleichberechtigung zwischen Europa-Spaniern und Amerika-Spaniern zurückgeschreckt. Die Zentraljunta hatte die Einwohner von Spanien und Amerika wohl als Gleiche angesprochen. Auch die *Cortes* von Cádiz, in denen die Amerikaner mit 28 von insgesamt 105 Abgeordneten vertreten waren, hatten im Dekret vom 15. Oktober 1810 die Gleichheit zwischen Europa-Spaniern und Amerikanern anerkannt und Spanien und Amerika zu gleichberechtigten Mitgliedern einer Monarchie, Nation und Familie erklärt. Sie hatten das Gleichheitsprinzip sanktioniert, indem sie in der Verfassung von 1812 alle freien, im gesamten Herrschaftsgebiet geborenen und wohnenden Personen – also auch die Indios und Mestizen – zu Spaniern erklärten (Art. 4). Aber schon dadurch, daß spanische Staatsbürger – *ciudadanos* – und damit Wahlberechtigte nur diejenigen sein konnten, deren Vorfahren väterlicher- und mütterlicherseits aus dem spanischen Herrschaftsgebiet stammten (Art. 18, 27), war das Gleichheitsprinzip durchbrochen und die Repräsentationsgrundlage und demzufolge die Sitzverteilung für die *Cortes* zuungunsten der Amerikaner festgelegt. Denn die aus Afrika Gebürtigen, also die ehemaligen Sklaven, die Freigelassenen und ihre Nachkommen einschließlich der Mischlinge konnten nur unter besonderen Bedingungen spanische Staatsbürger werden (Art. 22).[7] Zudem hatten selbst die spanischen Staatsbürger aus Amerika trotz einiger wirtschaftlicher Erleichterungen, die die liberalen *Cortes* für Spanien und Amerika beschlossen, nicht die volle Gleichberechtigung und Entfaltungsmöglichkeit erhalten; denn auch weiterhin blieb ihre wichtigste ökonomische Forderung, der Abbau von Restriktionen im Außenhandel, unerfüllt.

Am Ende hatten sich 1825 alle größeren hispano-amerikanischen

Gebiete von der spanischen Herrschaft gelöst, lediglich Kuba und Puerto Rico blieben spanisch.

IV. Die Entstehung neuer Staaten

Die Veränderung der Beziehungen zwischen Metropole, Mutterland und amerikanischen Kolonien ebenso wie die Entwicklung eines eigenen Selbstbewußtseins der amerikanischen Kreolen ist nicht zu verstehen ohne den allgemeinen Wandlungsprozeß, den Modernisierungsprozeß, der mit der Industriellen Revolution in England und den politischen Revolutionen in Amerika und Frankreich begann und bald die gesamte Welt beeinflußte. Auch Spanien nahm an diesen Wandlungsvorgängen teil und versuchte seit der zweiten Hälfte des 18. Jahrhunderts, durch zentralistische Verwaltungs- und Wirtschaftsmaßnahmen das spanische Imperium diesseits und jenseits des Ozeans zu einem einheitlichen Nationalstaat zu modernisieren. Die daraus resultierende intensivere und unmittelbarere Kontrolle der Kolonien in administrativer und fiskalischer Hinsicht regte die Bevölkerung bzw. die ökonomisch dominierende Gruppe der Kreolen in einzelnen, als Einheit verstandenen Regionen zu einer eigenständigen »nationalen« Willensbildung an, da die Verwaltung häufig nicht in Händen von amerikanischen, sondern von spanischen, als fremd empfundenen Eliten lag. Die praktisch-pragmatisch geprägte spanische Aufklärung setzte wichtige Teile der kolonialspanischen Gesellschaft – Intellektuelle, Juristen, Kaufleute – aus den verschiedensten Regionen in Bewegung. Sie begannen, nicht mehr nur in lokalen oder in kleinen regionalen Dimensionen, sondern in »nationalen« Grenzen zu denken und ein Selbstbewußtsein zu entwickeln, das sich in dem Willen zu politischer Emanzipation vom Mutterland niederschlug, boten doch die bestehenden Herrschaftsverhältnisse nur wenige Möglichkeiten zu eigener Einflußnahme und zur Wahrung eigener wirtschaftlicher Interessen gegenüber Spanien.

Dieses Selbstbewußtsein entstand und verstärkte sich, als Spanien seit der Mitte des 18. Jahrhunderts in den Kolonien aktiv wurde. Es entwickelte seine Sprengkraft, als Spanien nach 1796 erneut in eine Phase der Schwäche geriet, die lange andauern sollte. Entscheidend wurde, daß mit der anhaltenden Legitimitäts- und Partizipationskrise des spanischen Kolonialreichs in Amerika und mit der parallel verlaufenden Wahrnehmung der Ressourcen und des Entwicklungspotentials des jeweils eigenen Landes wichtige Gruppen in den Regionen eine Verschiedenheit gegenüber Spanien konstatierten bzw. konstruierten. Dies Anderssein definierten sie geographisch, d. h. bezogen es auf die jeweilige *Patria*, ihr Geburtsland, das sich noch im kolonialen Status befand, aber Anspruch auf politische Freiheit und Entwicklungsfreiraum besaß. Ähnlich wie es Stein Rokkan für die europäische Staats- und Nationbildung beschrieben hat[8], stand auch am Beginn der Staat- und Nationwerdung im spanischen Amerika die territoriale Fixierung durch Eliten, die sich ihrer Interessen bewußt geworden waren, in den verschiedenen Regionen. Diese Patrioten, wie sich die emanzipationswilligen Kreolen nannten, setzten ihr Selbst- und Eigenbewußtsein in politische Forderungen um, appellierten an einen durchaus offensiven Patriotismus und machten ihn zum Instrument ihrer Politik der Bildung eigener, souveräner Staaten.

So stellt sich der Zerfall des spanischen Weltreichs in Amerika als ein Prozeß der Emanzipation der außereuropäischen Regionen vom Mutterland dar, oder – um es in der Symbolsprache der damals häufig verwendeten Familienmetapher auszudrücken – als der Prozeß der Loslösung der erwachsen gewordenen Kinder, wie es der neu-granadinische Patriot Camilo Torres im Mai 1810 in einem privaten Brief an seinen Onkel formulierte: »Nach der Auflösung der Monarchie und dem Verlust Spaniens befinden wir uns in der gleichen Situation wie erwachsen gewordene Kinder nach dem Tod des gemeinsamen Vaters. Jeder Sohn nimmt nun seine Rechte wahr, baut sich sein eigenes Haus und organisiert sein Leben für sich selbst, sofern er nicht unmündig oder schwächlich ist und sich unter die Obhut eines anderen begeben muß. Deshalb kann und darf jedes Reich oder jede Provinz Amerikas, die sich aufgrund ihrer Ausdehnung, ihrer Reichtümer und ihrer Bevölkerung für fähig hält, eine eigene Familie und einen unabhängigen Staat zu bilden, dies auch tun.«[9]

Anmerkungen

1 John Lynch, Las revoluciones hispanoamericanas, 1808–1826, Barcelona, Caracas, México 1976, S. 12.
2 David A. Brading, Miners and Merchants in Bourbon Mexico, 1763–1820, Cambridge 1971, S. 26; Stanley J. und Barbara Stein, Colonial Heritage of Latin America. Essays on Economic Dependence in Perspective, New York 1970, S. 88.
3 David A. Brading, Miners and Merchants in Bourbon Mexico, S. 30; John Lynch, Las revoluciones hispanoamericanas, S. 15.
4 Mark A. Burkholder und D. S. Chandler, From Impotence to Authority. The Spanish Crown and the American Audiencias, 1687–1808, Columbia, Mass. 1977.
5 Diese auf einer Sitzung des Consejo Ordinario am 5. März 1768 formulierten Empfehlungen sind zitiert in Richard Konetzke, La condición legal de los criollos y las causas de la independencia, in: Estudios Americanos, Bd. II, Nr. 5 (1950), S. 31–54, hier S. 46.
6 So das Dekret des Regentschaftsrates vom 14. Februar 1810, zitiert in einer neugranadinischen Argumentation zur Autonomie durch Ignacio de Herrera vom 28. Mai 1810, in: Jose Manuel Restrepo, Documentos Importantes de Nueva Granada, Venezuela y Colombia, Ausgabe Bogotá 1969, T. 1, S. 7–22, hier S. 12.
7 Decreto de 15 de octubre de 1810 in: Cortes Generales, Colección de Decretos y Ordenes de las Cortes de Cádiz, Madrid 1987, S. 36; Constitución Política de la Monarquia Española, ebenda S. 393–397.
8 Stein Rokkan, Dimensions of State Formation and Nation-Building, in: Charles Tilly (Hg.), The Formation of National States in Western Europe, Princeton 1975, S. 562–600.
9 Brief von Camilo Torres an D. Ignacio Tenorio, Santafé de Bogotá, 29. Mai 1809 (sic), in: Banco de la República (Hg.), Proceso histórico del 20 de Julio de 1810. Documentos, Bogotá 1960, S. 54–68, hier S. 66.

Literatur

Timothy E. Anna, Spain and the Breakdown of the Imperial Ethos. The Problem of Equality, in: Hispanic American Historical Review 62 (1982), S. 254–272
Ders., Spain and the Loss of America, London 1983
Ders., Bourbon Spain and its American Empire, in: The Cambridge History of Latin America, Bd. I, Cambridge 1984, S. 389–439
Inge Buisson / Herbert Schottelius, Die Unabhängigkeitsbewegungen in Lateinamerika, 1788–1826, Stuttgart 1980
José Carlos Chiaramonte (Hg.), Pensamiento de la ilustración. Economía y sociedad iberoamericana en el siglo XVIII, Caracas 1979
John Fisher, Commercial Relations between Spain and Spanish America in the Era of Free Trade, 1778–1796, Liverpool 1985

Ders., Lateinamerika in der spätkolonialen Phase und der Periode der frühen Staatenbildung (1760–1830), in: Handbuch der Geschichte Lateinamerikas, Bd. 2, Stuttgart 1992, S. 15–62

François-Xavier Guerra, Modernidad e Independencias. Ensayos sobre las revoluciones hispanicas, México 1993

Hans-Joachim König, Auf dem Wege zur Nation. Nationalismus im Prozeß der Staats- und Nationbildung Neu-Granadas 1750 bis 1856, Stuttgart 1988

La América española en la época de las luces. Tradición, innovación, representaciones, Madrid 1988

Mary Lowenthal Felstiner, Family Metaphers: The Language of an Independence Revolution, in: Comparative Studies in Society and History 25 (1983), S. 154–180

John Lynch, Spain under the Habsburgs, 2 Bde., Oxford 1964–1969

Ders. (Hg.), Latin American Revolutions. 1808–1826. Old and New World Origins, Norman 1994

Jochen Meissner, Eine Elite im Umbruch. Der Stadtrat von Mexiko zwischen kolonialer Ordnung und unabhängigem Staat (1761–1821), Frankfurt am Main 1993

Anthony Pagden, Spanish Imperialism and the Political Imagination. Studies in European and Spanish-American Political Theory 1513–1830, New Haven 1990

Marie Laure Rieu-Millán, Los diputados americanos en las Cortes de Cádiz: igualdad o independencia, Madrid 1990

José L. Romero / Luís A. Romero (Hg.), Pensamiento de la Emancipación, 2 Bde., Caracas 1977

Michael Ursinus
Byzanz, Osmanisches Reich, türkischer Nationalstaat: Zur Gleichzeitigkeit des Ungleichzeitigen am Vorabend des Ersten Weltkrieges

I. Das Osmanische Reich in der Krise

Der osmanische Staat der Spätzeit (und damit bezeichnet man, grob gesagt, den der sogenannten »Wohltuenden Neuordnungen«, der *Tanzimat-i Hayriye*, seit 1839) hatte mit dem Staat der Frühzeit oder »klassischen« Periode nur noch wenig gemein.[1] Jahrhundertelang verstanden sich die Sultane als Hüter eines islamischen Gemeinwesens mit einer Rechtsordnung, in der das islamische kanonische Gesetz, die *Scharia*, nicht nur für sämtliche Muslime, sondern auch die übrigen Religionsgruppen unter osmanischer Herrschaft den Platz in der Gesellschaft bestimmte: Muslime bildeten das staatstragende Element – ja, die politische Klasse derer, die sich als *Osmanlı*, d. h. Angehörige bzw. Diener des Hauses Osman bezeichneten, bestand (von wenigen Ausnahmen abgesehen) ausschließlich aus Muslimen. Allerdings – und diese Unterscheidung ist wichtig – setzten sich diese besonders im Militärapparat und im Palastbereich mehrheitlich aus Neumuslimen zusammen, Konvertiten also mit Ursprung im christlichen Milieu meist des osmanischen Balkans, von wo sie mittels der Knabenlese (zwangs-)rekrutiert worden waren, um im Sklavenstatus, den sie auch nach Annahme des Islams in ihrem besonderen Dienstverhältnis zum Sultan nie wirklich verlieren sollten, zum treu ergebenen Herrschaftsinstrument des Großherrn zu werden.

Dieser politischen Gemeinschaft von Muslimen, in der ethnische Differenzierungen traditionell eine sehr viel geringere Rolle spielten als etwa Zugehörigkeiten zu bestimmten religiösen Bruderschaften oder Derwischorden, Landsmannschaften oder Berufsgruppen, standen – außer- und unterhalb der politischen Gemeinschaft angesiedelt – die nichtmuslimischen Religionsgruppen gegenüber, denen die Scharia als Schutzbefohlenen des islamischen Staates, *zimmi* genannt, den Status von kopfsteuerpflichtigen Untertanen zuwies. Während besonders die Christen für den Fiskus tendenziell nur als amorphe Masse von *zimmi*s existierten, konzedierte der Sultan die Eigenständigkeit dreier Religionsgemeinschaften nichtmuslimischen Bekenntnisses unter dem besonderen Schutz des osmanischen Staates, denen das Recht zukam, ihre internen Angelegenheiten auf der Basis ihres eigenen religiösen Gesetzes zu regeln, solange dies nicht in Widerspruch zur *Scharia* geriet. Diese drei Religionsgemeinschaften bildeten die griechisch-orthodoxe, die armenische und die jüdische *millet* oder Glaubensnation unter ihrem jeweiligen geistlichen Oberhaupt mit Sitz in Istanbul. Der lateinischen Glaubensgemeinschaft konnte ein solcher Status nicht bzw. erst viel später gewährt werden, sah man in ihr doch einen Repräsentanten des politischen Gegners. Doch standen, um es noch einmal zu wiederholen, auch diejenigen Glaubensgemeinschaften, die sich sultanischer Protektion erfreuten, außerhalb der politischen *communitas*; sie bewegten sich im Rahmen der ihnen von der *Scharia* auferlegten Beschränkungen. Juden und vor allem Christen waren im »klassischen« osmanischen Staat de iure Untertanen zweiter Klasse, selbst wenn die orthodoxe Kirche sich rühmen konnte, durch Übernahme verschiedener »weltlicher« Kompetenzen unter osmanischer Herrschaft einflußreicher zu sein als unter den byzantinischen Kaisern.

Der osmanische Staat der Blütezeit gründete sich auf Ungleichheit im Verhältnis zwischen Muslimen und Nichtmuslimen; als politische Größe wurde er allein von der muslimischen Glaubensgemeinschaft getragen, die sich als Teil der islamischen *umma* sunnitischen Bekenntnisses verstand und in scharfem Gegensatz zum persischen Nachbarn mit seiner schiitischen Staatsideologie sah.

Der osmanische Staat der Spätzeit ist, banal formuliert, zunächst ein Ergebnis des Abstiegs von den Höhen der Blütezeit; ein Produkt des Niederganges, der – darin ist man sich heute einig – noch während der Regierungszeit von Süleyman dem Prächtigen (1520–66) einsetzte. Weniger Einmütigkeit dagegen zeigt sich indes bei der Feststellung dessen, was letztlich die über zweieinhalb Jahrhunderte währende Zeitspanne etwa zwischen 1560 und 1840 kennzeichnet: Niedergang, Transformation von Staat und Gesellschaft oder deren Modernisierung? Ohne Zweifel erfahren die Einrichtungen des Zentralstaates mit nachlassender Kontrolle über die Peripherie tiefgreifende Veränderungen. Zu erinnern ist nur an das Rekrutierungssystem für die osmanische Elite, die Knabenlese (*Dewschirme*), die im Laufe des 17. Jahrhunderts praktisch zum Erliegen kam mit dem Ergebnis, daß die *Dewschirme*-Elite zunehmend durch dem Sultan weniger bedingungslos ergebene freigeborene Muslime ersetzt wurde. Ihnen mangelte es darüber hinaus an vergleichbarer Schulung, wie sie den Zöglingen aus der Knabenlese zuteil geworden war.

In anderen Bereichen des Staates lassen sich ähnlich gravierende Wandlungen ausmachen. Münzverschlechterung und Landflucht sind Stichworte zur Kennzeichnung einer Entwicklung, die das ursprünglich auf Steuerzuweisungen, nicht Landbesitz, basierende osmanische »Lehenswesen« zu untergraben begann. Ineffiziente zentralstaatliche Kontrolle ließ Steuerpächter und Grundherren immer größere Teile des Steueraufkommens in die eigene Tasche wirtschaften – selbst wenn der Staat versuchte, durch ein immer regelmäßiger praktiziertes System sogenannter »außerordentlicher« Umlagesteuern hierfür einen Ausgleich zu schaffen. Sehr deutlich sah man in Istanbul, daß die Peripherie mit ihrem Steueraufkommen dem Zentrum immer mehr zu entgleiten drohte, besonders seitdem sich zu den allgemeinen zentrifugalen Kräften auch noch sezessionistische Bestrebungen gesellten, speziell solche, die auf die neuen Inhalte des alten *millet*-Begriffs setzten, der sich unter dem Einfluß der Französischen Revolution von »(protegierter) Glaubensnation« in »(souveräne) Staatsnation« umdeuten ließ. Hierzu gehörten zum Beispiel der serbische Aufstand und der griechische Unabhängigkeitskampf.

Der osmanische Staat der Spätzeit war unzweifelhaft jedoch auch bereits ein Produkt moderner Reformen nach westlichem Vorbild. Er war inzwischen stärker zentralisiert, umfassender kontrolliert und möglicherweise gar nachhaltiger militarisiert als je zuvor (auf jeden Fall verfügte er über das ausgedehnteste Spitzelwesen seiner Geschichte). Die modernen Militärreformen seit den Tagen eines Baron de Tott (1733–97; in osmanischen Diensten 1773–75) und eines von

Moltke (1800–91; vgl. seine »Briefe aus der Türkei«, 1835–39) hatten diesen Staat wieder ein Herrschaftsinstrument aufbauen lassen, das es dem Sultan erlaubte, nach der erfolgreichen Niederschlagung des griechischen Aufstandes die inzwischen völlig korrupte Janitscharenarmee 1826 restlos zu liquidieren und moderne Verbände an ihre Stelle zu setzen. Der enorme Finanzierungsbedarf für die neuen Truppen machte die Durchsetzung des modernen Steuerstaates *à la ottomane* unabwendbar; hierfür war staatliche Zentralisierung eine notwendige Voraussetzung, insbesondere die Wiederherstellung eines »direkten Drahtes« zwischen Steuerbehörde und Steuerzahler. Die Gleichheit der Abgabepflichtigen vor dem Fiskus, eine ökonomisch bedingte Notwendigkeit, wurde als Forderung noch vor dem denkwürdigen 3. November 1839 erhoben, als im Park von Gülhane (»Rosengarten«) die von den Mächten erzwungene Gleichheit aller osmanischen Untertanen vor dem Gesetz ohne Ansehen ihrer Religionszugehörigkeit feierlich verkündet wurde.

Damit hatte der osmanische Staat als traditionelles islamisches Gemeinwesen eigentlich zu existieren aufgehört; das vom islamischen Religionsgesetz vorgegebene Verhältnis zwischen Muslimen und Nichtmuslimen war durchbrochen. Stärken und Schwächen des neuen Staatswesens und ein weiterer (wenn nicht gar der entscheidende) Faktor zu seinem Untergang liegen hier begründet: »Das ganze 19. Jahrhundert hindurch hatten aufeinanderfolgende osmanische Reformer versucht, dem Übel der Rebellion durch die Verwandlung des Reiches von einem muslimischen Staat in eine auf Gleichheit basierende multinationale Gemeinschaft zu begegnen. Aber früher oder später mußten solche Versuche sie in einen Widerspruch verstricken: Während Gleichheit für das Gedeihen des Reiches wünschenswert schien, so war Ungleichheit die Voraussetzung dafür, daß es überhaupt weiterbestand. Um zu überleben war es auf die Vorherrschaft des türkischen bzw. des muslimischen Elements türkischer Prägung angewiesen.«[2]

Wer aber waren diese Türken bzw. türkisierten Muslime, von denen das weitere Schicksal des osmanischen Staates so entscheidend abhängen sollte? Eine Gleichsetzung von Osmanen und Türken ist keineswegs statthaft; wie wir gesehen haben, setzte sich die osmanische Elite zum großen Teil aus Menschen balkanischer Herkunft zusammen, vorwiegend Slawen und Albanern. Im Lande selbst galt die Bezeichnung »Türke« (*Türk*) geradezu als Schimpfwort: man kann sie am besten vielleicht mit »rüpelhafter Bauernlümmel« wiedergeben. Noch 1908 bemerkte ein britischer Reisender: »Wenn man einen Mohammedaner in der Türkei fragt: ›Bist du ein Türke?‹, so ist dieser gekränkt und wird vermutlich antworten: ›Ich bin ein Osmane‹ bzw. dasselbe mit türkischen Worten. Wenn ein osmanischer Türke jemanden als Türken bezeichnet, so bedeutet dies, daß dieser in seinen Augen ein Rüpel oder Lümmel ist.«[3]

Auch wenn das Osmanenreich im Abendland seit den Kreuzzügen als »die Türkey« bekannt war, hat sich im Lande selbst die Vorstellung von der Zugehörigkeit auch der Osmanen türkischer Zunge zur türkischen Sprach- und Völkerfamilie entwickeln können. Dies geschah vor allem durch die Rezeption von Werken westlicher Orientalisten über Sprache und Geschichte der sogenannten turanischen Völker – angefangen mit Joseph de Guignes Histoire générale des Huns, des Turcs, des Mongoles et d'autres Tatares occidentaux von 1756 – 58, über Veröffentlichungen von Arminius Vámbéry, Léon Cahun, Wilhelm Radloff[4] u. a. – und teilweise vermittelt über muslimische Intellektuelle aus Rußland wie Yusuf Akçura, der uns später noch begegnen wird. Lange jedoch blieb diese »neuentdeckte« Identität dem alten, religiös definierten Kategorisierungsschema verhaftet. Die ersten türkischen Nationalisten neigten dazu, sämtliche Muslime im Herrschaftsbereich des Sultans als zumindest potentielle Türken anzusehen, und sie zögerten auch nicht lange, diese einer planmäßigen Türkisierung zu unterwerfen, sobald sie Gelegenheit dazu hatten. Bekanntermaßen führte diese Politik zur Entstehung »defensiver« Nationalismen bei solchen Völkerschaften, die, als Muslime dem Sultan und Kalifen treu ergeben, dennoch keinerlei Absicht hegten, Türken zu werden. So erhoben sich die Albaner 1910/11 gegen das jungtürkische Regime und erklärten 1912 ihre Unabhängigkeit. Auch der kurdische Nationalismus hat hier seine Wurzeln, ähnlich wie die arabische Nationalbewegung, die sich bis dahin der osmanischen Reformpolitik verpflichtet gefühlt hatte.

Dieses Aufbegehren verschiedener Segmente der alten muslimischen Glaubensgemeinschaft gegen die (jung-)türkische Bevormundung führte seinerseits den türkischen Nationalismus zu seiner logischen Konsequenz: nämlich zur Zurückweisung der Idee des Vielvölkerstaates, zu dem sich das jungtürkische Regime anfangs noch in Gestalt des Konzeptes von der einen, unteilbaren »osmanischen« Staatsnation bekannt hatte, zugunsten eines Nationalstaates »reiner« Form, in dem die Formel »Muslim gleich Türke« eine wesentliche ideologische Grundlage bilden sollte.

So war auch das neue osmanische Staatswesen der Zeit nach Gülhane, das den auf islamischen Fundamenten ruhenden osmanischen Staat abgelöst hatte, von den Ereignissen letztlich überholt worden; seine Lage war politisch und militärisch nach dem verlustreichen türkisch-italienischen Krieg 1911 um Tripolitanien und die Cyrenaika sowie den Balkankriegen 1912–13 verzweifelt geworden. Als nun noch die muslimischen Albaner, traditionell eine der Hauptstützen des Staates, Eigenstaatlichkeit und ihre Unabhängigkeit vom Sultanat erklärten, war der letzte Rest dessen, was die Idee des Osmanismus (türkisch *Osmanlılık*) noch an Kohäsionskraft besessen haben mochte, unwiederbringlich dahin. Stimmen, die an den Grundfesten des osmanischen Selbstverständnisses und an der Legitimation des osmanischen Staates zu rütteln begannen, waren keineswegs auf Intellektuellenkreise im meist französischen oder ägyptischen Exil beschränkt, sondern fanden ihren Ausdruck im Lande selbst, auch in gedruckter Form. Publikationen gingen von Hand zu Hand, in denen nicht nur nach den Gründen für den akut empfundenen osmanischen Niedergang, sondern auch schon nach neuen Wegen in die Zukunft gefragt wurde.

Charakterisiert ist diese Auseinandersetzung mit der sich abzeichnenden Katastrophe durch das Bestreben mancher Autoren, wenn schon nicht »aus der Geschichte zu lernen«, so doch historisch zu argumentieren, genauer: die politische Debatte ihrer Tage quasi in die Geschichte hineinzutragen und ihre jeweiligen Standpunkte durch entsprechende Geschichtsinterpretationen zu verdeutlichen. Es ist in diesem Moment des Umbruchs, zu datieren auf die letzten Jahre vor dem Ausbruch des Ersten Weltkrieges, daß der osmanische Staat seinen Bewohnern erstmals überhaupt konkret als »Reich« (türkisch *imperatorluk*) ins Bewußtsein tritt (der Leser wird bemerkt haben, daß bisher sorgsam vermieden wurde, vom Osmanischen »Reich« zu sprechen). Wo vorher im osmanisch-türkischen und arabischen Schrifttum durchweg vom »erhabenen osmanischen Staat« (*devlet-i aliye-i osmaniye*) bzw. der »ewigwährenden glückseligen osmanischen Herrschaft« die Rede war, tritt nun – wenn auch anfangs noch zögernd und eher sporadisch – jene Bezeichnung auf, die sich in der Türkei noch heute für das Osmanische Reich findet: *Osmanlı İmperatorluğu*, wörtlich: »Osmanisches Imperium«. Dabei ist zu betonen, daß die osmanischen Geschichtsschreiber früherer Jahrzehnte und Jahrhunderte mit dem Ausdruck für »Imperium« in erster Linie das *Imperium Romanum* sowie andere, in der römischen Reichstradition stehende (oder auch nur geglaubte) Staatswesen bezeichnet haben – nicht jedoch das eigene.

Man kann somit im Falle des osmanischen Sultanats von einem Reich sprechen, das in den Köpfen derer, die seinen sich anbahnenden Zusammenbruch als Augenzeugen erlebten, erst an der Schwelle zu seinem Untergang zum Imperium wurde, zum Reich im engeren Sinne.

Wie aber haben die Zeitgenossen dieses Imperium gesehen? Uns soll im folgenden besonders die Frage interessieren, mit welcherlei Konnotationen man es versah, sobald man es als »Reich« für sich entdeckt hatte.

Die Große Nationalversammlung hatte das osmanische Sultanat kaum für beendet erklärt, da schrieb der Journalist und politische Essayist Celal Nuri İleri (1881–1938) in seiner Schrift »Die bekrönte Nation« von 1923 in der Rückschau über das Osmanische Reich: »Unser früherer Staat war ein Imperium. Drei Kriege haben dieses supranationale Reich in einen Nationalstaat verwandelt, der die Autokratie beseitigt und das Prinzip nationaler Souveränität zu seiner Grundlage erklärt hat (...) Das Reich der Osmanen war in der vollen Wortbedeutung ein Reich (*imperatorluk*). Dabei bedeutet ›Imperium‹ hier soviel wie die von einem Herrscher ausgehende, sich über viele Länder erstreckende Herrschaft. Vom naturrechtlichen Standpunkt aus betrachtet waren die Reiche daher ohne Legitimität. Weshalb sollten mehrere Völkerschaften von einer einzigen Volksgruppe abhängig sein? Nun, da der Begriff ›Staat‹ (*devlet*) eine neue Bedeutung angenommen hat, sind die Reiche eines nach dem anderen zugrunde gegangen. Der Weltkrieg hat sämtliche Reiche Europas fortgewischt, nein: davongefegt, so daß es die supranationalen Staaten unter der Bezeichnung ›Deutsches Reich‹, ›Russisches Reich‹, ›Österreich-Ungarn‹ und ›Osmanisches Reich‹ inzwischen nicht mehr gibt.«

Und er fuhr fort: »Das alte Osmanische Reich ähnelte in seiner Struktur den heutigen, im Besitz von Kolonien befindlichen Reichen Frankreich, Belgien, dem der Niederlande und Portugal. Es dürfte allgemein bekannt sein, daß man mit ›Reich‹ (*imperatorluk*), ergänzt durch den Ausdruck ›Kolonial-‹, die Gesamtheit der verschiedenen Besitzungen (eines Mutterlandes) bezeichnet. Dabei will man jedoch nicht sagen, daß es sich hierbei um Länder gehandelt habe, deren Herrscher (immer) den Titel ›Kaiser‹ trugen.«[5]

Diese Formulierungen Celal Nuris sind nun in mehrfacher Hinsicht interessant. Zum einen belegen sie, daß der Ausdruck »Osmanisches Reich / Osmanisches Imperium« zur Geburtsstunde der Türkischen Republik bereits gängiger Bestandteil der politischen Terminologie gewesen sein muß. Andererseits wird aber auch erkennbar, daß diese Bezeichnung noch der Erläuterung bedurfte – und zwar nicht zuletzt wohl deshalb, weil in ihr die ursprüngliche Bedeutung von »Imperium« als (römisches) Kaiserreich ganz offensichtlich noch immer mitschwang.

Weshalb aber hatte *imperatorluk* zur Bezeichnung des eigenen Staates im Sprachgebrauch der Osmanen quasi bis zuletzt keinen Platz gefunden, selbst wenn im diplomatischen Verkehr mit dem europäischen Ausland Selbstbezeichnungen wie *Empire Ottoman* ebenso vorkamen wie der Titel *Empereur* für den Sultan und Kalifen? Fest steht, daß vergleichbare Entlehnungen aus abendländischen Sprachen zur Beschreibung gesellschaftlicher oder politischer Verhältnisse von osmanischen Geschichtsschreibern bereits um die Mitte des 19. Jahrhunderts regelmäßig verwendet wurden. Sicher wird man generell von einer erheblichen Beharrungskraft überkommener Ausdrucksweisen in der osmanischen Gesellschaft ausgehen können; dies gilt um so mehr, wenn es sich hierbei um zentrale Begrifflichkeiten in formelhafter Gestalt handelt. Wenn, wie im Falle des überkommenen *devlet*, zu den Wortbedeutungen »Staat« und »Dynastie« außerdem noch solche wie »Glück« assoziiert werden konnten, dann wundert es kaum, daß diese durch jahrhundertealte Tradition geheiligte und gern mit klangvollen Attributen versehene Wendung ihre konkurrenzlose Stellung auch nach der jungtürkischen Revolution von 1908 noch zu halten vermochte. Daß es bald nach 1908 bei einzelnen Autoren dennoch zur Verwendung des Ausdrucks *imperatorluk* anstelle von *devlet* gekommen ist, mag nach dem Gesagten eher erstaunen und bedarf der Erklärung.

Auch wenn hier nicht der Ort sein kann für eine eingehendere Analyse, so komme ich doch nicht umhin, einige wenige Beispiele im Wortlaut zu zitieren, um den Leser mit den Gedankengängen der Autoren vertraut zu machen. Hier ist zunächst Ahmed Rasim (1864–1932) zu nennen, der in seiner Illustrierten Geschichte des Osmanischen Reiches dort, wo von der Ausdehnung des sultanischen Herrschaftsgebietes die Rede ist, unvermittelt schreibt: »Somit war der erhabene Staat (der Osmanen) ein recht ausgedehntes Imperium (*imperatorluk*). Einen solchen Grad der Ausdehnung hat selbst das Oströmische Reich (*imperatorluk*) zu keinem Zeitpunkt zu erreichen vermocht.«[6] Was hier zunächst wie eine Entsprechung der Definition von »Reich« bei Celal Nuri erscheint, bekommt bei näherem Hinsehen doch einen besonderen Klang. Der Verweis auf Byzanz ist hier so unerwartet, daß der Eindruck entsteht, erst der Ausdruck *imperatorluk* habe diese Assoziation hergestellt.

Deutlicher liegen die Verhältnisse in einem etwas späteren Beispiel aus dem Jahre 1912. Damals schrieb der aus Dagestan stammende Mizancı Mehmed Murad (1854–1917) im zweiten Band seiner unvollendeten siebenteiligen Osmanischen Geschichte in kaum zu überhörendem Sarkasmus: »Während der Herrschaft des zweiten Nachfolgers von Mehmed dem Eroberer [reg. 1451–81, d. Verf.] wurde dem osmanischen Sultanat und Kaisertum [so!] noch ein weiterer Ehrentitel [so!] verliehen. Doch war der in den Besitz [Sultan Selims I., 1512–20] übergegangene Ehrenmantel des Kalifats [eine Anspielung auf die Übertragung der Kalifenwürde an den Osmanensultan durch den Schattenkalifen in Kairo] nicht das von den rechtgeleiteten Kalifen ererbte und vom Lichte der Scharia erleuchtete ursprüngliche Ehrengewand. Vielmehr handelte es sich hierbei um eine ganz andersartige Robe, die dazu hatte herhalten müssen, die Despotie der Abbasiden [-Kalifendynastie] und deren Machtgelüste zu verdecken.«[7]

Stellt man diesem Abschnitt Murads Periodisierung der osmanischen Geschichte mit ihrer Stufenfolge von Herrschaftsformen gegenüber, die mit der (tribalen) Republik beginnt und mit der Despotie endet, dann wird erkennbar, in welcher Relation »Osmanisches Sultanat und Kaisertum« und »Byzantinisches Kaisertum« hier zueinander stehen: »Das von Sultan Bayezid [dem Ersten, 1389–1402] begründete persische Königtum wurde durch Sultan Mehmed den Eroberer um das byzantinische Kaisertum der Verfallszeit erweitert [Konstantinopel wurde 1453 von den Osmanen erobert]. Sultan Selim erweiterte es um das Damaszener und Bagdader Kalifat, während Süleyman der Prächtige [1520–66], als Krönung des osmanischen Sultanats, dieses einen solchen Grad der Entrückung erreichen ließ, daß selbst der Absolutismus eines Ludwig XIV. [mit dem Wahlspruch] ›*L'état c'est moi*‹ angesichts der osmanischen Sultansherrschaft als Kinderei erscheinen mußte.«[8]

Byzantinisches Kaisertum unter Mehmed dem Eroberer – nicht zur Bezeichnung eines historischen Faktums hat der Autor hier diese Formulierung gewählt (denn daß der Eroberer von Konstantinopel zum Kaiser gekrönt worden sei, würde Murad als Geschichtsdozent an der osmanischen Verwaltungsakademie niemals behauptet haben); auch nicht als Umschreibung einer unbewiesenen Behauptung, wonach der siegreiche Osmanensultan sich nach dem Fall der byzantinischen Hauptstadt als Wahrer der römischen Kaisertradition betrachtet hätte. Vielmehr dient diese Formulierung allem Anschein nach der Karikierung einer Herrschaftsform, unter deren Auswirkungen er persönlich lange Zeit seines Lebens schwer zu leiden gehabt hatte. Dabei zielt seine Kritik vor allem auf die Herrschaft des 1909 gestürzten Sultans Abdülhamid II. ab, dessen autokratischem Regime es nie gelungen sei, sich trotz der ihm aufgezwungenen Wiedereinsetzung der osmanischen Verfassung von 1876 von all jenen Herrschaftstraditionen freizumachen, die sich im Osmanischen Reich über Jahrhunderte hinweg vornehmlich als Folge diverser Fremdeinflüsse geltend gemacht hätten. Auch wenn Murads bissige Ausfälle gegen jegliche Willkürherrschaft theoretisch auch an die Adresse der inzwischen fest im Sattel sitzenden jungtürkischen Regierung gerichtet sein könnten, die ihn nach der Verschwörung vom April des Jahres 1909 der Komplizenschaft mit der politischen Opposition verdächtigt und ohne ordentliches Verfahren nach Rhodos in die Verbannung geschickt hatte, so hätte er damit seine Lage nur noch verschlimmert. Nur die klare Distanzierung vom *ancien régime* und seinen Repräsentanten versprach Abhilfe. Und in einem solchen Sinne ist seine Osmanische Geschichte hier zweifellos zu lesen.

Was hier für die – letztlich unbefugte – Übertragung der Bezeichnung »Byzantinisches Kaisertum« auf die Verhältnisse des Osmanischen Reiches durch Mehmed Murad gilt – nämlich daß diese »Ehrenbezeichnung« in Wahrheit zur Denunzierung autokratischer Herrschaft dient und somit eine politische Botschaft an die Leserschaft seiner Zeit beinhaltet, auch wenn scheinbar nur von Geschichte die Rede ist – diese Verwendung von Geschichte als Argument findet sich im osmanischen Schrifttum der Spätzeit an zahlreichen Stellen und in verschiedener Gestalt. Auffällig ist dabei, daß das Thema »Byzanz« am Vorabend des Ersten Weltkrieges ziemlich unvermittelt breiteren Raum einnimmt.

II. Das Thema Byzanz

Von der insgesamt noch wenig beachteten Diskussion um Byzanz in der osmanisch-türkischen Literatur und Publizistik der letzten Jahre des Sultanats kennen wir, so will es scheinen, allenfalls das Schlußwort: Mehmed Fuat Köprülüs (1890–1966) bereits 1931 erschienene vielbeachtete Abhandlung über den Einfluß byzantinischer Einrichtungen auf den jungen osmanischen Staat. Es ist daher unerläßlich, an dieser Stelle noch einmal weit auszuholen, um den osmanischen Diskurs um Byzanz mindestens in groben Linien abzustecken und in Bezug zum vorliegenden Thema zu stellen, dem Untergang des – wohlgemerkt – Osmanischen Reiches.

Die Voraussetzungen dafür, daß man in der muslimischen Gesellschaft des osmanischen Sultanats Byzanz überhaupt als eigenständige historische Größe wahrzunehmen imstande und bereit war, wurden erst im Laufe der *Tanzimat* (1839–1876) geschaffen und sollten nicht vor Beginn der achtziger Jahre des 19. Jahrhunderts zum Tragen kommen. Die traditionelle osmanisch-türkische und persische Geschichtsschreibung, als Hofchronistik über und für eine muslimische Dynastie angelegt, hatte der Zeit vor Begründung der Dynastie durch Osman (ca. 1280–1324) nur wenig Aufmerksamkeit geschenkt und die vorislamischen Jahrhunderte im anatolischen Raum weitgehend ignoriert. Trotz der Tatsache, daß sich Byzanz und der junge osmanische Staat mehr als eineinhalb Jahrhunderte lang nicht bloß feindlich gegenübergestanden hatten, die osmanischen Herrscher mehrfach Ehen mit byzantinischen Prinzessinnen eingegangen waren und die osmanischen Chronisten tatsächlich zahlreiche Einzelheiten über den später tributpflichtigen Staat der Palaiologen verzeichnen, spielt byzantinische Geschichte als solche in der »klassischen« Historiographie der Osmanen keine Rolle. Selbst der 1691 gestorbene Hüseyin Cafer, genannt Hezarfenn und Autor einer Geschichte des (Ost-)römischen Staates, ist über eine magere Liste der byzantinischen Herrscher kaum hinausgelangt.

Ein Wandel zeichnete sich erst ab, als mit der Gründung säkularer Lehranstalten in der osmanischen Hauptstadt wie der Militärakademie (1834), der Verwaltungshochschule (1859), des berühmten Galatasaray (1868) und der Universität schließlich nach westlichem Muster ausgearbeitete Lehrmittel Eingang in das traditionelle Unterrichtswesen fanden, wo nun – neben osmanischer Geschichte wie bisher – auch Alte Geschichte und Universalgeschichte auftauchten. Dies konnte nicht ohne profunde Wirkung auf das traditionelle osmanische Geschichtsverständnis und die überkommene Geschichtsschreibung bleiben – um so weniger, als an den genannten Eliteschulen einige der bekanntesten und einflußreichsten Geschichtsschreiber der Zeit wirkten, wie der uns bereits geläufige Mizancı Mehmed Murad, der hier, noch bevor er seine journalistische Karriere mit der Gründung des Blattes *Mizan* (»Die Waage«) im Jahre 1886 begann, als Dozent für osmanische und Alte Geschichte beschäftigt war; Abdurrahman Şeref (1835–1925), der letzte offizielle Reichschronist und der Literat, Journalist und Vielschreiber Ahmed Midhat Efendi (1844–1913).

Jedenfalls sind von hier aus entscheidende Impulse zur Entwicklung einer Universalgeschichtsschreibung in osmanisch-türkischer Sprache ausgegangen, die sich allerdings noch lange an abendländischen *histoires universelles* vom Typ der großen Kompendien der Spätaufklärung anlehnen sollte. Die Entstehung einer solchen Universalgeschichtsschreibung aber bedeutete, daß osmanische Geschichte nun erstmals aus ihrem dynastischen Korsett »befreit« und im Zusammenhang mit fremden (und fremdartigen) Geschichtseinheiten dargestellt zu werden begann. Seit den siebziger Jahren des 19. Jahrhunderts schickten sich vereinzelte Autoren an, nachweislich in starker Abhängigkeit von westlichen Vorbildern, osmanische Geschichte der (heidnischen bzw. nichtmuslimischen) Geschichte der sogenannten Turkvölker Asiens zuzuordnen, wovon die Weltgeschichte Süleyman Hüsni Paschas von 1876 ein erstes, aber unvollendetes Beispiel abgibt. Midhat Efendi, der den Ursprung der Osmanen türkischer Zunge ebenfalls ins zentralasiatische Türkentum legte, liefert hierfür einen zweiten, ähnlich frühen Beleg.

Doch ist diese »türkistische« Perspektive, wie sie hier genannt werden soll, keineswegs die einzig bestimmende ihrer Zeit gewesen. Schon der Vergleich zwischen dem traditionsreichen Osmanischen Reich und den zum Teil eher ephemeren »Reichsbildungen« der zentralasiatischen »Türken« (zu denen man unter anderem auch Hunnen und Awaren rechnete) führte zu der naheliegenden Fragestellung, was die Osmanen denn im Unterschied zu ihren östlichen Brüdern dazu befähigt habe, ein Staatsgebilde zu errichten, das sich an Dauerhaftigkeit mit dem tausendjährigen (Ost-)Römischen Reich messen kann. Bereits Midhat Efendi verfiel auf den Gedanken, byzantinische Geschichte statt, wie bisher üblich, zusammen mit dem antiken und neuzeitlichen Hellenentum zu betrachten, sinnvoller doch im Verband mit osmanischer Historie zu behandeln – so wie es umgekehrt nützlich sei, das Osmanische Reich vor dem Hintergrund der byzantinischen Vergangenheit zu beleuchten.

Schon bei seinem ersten Versuch zur Realisierung dieses Vorhabens ging es Midhat nicht um einen historischen Vergleich beider Reiche im eigentlichen Sinne, sondern um Kontrastwirkung zu vornehmlich didaktischen Zwecken: »Ob der Aufstieg der Osmanen zum Vorteil oder Nachteil der menschlichen Zivilisation erfolgt ist, wird die Gegenüberstellung von osmanischer Geschichte mit der des Oströmischen Reiches ergeben.«[9] Für Midhat war die Frage schon entschieden, bevor er sie überhaupt gestellt hatte. Denn wie schon vor ihm für Karl Marx (so in einem Leitartikel der Kölnischen Zeitung von 1842), so war auch für ihn Byzanz der schlechteste Staat, den die Menschheit je hervorgebracht hatte. Zweifellos schwingt hier, wie schon bei Marx, das abschätzige Urteil der europäischen Aufklärung mit, in deren Tradition selbst Hegel noch stand, als er 1837 über Byzanz schrieb: »(Es) stellt uns eine tausendjährige Reihe von fortwährenden Verbrechen, Schwächen, Niederträchtigkeiten und Charakterlosigkeit dar, das schauderhafteste und deswegen uninteressanteste Bild.«[10]

Die Osmanen wiederum waren für Midhat Efendi eine Gesellschaft voller Tugenden und Freiheiten, wo Gleichberechtigung zwischen den verschiedenen Völkerschaften und Religionsgruppen nicht wie im Abendland erst seit der Französischen Revolution gegolten hätten (eine aus der Ideologie des Osmanismus gespeiste Behauptung). Während Byzanz bzw. Ostrom die verrottende Welt des Altertums und des Mittelalters symbolisiere, seien die Osmanen auf der Bühne der Weltgeschichte als Künder der Neuzeit erschienen, und zwar in dreifacher Hinsicht: Erstens hätten sie mit der Eroberung von Konstantinopel dem bereits darniederliegenden Oströmischen Reich den Gnadenstoß erteilt, wodurch zweitens das gesamte »schreckliche Mittelalter« durch die Osmanen (so!) sein Ende gefunden habe, im Westen wie im Osten. Denn dadurch, daß eine Reihe griechischer Gelehrter dank des osmanischen Vordringens (so!) Konstantinopel verlassen und über das Meer nach Italien ausgewandert sei, sei drittens das Abendland überhaupt erst in den Stand versetzt worden, mit Hilfe der durch diese Gelehrten inspirierten Renaissance das eigene Mittelalter abzuschütteln.

Ahmed Midhat Efendi, das wird aus seiner Osmanischen Geschichte deutlich, war 1877 noch unerschütterlich im Glauben an die osmanische Sache und ein kompromißloser Verfechter der Idee des Osmanismus, auch wenn er die Akteure der Erneuerung gelegentlich schon als »Türken« bezeichnet. Für ihn kam der Aufstieg der Osmanenherrschaft der Beseitigung der letzten Zivilisationsreste von Byzanz, ja der antiken Welt insgesamt gleich, deren überlebte Erscheinungsform den frischen, unverbrauchten Kräften aus Innerasien nicht länger hätte widerstehen können. »Dank der Tugenden, die die Türken (so!) aus Zentralasien mitgebracht haben, konnten diese mit dem Sittenverfall Schluß machen, den die antike Zivilisation in den byzantinischen Landen hatte hervorbringen können.«[11]

Was Midhat einleitete, nämlich der osmanischen Geschichte die von Byzanz gegenüberzustellen, sollte später Früchte tragen: Die erste noch in osmanischer Zeit (1919) zum Druck beförderte modern anmutende Geschichte der Osmanen umfaßt in ihrem Einleitungsband[12] je ein eigenes Kapitel zur Geschichte der zentralasiatischen Türken sowie zu der des Oströmischen Reiches – gerade so als hätte man »zentralasiatisches Türkentum« und »Kaiserreich Byzanz«

schließlich als die konstituierenden Elemente der osmanischen Gesellschaft unterstreichen wollen.

Tatsächlich waren die meisten Autoren nach Midhat keineswegs davon überzeugt, daß es den Osmanen wirklich gelungen sei, der Alten Welt (und mit ihr Byzanz) endgültig den Garaus zu machen. Midhat selbst würde nicht einen Moment gezögert haben, das ökumenische Patriarchat und die griechisch-orthodoxe Kirche seiner Zeit als byzantinische Relikte zu bezeichnen, ähnlich wie bestimmte unter der Bevölkerung Istanbuls verbreitete Gebräuche. Jedenfalls wurden schon bald Stimmen laut, die immer eindringlicher die Frage stellten, weshalb das Osmanische Reich denn zum »kranken Mann am Bosporus« verkommen sei, wenn es sich bei den staatstragenden »Türken« doch um eine unverbrauchte, junge Nation handle, wie ihnen Midhat (und andere) hatten glauben machen wollen.

Mizancı Mehmed Murads Zweifel an der prägenden Kraft des »jugendlichen« osmanischen bzw. türkischen Elements sind wir in Gestalt seiner Überfremdungstheorie bereits kurz begegnet. Für ihn hat es einen wahrhaft osmanischen Staat überhaupt nur zur Zeit der ersten zwei Herrscher gegeben, von denen Orhan (ca. 1324–1362), nicht dessen Vater Osman, die eigentliche Aufbauarbeit geleistet habe – weshalb der osmanische Staat eigentlich nach Orhan benannt werden müsse. Seinem Wesen nach ein nomadisches und dabei »republikanisches« Staatswesen, wo der Herrscher für sämtliche seiner Untertanen noch jederzeit zugänglich gewesen sei, habe es schon unter Bayezid I. (1389–1402) dem Druck der Überfremdung nicht länger standhalten können und sich in eine absolute Monarchie persischen Zuschnitts verwandelt. »Wir haben«, so sagt er im vierten Band seiner Osmanischen Geschichte, »die Quintessenz unserer eigenen Kultur verloren, indem wir sie mit iranischem Königtum und byzantinischer Kaiserwürde verbunden haben.«[43] Später habe die osmanische Gesellschaft ihren türkischen Charakter gänzlich aufgegeben. Wie ein Bazillus (so wörtlich) habe sich inmitten des geschwächten osmanisch-türkischen Volkskörpers über Jahrhunderte hinweg die persische und, in ganz besonders verhängnisvoller Weise, die byzantinische Krankheit breitgemacht (er schreibt wörtlich: »Byzantinitis«), was zum endgültigen Verfall des Osmanentums geführt habe. Dies habe sich im Niedergang der Sitten und im Schwinden der militärischen Tugenden, aber auch im fortschreitenden Wandel des Islams zu einer synkretistischen Verfallsform gezeigt, in der das Derwischwesen als Entsprechung und Fortsetzung des byzantinischen Mönchtums sich habe etablieren können. Dennoch könne man die Altvorderen für all dies nicht wirklich verantwortlich machen. Denn mit dem osmanischen Ausgreifen auf byzantinische Territorien, das schließlich mit der Einverleibung von Byzanz in den osmanischen Staat endete, sei diese Entwicklung unausweichlich geworden. Der Weg zur Umkehr liege nun in der Rückbesinnung auf die republikanischen Qualitäten und den türkischen Charakter des ursprünglichen Osmanentums sowie in der Wiederbelebung des »wahren« Islam.

Für Celal Nuri Ileri war die Einnahme von Konstantinopel im Jahre 1453 nur ein Pyrrhussieg der Osmanen – in Wahrheit sei damit nur die geistig-kulturelle Niederlage des Osmanentums eingeläutet worden. Mit dem alten Byzantium als Reichshauptstadt hätten die Osmanen de facto ein »zweites Römisches Reich« errichtet – mit all den daraus resultierenden Folgen. So sei es nicht verwunderlich, daß die Geschichte der osmanischen Türken so grundverschieden von der der übrigen Volksstämme türkischer Zunge verlaufen sei. »Die osmanische Geschichte«, so führt Nuri 1917 in seiner Schrift über die griechische Welt aus, »wurzelt tief in der islamischen und byzantinischen Vergangenheit.«[14] Dabei wird bald deutlich, welchen Bezug er hier mit dem Stichwort »Byzanz« herstellen will: *decline and fall*. Noch während die Balkankriege zum Verlust der letzten nennenswerten Besitzungen auf europäischem Boden führten, kaum daß das Osmanische Reich aus seinen letzten afrikanischen Territorien vertrieben worden war, bemerkte er bitter: »Der Niedergang der byzantinischen Welt hält bis in unsere Tage an.«[15] Und an anderer Stelle: »Der Antritt der Erbschaft Byzanz' [durch die Osmanen] hat diesen Niedergang unausweichlich gemacht.«[16]

III. Auf dem Weg zum türkischen Nationalstaat

Am Beispiel Celal Nuris wird nachvollziehbar, auf welche Weise um die Zeit des Ersten Weltkriegs im Osmanischen Reich Byzanz an Aktualität gewinnt – nicht als Gegenstand echten oder gar wissenschaftlichen Interesses, sondern als (ideologisches) Argument. In dieser Verwendung steht Celal Nuri keineswegs einzig da. Andere Autoren sind ebenso bereit, dem osmanischen »Imperium« unverwechselbare Züge des Byzantinischen Reiches zuzuschreiben. Zu den bekanntesten unter ihnen zählt Yusuf Akçura oder Akchurin (1876–1935), einer der führenden Wegbereiter des (pan)türkischen Nationalismus aus dem tatarischen Kazan an der Wolga. In seiner Abhandlung über die orientalische Frage[17] von 1920 macht er keinen Hehl daraus, daß für ihn das Osmanische Reich 1453 die imperiale Erbschaft des Oströmischen Reiches angetreten habe. Mehmed der Eroberer sei nach dem Fall von Konstantinopel nicht bloß in den Rang eines oströmischen Kaisers aufgestiegen, sondern, vergegenwärtigt man sich seine Funktionen, geradezu zu einem Basileus geworden. Damit nicht genug: Die Expansion des Osmanischen Reiches auf dem Balkan mit dem Versuch, 1481 nach Italien überzusetzen (eine Operation, die durch den plötzlichen Tod des Sultans abgebrochen werden mußte), zeige, daß das osmanische »Imperium« sich angeschickt habe, jene Imperialpolitik des Byzantinischen Reiches zu übernehmen, die auf die Unterwerfung des Westreiches abgezielt habe.

Damit war ein Argument von weitreichender Konsequenz in die politische Debatte geworfen, das man vielleicht wie folgt umschreiben kann: Das »Reich« der Osmanensultane ist nur scheinbar ein türkisches Staatswesen, in Wahrheit stellt das Imperium ein anachronistisches Fremdelement aus der Verfallsperiode der klassischen Antike dar, durchdrungen von einem Griechentum, das seiner – ursprünglich eschatologischen, später politischen – Vision von der Wiedererrichtung des Reiches von Konstantinopel (*megali idea*) keinesfalls entsagt hatte.

Der Bruch mit dem »Fremdkörper Imperium« schien unvermeidlich geworden – es sei denn, es gelänge dessen radikale Verwandlung in ein durch und durch türkisches Staatswesen. Celal Nuri hat hierzu ein regelrechtes Maßnahmenpaket vorgelegt, das hier abschließend nur noch stichwortartig referiert werden kann: Entschlossene Volksbildung in türkischer Sprache unter Leitung eines gründlich reformierten Unterrichtsministeriums; Sprachreform unter den Auspizien einer Akademie mit dem Ziel, eine »Literatur für das Volk« in ungekünstelter Ausdrucksweise zu schaffen; Aufgabe der arabischen Schriftzeichen zugunsten des lateinischen Alphabets. Weitere Punkte sind ein national-türkisches Wirtschaftsprogramm zum Abbau der wirtschaftlichen Überlegenheit der Minderheiten sowie die Emanzipation der muslimischen Frau, besonders auf dem Lande. Daß ein solcher Fortschritt möglich sei, zeige das Beispiel Rußlands, so argumentiert Nuri. Von Byzanz aus christianisiert, habe Rußland die byzantinischen Vorbilder in sich aufgesogen, um schließlich geradezu in Byzanz aufzugehen. Endlich habe Zar Peter der Große den Kräften der Vergangenheit den »Heiligen Krieg« angesagt (Celal Nuri spricht hier von *Dschihad*) und die Hauptstadt des Reiches vom Sitz der alten Herrschaft in Moskau nach Petersburg verlegt, um so sein Land den Segnungen des Westens weiter zu öffnen. »Im Rußland der Zeit Peters des Großen«, so Nuri wörtlich, »erkennen wir die Türkei der Gegenwart.«[18]

Sollte unser Autor schon 1913, zehn Jahre vor Ende des Sultanats, die Aufgabe der Reichshauptstadt Istanbul suggeriert haben? Eine Bestätigung hierfür findet sich in seinen Erinnerungen an den Norden, wo er seine Gedanken anläßlich einer Reise nach Skandinavien durch das europäische Rußland im Sommer des Jahres 1912 zusammenfaßt. Hier bemerkt er über das Osmanische Reich: »Dieser unser Lebensraum ist kein anderer als jener, der schon die Oströmer verdorben hat. Istanbul ist kein türkisches Zentrum. Gott behüte! (...) Deshalb liebe ich unsere Stadt auch nicht (...). Laßt uns (...) Peter den Großen zum Vorbild nehmen und dieses Rest-Byzanz aufgeben!«[19] Mit diesen Worten stehen wir chronologisch zwar noch immer inmitten der sogenannten zweiten konstitutionellen Periode in der Geschichte des Osmanischen Reiches, argumentativ gesehen jedoch bereits an der Wiege des türkischen Nationalstaates.

Anmerkungen

1 Weiterführende Literatur zum Osmanischen Reich findet der Leser als Auswahlbiographie vom Autor (gemeinsam mit Raoul Motika) zusammengestellt in Periplus 3 (1993).
2 Albert Hourani, A Vision of History. Near Eastern and Other Essays, Beirut 1961, S. 83 (Übersetzung M. U.).
3 Zit. n. David Kushner, The Rise of Turkish Nationalism 1876–1908, London 1977, S. 20 (Übersetzung M. U.).

4 Joseph de Guignes: Histoire générale des Huns, des Turcs, des Mogols, et des autres Tartares occidentaux, & c. avant et depuis Jesus-Christ jusquà présent: précédée d'une introduction contenant des tables chronol & historiques des princes qui ont regné dans l'Asie. Paris: Desaint & Saillant, 1756–58; Léon Cahun: Introduction à l'histoire de l'Asie: Turcs et Mongols des origines à 1405. Paris: Colin, 1896; Wilhelm Radloff: Proben der Volkslitteratur der nördlichen türkischen Stämme. 10 Teile St. Petersburg 1866–1907; Hermann Vámbéry: Das Türkenvolk in seinen ethnologischen und ethnographischen Beziehungen (Neudr. d. Ausg. 1885), Osnabrück: Biblio, 1970.

5 Tac Giyen Millet, Istanbul 1341 (der Hidschra) entsprechend 1922/23. Die zitierte Passage findet sich auf den Seiten 51 f.

6 Ahmed Rasim, Resimli ve Haritalı Osmanlı Tarihi [Illustrierte und mit Karten versehene Geschichte des Osmanischen Reiches], 4 Bde., Instanbul 1328–1330 (entsprechend 1910–1912), Bd. 1, S. 487.

7 Mizancı Mehmed Murad, Tarih-i Ebulfaruk [Geschichte des Ebulfaruk], Bd. 2, Istanbul 1328 (entsprechend 1912), S. 33.

8 Ebenda, S. 25.

9 Ahmed Midhat, Mufassal Tarih-i Kurun-i Cedide [Ausführliche Geschichte der Neuzeit], 3 Bde., Istanbul 1303–1305 (entsprechend 1885/6–1887/8), Bd. 2, S. 269.

10 Wie Anm. 5.

11 Ahmed Midhat, Üss-i Inkilab [Die Grundlage der Umwälzung], Bd. 1, Istanbul 1294 (entsprechend 1877), S. 11.

12 Necib Asım und Mehmed Arif, Osmanlı Tarihi [Osmanische Geschichte], Istanbul 1335 (entsprechend 1919), Einleitungsband Medhal; weitere Bände sind nicht erschienen.

13 Mizancı Mehmed Murad, Tarih-i Ebulfaruk, Bd. 4, S. 38.

14 Celal Nuri Ileri, Rum ve Bizans [Ostrom und Byzanz], Istanbul 1917, S. 54.

15 Ebenda.

16 Ders., Tarih-i Tedenniyat-i Osmaniye [Geschichte des osmanischen Niedergangs], Istanbul 1331 (entsprechend 1913), S. 387.

17 Yusuf Akçura, Tarih-i Siyasi Notları: Şark Meselesine Dair [Notizen zur politischen Geschichte: Über die orientalische Frage], Istanbul 1920, S. 55.

18 Celal Nuri Ileri, Tarih-i Tedenniyat-i Osmaniye, S. 438.

19 Celal Nuri Ileri, Simal Hatıraları [Erinnerungen an den Norden], Istanbul 1331 (entsprechend 1913), S. 116.

Literatur

N. Berkes, The Development of Secularism in Turkey, Montréal 1964

R. F. Davison, Reform in the Ottoman Empire, 1856–1876, New York 1973

C. V. Findley, Bureaucratic Reform in the Ottoman Empire. The Sublime Porte, 1789–1922, Princeton 1980

F. Georgeon, Aux origines du nationalisme turc, Yusuf Akçura (1876–1935), Paris 1980

C. Issawi, The Economic History of Turkey, 1800–1914, Chicago 1980

Nicolae Jorga, Geschichte des Osmanischen Reiches, 5 Bde., Neudruck Frankfurt am Main 1997

J. Landau, Pan-Turkism in Turkey. A Study of Irredentism, London 1981

B. Lewis, The Emergence of Modern Turkey, London, New York ²1968

J. M. McCarthy, Muslims and Minorities. The Population of Ottoman Anatolia and the End of the Empire, New York 1983

S. Pamuk, The Ottoman Empire and European Capitalism, 1820–1913, Cambridge 1987

D. Quataert, Social Desintegration and Popular Resistance in the Ottoman Empire, 1881–1908. Reactions to European Economic Penetration, New York 1983

S. J. Shaw, Between Old and New. The Ottoman Empire under Sultan Selim III, 1789–1807, Cambridge 1971

Ders., History of the Ottoman Empire and Modern Turkey II. Reform, Revolution and Republic: The Rise of Modern Turkey, 1808–1975, Cambridge 1977

Jens Flemming
Die verspielte Größe. Machtstrukturen und Mentalitäten im Kaiserreich als Ursprung deutscher Katastrophen

Militärische Niederlagen, zumal solche, die mit inneren Umwälzungen und politischem Systemwechsel einhergehen, hinterlassen im Leben der davon betroffenen Völker tiefe, lange nachwirkende Spuren. Sie beeinträchtigen nicht nur die alltäglichen Daseinsbedingungen, sondern verdunkeln auch die Daseinshorizonte, erschüttern die Geltung überlieferter Werte, Normen und Ordnungen. In die Trauer um die Toten schiebt sich die bittere Einsicht, daß alle Opfer und Anstrengungen vergeblich geblieben sind. Der Krieg hat materielle und moralische Ressourcen aufgezehrt, der Weg in den Frieden ohne Sieg verheißt wenig Gutes, wird überschattet von enttäuschten Erwartungen, gescheiterten Perspektiven und verbrauchtem Optimismus. Mit dem Abreißen personeller und institutioneller Kontinuitäten verbinden sich Zweifel über Vergangenheit und Zukunft, scheinbar fest verbürgte Gewißheiten zerbröseln, Traditionen, die zuvor Orientierung und Identität geboten hatten, verlieren an Kredit, geraten ins Zwielicht, zumindest aber in kontroverse Diskussionen. Unter dem Eindruck einer prekär gewordenen Gegenwart richtet sich dringlicher noch als sonst der Blick zurück, sucht nach Erklärung, Rechtfertigung und Wegweisung.

Mit derart gravierenden Einschnitten und den sich darin manifestierenden Kalamitäten sind die Deutschen während des 20. Jahrhunderts zweimal konfrontiert worden. Zwar fielen die Reaktionen unterschiedlich aus, aber die Fragen, die sich stellten, waren jeweils prinzipieller Natur. 1914 ebenso wie 1939 hatte man sich zur Flucht nach vorn entschlossen und auf die Karte des Krieges gesetzt. Dabei ging es nicht um Verteidigung des Status quo, sondern um Expansion: um die Festigung und den Ausbau kontinentaler Hegemonie, die das Fundament bilden sollte für den Vorstoß in das Konzert der etablierten Weltmächte. 1914 meinte das Parität mit Großbritannien und den USA, 1939/45 den Anspruch auf globale Führungspositionen. Da die gesteckten Ziele weder in dieser noch in jener Variante erreicht wurden und bei der Überdehnung der Kräfte schlechterdings nicht erreicht werden konnten, blieb die Bilanz negativ. Der wilhelminische Imperialismus scheiterte ebenso wie der nationalsozialistische. Dies war weniger inneren Widerständen und Auflösungserscheinungen geschuldet als dem Druck der militärisch und ökonomisch überlegenen gegnerischen Koalitionen. Das 1871 geschaffene Reich ›verdämmerte‹ nicht, sondern wurde von seinen herrschenden Eliten in zweifachem Anlauf verspielt, am Ende von außen gewaltsam zerschlagen. Die Politik des Alles oder Nichts, auf die man sich versteift hatte, wurde 1918/19 bezahlt mit territorialer Amputation und verengten Spielräumen, 1945 mit bedingungsloser Kapitulation und dem Verlust der Staatlichkeit. Im Herbst 1918 und erneut im Frühjahr 1945, nun jedoch inmitten zertrümmerter Städte und verwüsteter Landschaften, standen die Deutschen vor der Notwendigkeit, sich mit veränderten Konstellationen zu arrangieren, ihr Verhältnis zur Welt und zur eigenen Geschichte zu überdenken, Ursachen und Wirkungen einer genauen und kritischen Prüfung zu unterziehen.

I. ›Deutsche Katastrophen‹: Interpretationen 1918 und 1945

Wenn die Vermutung zutrifft, daß in Momenten existentieller Gefährdungen das Bedürfnis nach Aufklärung über Warum und Wohin besonders ausgeprägt ist, dann wuchs nicht zuletzt denjenigen, die damit von Berufs wegen betraut sind, den Historikern, ein reiches Betätigungsfeld und ein hohes Maß an Verantwortung zu. Von ihnen, den Männern wissenschaftlicher Seriosität, durfte man am ehesten Distanz und nüchtern wägende Analysen erwarten. Allein, auch sie waren befangene und in die Geschehnisse verstrickte Zeitgenossen, denen es mindestens so schwer wurde wie anderen, sich von liebgewonnenen Bildern, Wünschen und Illusionen zu verabschieden. Dies zeigen ihre Einschätzungen 1918 deutlicher noch als 1945. Die Entscheidung für den Krieg in der Krise des Sommers 1914 hatten sie begrüßt, ja vielfach als Chance zu gesellschaftlicher Integration und kultureller Erneuerung euphorisch besungen. Entsprechend schmerzhaft war vier Jahre später das Erwachen. Den Offenbarungseid des Militärs und die daraus resultierende revolutionäre Umwälzung empfanden die meisten von ihnen als verhängnisvollen Einbruch negativer Schicksalsmächte. Nur wenige, die daraus die Verpflichtung ableiteten, Ballast abzuwerfen, lang gehegte Überzeugungen zu revidieren und die anfängliche Verstörung in konstruktive, der demokratischen Ordnung von Weimar zugewandte Energien zu verwandeln. Nicht untypisch für die Stimmung, die damals herrschte, war ein Kommentar Fritz Hartungs, selbst Kriegsteilnehmer und 1923 zum Nachfolger Otto Hintzes auf den renommierten Lehrstuhl für Verwaltungs- und Verfassungsgeschichte an der Berliner Universität berufen. Die Sätze, die er am 20. November 1918, eineinhalb Wochen nach der Abdankung des Kaisers, an seinen Kollegen Richard Fester schrieb, lassen Zweifel an Traditionen und traditionellen Orientierungen nicht erkennen, wohl aber den Willen, so viel wie möglich davon in die kommende Epoche hinüberzuretten.

»Alles«, lesen wir in seinem Brief, »was wir bisher für die feste Grundlage unseres staatlichen Lebens gehalten haben, liegt am Boden. Ich kann mich als Historiker nicht entschließen, alles zu verbrennen, was ich bisher angebetet habe. Das Zeitalter Bismarcks erscheint mir auch jetzt noch als der Höhepunkt deutscher Geschichte, nicht als eine bedauerliche Verirrung in die Machtpolitik. Es widerstrebt meinem Gefühl, daß ich, der ich so viel innere Sympathie mit dem Staate Friedrichs des Großen und Bismarcks gehabt habe, nun auf einmal Republikaner werden soll, aber ich weiß mir keinen Ausweg. Denn die Zukunft des ganzen Volkes muß höher stehen als die Frage der Staatsform. Aber wenn ich die Monarchie kampflos preisgebe, so meine ich doch, daß wir Bürgerlichen uns nicht ohne äußersten Kampf ausschalten lassen dürfen.« Diese Diagnose, in der die Maxime für künftiges Handeln aufscheint, verknüpfte Hartung mit einer dezidierten Verurteilung derjenigen, die, wie er meinte, »aus parteipolitischer Engherzigkeit und Verblendung oder aus ideologischem Glauben an die Internationale und an Weltgewissen bei uns in der Heimat und im Felde die Stimmung systematisch untergraben haben«. Das richtete sich gegen die Sozialdemokratie und die übrigen Parteien der Reichstagsmehrheit, die seit 1917 für einen Kompromißfrieden ohne Annexionen und Kontributionen votiert hatten. Anklänge an die von deutschnationalen und völkischen Agitatoren gepredigte Dolchstoßlegende, die in bewußter Verdrehung der Tatsachen das Klima vergiftete, sind hier unverkennbar. Nicht jeder in der Zunft dachte so, gewiß. Aber auch die Liberalen waren ähnlich wie Hartung weit davon entfernt, zwischen der Gegenwart, die sie mit reservierter Aufgeschlossenheit beobachteten, und der Vergangenheit einen deutlichen, scharf akzentuierenden Trennungsstrich zu ziehen. Nach dem Zerbrechen der konstitutionellen Kontinuität wollten sie wenigstens die kulturelle retten: eine in der Absicht pragmatische, auf Versöhnung gerichtete, im Ergebnis freilich höchst ambivalente Position. Deren, fast möchte man sagen: idealtypischer Repräsentant war Friedrich Meinecke, nach eigenem Bekunden »Vernunftrepublikaner« und »Herzensmonarchist«, der 1924 über sich und den kleinen Kreis von Gesinnungsgenossen bekannte: »Wir wurden Demokraten, weil wir uns klar machten, daß auf keinem anderen Wege die nationale Volksgemeinschaft und zugleich die lebensfähigen aristokratischen Werte unserer Geschichte würden erhalten werden können.«[1]

Wer so argumentierte, hatte nicht nur die Belange des Gemeinwesens im Auge, sondern auch die eigenen. Im Wunsch nach kultureller Kontinuität steckte die Sehnsucht nach persönlicher Identität und Integrität, ein Mechanismus der Abwehr und der Verweigerung. Wenn es richtig war, daß die Leitideen der Vergangenheit den Krieg und die Revolution unbeschadet überdauert hatten, dann war man der lästigen Pflicht zu selbstkritischer Prüfung enthoben. Daraus resultierte jener für die Mehrheit der Historiker charakteristische Habitus, der Zeit vor 1914 mit pietätvoller Andacht, der Weimarer Republik jedoch mit Skepsis, Distanz und Ablehnung zu begegnen. Das Kaiserreich wurde ihnen zur geistigen Fluchtburg, in der das Ressentiment gegen Parlamentarismus und Parteienherrschaft Beglaubigung und Nahrung fand. Befangen in den Denkmustern des 19. Jahrhunderts, huldigten sie der Lehre vom Primat der Außenpolitik, dessen Quintessenz 1836 der Altmeister des Historismus, Leopold von Ranke, formuliert hatte: »Das Maß der Unabhängigkeit gibt einem Staate die Stellung in der Welt; es legt ihm zugleich die Notwendigkeit auf, alle inneren Verhältnisse zu dem Zwecke einzurichten, sich zu behaupten.«[2] Diesem

Axiom entsprach die Überzeugung, daß die Lage in der Mitte Europas dem Deutschen Reich permanente Wachsamkeit und Rüstung, gesellschaftliche Integration und straffe, autoritäte Führung abnötige. Aus einem Faktum der Geographie wurde damit ein geo- und ordnungspolitischer Sachzwang, der offenbar nur die Wahl ließ, »zu handeln oder zu leiden, Einfluß auszuüben oder Einfluß zu erdulden«. So jedenfalls umriß 1923 der Münchener Historiker Karl Alexander von Müller die Alternative, mit der er zu verstehen gab, daß er nicht bereit sei, die Konsequenzen des verlorenen Krieges zu akzeptieren: weder den Versailler Friedensvertrag noch die Demokratie, die ihm als wesensfremde und willfährige Erfüllungsgehilfin der alliierten Sieger erschien.

Zu erwarten, daß wissenschaftliche Arbeit unberührt bliebe von den Geschehnissen des Tages, wäre naiv. Ungewöhnlich jedoch und für die Situation der 20er Jahre bezeichnend war, mit welcher Entschiedenheit Historiker dazu beitrugen, die Erinnerung zu politisieren. Indem sie Partei ergriffen für die Vergangenheit, bestritten sie das Existenzrecht der Gegenwart. Dort dominierten die hellen, hier die dunklen Farben, dort war Aufstieg und bürgerliche Sekurität, hier nichts als Niedergang und Verfall. Die Geschichte wurde so zum Aufmarschgelände für den Kampf um Deutschlands Zukunft. Daß dafür der Status einer handlungs- und bündnisfähigen Großmacht wiedererlangt werden müsse, gehörte zu den ganz und gar selbstverständlichen Prämissen. Nicht nüchterne Traditionskritik, zumal nach dem Scheitern der Monarchie, war daher die Aufgabe, sondern die Pflege dessen, was man »nationale Gesinnung« nannte. Als Leitstern figurierte unverändert das Reich von 1871. Wer darin wie Johannes Ziekursch eine »Gründung gegen den Geist der Zeit«, die künstliche Befestigung der preußischen Suprematie, des Militäradels und des Agrariertums sehen wollte, wurde unverzüglich zum Außenseiter gestempelt. In der Politik Bismarcks, glaubte sein Biograph Erich Marcks zu wissen, lebten die »dauernden«, jedwedem Wandel entrückten »Bedingungen« deutschen Daseins. Aus derartigen Bemerkungen sprach ein eingefleischter Hang zu Heldenverehrung und Mythologie. Vergangenheitspathos paarte sich dabei mit Verlustrhetorik, in deren Licht die Weimarer Republik zu einer grauen, historisch illegitimen Zwischen- und Schattenwelt verkümmerte. Die Bilder, die man aus der Geschichte schöpfte, waren Gegenbilder, als solche gemeint und instrumentalisiert, bestätigten alte Illusionen und weckten neue, schwächten Realitätssinn und Urteilskraft.

Vornehmstes Objekt der Forschung war und blieb der Staat, vor dessen Macht- und Expansionsinteressen die Bedürfnisse der Gesellschaft, vor allem die nach Freiheit und Partizipation hintanzustehen hatten. Auch das zählte zum Erbe des 19. Jahrhunderts, das man zäh und unbeirrt von den Erfahrungen des Krieges und der Revolution verteidigte. Hier und nirgendwo anders, so schien es, lagen die Bausteine für die Konstruktion einer Identität, die sich mehr denn je hinter Mauern und Barrikaden verschanzte, sich absperrte gegen Einflüsse aus dem Westen und die dort praktizierten Modelle demokratischer Zivilisation. Seinen Ausdruck fand dies wie schon zuvor in der Interpretationsfigur eines kulturell und politisch konnotierten ›deutschen Sonderwegs‹: ein spezifischer, der Tradition Rankes verpflichteter Modus zur Vergegenwärtigung vergangener Wirklichkeiten, zugleich jedoch ein Stück Geschichtspropaganda. Während sie im Kaiserreich dazu gedient hatte, das monarchische System in historisches Weihwasser zu tauchen, insofern Integrations- und Legitimationsideologie gewesen war, wurde sie in Weimar zur Oppositionsideologie. Unter Rückgriff auf überlieferte Werte säte sie Zweifel an der Verfassungsordnung der Republik und leistete Schützenhilfe für eine Politik der Revision nach innen wie nach außen. Das Spektrum der Meinungen, das dabei zu Tage trat, war relativ breit, reichte von der gemäßigten Mitte bis hin in das Lager des völkischen Radikalismus. Konzentriert man sich auf die prinzipiellen Aspekte der Argumentation, dann war beispielhaft, was Gerhard Ritter, damals noch am Anfang seiner akademischen Karriere, 1925 in einem Essay über Martin Luther verlauten ließ. »So oft eine Welle westeuropäischen Denkens«, heißt es da, »unsere geistige Entwicklung gleichsam überflutet hat: in dem Rationalismus und den humanitären Ideen der Aufklärungsepoche, in den Wirtschaftslehren, dem naturwissenschaftlich orientierten Positivismus und Empirismus und den sozialistischen Weltbeglückungstheorien des 19. Jahrhunderts – immer wieder sieht man den deutschen Geist sich dagegen zur Wehr setzen, unablässig den Versuch zu erneuern, das fremde Gedankengut im Sinne Luthers zu ethisieren, die Unbedingtheit unserer Kulturideale zu behaupten gegen allen Ansturm mechanistischer Theorien der Welterklärung und eudämonistischer Morallehren, die das materielle Wohl, das Glück und die Nützlichkeit an Stelle rein geistiger Werte zum Maßstab sittlichen Handelns erheben möchten.«

Obwohl oder gerade weil die Nationalsozialisten die Sonderweg-These für ihre Zwecke ausgebeutet, rassistisch überformt und umgebogen hatten, blieb sie auch nach 1945 haften, büßte allerdings ihre antidemokratische Stoßrichtung ein. Aus einem positiven wurde ein negatives Deutungsmuster. In der »Abweichung vom Westen« sahen Historiker und Sozialwissenschaftler nun die tieferen Ursachen für die Dominanz obrigkeitsstaatlicher und militärfrommer Mentalitäten, für die mangelnde Stabilität und das aggressive Sendungsbewußtsein der deutschen Gesellschaft, für die Popularität autoritärer Politikentwürfe, die 1933 in die braune Diktatur eingemündet und 1945 nach dem totalen Krieg im ebenso totalen Zusammenbruch ans Ende gelangt waren. Damit entfielen zugleich die Voraussetzungen für den in den 20er Jahren üblichen Gebrauch des Begriffs Kontinuität, der seine gegenwartskritischen Implikationen verlor und zu einem Instrument vergangenheitskritischer Analyse wurde. Einer der ersten, der hier den Grundakkord anschlug, war Friedrich Meinecke, dessen 1946 publizierte Schrift über die »deutsche Katastrophe« eindringlich dafür plädierte, »vor der eigenen Tür zu kehren«, Fehlentwicklungen und Hypotheken ins Auge zu fassen, dabei sich selbst und die Versäumnisse seiner Generation nicht auszusparen.

»Der radikale Bruch mit unserer militaristischen Vergangenheit, den wir jetzt auf uns nehmen müssen«, so lautet das Resümee im letzten Kapitel, »führt uns aber auch vor die Frage, was aus unseren geschichtlichen Traditionen überhaupt nun werden wird. Unmöglich und selbstmörderisch wäre es, sie in Bausch und Bogen ins Feuer zu werfen und uns als Renegaten zu gebärden. Aber unser herkömmliches Geschichtsbild, mit dem wir groß geworden sind, bedarf jetzt allerdings einer gründlichen Revision, um die Werte und Unwerte unserer Geschichte klar voneinander zu unterscheiden.« Die Werte – das waren Kultur und Kulturnation, Goethe und die Klassik; die Unwerte – das waren Militarismus und Preußenseligkeit, »Uniformierung« und »gedankenlose Unterwürfigkeit«, waren »alldeutscher Eroberungsgeist« und »innenpolitisches Herrentum der schweren Industrie und des ostdeutschen Großgrundbesitzes«: Tendenzen und Bewegungen, die seit den 1890er Jahren den Verfall liberaler Bürgerlichkeit beschleunigt, das Blickfeld nationalistisch verengt hatten und zum Prolog für den »Aufstieg Hitlers« geworden waren. Meineckes Buch war aufs Ganze gesehen eine bemerkenswerte, später nicht immer angemessen gewürdigte Leistung, die sich ein alter Mann unter widrigen Bedingungen abgerungen hatte. Aus ihr sprach das Bedürfnis nach Neubeginn, der freilich ohne Einkehr und kritische Besinnung nicht zu haben war. Dabei wurde deutlich, daß sich 1945 im Vergleich zu 1918 die Perspektiven beträchtlich verschoben hatten, aber auch, daß erst die Konfrontation mit dem Abgrund dazu gezwungen hatte, sich den Abgründigkeiten der deutschen Geschichte zu stellen, Wege und Irrwege einer differenzierten, an die Wurzeln gehenden Prüfung zu unterziehen, die weder Raum ließ für billigen Trost noch für Ausflüchte und Verweigerung.[3]

II. Die Gründung des Deutschen Reichs: Konfliktpotentiale und Integrationsprobleme

Man kann der Kontinuitätshistorie vorwerfen, sie lasse klare, trennscharfe Kategorien vermissen. Aber im Grunde ist damit nichts gewonnen. Denn die Begriffe, mit denen wir gewöhnlich operieren, sind selten frei von Ambivalenzen und Zwischentönen. Schwerer schon wiegt der Einwand, sie neige zu Determinismus, ordne alles auf das Jahr 1933 hin und mache die zahllosen Wegscheiden, offenen Entscheidungssituationen und Alternativen vergessen. Tatsächlich ist keine Epoche ausschließlich Präfiguration der folgenden. Es ist daher keinesfalls müßig, daran zu erinnern, daß es seit 1871 nicht nur die eine, die antiwestliche und illiberale, von Hybris, Gewalt und Expansion geprägte Kontinuitätslinie gab, sondern mehrere sich überlappende, in Zeit und Raum konkurrierende, daß nicht nur Fehlentwicklungen zu beobachten sind, sondern auch Prozesse der Problembewältigung im gemeineuropäischen Kontext der Industrialisierung, was sich etwa in den Leistungen der kommunalen Selbstverwaltung, in wohlfahrtsstaatlichen Einrichtungen und Errungenschaften spiegelte. Mag sein, daß dies nur dann angemessen erfaßt werden kann, wenn man die traumatische Fixierung auf die »deutsche Katastrophe« durchbricht und die verschiedenen Perioden im Licht ihrer jeweils eigenen Horizonte zu ›verstehen‹ sucht. Die Frage jedoch, warum 1933 die Nationalsozialisten die Macht erobern und die Mehrheit der Bevölkerung auf ihre Seite ziehen konnten, wird damit nicht beantwortet. Ihr näher zu treten heißt den Blick zu richten auf die inneren Zusammenhänge, in denen sich die Geschichte zwischen 1871 und 1945 bewegte, auf die Deformationen und Schwächen der bürgerlichen Kultur, den Mangel an Kompromißbereitschaft und zivilisatorischer Mäßigung, der sich darin dokumentierte.

»Durch Kriege entstanden«, hatte Thomas Mann 1945 gemeint, »konnte das unheilige Deutsche Reich preußischer Nation immer nur ein Kriegsreich sein. Als solches hat es, ein Pfahl im Fleische der Welt, gelebt, und als solches geht es zugrunde.« Man muß die Zwangsläufigkeit, die hier behauptet wird, nicht teilen, das Argument daher nicht im buchstäblichen Sinn rekapitulieren, wohl aber dessen Perspektive ernst nehmen, die zunächst und vor allem das Augenmerk auf die formativen Jahrzehnte der Nationalstaatlichkeit lenkt, auf das Herrschaftsgefüge und die Kräftekonstellationen der Hohenzollernmonarchie. Der Maßstab, an dem sich die Analyse orientiert, gründet in der Überzeugung, daß die Friedensfähigkeit einer Gesellschaft vom Charakter ihres politischen Systems abhängt, daß Demokratie, demokratische Spielregeln und Institutionen am ehesten dazu verhelfen, Konflikte in rationalen, verfassungsrechtlich gebändigten Formen zu meistern, und jenen in Deutschland bis 1945 dominanten Mustern einer autoritären Steuerung von oben strukturell überlegen sind. Dieses Verfahren wertet, und es wertet aus der Rückschau, gewiß, zugleich aber nimmt es Erwartungen auf, die 1919 ein Zeitgenosse, der Sozialist Eduard Bernstein, zum Ausdruck gebracht hatte: »Das Kaiserreich war der Krieg, die Republik wird der Friede sein.«[4]

Was es bedeutete, im Fadenkreuz behördlicher Überwachung und Reglementierung zu stehen, hat vor 1914 keine andere Gruppierung intensiver erfahren als die SPD. Insofern bestätigte sich ihr stets von neuem jenes Verdikt des alten Liebknecht, der von einer »fürstlichen Versicherungsanstalt gegen die Demokratie« gesprochen hatte. Preußen fungierte darin, um das Bild aufzunehmen, nicht nur als Hauptaktionär, sondern auch als Generaldirektor. »Das deutsche Reich ist geschaffen worden mit den Kräften der altpreußischen Militärmonarchie, und die Kräfte der liberalen und nationalen Bewegung sind wohl benutzt, aber nicht als schlechthin leitend anerkannt worden«, so lautete 1906 die etwas gewundene Diagnose des Historikers Friedrich Meinecke: »Immer ist der preußische Militärstaat mit allem, was daran hängt, mit seiner Begünstigung derjenigen sozialen Schichten, die den Kern des Offizierskorps stellen, der festeste Punkt in der inneren Politik geblieben. Und die Interessen der übrigen sozialen Schichten hat man wohl nicht vernachlässigt, aber nie so zur Leitung emporkommen lassen wie jene. Man glaubt den festen Boden der Macht zu verlassen, wenn man sich ihnen anvertraut.« Preußen spielte die Rolle des Widerparts, war Gegengewicht und Gegenprinzip, das den beschleunigten Wandel der Gesellschaft in den Bahnen überlieferter Werte und Orientierungen halten sollte: eine, wie Meinecke formulierte, wehrhafte »Zitadelle«, die Bismarck in das Gefüge des Reichs hineingebaut hatte. Die Türme dieser Bastion waren die preußische Verfassung von 1850, ein Ergebnis der reaktionären Wende nach der gescheiterten Revolution von 1848, das bis zum November 1918 jedem Reformbedürfnis trotzte, daneben das Dreiklassenwahlrecht für die zweite Kammer, das Abgeordnetenhaus, sodann der Militärapparat und schließlich der konservative Habitus der höheren Beamtenschaft.[5]

Der Nationalstaat, der 1871 im Zeichen von »Blut und Eisen« ins Leben trat, war das Resultat dreier Kriege: gegen Dänemark 1864, gegen Österreich 1866 und gegen Frankreich 1870 / 71. Will man den Geist und die Kräfte erfassen, die das Geschehen prägten, genügt ein Blick auf die Gründungszeremonie, die Kaiserproklamation im Spiegelsaal des Schlosses zu Versailles, die mitten im Feindesland noch vor der Kapitulation des belagerten Paris im Stil eines demonstrativen Aktes inszeniert wurde. Nicht allein der Ort, auch das Datum war sorgfältig gewählt. Denn nicht zufällig war der 18. Januar identisch mit jenem Tag, an dem sich vor 170 Jahren in Königsberg der brandenburgische Kurfürst Friedrich III. eigenhändig die preußische Königskrone aufs Haupt gesetzt hatte. Das Kaiserreich wurde auf diese Weise symbolisch mit den Traditionslinien der preußischen Geschichte verknüpft: eine Kundgebung, die mit Nachdruck den Rang und die Leistungen der Hohenzollerndynastie unterstrich. Mindestens ebenso charakteristisch war, daß sich der Kreis der Anwesenden auf die Angehörigen der regierenden Fürstenhäuser, die Vertreter der Hansestädte Hamburg, Bremen und Lübeck, das militärische Gefolge und die Offiziere des Hauptquartiers beschränkte. Das berühmte Bild, das der Historienmaler Anton von Werner in offiziellem Auftrag verfertigt hat, ist beherrscht von Uniformen, Säbeln und Helmen: im Zentrum Bismarck, gewandet als Generalleutnant der Magdeburger Kürassiere, König Wilhelm I. und der Großherzog von Baden, der das Kaiserhoch anstimmt. Das Volk jedoch, die Repräsentanten von Handel und Industrie, auch die der Parlamente, blieben draußen vor der Tür. Und die Führer der Sozialdemokratie, August Bebel und Wilhelm Liebknecht, saßen, als Landesverräter gebrandmarkt, im Gefängnis.

Schon dies läßt schlaglichtartig die Verwerfungen, die Konfliktpotentiale und Integrationsprobleme ahnen, mit denen das neue Gemeinwesen konfrontiert war. Die Arbeiter, soweit sie sich zum Programm des Sozialismus bekannten, reagierten schroff ablehnend, die Katholiken empfangen die protestantische Mehrheit und den betont protestantischen Anstrich des Kaisertums als Bedrohung, die Polen in den preußischen Ostprovinzen, die Dänen in Nordschleswig, die Elsässer und Lothringer, die man ›heim ins Reich‹ annektiert hatte, waren Bürger minderer Klasse und fristeten ein Dasein als mißtrauisch geduldete Fremdkörper. Die Schichten des liberalen Bürgertums hofften zwar, im Bündnis mit Bismarck der inneren Politik ihren Stempel aufdrücken zu können, tatsächlich aber waren ihre Gestaltungsmöglichkeiten geringer als erwartet. Die Nachdenklichen unter ihnen beschlichen daher düstere Anwandlungen: »Die Größe haben wir erreicht«, notierte im September 1871 der Schriftsteller Gustav Freytag, »jetzt werfen die Mittel, wodurch sie uns geworden, ihre Schatten über unsere Zukunft. Wir werden's alle noch bezahlen.«[6]

III. Preußen und das Reich:
Strukturen und Strukturprobleme des deutschen Konstitutionalismus

Das Deutsche Reich war ein föderatives System, bestehend aus 25 Einzelstaaten. Die Souveränität lag nicht beim Volk, sondern bei den Monarchen bzw. den Senaten der Hansestädte, die über den Bundesrat gleichberechtigt mit dem Reichstag an der Gesetzgebung teilnahmen. Preußen, das ungefähr zwei Drittel des Gesamtterritoriums umfaßte, stellte dort nur ein knappes Drittel der Bevollmächtigten, gebot damit jedoch über eine Sperrminorität, die jede Änderung der militär- und verfassungspolitischen Strukturen blockieren konnte. Wie eng Preußen und das Reich verklammert waren, zeigte sich darin, daß die Kaiserwürde ein unabdingbares Privileg der preußischen Krone, der Reichskanzler, der im Auftrag des Kaisers die Reichsgeschäfte besorgte, gewöhnlich auch preußischer Ministerpräsident war. In dessen Brust walteten, institutionell bedingt, zwei Seelen: eine auf die Belange des Reichs und eine auf die Preußens gerichtete. Als Reichskanzler unterstanden ihm die Reichsämter, deren Chefs, die Staatssekretäre, sich seinen Weisungen zu fügen hatten. Als Ministerpräsident hingegen war er im preußischen Staatsministerium nur Erster unter Gleichen. In seinen Entscheidungen, die sich naturgemäß nicht auf preußische Angelegenheiten beschränkten, war er abhängig von den Voten seiner Ministerkollegen, die der König, nicht aber er berief. Das Staatsministerium wiederum war faktisch auf das Wohlwollen des Landtags angewiesen, zumindest für die Gesetzgebung und das Budget mußte es Majoritäten in beiden Kammern zusammenbringen, im Herrenhaus, der Vertretungskörperschaft des Adels, und im Abgeordnetenhaus, das nach dem Dreiklassenwahlrecht gewählt wurde. Dabei wurden die Stimmen nach der Höhe der Steuerleistung gewichtet: eine Regelung, die eine deutliche Präponderanz der besitzenden Klassen garantierte. Sozialdemokraten wurden dadurch bis 1908 gänzlich ferngehalten. Die Mehrheiten in Preußen waren daher von denen des demokratisch gewählten Reichstages grundverschieden, weswegen die Parteienkonstellationen, auf die sich der Reichskanzler stützte, meistens von denen abwichen, die er als Ministerpräsident für seine Arbeit brauchte. Die solchermaßen in die Verfassung eingeschriebene Begünstigung konservativer Elemente wurde durch die Einteilung der Wahlkreise zusätzlich und künstlich verstärkt. Da diese die Bevölkerungsverschiebungen nicht berücksichtigte, die sich aus den Prozessen der Industrialisierung und Urbanisierung ergaben, benachteiligte sie die dynamischen, eher liberal oder sozialdemokratisch wählenden städtischen und bevorzugte die traditionell von agrarisch konservativen Interessen dominierten ländlichen Bezirke.

Diese knappen Bemerkungen mögen genügen, um den Befund zu erhärten, daß sich die Reformfähigkeit des Kaiserreichs in engen, von den Bedürfnissen Preußens diktierten Grenzen bewegte. Auf die Frage, wer in Deutschland regiere, antwortete der Linksliberale Friedrich Naumann mit dem lapidaren Hinweis: die preußische Aristokratie. »Alles, was nicht konservativ ist«, so lautete 1909 seine Diagnose, aus der er ein energisches Plädoyer für ein reformorientiertes Bündnis zwischen Arbeiterschaft und Bürgertum ableitete, »fühlt sich als kaum geduldet. Der Liberalismus zahlt die meisten Steuern, aber zu sagen hat er wenig. Die Sozialdemokratie stellt die meisten Soldaten, aber mitzureden hat sie noch weniger.« Über die Schwierigkeiten, »den Grundadel aus der Macht [zu] werfen«, hegte Naumann freilich keine Illusionen: »Die ›geborene Herrschaft‹ hat so viele politische Kastelle und Mauern gebaut, daß eine lange, schwere Belagerung nötig sein wird, um sie Schritt für Schritt zurückzudrängen. Hier hilft nichts als eine neue politische Leidenschaft, die zu neuen politischen Rechten führt.«

Allein, um diese Leidenschaft war es schlecht bestellt. Das liberale Lager hatte an Homogenität eingebüßt, war im großen und ganzen saturiert, hatte sich mit dem Obrigkeitsstaat arrangiert und sich mit der Funktion eines Teilhabers in einem Geschäft abgefunden, dessen Geschicke andere bestimmten. Kritische Zeitgenossen beklagten immer wieder die »geistige Stagnation der höheren Klassen« und die »politische Mattigkeit der Gebildeten«, Indolenz und mangelndes Selbstbewußtsein. »Große und einflußreiche Schichten des liberalen Bürgertums«, schrieb im April 1904 der Berliner Korrespondent der »Frankfurter Zeitung«, August Stein, »sonnen sich mit schwer begreiflicher Genügsamkeit in der Errungenschaft des unter Mitwirkung des Liberalismus entstandenen und ausgebauten Reiches, noch mehr in dem jungen, schnell erwachsenen Wohlstande, den es durch industrielle und kommerzielle Schöpfungen stolzester Art erworben hat.« Der »Feudalismus«, meinte 1896 Max Weber, beherrscht »Minister und Fabrikanten«. In den oberen Rängen der Bürokratie und des Offizierkorps dominierte der Adel, der den inneren Kern der Führungselite ausmachte. Von einer »Feudalisierung« des Bürgertums konnte zwar keine Rede sein, ebensowenig jedoch von einer durchgehenden »Verbürgerlichung« der Gesellschaft. Die Trennlinien blieben sichtbar markiert, von einer Symbiose aus Adel und Großbourgeoisie war man in Deutschland weit entfernt. Aristokraten gebärdeten sich wie ›Könige im Kleinen‹, waren Schildknappen und Bannerträger der Monarchie, setzten Leitbilder, prägten Stil, Attitüten und Verkehrsformen.[7]

Zu den Säulen der Monarchie gehörten die Prärogativen der Krone, vor allem andern die beinahe uneingeschränkte Verfügungsgewalt des preußischen Königs über die Streitkräfte. Hier ragte das vorkonstitutionelle Deutschland weit hinein in die stürmisch voranschreitende, vom Bürgertum geprägte Industriegesellschaft. Der Streit, ob »Königsheer« oder »Parlamentsheer«, war in Preußen während des Verfassungskonflikts 1862/66 unwiderruflich zugunsten des ersteren entschieden worden. Der Monarch besaß die »Kommandogewalt« in dem Sinne, daß er in den Bereichen der Strategie und Taktik, der Organisation und Personalpolitik autonom schalten und walten konnte. Einzig die Militärverwaltung unterlag der Überprüfung durch das Parlament, das darüber hinaus im Budgetrecht ein gewisses, durch mehrjährige Festlegung des Etats allerdings eingeschränktes Kontrollinstrument hatte. Das Offizierkorps fühlte sich allein dem obersten ›Kriegsherrn‹, dem Kaiser und König, verantwortlich, nicht dem Reichstag oder den ›Zivilisten‹ in der Reichsleitung. Führungspositionen galten als natürliche Domäne des Adels, der in den Stäben und der Generalität überproportional stark vertreten war. Auf der Skala des Sozialprestiges rangierten Offiziere ganz oben. Wie sehr militärische Normen und Ehrbegriffe, auf die sich das monarchische System stützte, die Welt des Bürgertums infiltrierten, offenbarte sich im Streben der besser situierten Familien, ihren Söhnen zum Reserveoffizierspatent zu verhelfen. Voraussetzung dafür war die Befähigung zum Einjährig-Freiwilligen-Dienst, das meinte die mittlere Reife und einen Vater, der die Kosten für Verpflegung und Ausrüstung tragen konnte. Ausgewählt wurden die Offiziers- und Reserveoffiziersanwärter von den Kommandeuren der Regimenter. Maßgebend waren tadellose Herkunft, der Obrigkeit verpflichtete nationale Haltung und richtiger ›Stallgeruch‹. Juden und Sozialdemokraten, auch Linksliberale hatten bei diesen Selektionsprinzipien kaum eine Chance. Das Offizierkorps begriff sich selber als ›unpolitisch‹, was indes nur eine camouflierende Vokabel für ›konservativ‹ war. »Der bürgerliche sowohl wie der adlige Offizier [verkörpern] das gleiche Prinzip, die aristokratische Weltanschauung gegen die demokratische«, hieß es dazu im »Militär-Wochenblatt« des Jahrgangs 1889: »Die dem Urgedanken des Offiziersstandes entstammenden Gesinnungen sind dynastischer Sinn, unbedingte Treue gegen die Person des Monarchen, erhöhter Patriotismus, Erhaltung des Bestehenden, Verteidigung der seinem Schutz anvertrauten Rechte seines Königs und Bekämpfung vaterlandsloser, königsfeindlicher Gesinnung.«[8]

Als Schutzschild der monarchischen Herrschaft bewährte sich neben der Armee vor allem die leistungsfähige, rational organisierte preußische Bürokratie. Sie war namentlich in der strategisch wichtigen inneren Verwaltung fest in der Hand des Adels, je höher die Position, desto fester. Ende 1910 waren von den 12 Oberpräsidenten, die den Provinzregierungen vorstanden, 11 adlig, von den 22 Polizeipräsidenten in den größeren Städten waren es 15, von den 467 Landräten in den Kreisen immerhin noch 271. Ebenso wie im Militärwesen galt auch hier, daß die bürgerlichen Beamten nicht weniger konservativ dachten als die adligen. Die soziale Auslese war ähnlich scharf, und auch hier fand ein Assimilierungsprozeß statt, in dessen Verlauf sich das Bürgertum gesellschaftliche Konventionen und ideologische Orientierungen des Adels aufprägen ließ. Zwar konnte man wegen des steigenden Verwaltungsaufwandes und -bedarfs das Bürgertum »für die Besetzung der Beamten- und Offiziersposten quantitativ nicht mehr entbehren«, bürgerliche Beamte und Offiziere aber ließ man nur dann avancieren, »wenn sie ihre bürgerliche Gesinnung abgelegt und die neufeudale angenommen hatten«.[9]

Für den höheren Verwaltungsdienst wurden die beiden juristischen Staatsexamina verlangt, mithin ein Studium, das sich am staatlichen, rechts- und verwaltungspolitischen Status quo ausrichtete. Von kaum zu überschätzendem Einfluß auf den Habitus und die Wertideen der künftigen Assessoren und Räte war darüber hinaus die geradezu obligatorische Mitgliedschaft in den schlagenden Verbindungen, die ihre einst demokratischen Traditionen längst gekappt hatten und zu Solidargemeinschaften für Karriereerwartungen und feudale Prätentionen heruntergekommen waren. In den Korps und Burschenschaften wurden neudeutsche Untugenden jedweder Art nachhaltig gefördert: Antisemitismus, soziales und nationales Ressentiment. Daß man sich dabei in den Mantel des ›Unpolitischen‹ hüllte, muß nicht eigens hervorgehoben werden. »Von der Beschäftigung mit Politik hält man sich ängstlich fern«, polemisierte 1908 Lothar Engelbert Schücking, ein entschiedener Linksliberaler, gegen den dort herrschenden Stil, »über politische Fragen« denkt man »grundsätzlich« nicht nach, und »in allem Denken und Streben« schließt man sich »dem der alten Herren« an: »In dem Geist des Jünglings, der so von aller Politik ferngehalten wird, fassen natürlich trotzdem politische Gedanken festen Fuß, vor allem der, daß ein anständiger Mensch konservativ ist, daß der Sozialdemokrat eine neue Verbrecherspezies sei, daß der Freisinn eine Art rhetorischer Belustigung des Kleinbürgers darstelle, vor allem aber, daß ein gebildeter Mensch die heilige Verpflichtung habe, streng monarchisch zu denken und den monarchischen, konservativen Gedanken überall auch gegen sogenannte liberale Ideale zu stützen.«[10]

IV. Weltpolitik, nationales Interesse und Nationalismus im Wilhelminischen Deutschland

Den Dualismus und die Disparitäten, die in den spezifischen Formen des deutschen Föderalismus zu Tage traten, hat im Januar 1914 der Kanzler und Ministerpräsident von Bethmann Hollweg vor dem Herrenhaus noch einmal gegen jede Kritik und jedes Reformbedürfnis verteidigt. »Die innere Struktur Preußens wird von der des Reichs immer verschieden sein und bleiben müssen«, hieß es da: »Die auf die breiten Volksmassen gestellte Entwicklung im Reiche bedarf des preußischen Staates, der, aufgebaut auf ein festes militärisches Fundament und auf die unlösliche Zusammengehörigkeit des gesamten Volkes mit der Dynastie, für alle Wechselfälle den nötigen und starken Rückhalt bietet. Dieser geschichtliche Beruf Preußens ist heute, ist auch in Jahrzehnten nicht überlebt, und kein preußischer Staatsmann wird sich bereit finden, ihn dem Andrange demokratischer Tendenzen aufzuopfern.«[11] In einer Phase wachsender Spannungen, welche die inneren Verhältnisse ebenso überschatteten wie die äußeren, war das eine Bekräftigung des konstitutionellen Status quo, aber der bemüht forsche Ton, der die Rede durchzog, ließ die Schwierigkeiten ahnen, die überkommenen Ordnungen für die Zukunft zu bewahren.

Denn die Steuerungskapazität des monarchischen Systems war, wie sich immer deutlicher gezeigt hatte, begrenzt, und viele empfanden um 1900 die Politik in den von Bismarck vorgezeichneten Bahnen als eng, halbherzig und defensiv, dem Charakter der mit Sorge oder Jubel registrierten Zeitenwende, dem Tempo und der Dynamik der Moderne, in der die Welt des feudalen Europa versank, jedenfalls nicht länger angemessen. Das Reich entbehrte der integrativen, die widerstreitenden Interessen bändigenden Idee, gesellschaftlichen Ausgleich und Frieden hatte man weder unter Bismarck noch unter dessen Nachfolgern erreichen können; Ideale, die noch die Generation der Väter begeistert hätten, so 1913 die elegisch gestimmte Klage des Sozialwissenschaftlers Werner Sombart, seien »verblaßt«, neue nicht in Sicht. Max Weber sprach 1895 in seiner berühmten Freiburger Antrittsvorlesung vom »harten Schicksal« des »Epigonentums«, dem nur dann zu entrinnen sei, wenn es gelänge, die »Bedeutung« der großen »Machtfragen« wieder ins Bewußtsein zu heben und in diesem Sinne vor allem das Bürgertum, die ökonomisch aufsteigende Klasse, zu politischer Reife und Verantwortung zu bringen. »Wir müssen begreifen«, appellierte Weber an seine Zuhörer, »daß die Einigung Deutschlands ein Jugendstreich war, den die Nation auf ihre alten Tage beging und seiner Kostspieligkeit halber besser unterlassen hätte, wenn sie der Abschluß und nicht der Ausgangspunkt einer deutschen Weltmachtpolitik sein sollte.«[12]

In dem Maße, wie sich das Erbe und das Freiheitspathos des Liberalismus erschöpfte, wurde der Nationalismus zu einer mit Inbrunst gepflegten Ersatzreligion, die zunehmend die Schichten des Bürgertums erfaßte und durchdrang. Nicht mehr pragmatische Selbstbeschränkung und Sicherung der 1871 errungenen Position hieß nach 1890 die Losung, sondern Aufbruch zu fernen Gestaden, wo man den »Platz an der Sonne« wähnte. »Weltpolitik« wurde zum Schlagwort neudeutscher Befindlichkeiten, Erwartungen und Ansprüche. »Unser deutsches Volk muß Macht gewinnen wollen«, mahnte der Linksliberale Friedrich Naumann: »Ohne Macht gibt es keinen Staat, keinen Fortschritt der Gesamtnation. Ein Volk ohne Machtideale verliert sich in Tändeleien.«[13] Befangen in den Anschauungen eines vulgarisierten Darwinismus, der Kampf und Krieg zu ›natürlichen‹ Mitteln sozialer und rassischer Auslese deklarierte, warfen sich eigens gegründete Agitationsvereine, der Alldeutsche Verband, der Flotten- und Wehrverein, zu lärmenden Anwälten überseeischer und kontinentaleuropäischer Expansion auf. Anders als Naumann, der den imperialistischen Wettlauf um globale Marktchancen mit Reformperspektiven im Innern verband, waren sie apodiktische Gralshüter autoritärer Herrschaft gegen Parlamente und Parteien, zudem größtenteils Antisemiten, die von völkischer Regeneration und ›artgemäßer‹, von jüdischen Einflüssen ›gereinigter‹ Kultur träumten. Eindringlich wie sonst nirgends läßt sich hier der Funktionswandel bürgerlicher Ideologien und Wertauffassungen studieren. Denn nicht zuletzt die von Angehörigen des gebildeten Bürgertums dominierten Agitationsvereine waren es, die in Kooperation mit den Konservativen, den Industrie- und Agrarverbänden zur Militarisierung und Entliberalisierung der Gesellschaft beitrugen, dabei den Begriff »Nation« für ihre Zwecke zurechtbogen, radikalisierten und mit aggressiven Inhalten aufluden, ihn aus dem Horizont der älteren liberalen Emanzipationsbewegung herauslösten und zur Kampfparole der politischen Rechten machten.

Das ›nationale Interesse‹, das darin postuliert wurde, stiftete weder Einheit noch Stabilität, sondern polarisierte und befestigte die ohnehin nie überwundene Fremdheit zwischen den verschiedenen Lagern, Klassen und Milieus, stempelte Sozialdemokraten und Pazifisten zu vaterlandslosen Gesellen und weltfremden Schwarmgeistern. Das Gefühl, dauernd auf der Hut sein zu müssen, erzeugte ein eigentümliches Klima der Unrast und Reizbarkeit, der Einkreisungsfurcht und Belagerungsmentalität. Der Stolz auf imponierende Leistungen auf dem Feld der Wirtschaft und der Wissenschaften paarte sich mit den Komplexen einer Gemeinschaft, die sich gegenüber den etablierten Kolonialmächten notorisch zu kurz gekommen glaubte, sich umringt sah von Neid und Feindschaft. Im imperialistischen Verdrängungswettbewerb sorgte namentlich die für die anderen Mächte schwer zu kalkulierende und prestigesüchtige deutsche Politik für beträchtliche Irritationen. Der Bau der Schlachtflotte seit der Jahrhundertwende belastete die Beziehungen zu Großbritannien und trieb es an die Seite Frankreichs und Rußlands. Berauscht von der Magie der Zahlen, von Geburtenüberschüssen und Bevölkerungsdynamik, technologischen Innovationsschüben und »Volkswohlstand«, schaute man mit Verachtung auf die Nachbarn in Ost und West. Speziell die Franzosen wurden, um ein Wort des Industriellen Hugo Stinnes zu bemühen, als vergreisendes, zurückgebliebenes »Volk der Kleinrentner« belächelt. Außenpolitische Erfolge sollten ablenken von den Problemen im Innern, tatsächlich jedoch wurden letztere durch den Streit um die Finanzierung der exorbitanten Marinerüstung eher vertieft als gemildert. Der Friede wurde zunehmend brüchiger, der Einsatz militärischer Mittel immer wahrscheinlicher. Ja mehr noch: Der Krieg galt als unvermeidbar, im Spiel der Diplomatie die letzte und legitime Trumpfkarte, um den Ring der Gegner zu sprengen und freie Bahn zu gewinnen. Daß damit womöglich die »Götterdämmerung der bürgerlichen Welt« heraufziehen würde, war die Überzeugung der Sozialdemokratie, nicht aber die der Führungseliten, die 1914 im Verlauf der Julikrise die »Flucht nach vorn« antraten und den »Sprung ins Dunkle« wagten.[14]

Dabei gelang es der Reichsleitung, Deutschland als angegriffene, insbesondere von der russischen Despotie bedrängte Nation hinzustellen und mit diesem Schachzug die sozialdemokratische Arbeiterschaft zur vermeintlichen Erfüllung patriotischer Pflichten zu bewegen. Hinzu kam, daß man mit Feldzügen von Wochen, bestenfalls Monaten rechnete, nicht indes mit einem sich über Jahre hinschleppenden Ermattungskrieg mit totaler Mobilisierung von Menschen und Material. Mit Blick auf komplexe Wirtschaftsstrukturen und globale Handelsverflechtungen könne sich das industrialisierte Europa einen solchen »Luxus« nicht leisten, hatte in diesem Sinne der bis 1905 amtierende Generalstabschef Graf Alfred von Schlieffen bekannt: »Die Maschine mit ihren tausend Rädern, von der Millionen ihren Unterhalt finden, kann nicht lange stillstehen.« Man sei daher gezwungen, die »rasche Entscheidung« zu suchen, den Feind »schnell niederzuwerfen und zu vernichten«. Diesem Dogma entsprach die Erwartung der Truppen, als sie im August 1914 an die Fronten marschierten. Zu Weihnachten, so die Gewißheit, würden sie wieder zu Hause sein und in die Normalität des Alltags zurückkehren. Allenthalben herrschten Siegeszuversicht und Blitzkriegseuphorie: »Mit Hymnen und Gebrüll blähte man die Backen«, erinnerte sich 1920 der Dramatiker Carl Sternheim an die Stimmung in Berlin, »bewies mit Tabellen, Statistiken und Wahrscheinlichkeitsrechnung (...) Deutschlands unbedingt sicheren Sieg in kurzer Zeit, addierte und multiplizierte selbstverständliche Erfolge.«[15]

Derartige Rechnungen entpuppten sich bereits im Spätsommer 1914 mit dem Verlieren der Marneschlacht als Fehlkalkulation, deren Tragweite der Bevölkerung allerdings verschwiegen wurde. Nach offizieller Lesart führte man einen von außen aufgenötigten Verteidigungskrieg, in Wirklichkeit jedoch wurden, wie 1915 der Historiker Otto Hintze die Leser seiner Jubiläumsschrift über die Hohenzollern wissen ließ, »die eisernen Würfel geworfen um Sein oder Nichtsein einer deutschen Weltmacht«. Seinen Ausdruck fand dies in einer ausufernden Debatte über Kriegsziele und einer organisierten, von der Rechten, der Wirtschaft und den Militärs gestützten Bewegung, als deren Speerspitze 1917 die Vaterlandspartei aus der Taufe gehoben wurde: von deren ruhmlosem Ende her gesehen ein Abgesang auf wilhelminische Expansionsträume, zugleich aber ein Vorgeschmack auf Techniken der Massenpropaganda, der Agitation und Mobilisierung im Zeichen antisemtischer und chauvinistischer Ressentiments, die denen der Nationalsozialisten ein gutes Jahrzehnt später in vielem ähnelten. Die Reichsleitung hielt dazu, soweit machbar, Distanz, schon deshalb, um die Kooperation mit der Sozialdemokratie nicht zu gefährden. Allein, auch sie setzte auf Sieg, nicht auf Kompromiß, Ausgleich und Verständigung. Ihre Position, an der sie im Kern festhielt, hatte sie im September 1914, auf dem Höhepunkt der Marneschlacht, fixiert: ein Programm der »mittleren Linie« mit Elementen eines formellen und solchen eines informellen Imperialismus. Als Ziel proklamierte es die »Sicherung des Deutschen Reiches nach West und Ost auf alle erdenkliche Zeit. Zu diesem Zweck«, hieß es weiter, »muß Frankreich so geschwächt werden, daß es als Großmacht nicht neu entstehen kann, Rußland von der deutschen Grenze nach Möglichkeit abgedrängt und seine Herrschaft über die nicht russischen Vasallenvölker gebrochen werden«. Als politisches Instrument zur dauerhaften Stabilisierung der angestrebten kontinentaleuropäischen Hegemonie wurde die Gründung eines »mitteleuropäischen Wirtschaftsverbandes« ins Auge gefaßt: »ohne gemeinsame konstitutionelle Spitze, unter äußerlicher Gleichberechtigung seiner Mitglieder, aber tatsächlich unter deutscher Führung«.[16]

Verglichen mit den weiträumigen und grobschlächtigen Annexionsforderungen aus dem Lager der Rechten, war das die flexiblere, die ›modernere‹ Variante, die auf indirekte Methoden der Herrschaft vertraute. Aber auch dieses Programm wollte nichts Geringeres als die Neuordnung Europas, das sich dem Diktat deutscher Interessen unterwerfen sollte, um so den Weg zu ebnen für eine dem Britischen Empire ebenbürtige Rolle in der Welt. Und auch dieses Konzept verriet keinerlei Bereitschaft, zum Status quo ante zurückzukehren. Insofern entsprachen die damit aufgerissenen Perspektiven der verbreiteten Überzeugung, daß die Opfer, die der Krieg abverlangte, nicht umsonst gebracht werden dürften. Die verfügbaren Ressourcen blieben hinter den hochgesteckten Erwartungen allerdings zurück, reichten weder für den Sieg noch für die Gewährleistung erträglicher Lebensbedingungen. In dem Maße, wie der im August 1914 ausgerufene »Burgfriede« zerbröselte, schoben sich abermals die alten, sich wechselseitig paralysierenden Konfliktpotentiale in den Vordergrund, die durch den Streit um die Kriegsziele erheblich verschärft wurden und seit 1916/17 entscheidend dazu beitrugen, die Legitimation des politischen Systems zu untergraben. Die demoralisierenden Wirkungen des industrialisierten Massenkrieges durch parlamentarische Mitverantwortung und demokratische Reformen aufzufangen: dies wurde zwar in vagen Wendungen angekündigt, unter dem Druck der Obersten Heeresleitung, der Alldeutschen und Vaterlandsparteiler jedoch nicht ernsthaft verfolgt. Die Strategie, von der sich die führenden Schichten leiten ließen, lief auf ein radikales Entweder-Oder hinaus, entweder Gewinn oder Verlust, war bei Licht besehen ein Vabanque-Spiel, das im Herbst 1918 mit einer gewissen Logik in Zusammenbruch und Revolution endete. Der »Grundfehler unserer Politik war«, resümierte ernüchtert im November 1918 der außenpolitische Experte der Konservativen, Otto Hoetzsch, »daß wir, verleitet durch die ungeheure wirtschaftliche Entwicklung der 90er Jahre und unseren fabelhaften Reichtum an wirtschaftlich-technisch-militärischen Kräften, glaubten, eine Weltmacht nicht nur sein zu können, sondern es auch wirklich zu sein«.[17]

V. »Er lauert überall«:
Der Krieg und die Gesellschaft der Weimarer Republik

Der Weg in die Moderne, der 1914 in den Krieg mündete, war begleitet von Kritik und Krise, von Verwerfungen, Spannungen, sozialer und politischer Unrast. Die Stimmungen, mit denen die Deutschen darauf antworteten, schwankten zwischen euphorischer Identifikation, düsterer Skepsis und vehementer Ablehnung. Wo die einen Chancen für organische, kontrollierte Entwicklung und kontinuierliche Reform sahen, witterten die anderen Verfall, flachen Materialismus und zügellosen Hedonismus, zeigten sich besorgt über den Verlust an innerem Gleichgewicht, konstatierten Unrast und bis ins Pathologische gesteigerte Neurasthenien. Fortschrittsoptimismus und Wissenschaftsgläubigkeit vermengten sich mit Deklassierungsängsten und Erlösungsphantasien. Raffinement, Luxus und Lebensgenuß durchmischten sich mit dem Unbehagen an einer Zivilisation, die sich in öder Rechenhaftigkeit und banalen, Gemüt und Seele erstickenden Nützlichkeitserwägungen zu erschöpfen schien. Neben Toleranz, Liberalität und aufgeklärter Geistigkeit waberten Irrationalismus und Ressentiment; kulturpessimistische Attitüden der verschiedensten Couleur gefielen sich in Klagen über Erschlaffung und rassische Entfremdung, der es durch Rückbesinnung auf artgemäße Ganzheit und völkische Tugenden zu begegnen gelte. Die Zeit der Jahrhundertwende sei wie keine zuvor »voll von Verwirrung und Zersetzung«, lautete damals das Urteil des Historikers Max Lenz. Der »alte Friede« sei dahin, zermürbt von »Unzufriedenheit mit der Gegenwart« und »Mißtrauen in die Zukunft«. Gepeinigt von Revolutionsfurcht oder stimuliert von revolutionären Visionen, würden Männer und Frauen immer »nervöser«, und tagtäglich sei zu hören, daß eine »Umwälzung aller Lebensgewohnheiten« vor der Tür stehe: »eine Umschmelzung aller überlieferten Vorstellungen von Recht und Sitte, der moralischen und der religiösen Begriffe«.

Der Krieg, der 1914/18 das 19. Jahrhundert und die davon übriggebliebenen Reste unwiderruflich zu Grabe trug, war ein Einschnitt und wurde als solcher auch empfunden, tatsächlich aber zerstörte er den Zusammenhang der Epoche nicht, sondern führte die ihr innewohnenden Tendenzen fort, entfesselte sie, trieb sie voran und spitzte sie zu. Für einen Moment allerdings begradigte er die Fronten. Quer durch die verschiedenen Lager wiegte man sich in der Hoffnung, er würde einem Katalysator gleich die Verkrustung und Lähmung, die Zerrissenheit und Ambivalenz der wilhelminischen Klassengesellschaft überwinden helfen. Thomas Mann zum Beispiel erlebte ihn als »Reinigung« und »Befreiung«, als Kampf um die Bewahrung der deutschen »Kultur« gegen die Zumutungen der westeuropäischen »Zivilisation«. Für den liberalen Theologen Ernst Troeltsch offenbarte sich mit der Absage an »Materialismus« und Zweifel die Rückkehr zum »Glauben an die Idee und den Geist«, zu nationaler Einheit und Identität. Friedrich Meinecke schwärmte von »neuem Menschentum« und glaubte zu wissen: »Siegen wir, so siegen wir nicht nur für uns, sondern auch für die Menschheit.« Und Arnold Zweig, einer der jüngeren Adepten der literarischen Dekadenz, der mit seinem Roman »Novellen um Claudia« erste Erfolge gefeiert hatte, »vibrierte [vor] Entzükken« über die gewonnene »Kulturgemeinschaft«, als er im August 1914 an eine Freundin schrieb: »Wir, Menschen, die so gerne achten und das Achtbare und Echte überall suchten, sehen mit einem manchmal wahrhaft heißen Glück plötzlich, über Nacht, aus einem Volk ichsüchtiger Krämer und patriotisch-politischer Phrasendrescher das große tüchtige deutsche Volk erwachen; der fette Bürger, unser Antagonist, lernt plötzlich wieder sich einordnen, opfern, echt fühlen – er verliert seine moralische Häßlichkeit, er wird schön!«

Rausch und Euphorie verflüchtigten sich jedoch rasch. Denn der Krieg verlief anders als erwartet, schüttete Gräben zwischen den Klassen und Milieus nicht zu, sondern hob sie erst recht ins Bewußtsein. Ausgefochten wurde er auf den Schlachtfeldern, zu Lande, zu Wasser und in der Luft, aber mindestens ebenso wichtig wie die Tapferkeit der Soldaten war die Leistungsfähigkeit der Wirtschaft, waren Leidensbereitschaft und Durchhaltewille der Zivilbevölkerung. Den Lärm der Waffen begleitete ein anschwellender Chor von Propagandisten und Ideologen; die Grenzen zwischen Front und Heimat verflüssigten sich: Hier wie dort wurden die Leute in die Maschinerien der totalen Mobilmachung hineingezwängt und bis zur Erschöpfung strapaziert. Zum ersten Mal war man konfrontiert mit der grausigen Realität eines Massen- und Vernichtungskrieges, der den Tod unter Einsatz effizienter Technologien fabrikmäßig organisierte und produzierte. Die Janusköpfigkeit der Moderne, zuvor nur metaphorisch beschworen, wurde unmittelbar zugänglich und tausendfach erlitten: »Die Menschen«, so 1929 Sigmund Freud in seinem Essay über das »Unbehagen in der Kultur«, »haben es jetzt in der Beherrschung der Naturkräfte so weit gebracht, daß sie es mit deren Hilfe leicht haben, einander bis auf den letzten Mann auszurotten.«[18]

Breiteren Widerhall fand diese Einsicht nicht. Den Destruktions- und Aggressionstrieb zu bändigen erachtete Freud für eine »Schicksalsfrage«, die Mehrheit der Deutschen offenkundig nicht. Nach dem Zusammenbruch standen sie vor der Aufgabe, trotz vergeblich erbrachter Opfer die Niederlage zu akzeptieren, sowohl individuell als kollektiv die materiellen und seelischen Folgen des Krieges zu bewältigen. Geboten seien »Selbstkritik« und »Erneuerung«, forderte 1919 Arnold Zweig, den der Dienst als Bausoldat und »Schipper« gründlich desillusioniert hatte: »Sicher aber ist, daß die Erkenntnis, wie übermäßig der wilhelminische Deutsche (...) an der Verursachung des Krieges schuld ist, eine allgemeine Erkenntnis werden muß, wenn die Wiedergeburt des Deutschen, die Rückkehr zu den deutschen Werten und Ideen der klassischen und romantischen Zeit, Wirklichkeit werden soll. Der wilhelminische Deutsche, das ist das deutsche Bürgertum in seiner breitesten Masse, dieses Bürgertum, das in den Zeiten des militärischen Sieges nach Annexionen schrie, das in jede Vergewaltigung, Ausbeutung und diplomatische Lüge willigte und das sich heute nicht damit rechtfertigen darf, es sei belogen worden. Es ist belogen worden, aber mit seinem Willen.«

Radikal umzudenken und Bilanz zu ziehen entsprach indes weder der regierungsamtlichen Unschuldspropaganda noch den Verdrängungsbedürfnissen derer, die sich noch einmal davongekommen wähnten: »Es war nicht Besinnung, wonach diese ausgepumpte, decontenancierte Gesellschaft verlangte«, erinnerte sich Klaus Mann an die ersten Jahre der Republik, »vielmehr wollte man vergessen – das gegenwärtige Elend, die Angst vor der Zukunft, die kollektive Schuld.« Und doch war der Krieg stets präsent: ein Kristallisationspunkt, an dem sich Befindlichkeiten, traumatische Erfahrungen und politische Projektionen unentwirrbar verknäulten. Zunächst dominierten Rechtfertigungsschriften ehemaliger Offiziere, darunter Ernst Jüngers ambitionierte, mehrfach umgearbeitete Tagebuchaufzeichnungen »In

Stahlgewittern«, gegen Ende der Republik dann vor allem Romane, die dem Publikum das an Aufklärung, Identifikations- und Reibungsstoffen boten, was die historische Wissenschaft beharrlich verweigerte. Daß damit zum Teil sensationelle Auflagenhöhen erreicht und erbitterte Dispute ausgelöst wurden, zeigte, daß man den Krieg als »Einzelerlebnis« ein Jahrzehnt später noch längst nicht überwunden hatte: »Es wirkte dumpf fort«, antwortete der Autor des Bestsellers »Im Westen nichts Neues«, Erich Maria Remarque, auf die Fragen eines Interviewers, »es blieb ein undeutlicher Alpdruck, ein Zustand der Unruhe, der Skepsis, der Härte oder schwankenden Ziellosigkeit.« Sein Buch über den jungen Kriegsfreiwilligen Paul Bäumer nannte er daher einen Versuch, »über eine Generation zu berichten, die vom Krieg zerstört wurde – auch wenn sie seinen Granaten entkam«.[19]

Gleichgültig, welche Zwecke im einzelnen verfolgt wurden: Die literarische Vergegenwärtigung des Krieges zielte auf Diagnose und Therapie, Veränderung und Bestätigung, war Seismograph für die Irritationen einer zutiefst labilen, von Krisen geschüttelten Gesellschaft. Deren Stimmungen schwankten zwischen pazifistischem »Nie wieder« und trotzigem »Nun erst recht«. In der Debatte über den Krieg fand sich das eine wie das andere: Anklage und Kritik, Mythos und Verklärung. Dabei ging es nicht um Historisierung, sondern um die Frage nach dem Sinn für Gegenwart und Zukunft. Über Schuld und Verstrickung nachzudenken, auf diese Weise innere Blockaden aufzuheben, galt der republikanischen Linken als unabdingbare Voraussetzung, sich der Irrtümer und Fesseln imperialistischer Politik zu entledigen. Die radikale Rechte dagegen glaubte die Geburtsstunde einer neuen, von Erstarrung und bürgerlichen Konventionen gereinigten Volksgemeinschaft zu erkennen. »Wir mußten den Krieg verlieren, um die Nation zu gewinnen«: Für Franz Schauwecker, der diesen Satz seinem Kriegsroman von 1930 voranstellte, hatte 1914 die »unerbittliche Loslösung jeglichen Lebens von der Normalität« begonnen, »von der Gewohnheit, von der Farblosigkeit, von der Verflachung, vom Materialismus«. Dies war im November 1918 nicht abgebrochen, sondern wirkte unvermindert fort. »Überall«, so Schauwecker 1928, »steht heute heimlich der Krieg. Er marschiert in Demonstrationszug und Verkehrsordnung; er springt, läuft und boxt, wirft mit in Turnen und Sport; er trommelt, klopft, knattert in allen Motoren und Maschinen;

er gellt am lautesten in den Gegensätzen jeglicher Art. Er lauert überall. Er wartet nur.«

Hinter derartigen Wendungen verbargen sich die Überzeugungen eines aktivistischen Nationalismus, der den Traditionen des 19. Jahrhunderts mit derselben Verachtung begegnete wie der Weimarer Demokratie. Der Kampf galt seinen Propagandisten als Grundmuster menschlicher Existenz, das Fronterlebnis als Quelle revolutionärer Tatbereitschaft und völkischer Vitalität. Den Schützengraben stilisierten sie zum Ort heroischer Bewährung und modellhafter Erfahrung: eine Zone äußerster Verdichtung, in der die Gewalt agonaler Triebe mit der kalten Präzision industrieller Vernichtungstechniken verschmolz. Dabei berührte sich der Diskurs über den Krieg mit dem über das Wesen und die Erfordernisse der modernen Welt. In bewußter Abkehr von den Stereotypen des Kulturpessimismus sah Ernst Jünger die Topographie des Schlachtfeldes und die Leistungen der Soldaten durchtränkt von großstädtischem Geist. Das flache Land zu idealisieren und gegen die Stadt auszuspielen sei hoffnungsloser Anachronismus: »Romantik eines entlegenen Raumes und einer verflossenen Zeit.« Anstatt ihr nachzutrauern, müsse man »eindringen in die Kräfte der Großstadt«, in die »Maschine, die Masse, den Arbeiter«. Denn dort lägen die Wurzeln der nationalen Erneuerung, der Arbeiter von heute sei der Nationalist von morgen, und die Masse werde den Wert der Persönlichkeit nicht aufheben, sondern einen »entschlossenen und unbeschränkten Führertyp erzeugen, der weit weniger Bindungen seines Handelns besitzt als selbst der Fürst in einer absoluten Monarchie«. Das war eine entschiedene Absage an Liberalität und Pluralismus, darüber hinaus jedoch auch ein Appell an die konservativen Gesinnungsgenossen im eigenen Lager, den Jünger mit seinem Buch »Der Arbeiter« am Anfang der 30er Jahre auch theoretisch untermauerte: Es ging darum, den Prozeß der Moderne als unumkehrbar zu akzeptieren, ihn nicht zu bejammern, sondern sich seiner Potentiale zu bemächtigen und daraus Waffen zu schmieden für den diktatorischen, bis ins letzte durchrationalisierten »Arbeitsstaat«, dessen vornehmste Aufgabe es sein würde, in einer Welt der Technik die »totale Mobilmachung« zu besorgen und zu gewährleisten.[20]

Selbst wenn dies zu den Krücken gehörte, die Teilen des Bürgertums die Ehe mit den Nationalsozialisten erleichterte: Repräsentativ für die

Milieus der Rechten war es nicht, sondern nur eine weitere Klangfarbe in einem vielstimmigen, aufs Ganze gesehen dissonanten Chor. Im Pro und Contra um den Krieg trat noch einmal mit aller Schärfe zu Tage, was die Szenerie von Weimar auch sonst kennzeichnete: der Mangel an Kohäsion, die Neigung, in Kategorien von Freund und Feind zu denken, die Unversöhnlichkeit, mit der sich die verschiedensten Wahrnehmungen, Deutungsmuster und Positionen artikulierten, das Neben- und Gegeneinander von Traditionalismus und Avantgarde, visionärer Begeisterung, Skepsis und Larmoyanz. Geist und Macht, ein altes Thema der Deutschen, wurden nach wie vor als getrennte Sphären empfunden, und die Demokratie als Forum für Kompromiß und fortwährendes Ausbalancieren widerstreitender Interessen zu begreifen fiel den Intellektuellen ebenso schwer wie dem Rest der Gesellschaft. Mißmut und Unbehagen, Enttäuschung und Desorientierung prägten das Bild; die Republik und diejenigen, die sie verwalteten, entbehrten des Glanzes. Wer sich zu ihr bekannte, tat dies häufig faute de mieux, mit dürren Gründen der Vernunft, geplagt von Zweifeln oder fasziniert von den Horizonten einer vermeintlich besseren Zukunft, gleichgültig, ob dafür Amerika, die Sowjetunion oder das faschistische Italien Pate standen. »Massenhaftigkeit« und »Flüchtigkeit«, im Urteil des Nationalökonomen Emil Lederer die unausweichlichen Konsequenzen des »Hochkapitalismus«, zerstörten soziale Bindungen und historische Kontinuitäten. Allenthalben wähnte man sich auf schwankendem Grund, hockte in der Gegenwart, als wäre sie ein Wartesaal, auf dem Sprung zu neuen Ufern oder melancholisch resigniert wie Erich Kästners »Fabian«, der seinem Freund Labude anvertraute: »Wir leben provisorisch, die Krise nimmt kein Ende.«[21]

VI. Auschwitz und Langemarck: Grenzen des Kontinuitätskonzepts

»Die Debatte um den Krieg tritt«, so im April 1930 die Diagnose des linksliberalen Schriftstellers Arno Schirokauer, »in ein neues Stadium. Bis gestern war der Krieg Angeklagter. Seine Position war die eines in Untersuchungshaft befindlichen Verbrechers, von dessen notwendiger Hinrichtung gerade die Gegner der Todesstrafe am meisten überzeugt waren. Aber seine verlegenen Verteidiger werden unversehens

Angreifer. Schon ist der Krieg ein Heiland, seine Jünger treten vor ihn hin, eine sonderbare Mythologie entzieht ihn allen Verurteilungen, er wird vergottet.« Gleichsam über Nacht hätten sich die »Vokabeln geändert«, heißt es weiter: »Man spricht noch vom letzten, aber man definiert schon den nächsten.«

Der Klimasturz, der hier konstatiert wurde, fiel nicht von ungefähr zusammen mit der ökonomischen und sozialen Krise, die sich unter der Ägide der autoritären, ohne parlamentarische Bindung operierenden Präsidialregierungen zur Staatskrise auswuchs und den Resonanzboden abgab für den kometenhaften Aufstieg der NSDAP. Deren Ziele inkorporierten zum einen die innen- und außenpolitischen Vorstellungswelten der wilhelminisch geprägten Eliten in Wirtschaft, Bürokratie und Armee, die die Weimarer Demokratie relativ ungeschoren hatte davonkommen lassen, zum andern jedoch griffen sie weit darüber hinaus. Die Repräsentanten des konservativen und die des nationalsozialistischen Milieus, die am 30. Januar 1933 das Kabinett der »nationalen Konzentration« mit Adolf Hitler an der Spitze bildeten, einte die Überzeugung, daß es an der Zeit sei, die Fesseln des Versailler Vertrags abzustreifen, den Parteienstaat, vor allem die Arbeiterbewegung zu zertrümmern, durch forcierte Aufrüstung, Militarisierung der Gesellschaft und wehrwirtschaftliche Lenkungsinstrumentarien die Fundamente aufzuschütten für eine offensive, auf Mittel- und Osteuropa gerichtete expansive Großraumpolitik. Nach dem 1914/18 gescheiterten ersten war dies der zweite Anlauf zu kontinentaler Hegemonie, der an überlieferte Elemente machtstaatlichen Denkens anknüpfte und die 1918/19 abgerissenen Fäden wieder aufnahm – für die Nationalsozialisten indes nur eine Etappe, die nötige Basis war für die Gewinnung von »Lebensraum« im Osten. So sehr Hitler bis 1939 als Exponent einer traditionell gefärbten, schon in den 20er Jahren verfolgten Strategie des Revisionismus gelten mochte: In diesem Punkt sprengte er die Dimensionen jener älteren Ambitionen, die – im Lichte der »Endlösung« ist man versucht zu sagen – »nur« nach dem »Platz an der Sonne« gestrebt hatten.

Die Maßlosigkeit und die radikale, prinzipiell unbegrenzte Dynamik des braunen Imperialismus, die darin aufgehobenen antibolschewistischen, rassenbiologischen, sozialdarwinistischen Vernichtungs- und völkischen Erlösungsphantasien sind vielfach dokumentiert.

Heinrich Himmler etwa hat davon noch im Oktober 1943, als sich das Kriegsglück längst gewendet hatte, mit Worten geschwärmt, die eindringlich die ausschweifende, utopische, in Ewigkeitswerten rechnende Hemmungslosigkeit und den Grad an Realitätsverlust in den Köpfen der NS-Elite bezeugten: »Wir werden dem Osten unsere Gesetze aufdiktieren. Wir werden vorbrechen und uns nach und nach vorpreschen bis zum Ural. Ich hoffe, daß unsere Generation das noch schafft. (…) Dann werden wir eine gesunde Auslese für alle Zukunft haben. Wir werden damit die Voraussetzungen dafür schaffen, daß das gesamte germanische Volk und daß das gesamte von uns, dem germanischen Volk, geleitete, geordnete und geführte Europa in Generationen seine Schicksalskämpfe mit einem bestimmt wieder hervorbrechenden Asien bestehen kann. Wir wissen nicht, wann das sein wird. Wenn dann auf der anderen Seite die Masse Mensch mit ein bis anderthalb Milliarden antritt, dann muß das germanische Volk mit seinen, wie ich hoffe, 250 bis 300 Millionen zusammen mit den anderen europäischen Völkern in einer Gesamtzahl von 600 bis 700 Millionen und mit einem Vorfeld bis zum Ural oder in hundert Jahren über den Ural hinaus seinen Lebenskampf gegen Asien bestehen.«

Den Weg dahin pflasterte man zuvorderst mit Millionen von Toten, den Leichen ermorderter Männer und Frauen, Kinder und Greise. »Kontinuität« als analytisches Konzept hilft zu erklären, warum Hitler in spezifischen Konstellationen zur Macht gelangen und diese befestigen konnte. Aber im Angesicht der Erschießungsplätze, der Massengräber und der fabrikmäßig betriebenen Vernichtungslager lassen uns die Horizonte des Begriffs im Stich. Daß es Brücken gab zu bestimmten, oben erwähnten Äußerungsformen des Antisemitismus aus den Epochen vor und nach 1914, ändert an der historischen Beispiellosigkeit der nationalsozialistischen Praktiken ebensowenig wie die Tatsache, daß darin Teile der Wehrmacht oder der Wissenschaften im Zeichen einer völkisch definierten gesellschaftlichen ›Modernisierung‹ verstrickt waren. Ernst Jünger hat 1943 in seiner erst später publizierten Denkschrift über den Frieden von der ungeheuren Zahl der »Schädelstätten« gesprochen und die Singularität des Geschehens in Sätze gefaßt, die es wert sind, am Schluß zitiert zu werden: »Aus dieser Landschaft des Leidens ragen dunkel die Namen der großen Residenzen des Mordes, an denen man in der letzten und äußersten Verblendung versuchte, ganze Völkerschaften, ganze Rassen, ganze Stände auszurotten, und wo die bleierne Tyrannis im Bunde mit der Technik endlose Bluthochzeiten feierte. Diese Mordhöhlen werden auf fernste Zeiten im Gedächtnis der Menschen haften, sie sind die eigentlichen Mahnmale dieses Krieges wie früher der Douaumont und Langemarck.«[22]

Anmerkungen

1 Werner Schochow, Ein Historiker in der Zeit, in: Jahrbuch für Geschichte Mittel- und Ostdeutschlands 32 (1983), S. 224 f.; Friedrich Meinecke, Einleitung, in: Ernst Troeltsch, Spektator-Briefe, Tübingen 1924, S. V.
2 Zit. nach Bernd Faulenbach, Ideologie des deutschen Weges, München 1980, S. 24. Dort auch die folgenden Zitate: S. 28 (K. A. von Müller), S. 64 (J. Ziekursch), S. 61 (E. Marcks) und S. 130 (G. Ritter).
3 Friedrich Meinecke, Die deutsche Katastrophe, Wiesbaden 1946, S. 6, S. 156 f., S. 23 f. und S. 49 f.
4 Thomas Mann, Deutschland und die Deutschen, in: Neue Rundschau 1945/46, S. 18; Eduard Bernstein, Völkerbund oder Staatenbund, Berlin 1919, S. 29.
5 Wilhelm Liebknecht am 9. 12. 1870 im Reichstag des Norddeutschen Bundes, zit. nach Ernst Engelberg, Bismarck, Das Reich in der Mitte Europas, Berlin 1990, S. 51; Friedrich Meinecke, Preußen und Deutschland im 19. Jahrhundert, in: HZ 97 (1906), S. 134 f. sowie ders., Die Reform des preußischen Wahlrechts (1916), in: Politische Schriften und Reden, Darmstadt 1958, S. 154.
6 Zit. nach Hans-Ulrich Wehler, Deutsche Gesellschaftsgeschichte, Dritter Bd., München 1995, S. 329 f.
7 Friedrich Naumann, Von wem werden wir regiert?, in: Neue Rundschau 20/II (1909), S. 636; Lothar Engelbert Schücking, Die Reaktion in der inneren Verwaltung Preußens, Berlin-Schöneberg 1908, S. 7; Friedrich Naumann, Die politische Mattigkeit der Gebildeten (1904), in: Ders., Werke, Bd. IV, Opladen 1964, S. 202 ff.; August Stein, Irenaeus, Frankfurt am Main 1921, S. 137; Max Weber, Vortrag im Freien Deutschen Hochstift zu Frankfurt (1896), zit. nach Wolfgang J. Mommsen, Max Weber und die deutsche Politik 1890–1920, Tübingen 1974, S. 102.
8 Zit. nach Gerhard A. Ritter und Jürgen Kocka (Hrsg.), Deutsche Sozialgeschichte, Bd. II, 1870–1914, München 1974, S. 224.
9 Eckart Kehr, Das soziale System der Reaktion in Preußen unter dem Ministerium Puttkamer (1929), in: Ders., Der Primat der Innenpolitik, Berlin 1970, S. 78.
10 Schücking, Reaktion, S. 30 f.
11 Zit. nach Gerhard A. Ritter (Hrsg.), Das Deutsche Kaiserreich 1871–1914, Göttingen 1975, S. 46.
12 Werner Sombart, Die deutsche Volkswirtschaft im 19. Jahrhundert, Berlin 1913,

S. 471; Max Weber, Der Nationalstaat und die Volkswirtschaftspolitik, Freiburg 1895, S. 97.

13 Friedrich Naumann, Das Blaue Buch von Vaterland und Freiheit, Königstein 1913, S. 97.

14 Das Stinnes-Zitat nach Fritz Fischer, Das Bild Frankreichs in Deutschland in den Jahren vor dem Ersten Weltkrieg in: Ders., Der Erste Weltkrieg und das deutsche Geschichtsbild, Düsseldorf 1977, S. 337; August Bebel im Reichstag, 9. 11. 1911, zit. nach Wolfgang J. Mommsen, Der Topos vom unvermeidlichen Krieg, in: Ders., Der autoritäre Nationalstaat, Frankfurt am Main 1990, S. 390.

15 Alfred Graf Schlieffen, Der Krieg der Gegenwart, in: Deutsche Revue 34 (1909), S. 13 ff.; Carl Sternheim, Berlin oder Juste Milieu, München 1920, S. 66.

16 Otto Hintze, Die Hohenzollern und ihr Werk, Berlin 1915, S. 685; Septemberdenkschrift Bethmann Hollwegs, zit. nach Egmont Zechlin, Friedensbestrebungen und Revolutionierungsversuche, in: Aus Politik und Zeitgeschichte Nr. 20 v. 15. 5. 1963, S. 42 ff.

17 Peter-Christian Witt, Eine Denkschrift Otto Hoetzschs vom 5. November 1918, in: VfZG 21 (1973), S. 351.

18 Max Lenz, Jahrhunderts-Ende vor hundert Jahren und jetzt (1896), in: Jens Flemming u. a., Quellen zur Alltagsgeschichte der Deutschen 1871–1914, Darmstadt 1997, S. 39; Thomas Mann, Gedanken im Kriege (September 1914), in: Ders., Friedrich und die Große Koalition, Berlin 1915, S. 14; Ernst Troeltsch, Die Ideen von 1914, in: Neue Rundschau 27/I (1916), S. 610; Friedrich Meinecke, Die deutsche Erhebung von 1914, Stuttgart–Berlin 1914, S. 32 und S. 52; Arnold Zweig an Helene Weyl, 27. 8. 1914, in: Arnold Zweig, Beatrice Zweig und Helene Weyl, Komm her, wir lieben Dich, Berlin 1996, S. 77; Sigmund Freud, Das Unbehagen in der Kultur (1929), zit. nach Studienausgabe, Bd. IX, Frankfurt am Main 1982, S. 27.

19 Arnold Zweig, Das Theater im Volksstaate, in: Zentrale für Heimatdienst (Hrsg.), Der Geist der neuen Volksgemeinschaft, Berlin 1919, S. 137; Klaus Mann, Der Wendepunkt, Frankfurt am Main 1952, S. 130; Axel Eggebrecht, Gespräch mit Remarque (14. 6. 1929), in: Anton Kaes (Hrsg.), Weimarer Republik, Manifeste und Dokumente zur deutschen Literatur 1918–1933; Stuttgart 1983, S. 516; Erich Maria Remarque, Im Westen nichts Neues, Berlin 1928, S. 5.

20 Franz Schauwecker, Aufbruch der Nation, Berlin 1930, S. 5; ders., Etwas unerhört Neues bereitet sich vor, in: Berliner Illustrierte Nachtausgabe, 30. 3. 1929; ders., Ablösung des Liberalismus, in: Der Tag, 20. 5. 1928; Ernst Jünger, Großstadt und Land, in: Deutsches Volkstum 1926/II, S. 579 ff.; Die totale Mobilmachung, in: Ders. (Hrsg.), Krieg und Krieger, Berlin 1930, S. 9 ff.

21 Emil Lederer, Zeit und Kunst, in: Neue Rundschau 33/II (1922), S. 998; Erich Kästner, Fabian. Die Geschichte eines Moralisten, Stuttgart–Berlin 1931, S. 80.

22 Arno Schirokauer, Kriegsmythologie, in: Das Tage-Buch 11 (1930), S. 631; Heinrich Himmler vor den SS-Gruppenführern in Posen, 4. 10. 1943, in: Wolfgang Schumann u. a. (Hrsg.), Weltherrschaft im Visier, Berlin 1975, S. 363; Ernst Jünger, Der Friede, Ein Wort an die Jugend Europas und die Jugend der Welt, Amsterdam 1946, S. 15.

Literatur

Klaus Hildebrand, Das vergangene Reich. Deutsche Außenpolitik von Bismarck bis Hitler 1871–1945, Stuttgart 1995

Wolfgang Michalka (Hrsg.), Der Erste Weltkrieg. Wirkung, Wahrnehmung, Analyse, München 1994

Hans Mommsen, Die verspielte Freiheit. Der Weg der Republik von Weimar in den Untergang 1918 bis 1933, Frankfurt am Main 1990

Wolfgang J. Mommsen, Großmachtstellung und Weltpolitik. Die Außenpolitik des Deutschen Reiches 1870 bis 1914, Frankfurt am Main 1993

Gottfried Niedhart und Dieter Riesenberger (Hrsg.), Lernen aus dem Krieg? Deutsche Nachkriegszeiten 1918 und 1945, München 1992

Thomas Nipperdey, Deutsche Geschichte 1866–1918. Machtstaat vor der Demokratie, München 1992

Gregor Schöllgen (Hrsg.), Flucht in den Krieg? Die Außenpolitik des Kaiserlichen Deutschland, Darmstadt 1991

Hans-Ulrich Thamer, Verführung und Gewalt. Deutschland 1933–1945, Berlin 1986

Hans-Ulrich Wehler, Deutsche Gesellschaftsgeschichte. Von der »Deutschen Doppelrevolution« bis zum Beginn des Ersten Weltkrieges 1849–1914, München 1995

Bernd-Jürgen Wendt, Großdeutschland. Außenpolitik und Kriegsvorbereitung des Hitler-Regimes, München 1987

Roland Höhne
Die Auflösung des französischen Kolonialreiches, 1946–1962

Am Ende des II. Weltkrieges beherrschte Frankreich noch das zweitgrößte Kolonialreich der Welt. Es erstreckte sich über alle Weltmeere und Kontinente und besaß über 50 Millionen Einwohner. Siebzehn Jahre später war es bis auf wenige Reste zerfallen. Frankreich hatte teils durch Reformen, teils durch Gewalt versucht, diese Auflösung zu verhindern, sie jedoch nur verzögern können. So erklärte es 1946 seine schwarzafrikanischen Kolonien zu Überseeterritorien der Französischen Republik sowie seine indochinesischen Protektorate zu assoziierten Staaten der neugeschaffenen *Union française*, unterdrückte aber offen Widerstand gegen seine Herrschaft brutal. Frankreich vermochte dadurch das Unabhängigkeitsstreben der Kolonialvölker jedoch nicht zu bändigen. Zwischen 1956 und 1962 erhielten alle einst abhängigen Gebiete ihre Unabhängigkeit: Tunesien und Marokko, Schwarzafrika und Madagaskar trotz bewaffneter Auseinandersetzungen einvernehmlich, Indochina und Algerien hingegen erst nach schweren Kämpfen. Bei der Auflösung des Kolonialreiches handelte es sich um einen komplexen Prozeß, der von internationalen, kolonialen und innerfranzösischen Faktoren bestimmt wurde.

Aufgrund der großen Bedeutung des Indochina- und Algerienkrieges für Verlauf und Ergebnis dieses Prozesses konzentrieren sich die folgenden Ausführungen auf die Entwicklung in Indochina und Algerien. Rückblickend läßt sich feststellen, daß die Auflösung des französischen Kolonialreiches nach dem II. Weltkrieg unvermeidlich war. Es fragt sich jedoch, weshalb diese nicht auch in diesen beiden Gebieten einvernehmlich mit den einheimischen Eliten erfolgte. Lag dies an den spezifischen Bedingungen dieser Länder oder an innerfranzösischen und internationalen Entwicklungen? Um diese Frage beantworten zu können, sollen die peripheren, metropolitanen und internationalen

Faktoren des Entkolonisierungsprozesses beider Länder untersucht werden.[1] Auszugehen ist dabei von den Herrschaftsstrukturen des Kolonialreiches, denn sie produzierten das System der kolonialen Ungleichheit, gegen das sich die nationalen Befreiungsbewegungen erhoben.

I. Geschichte, Funktion und Struktur des Imperiums

Das zweite französische Kolonialreich (1830–1962) entstand nach den Napoleonischen Kriegen vor allem aus politischen Gründen. Durch die überseeische Expansion wollte sich die konstitutionelle Juli-Monarchie des Bürgerkönigs Louis Philippe (1830–1848) innenpolitisch stabilisieren und außenpolitisch den relativen Machtverlust Frankreichs kompensieren. Nach der Niederlage gegen Preußen von 1870/71 standen dann machtpolitische Motive im Vordergrund. Kolonien sollten helfen, die europäische Machtposition Frankreichs gegenüber dem Deutschen Reich zu stärken sowie die weltweite Präsenz Frankreichs gegenüber England zu sichern.[2] Wirtschaftliche Faktoren spielten bei der Kolonialexpanison zunächst eine untergeordnete Rolle.[3] Erst später gewannen sie an Bedeutung. Begründet wurde die Kolonialexpansion jedoch mit der These, Frankreich habe eine zivilisatorische Mission zu erfüllen, d. h. es müsse den Völkern der Erde die Segnungen seiner Zivilisation sowie die Ideen seiner Großen Revolution bringen. Nur durch kulturelle Ausstrahlung könne es sich als Großmacht behaupten. Das christlich geprägte Sendungsbewußtsein der Monarchie und die universalistischen Überzeugungen der Republik vereinten sich so zu einer kolonialen Expansions- und Herrschaftsideologie.[4] Seit der Jahrhundertwende, insbesondere aber während der Weltwirtschaftskrise der 30er Jahre, traten dann wirtschaftliche Interessen in den Vordergrund.[5] Die Kolonien wurden zu Ergänzungsräumen der französischen Wirtschaft und trugen zu ihrer Stabilisierung bei.

Die primäre Funktion des Kolonialreiches blieb jedoch eine politische und militärische. In beiden Weltkriegen diente es Frankreich als Rekrutierungsgebiet für seine Streitkräfte und als Operationsbasis für seine periphere Kriegsführung. Sein Beitrag zum französischen

Sieg im I. Weltkrieg führte in der Zwischenzeit (1919–1939) zur Entstehung eines Kolonialmythos, der die Kolonien als eine unerschöpfliche Quelle von Macht und Reichtum betrachtete, die es Frankreich erlauben würden, seine Unabhängigkeit und Größe auch in Zukunft zu wahren. In dieser Sichtweise bildeten die überseeischen Besitzungen einen integralen Bestandteil des »größeren Frankreichs«, das über 100 Millionen Menschen unter der gleichen Fahne und den gleichen Gesetzen vereine. Wenngleich dieser Kolonialmythos eindeutig eine kompensatorische Funktion besaß, so beeinflußte er jedoch stark das politische Denken vieler Franzosen. So erklärte der aus Martinique stammende farbige Abgeordnete der Beratenden Versammlung und spätere Präsident des Senats, Gaston Monnerville, nach dem II. Weltkrieg: »Sans l'Empire, la France ne serait aujourd'hui qu'un pays libéré. Grâce à son Empire, la France est un pays vainqueur.«[6]

Im Gegensatz zum Mythos vom »größeren Frankreich« und dem unitarischen Staatsverständnis der III. Republik bildete das Kolonialreich keine Einheit. Rechtlich bestand es aus Kolonien, Mandatsgebieten, Protektoraten, Territorien und Departements, ökonomisch aus isolierten Wirtschaftsgebieten, ethnisch aus zahlreichen Rassen, Völkern und Stämmen, und in sprachlich-kultureller Hinsicht war es von ebensolcher Heterogenität. Zusammengehalten wurde es allein durch die Kolonialverwaltung, die französischen Streitkräfte und die französische Sprache.

Gemäß seinem unitarischen Staats- und universalistischen Nationalverständnis strebte Frankreich zunächst die Assimilation, d. h. die politische, rechtliche, administrative, sprachliche und kulturelle Integration seiner Kolonien in den französischen Staat bzw. seiner Einwohner in die französische Nation an. Aus den Kolonien sollten Departements, aus den Kolonialbewohnern Franzosen werden. So sollte Frankreich mit seinen Kolonien zu einem gemeinsamen Staat, seine Staatsbürger mit den Kolonialvölkern zu einer gemeinsamen Nation verschmelzen. Die komplexen Verhältnisse in den Kolonien sowie die beschränkten Ressourcen des Mutterlandes führten jedoch um die Jahrhundertwende zur Aufgabe des Assimilationskonzeptes. An seine Stelle trat das Konzept der Assoziation, d. h. die Einbindung der indigenen Bevölkerung in koloniale Strukturen unter Achtung ihrer Bräuche und Religionen. Primäres Ziel der Kolonialpolitik bildete nun die Sicherung der französischen Herrschaft und die Ausbeutung der kolonialen Ressourcen. Frankreich versuchte gleichwohl, den Besonderheiten und Bedürfnissen der einzelnen Kolonien stärker als vorher Rechnung zu tragen.[7]

Die meisten Überseebesitzungen besaßen bis 1946 den Status von Kolonien. Dazu gehörten vor allem die Besitzungen in Schwarzafrika, in der Karibik und in Ozeanien. Sie waren abhängige Gebiete, die direkt von Frankreich verwaltet wurden und daher dem Kolonialministerium unterstanden. An ihrer Spitze stand ein Gouverneur, der wie ein Präfekt sowohl den Staat als auch die jeweilige Regierung repräsentierte. Seine Macht wurde durch keine indigene Interessenvertretung eingeschränkt. Die Verwaltung der Kolonien lag ausschließlich in den Händen französischer Beamter. Diese bedienten sich zwar einheimischer Hilfskräfte, räumten diesen jedoch keine Entscheidungsbefugnisse ein. Es gab daher vor 1946 keine einheimische Beamtenschaft, die als Interessenvertretung der indigenen Bevölkerung hätte wirken können. Erst nach der Umwandlung der Kolonien in Überseeterritorien der französischen Republik fand eine gewisse Indigenisierung der unteren Ebene der Kolonialverwaltung statt.

Die autochthonen Bewohner der Kolonien waren rechtlich keine französischen Staatsbürger, sondern Untertanen *(sujets)*, die keinerlei politische Rechte besaßen. Sie konnten daher auch nicht den kolonialen Gesetzgebungsprozeß beeinflussen. Dieser wurde ausschließlich vom Parlament des Mutterlandes bestimmt, in dem mit Ausnahme der Jahre 1848–1852 (II. Republik) vor 1945 keine Repräsentanten der einheimischen Bevölkerung vertreten waren. Erst durch die Verfassung von 1946 (IV. Republik) erhielten die Bewohner der Überseegebiete staatsbürgerliche Rechte. Dazu gehörte jedoch nicht das allgemeine Wahlrecht. Sie besaßen daher weiterhin keine politischen Partizipationsmöglichkeiten. Lediglich eine kleine assimilierte Elite der autochthonen Bevölkerung wurde ab 1945 am gesamtstaatlichen Meinungs- und Willensbildungsprozeß beteiligt. Sie war jedoch nicht demokratisch durch das allgemeine Wahlrecht legitimiert. Eine politische Integration der Kolonialbevölkerung über demokratische Institutionen fand somit auch nach 1945 kaum statt. Dieses demokratische Defizit hat wesentlich zur Auflösung des Kolonialreiches beigetragen.

Neben den Kolonien gab es Protektorate, d. h. rechtlich eigenständige Staaten, die vertraglich einige Souveränitätsrechte auf Frankreich übertragen bzw. Frankreich mit der Wahrnehmung gewisser hoheitlicher Aufgaben wie z. B. der Verteidigung, der diplomatischen Vertretung oder der Zollkontrolle betraut hatten. Sie unterstanden daher nicht dem Kolonial-, sondern dem Außenministerium. Obwohl sie eine gewisse interne Autonomie besaßen, waren sie de facto wie die Kolonien abhängige Gebiete, die von französischen Truppen besetzt und teilweise auch von französischen Beamten verwaltet wurden. Aus historischen Gründen war das Ausmaß ihrer internen Autonomie unterschiedlich groß, weshalb sich ihre politisch-administrativen Strukturen nur schwer miteinander vergleichen lassen. Entsprechend seiner jakobinischen Kolonialkonzeption bemühte sich Frankreich jedoch, diese Strukturen einander anzugleichen und auch die Protektorate seiner direkten Herrschaft zu unterwerfen. In Indochina war ihm dies auch weitgehend gelungen. Lediglich Tunesien und Marokko konnten eine gewisse Eigenstaatlichkeit behaupten. Diese erleichterte in den 1950er Jahren erheblich den Entkolonisierungsprozeß.

Die 1920 annektierten Gebiete im Mittleren Osten (Syrien / Libanon) und in Afrika (Togo, Kamerun), die bislang zum Machtbereich des Osmanischen und des Deutschen Reiches gehört hatten, waren rechtlich Völkerbundsmandate, die von Frankreich nur treuhänderisch verwaltet wurden. De facto waren sie jedoch abhängige Gebiete, die wie Kolonien behandelt wurden. Dies galt insbesondere für die ehemaligen deutschen Schutzgebiete Togo und Kamerun. Eine Sonderstellung unter den französischen Überseebesitzungen nahmen ebenfalls Algerien und die »alten Kolonien« in der Karibik, an der Westküste Afrikas und der Ostküste Indiens ein. Algerien war seit 1848 ein integraler Bestandteil des französischen Staates und unterstand daher dem Innenministerium, die »alten Kolonien«, Überbleibsel des ersten Kolonialreiches (bis 1815), hatten den Status von Überseeterritorien, für die zu verschiedenen Zeiten verschiedene Ministerien zuständig waren. Das französische Kolonialreich bildete somit trotz der zentralistischen Tendenz der Kolonialpolitik der III. Republik (1870–1940) keine politisch-administrative Einheit mit dem Mutterland.

Zusammengehalten wurde das Kolonialreich durch die Streitkräfte, die Verwaltung und die Sprache der Kolonialmacht. Alle drei Faktoren bildeten eine starke Klammer zwischen den einzelnen Teilen des Kolonialreiches und trugen so entscheidend zu seiner Integration bei. Alle drei förderten aber auch bis zu einem gewissen Grade die Entstehung indigener Gegeneliten und dadurch die Emanzipation der Kolonialvölker. Die Kolonialherren waren sich der ambivalenten Funktion der kolonialen Herrschaftsinstrumente durchaus bewußt und bemühten sich daher, deren herrschaftsstabilisierende Dimension soweit wie möglich zu stärken.

Die Kolonialarmee bestand ursprünglich aus französischen Soldaten und einheimischen Hilfskräften. Bald wurden jedoch auch einheimische Einheiten aufgestellt, so im Senegal und in Algerien, später dann in allen Überseebesitzungen. Ihre Offiziere waren jedoch Franzosen bzw. französische Staatsbürger, und diese Einheiten waren in die französische Kolonialarmee integriert. Während der beiden Weltkriege wurden auch massenhaft Kolonialbewohner zwangsweise für den Kriegseinsatz in Europa mobilisiert. Sie dienten jedoch ebenfalls unter französischem Kommando in getrennten Einheiten, die nach dem Krieg wieder aufgelöst wurden. Es konnten sich daher keine indigenen Streitkräfte als eigenständiger Machtfaktor oder als nationales Identifikationssymbol entwickeln. Wohl aber entstand ein indigenes Unteroffizierkorps, das die Werte und Normen der Kolonialarmee verinnerlichte. Es bildete einerseits ein wichtiges Bindeglied zwischen französischen Offizieren und einheimischen Soldaten, andererseits aber auch die soziale Basis für eine indigene Gegenelite, die eine wichtige Rolle in den nationalen Befreiungsbewegungen spielte.

Die Kolonialverwaltung war nach dem gleichen Prinzip organisiert wie die Kolonialarmee. Sie bestand überwiegend aus Franzosen bzw. französischen Staatsbürgern, die sich zwar einheimischer Hilfskräfte bedienten, aber alle Kommandostellen besetzten. Im Unterschied zur Armee war ihre Herrschaftsfunktion auf Dauer angelegt. Ihre Integrationswirkung war dadurch wesentlich größer. Sie trug jedoch langfristig ebenfalls zum Zerfall des Kolonialreiches bei, da sie eine materielle, rechtliche und soziale Infrastruktur in den Kolonien schuf, welche die Voraussetzung für nationale Unabhängigkeitsbewegungen bildete. Denn erst durch das Wirken der Verwaltung wurden die einzelnen Landesteile der Kolonien und ihre Bewohner zu administrativen Einheiten zusammengefaßt und damit handlungsfähig. Die postkolonialen Staaten Afrikas sind im hohen Maße durch die Kolonialverwaltung geschaffen worden.

Noch weit stärker als Armee und Verwaltung bildete das Französische als Amts- und Verkehrssprache ein wichtiges Bindeglied zwischen Kolonisatoren und Kolonisierten. Es war Kommunikations- und Integrationsfaktor zugleich, denn es diente nicht nur dazu, Anweisungen und Befehle weiterzugeben, sondern auch um Werte und Ideen zu vermitteln. Es sicherte dadurch nicht nur die Funktion des kolonialen Herrschaftssystems, sondern ermöglichte auch den Einheimischen den Erwerb von Herrschaftswissen und damit den Zugang zu Machtsphären. Das Französische besaß weit stärker als die Armee und die Verwaltung eine ambivalente Funktion. Einerseits diente es als Herrschaftsinstrument, andererseits als Mittel der Partizipation und der Emanzipation. Viele der späteren Führer der nationalen Unabhängigkeitsbewegungen hatten französische Schulen besucht, manche sogar an französischen Universitäten studiert. Sie beherrschten das Französische nicht nur als Kommunikationsmittel, sondern auch als Erkenntnisinstrument, das ihnen erlaubte, an der Welt der Kolonisatoren teilzuhaben und sie schließlich mit ihren eigenen Waffen zu schlagen. Die Verbreitung des Französischen hat so mit zur Auflösung des Kolonialreiches beigetragen. Diese Sprachdurchdringung ermöglichte aber auch in weiten Teilen des Kolonialreiches eine einvernehmliche Entkolonisierung, weil sie zwischen Kolonisatoren und Kolonisierten starke kulturelle Gemeinsamkeiten schuf.[8]

Die zentrale Rolle bei der Verbreitung des Französischen spielte die Schule. Sie ermöglichte einen systematischen Wissenserwerb und öffnete so den Autochthonen den Zugang zur dominanten Kultur. Die Schule vermittelte jedoch nicht nur Sprache und Wissen, sondern hier wurden auch Regeln und Verhaltensweisen eingeübt, die der Herrschaftssicherung dienten. Als Institution erfüllte die Schule daher eine ähnliche Funktion wie das Armeewesen. In ihr wurden aber auch Qualifikationen erworben, die zur Teilnahme an der Macht befähigten. Die französischen Kolonialherren waren sich der Ambivalenz der französischen Schulerziehung im kolonialen Herrschaftssystem durchaus bewußt. Sie förderten daher zwar den Bau von Schulen und den Schulbesuch einheimischer Kinder, ja erzwangen ihn anfangs sogar, versuchten jedoch, die Einheimischen so weit wie möglich von der höheren Bildung auszuschließen. Die gleiche ambivalente Haltung nahmen die Franzosen gegenüber den *Evolués*, d. h. den kulturell assimilierten Autochthonen ein. Sie gestatteten ihnen zwar den Zugang zur Kolonialgesellschaft, schlossen sie jedoch von der Macht weitgehend aus. Die Schule schuf also die kulturellen Voraussetzungen für die Emanzipation der Autochthonen, führte jedoch nicht direkt zur Befreiung aus der kolonialen Abhängigkeit.

II. Ursachen der Krise

Gegen das koloniale Herrschaftssystem formierte sich bereits vor dem I. Weltkrieg der Widerstand. Getragen wurde er nicht nur von Kräften, die sich an traditionell-vorkolonialen Vorstellungen orientierten, sondern auch von modernen Eliten, die sich von westlichen, vor allem französischen Idealen leiten ließen. So entstanden in der Zwischenkriegszeit nationale Bewegungen, die entweder die Gleichberechtigung oder aber die Unabhängigkeit der Kolonialvölker anstrebten. Diese Bewegungen vermochten sich jedoch nicht durchzusetzen, da ihnen der Rückhalt in der Bevölkerung fehlte und die Kolonialmacht noch stark genug war, jeden offenen Widerstand zu brechen. Dies änderte sich aber während des II. Weltkrieges. Die militärische Niederlage Frankreichs in Europa sowie die Besetzung von Indochina, Syrien/Libanon, Madagaskar und Nordafrika durch fremde Truppen schwächten das Kolonialsystem entscheidend, da sie die Autorität der Kolonialbehörden untergruben. Fast in allen Überseebesitzungen verstärkten nun die nationalen Bewegungen ihre Aktivitäten. Da das Freie Frankreich auf die Unterstützung seiner Kriegsführung durch die indigene Bevölkerung angewiesen war, sah es sich zu Konzessionen gezwungen.[9] Verstärkt wurde diese Notwendigkeit durch den Entkolonisierungsdruck, den die Vereinigten Staaten, nach dem Kriege aber auch die Sowjetunion und die Vereinten Nationen ausübten.[10]

Die politischen Kräfte, die im Laufe des Krieges unter der Führung von Charles de Gaulle zunächst in den Überseegebieten, dann im Mutterland an die Macht kamen, waren grundsätzlich für eine fundamentale Reform des kolonialen Herrschaftssystems, nicht jedoch für die Aufgabe der Kolonien, weil sie fest überzeugt waren, daß deren Ressourcen unerläßlich für den Wiederaufbau und die Modernisierung der französischen Wirtschaft sowie für die Behauptung der wiederzugewinnenden Großmachtstellung seien. Sie lehnten daher eine Entkolonisierung strikt ab. Unterstützt wurden sie von den Militärs, welche die Überseegebiete als logistische Basis für die Kriegsführung sowie als geostrategische Stützpunkte der weltweiten Präsenz Frankreichs betrachteten.[11] Frankreich bemühte sich zunächst um die Wiederherstellung seiner Herrschaft in den Gebieten, die während des Krieges von fremden Mächten besetzt worden waren, sowie anschließend um eine Neuordnung der politischen Beziehungen zwischen der Metropole und dem Empire. Gleichzeitig beabsichtigte es, die Kolonien wirtschaftlich durch ein großangelegtes Investitionsprogramm zu entwickeln. Aber alle Versuche autochthoner Kräfte, die französische Herrschaft gewaltsam zu beseitigen, unterdrückte es mit großer Härte, so in Nordafrika und Madagaskar.

Die internen und externen Bedingungen für eine Reform des Kolonialsystems waren jedoch ungünstig. Frankreich war durch den Krieg, die Besatzung und die internen Auseinandersetzungen jener Jahre politisch gespalten, sozial erschüttert, wirtschaftlich ruiniert und militärisch geschwächt worden. Für den Wiederaufbau seiner Wirtschaft, die Modernisierung seiner Streitkräfte, die Garantie seiner Sicherheit und die Festigung seiner internationalen Stellung war es auf die Hilfe seiner Verbündeten, insbesondere der Vereinigten Staaten, angewiesen. Innenpolitisch herrschten zwar ein breiter antifaschistischer Konsens und eine republikanische Aufbruchstimmung, aber diese überdeckten die tiefgreifenden kolonialpolitischen Gegensätze nur vorübergehend. Weiter eingeengt wurden die kolonialpolitischen Handlungsmöglichkeiten durch den Ausbruch des Ost-West-Konfliktes 1946/47. Dieser zwang Frankreich, sich außen- und sicherheitspolitisch noch enger an die Vereinigten Staaten anzulehnen, und führte innenpolitisch zum Bruch der Kommunisten mit den demokratischen Parteien. Kolonialpolitik konnte nun außenpolitisch nur noch mit amerikanischer Rückendeckung bzw. Tolerierung, innenpolitisch nur noch gegen den Widerstand der Kommunisten betrieben werden.

III. Reformversuche

Bereits Anfang 1944 hatte der Chef der provisorischen Regierung, General de Gaulle, auf der Konferenz von Brazzaville (30.1.–8.2.1944) wirtschaftliche, soziale und administrative Reformen des Kolonialsystems angekündigt und eine Assoziierung der Kolonialvölker mit dem Mutterland durch »föderale Bande« in Aussicht gestellt. Die Teilnehmer der Konferenz, überwiegend hohe Kolonialbeamte, lehnten jedoch in ihrer Schlußresolution jegliche Selbstverwaltung, jegliche Entwicklung der Kolonien außerhalb des Empire strikt ab und forderten statt dessen eine Intensivierung der Assimilation.[12]

Aus dem gleichen Geist wurde das Reformwerk der Verfassungsgebenden Versammlung von 1945/46 geboren. Diese erklärte am 12. März 1946 die Altkolonien zu Überseedepartements und am 7. Mai 1946 die Neukolonien zu Überseeterritorien der Französischen Republik und verlieh ihren Einwohnern die Staatsbürgerschaft, den Bewohnern der Überseeterritorien jedoch nicht das Wahlrecht, um eine Majorisierung der Bewohner der Metropole zu verhindern. Das System der kolonialen Ungleichheit blieb so erhalten. Ein ähnlicher Widerspruch zwischen Form und Inhalt, zwischen hehren Prinzipien und ernüchternden Realitäten kennzeichnete auch die *Union française*, die 1946 das *Empire français* ablöste. Rechtlich bildete sie eine Konföderation zwischen Frankreich und den Protektoraten, die laut Präambel auf der Gleichheit der Rechte und Pflichten ihrer Bewohner ohne Unterschied der Rasse und der Religion gründete. De facto aber beruhte sie wie vorher das Empire auf der französischen Vorherrschaft.[13] Die Präambel verkündete, Frankreich beabsichtigte, die von ihm abhängigen Völker zur Selbstverwaltung zu führen. Nirgends stand jedoch geschrieben, wie dies geschehen solle. Die *Union française* eröffnete den Protektoraten daher keine Perspektive für eine friedliche Entkolonisierung. Deshalb lehnten sowohl Tunesien und Marokko als auch Nordvietnam den Beitritt ab. Lediglich Südvietnam, Laos und Kambodscha waren bereit, ihr beizutreten, nachdem sie ihre staatliche Souveränität wiedererlangt hatten.

Frankreich strebte ferner eine Stabilisierung seiner Kolonialherrschaft durch die wirtschaftliche Entwicklung seiner Kolonien und Protektorate an. Durch öffentliche und private Investitionen sollten deren Ressourcen erschlossen werden, um ihre internen Verhältnisse zu verbessern und die französische Position in der Welt zu stärken. Während das britische Empire sich auflöste, sollte das französische Empire konsolidiert werden und so den ersten Platz in der Welt einnehmen. Ferner sollte die wirtschaftliche Entwicklung die Bildung eines indigenen Mittelstandes fördern, der eines Tages die Führung der Überseegebiete übernehmen und eng mit Frankreich zusammenarbeiten sollte. Die französische Machtelite war zu jener Zeit mehrheitlich noch fest überzeugt, diesen anvisierten sozioökonomischen Transformationsprozeß steuern und so kontrollieren zu können Es sollte sich jedoch bald zeigen, daß sie sich geirrt hatte. Die französischen Investitionen förderten zwar die wirtschaftliche Entwicklung, wenngleich bei weitem nicht in dem erhofften Ausmaße, und erleichterten auch die Bildung indigener Mittelschichten, insbesondere in Schwarzafrika. Sie verstärkten jedoch die sozialen Gegensätze in der Kolonialbevölkerung und untergruben so das koloniale Herrschaftssystem. Die wirtschaftliche Entwicklungspolitik erwies sich daher als ein zweischneidiges Schwert.[14]

IV. Der Indochinakrieg

Die Kolonialreformen der Jahre 1943–1946 vermochten vorübergehend die Lage in den nord- und schwarzafrikanischen Besitzungen zu stabilisieren, sie ermöglichten jedoch keine friedliche Lösung des Indochinakonflikts. Dessen Vorgeschichte reicht bis in die Zwischenkriegszeit zurück. Bereits damals bildeten sich nationale Widerstandsbewegungen, welche die Unabhängigkeit von Frankreich anstrebten. Sie waren stark städtisch geprägt und orientierten sich weitgehend an westlichen Staats- und Gesellschaftsvorstellungen.[15] Neben ihnen entwickelten sich aber auch nationalrevolutionäre Bewegungen, die nicht nur die nationale Unabhängigkeit, sondern auch die soziale Revolution wollten. Unter diesen war die kommunistische Partei die einflußreichste. Außerdem spielten im Süden des Landes noch verschiedene religiöse Sekten eine gewisse politische Rolle. Angesichts des wachsenden Einflusses dieser Bewegungen versuchte Frankreich, seine Herrschaft durch eine begrenzte Machtbeteiligung der traditionellen Eliten zu stabilisieren. Es gab diesen Versuch jedoch schnell wieder auf, als diese echte Mitbestimmungsmöglichkeiten forderten.

Das koloniale Herrschaftssystem blieb daher bis zum II. Weltkrieg weitgehend unverändert. Es änderte sich erst während des Krieges unter dem Einfluß externer und interner Faktoren. Nach der militärischen Niederlage Frankreichs in Europa im Frühjahr 1940 zwangen die Japaner die französischen Kolonialbehörden des Landes, ihnen vertraglich Durchmarsch- und Stationierungsrechte einzuräumen. So entstand ein japanisch-französisches Kondominium, das bis zum Frühjahr 1945 bestand.[16] Als sich die japanische Niederlage im Pazifik abzuzeichnen begann und die Gaullisten innerhalb der französischen Kolonialverwaltung an Einfluß gewannen, entwaffneten die Japaner am 9. März 1945 die französischen Kolonialtruppen und übernahmen direkt die Herrschaft. Sie förderten das Unabhängigkeitsstreben der traditionellen Eliten und setzten in Vietnam eine bürgerliche Regierung unter der Führung von Tran Trong Kim ein. Als Japan am 14. August 1945 kapitulierte, entstand in Vietnam ein Machtvakuum, das der kommunistisch geführte Viet Minh in der »August-Revolution« nutzte, um im ganzen Land die Macht zu ergreifen und am 2. September 1945 die »Demokratische Republik Vietnam« (DRV) zu proklamieren.[17]

Die provisorische Regierung Frankreichs unter de Gaulle erkannte die DRV jedoch nicht an, sondern besetzte mit britischer Hilfe den Süden des Landes. Bis Ende 1946 gelang es ihr, die französische Herrschaft auch über Laos und Kambodscha wiederherzustellen. Im Norden Vietnams stieß Frankreich jedoch nicht nur auf den gut organisierten Widerstand des Viet Minh, sondern auch den der Chinesen, die nach der Kapitulation der Japaner das Land besetzt hatten und nun versuchten, ihre frühere Oberhoheit zu erneuern. Angesichts des militärischen Kräfteverhältnisses sah sich Frankreich gezwungen, mit den Chinesen über den Abzug ihrer Truppen und mit dem Viet Minh über die staatliche Zukunft Vietnams zu verhandeln. Nach langen Verhandlungen erkannte China im französisch-chinesischen Abkommen vom 28. Februar 1946 die französische Souveränität über Indochina an und verpflichtete sich zum Rückzug seiner Truppen bis zum 31. März 1946. Frankreich verzichtete im Gegenzug auf seine Privilegien in China und gewährte den Chinesen Handels- und Zollrechte in Nordvietnam (Haiphong). In der französisch-vietnamesischen Präliminarkonvention vom 6. März des gleichen Jahres erkannte Frankreich die »Demokratische Republik Vietnam« als »freien Staat« mit eigener Regierung, Parlament, Armee und Finanzen als Mitglied der noch zu schaffenden »indochinesischen Föderation« an und verpflichtete sich, ein Referendum über die staatliche Einheit Vietnams durchzuführen. In einem Zusatzabkommen erklärte sich die DRV bereit, nach dem Abzug der Chinesen die Stationierung französischer Truppen für maximal fünf Jahre im Norden zu akzeptieren.[18]

Der französisch-vietnamesische Kompromiß vom 6. März 1946 ließ die zentrale Frage der staatlichen Einheit und Unabhängigkeit Vietnams ungeklärt. Während der kommunistische Viet Minh einen unabhängigen vietnamensischen Gesamtstaat anstrebte, hielten die Franzosen an der Dreiteilung Vietnams in Conchinchina, Annam und Tonkin fest und wollten der DRV, d. h. dem kommunistischen Nordvietnam (Tonkin), die Eigenstaatlichkeit nur innerhalb einer noch zu schaffenden »indochinesischen Föderation« gewähren, der alle indochinesischen Staaten einschließlich von Laos und Kambodscha unter französischer Oberhoheit angehören sollten. Die Verhandlungen zwischen beiden Seiten gingen daher weiter. Sie führten jedoch weder auf der Konferenz von Dalat (1. 4.–11. 5. 1946) noch auf der Konferenz von Fontainebleau (6. Juli 1946) zu einer Einigung. Damit wurde der offene Krieg unvermeidlich. Dieser begann nach einem militärischen Zwischenfall in Haiphong am 20. November 1946 und dauerte neun Jahre bis zum 20. Juli 1955.

Die unmittelbare Verantwortung für den Ausbruch des Indochinakrieges, der eigentlich als erster Vietnamkrieg bezeichnet werden müßte, trug die politische und militärische Führung in Saigon sowie die sie stützende »strategische Clique« (G. Ziebura) aus hohen Militärs, Kolonialbeamten und Politikern in Paris. In einem umfasseneren Sinne sind aber alle relevanten politischen Kräfte Frankreichs verantwortlich zu machen, denn sie wollten ohne Unterschied nach dem II. Weltkrieg die französische Herrschaft über ganz Indochina wiederherstellen und waren daher nicht bereit, die Einheit und Unabhängigkeit Vietnams zu akzeptieren. Unterschiedliche Meinungen zwischen ihnen gab es lediglich über strategische und taktische Fragen. Die Gaullisten, Christdemokraten und die rechten Sozialisten waren nur bereit, mit dem Viet Minh zu verhandeln, wenn dieser den bewaffneten Kampf aufgab; die Kommunisten befürworteten dagegen Verhandlungen mit ihm auch ohne vorherige Einstellung der Kämpfe. Alle Parteien aber beharrten auf der Aufrechterhaltung der französischen Oberhoheit.[19]

Eine wichtige Revision der französischen Haltung erfolgte im Mai 1947 nach dem Ausscheiden der Kommunisten aus der sozialistisch geführten Regierung Ramadier. Diese gab die gaullistischen Föderationspläne des Jahres 1945 auf und strebte statt dessen die Aufnahme Vietnams als »assoziierten Staat« gemeinsam mit Laos und Kambodscha in die *Union française* an. Deshalb sollte ganz Vietnam unter nichtkommunistischer Führung vereint werden und die Eigenstaatlichkeit erhalten. Wichtige Kompetenzen wie die Außen- und Verteidigungspolitik sollten jedoch in französischen Händen bleiben. Dieses Konzept sah somit die Einheit und Eigenstaatlichkeit, aber nicht die Unabhängigkeit Vietnams vor, und es schloß Verhandlungen mit dem Viet Minh aus. Es ließ sich daher nur militärisch durchsetzen. Dabei wollten sich die Franzosen auf bürgerliche, pro-westlich orientierte Nationalisten stützen. Diese waren auch zur Kooperation bereit, besaßen jedoch nur geringen Rückhalt in der vietnamesischen Bevölkerung. Deshalb entschlossen sich die Franzosen zur Restauration der Herrschaft des im Exil lebenden Ex-Kaisers Bao Dai. Dieser war zwar beim Volk nicht beliebt, wohl aber konnte er sich auf die vietnamesische Oberschicht stützen. Allerdings verlangte er neben der staatlichen Einheit auch weitgehende Eigenstaatlichkeit. Dabei wurde er von den Vereinigten Staaten unterstützt, die im Kontext des Kalten Krieges einen Erfolg der vietnamesischen Kommunisten verhindern wollten. Frankreich geriet dadurch in ein Dilemma: Für den Kampf gegen den kommunistischen Viet Minh brauchte es Bao Dai; um dessen Kollaboration zu gewinnen, mußte es ihm jedoch zahlreiche Konzessionen machen, die es Ho Chi Minh 1945/46 verweigert hatte. Angesichts seiner militärischen Schwäche und unter dem Druck der Vereinigten Staaten sah Frankreich sich schließlich nach langen Verhandlungen gezwungen, (Süd-)Vietnam das Recht auf eine eigene Verwaltung, Justiz, Finanzen, Streitkräfte und die Herrschaft über Cochinchina, d.h. die innere Souveränität und die staatliche Einheit zuzugestehen.

Am 30. Dezember 1949 erfolgte die offizielle Übergabe der Souveränitätsrechte an den neuen Staat. Dieser trat als »assoziierter Staat« der *Union française* bei und schloß mit Frankreich zahlreiche Kooperationsverträge. Die koloniale Abhängigkeit blieb somit in neuer Form weitgehend erhalten. Ihren Garanten bildete die weitere Anwesenheit französischer Truppen, auf deren Rückendeckung das Bao-Dai-Regime angewiesen war, da es ihm nicht gelang, die Unterstützung der Bevölkerung zu gewinnen und einen effizienten Staats- und Verwaltungsapparat aufzubauen. Die »Lösung Bao-Dai« bedeutete somit keine Lösung des Indochinaproblems. Der Krieg ging weiter, und Frankreich mußte weiterhin dessen Hauptlast tragen. Auch der Abschluß analoger Souveränitäts- und Kooperationsverträge mit Laos und Kambodscha im Juli bzw. im November 1949 verbesserte die französische Position nicht wesentlich, da das politische und militärische Gewicht beider Länder gering und ihre Regime schwach waren. Entscheidend für den Ausgang des Konflikts blieb das Verhältnis zu Nordvietnam, d. h. dem Viet Minh.[20]

Der Wandel der französischen Indochinapolitik in den Jahren 1945–1947 ergab sich sowohl aus peripheren als auch aus metropolitanen und internationalen Entwicklungen. Der Verlauf der militärischen Operationen in Indochina zeigte, daß sich der Krieg ohne die Unterstützung der einheimischen Bevölkerung nicht gewinnen ließ. Das französische Expeditionskorps von etwa 100 000 Mann war zwar in der Lage, die wichtigsten Städte und strategischen Punkte zu halten, aber es vermochte nicht, deren Umland zu kontrollieren. Dort konnte daher der Viet Minh seine Macht konsolidieren und seinen Guerillakrieg fortführen. Die vietnamesische Bevölkerung in den von den Franzosen kontrollierten Gebieten würde sich aber nur dann gegen den Viet Minh mobilisieren lassen, wenn sie ihr Schicksal selbst bestimmen konnte. Aus politischen und militärischen Gründen sah sich Frankreich somit gezwungen, seinen indochinesischen Besitzungen die staatliche Autonomie zu geben. Die Bereitschaft dazu wuchs in dem Maße, wie der innenpolitische Entkolonisierungsdruck zunahm und die Kosten des Krieges stiegen.[21] Die Kommunisten, die zunächst als Regierungspartei die französische Indochinapolitik unterstützt hatten, entfachten nach ihrem Bruch mit der Regierung Ramadier im Mai 1947 eine heftige Kampagne gegen den »schmutzigen Krieg« in Indochina, die zeitweise große Massen mobilisierte. Sie vertiefte die innenpolitische Polarisierung zwischen Kommunisten und Antikommunisten, die sich aus dem Ost-West-Konflikt ergab, und stärkte die konservativen Kräfte. Diese, insbesondere die Gaullisten, lehnten weiterhin eine Aufgabe der französischen Kolonialherrschaft strikt ab. Die Regierungen der »dritten Kraft« aus Sozialisten, Christdemokraten und Liberalen gerieten dadurch in eine schwierige Lage. Sie mußten einerseits unter dem Druck der Massen eine baldige Beendigung des Krieges anstreben, sie konnten sich mit Rücksicht auf die konservativen Kräfte aber nicht einfach aus den Besitzungen zurückziehen. Ihnen blieb daher nur ein mittlerer Kurs übrig, der eine behutsame Liberalisierung des kolonialen Herrschaftssystems mit einer Aufrechterhaltung der französischen Präsenz verband. Da die Kosten dieser Politik nach wie vor hoch waren, mehrten sich in der Öffentlichkeit die Stimmen, die einen Rückzug aus Indochina und eine Konzentration auf Afrika befürworteten.

Die französische Indochinapolitik geriet aber auch international unter Druck, denn sowohl die Vereinigten Staaten als auch die Sowjetunion forderten eine Beendigung der französischen Kolonialherrschaft. Da Frankreich im Kontext des Ost-West-Konflikts auf die Rückendeckung der Vereinigten Staaten angewiesen war, in Deutschland aber auf die Sowjetunion Rücksicht nehmen mußte, sah es sich gezwungen, auf diese Forderung zu reagieren.

Der entscheidende Wandel der französischen Indochinapolitik erfolgte jedoch erst 1950 durch die Internationalisierung des Konflikts nach einer Intervention der Großmächte. Am 18. Januar 1950 nahm die Volksrepublik China diplomatische Beziehungen zur DRV, d. h. zu Nordvietnam, auf und unterstützte sie fortan durch die Lieferung von Kriegsmaterial sowie die Entsendung von Technikern und Militärberatern. Die DRV vermochte so eine reguläre Armee aufzubauen und zur offenen Kriegsführung überzugehen. Im Laufe des Jahres 1950 wurde sie auch von der Sowjetunion und ihren ostmitteleuropäischen Satelliten anerkannt. Daraufhin entsandten die Vereinigten Staaten und Großbritannien diplomatische Vertreter zu den »assoziierten Staaten«. Indochina war damit politisch zu einem Schauplatz des Ost-West-Konflikts geworden. Es wurde dies auch militärisch, als die Vereinigten Staaten nach dem Ausbruch des Koreakrieges im Juni 1950

Kriegsmaterial an die französischen Truppen lieferten und teilweise die Kosten der französischen Kriegsführung übernahmen. Sie banden ihre materielle und finanzielle Unterstützung jedoch an die Bedingung, daß die Souveränität der »assoziierten Staaten« ausgedehnt und der Krieg durch den Einsatz indigener Truppen »vietnamisiert« werde.[22]

Aufgrund ihrer starken Abhängigkeit von der amerikanischen Militärhilfe sahen sich die Franzosen gezwungen, diese Forderungen zu erfüllen. Sie bemühten sich jedoch gleichzeitig, den Krieg durch eine Intensivierung der Kriegsführung so rasch wie möglich zu beenden und so die Ursache der Abhängigkeit zu beseitigen. Unter der tatkräftigen Führung von General de Lattre de Tassigny gelang es ihnen auch vorübergehend, die militärische Initiative im Norden zurückzugewinnen. Der plötzliche Tod des Generals am 11. Januar 1952 führte daher zu einem starken Rückschlag.

Entschieden wurde der Krieg jedoch nicht in den Reisfeldern und Urwäldern Indochinas, sondern in den Amtsstuben, Parteizentralen, Vorstandszimmern und Redaktionsräumen von Paris. Die politische und militärische Entwicklung in Indochina nährte in der französischen Machtelite den Zweifel am Sinn des Krieges und ließ die Kriegsmüdigkeit in der französischen Bevölkerung weiter wachsen. Frankreich führte den Krieg, um seine kolonialen Interessen zu verteidigen. Durch den wachsenden Einfluß der Vereinigten Staaten und die zunehmende Eigenständigkeit der indochinesischen Staaten ging dieses ursprüngliche Kriegsziel jedoch mehr und mehr verloren. Die Franzosen gewannen so den Eindruck, nicht mehr für die eigenen, sondern für fremde, vornehmlich amerikanische Interessen zu kämpfen. Deshalb suchten die Regierungen der »dritten Kraft« verstärkt nach einer politischen Lösung. Die internationale Situation schien 1953/54 günstig dafür. Nach dem Tode Stalins am 5. März und dem Abschluß des Waffenstillstandes in Korea am 25. Juli 1953 waren die Großmächte auch an einem Friedensschluß in Indochina interessiert. Ende Januar 1954 beschlossen sie am Rande der Viermächtekonferenz in Berlin die Einberufung einer Ostasienkonferenz unter Einbeziehung Chinas Ende April des gleichen Jahres in Genf. Die Verfechter des Kolonialsystems versuchten in letzter Minute, eine Verhandlungslösung durch einen militärischen Erfolg zu verhindern. Sie wollten den vietnamesischen Truppen den Weg vom Norden nach Laos durch die Errichtung eines Sperriegels bei Dien Bien Phu verlegen und diese in einer großangelegten Offensive vernichten. Der Sieg der Vietnamesen zerschlug jedoch ihre Pläne, überzeugte er doch sowohl die politische und militärische Führung als auch die französische Öffentlichkeit von der Ausweglosigkeit der Situation.

Am 7. Mai 1954 kapitulierte die französische Garnison der Dschungelfestung, einen Tag später trat in Genf die internationale Indochinakonferenz zusammen. An ihr beteiligten sich außer den fünf ständigen Mitgliedern des Weltsicherheitsrates auch Nord- und Südvietnam sowie Laos und Kambodscha. Nach zähem Ringen einigten sich die Konferenzteilnehmer auf einen Kompromiß.[23] Er sah die Teilung Vietnams entlang des 17. Breitengrades, den Abzug der französischen Truppen innerhalb von 305 Tagen und die Durchführung von Wahlen in ganz Vietnam spätestens im Juli 1956 vor. Am 20. Juli wurde daraufhin der Waffenstillstand unterzeichnet. Frankreich entsandte einen diplomatischen Vertreter nach Hanoi und zog sein Expeditionskorps innerhalb der festgesetzten Frist ab. Seine Kolonialherrschaft über Indochina war damit endgültig beendet. Es verlor dadurch weitgehend seinen politischen, kulturellen und wirtschaftlichen Einfluß in dieser Region.

Die für ganz Vietnam vorgesehenen Wahlen fanden nicht statt, das Land blieb geteilt. Der Norden lehnte sich unter kommunistischer Führung eng an China und die Sowjetunion an, im Süden übernahmen pro-amerikanische Nationalisten die Macht. Laos und Kambodscha konnten ihre Eigenständigkeit behaupten, gerieten jedoch wie Südvietnam ebenfalls unter amerikanischen Einfluß. Nach fast hundertjähriger französischer Kolonialherrschaft wurden die Vereinigten Staaten im Süden, China und die Sowjetunion im Norden zu neuen Schutz- und Führungsmächten des geteilten Landes. Frankreich spielt hier seither nur noch eine untergeordnete Rolle.

V. Der Algerienkrieg 1954–1962

Noch ehe die letzten französischen Soldaten Indochina verlassen hatten, begann am 1. November 1954 in Algerien ein zweiter Kolonialkrieg, der bis 1962 dauerte und zur definitiven Auflösung des französischen Kolonialreiches führte. Wie der erste Kolonialkrieg war er im Kern ein Konflikt zwischen einer nationalen Befreiungsbewegung und der französischen Kolonialmacht, unterschied sich von diesem jedoch erheblich durch seine Ursachen und Folgen sowie durch seine innerfranzösischen und internationalen Implikationen.

Algerien lag nicht weit entfernt in Asien, sondern unmittelbar vor der französischen Haustür an der afrikanischen Gegenküste. Aufgrund seiner geographischen Lage war es von großer strategischer Bedeutung für Frankreich, wie der Verlauf des II. Weltkrieges gezeigt hatte, und bildete die Landbrücke zur Sahara, wo große Erdöl- und Gasvorkommen entdeckt bzw. vermutet wurden, sowie zu Schwarzafrika, das nach dem Verlust Indochinas zum wichtigsten Rückzugsgebiet des französischen Kolonialismus wurde. Die Aufrechterhaltung der französischen Herrschaft über Algerien erschien daher der französischen Machtelite aus politischen, militärischen und wirtschaftlichen Gründen unbedingt erforderlich.

Entscheidend für die Schwere und die Dauer des Konflikts sowie für seine innerfranzösischen Auswirkungen war jedoch die Tatsache, daß Algerien im Unterschied zu Indochina einen integralen Bestandteil der französischen Republik bildete und daß auf seinem Territorium fast eine Million französischer Staatsbürger überwiegend europäischer Abstammung lebten, die sich als fester Teil der französischen Nation betrachteten. Die algerischen Unabhängigkeitsbestrebungen bedrohten daher aus französischer Sicht nicht nur die imperialen, sondern unmittelbar die nationalen Interessen Frankreichs, d. h. seine territoriale und nationale Integrität. Trotz der schmerzlichen Erfahrungen des Indochinakrieges und der wachsenden Bereitschaft, den übrigen Kolonien die Unabhängigkeit zu gewähren, war die große Mehrheit der Franzosen daher lange Zeit nicht bereit, die Herrschaft über Algerien aufzugeben. Deshalb vermochte die französische Machtelite für den Algerienkrieg wesentlich mehr Menschen und Material zu mobilisieren als für den Indochinakrieg. Da Algerien staatsrechtlich zu Frankreich gehörte, konnten dort auch Wehrpflichtige eingesetzt werden. Dies trug erheblich zur Verschärfung und Verlängerung des Krieges bei.

Die staatsrechtliche Zugehörigkeit Algeriens zu Frankreich sowie die Existenz einer bedeutenden europäischen Bevölkerungsgruppe auf seinem Territorium führten dazu, daß sich im Algerienkrieg nicht nur algerische Nationalisten und französische Soldaten, sondern auch Algerier und Europäer gegenüberstanden, die beide um die Zukunft ihres Landes kämpften. Er war also nicht nur ein Kolonialkrieg, sondern auch ein Bürgerkrieg. Durch die Spaltung der algerischen Bevölkerung in Anhänger und Gegner der französischen Herrschaft wurde er zudem zu einem algerischen Bruderkrieg. Seine Frontbildungen waren somit wesentlich komplizierter als im Indochinakrieg, er wurde aber nicht zu einem Stellvertreterkrieg der Weltmächte im Kontext des Ost-West-Konfliktes. Je länger er dauerte, um so mehr erregte er allerdings das Interesse der internationalen Öffentlichkeit, insbesondere in den Vereinigten Staaten und in der arabischen Welt. Frankreich sah sich daher einem wachsenden Druck in den Vereinten Nationen ausgesetzt, sich aus Algerien zurückzuziehen.

Der komplexe Charakter und die Dynamik des Algerienkrieges ergaben sich im hohen Maße aus den strukturellen Verwerfungen der französischen Kolonialherrschaft. Als 1830 französische Truppen mit der Eroberung Algeriens begannen, bildete dies kein staatlich organisiertes Territorium unter einer einheimischen Dynastie mit eigenen Institutionen wie die Nachbarländer Tunesien und Marokko, sondern ein Gebiet, das formal unter der Oberhoheit des Osmanischen Reiches stand, de facto aber von einheimischen Herrschern und Stammesfürsten sowie religiösen Bruderschaften beherrscht wurde. Bewohnt wurde es sowohl von Berbern als auch von Arabern, die in getrennten Siedlungsgebieten lebten und lediglich durch den Islam miteinander verbunden waren. Arabisch, die Sprache des Korans und der arabischen Eroberer, bildete zwar die dominierende Kultur- und Verkehrssprache, wurde aber keineswegs von allen Einwohnern gesprochen. Es existierten somit vor der französischen Kolonisation weder ein algerischer Staat noch eine algerische Nation oder eine algerische Sprach- und Kulturgemeinschaft.[24]

Nach der militärischen Eroberung suchte Frankreich seine Herrschaft über das Land durch die Ansiedlung von Europäern, die politische und administrative Integration des Territoriums und die sprachlich-kulturelle Assimilation seiner Bewohner dauerhaft zu sichern. Algerien sollte auf diese Weise mit der Metropole zu einem Staat, seine Bewohner mit den Franzosen zu einer Nation verschmolzen werden, so wie dies früher mit den verschiedenen Provinzen Frankreichs geschehen war. Trotz erheblicher Anstrengungen und teilweiser Erfolge hat jedoch Frankreich sein Ziel nicht erreicht. Wohl aber hat es die politischen, administrativen, rechtlichen, sozialen, wirtschaftlichen und sprachlich-kulturellen Strukturen des Landes grundlegend verändert.[25] Die systematische Förderung der Einwanderung führte zu einem stetigen Anwachsen der europäischen Bevölkerung. Da jedoch auch die autochthone Bevölkerung kontinuierlich zunahm, blieben die Europäer in der Minderheit. So kamen 1954 auf knapp eine Million Europäer fast neun Millionen Algerier. Trotz kontinuierlicher Zuwanderung blieb Algerien ein überwiegend von arabischen und berberischen Moslems bewohntes Land.[26]

Die europäische Zuwanderung führte zur Entwicklung zwei getrennter Gesellschaften mit jeweils eigener ökonomischer Basis. Eine Verschmelzung wie in den postkolonialen Gesellschaften Lateinamerikas fand nicht statt. Es kam aber zu einer Überlagerung der einheimischen Gesellschaft durch die europäische, so daß eine Ethnisierung der sozialen Gegensätze erfolgte. Verbunden wurden beide Gesellschaften lediglich durch eine weitgehend assimilierte einheimische Oberschicht aus Großgrundbesitzern, Würdenträgern (*Bachas*), Großhändlern, Freiberuflern, Lehrern und Intellektuellen, denen dank ihres Reichtums und/oder ihrer französischen Bildung der Zugang zum modernen Sektor der Kolonialgesellschaft gelang.[27]

Die staatsrechtliche Integration Algeriens in die Französische Republik 1848, die nach 1871 durch die III. Republik kontinuierlich verstärkt wurde, bewirkte eine weitgehende rechtliche und administrative Angleichung des Landes an die Metropole. Trotz dieser Angleichung waren die autochthonen Bewohner Algeriens, die arabischen und berberischen Muslime, jedoch nicht mit den Europäern gleichberechtigt. Sie waren zwar steuer- und wehrpflichtig, aber nicht wahlberechtigt und konnten daher ihre Interessen auch nicht parlamentarisch vertreten. Lediglich eine kleine assimilierte Oberschicht konnte Vertreter in die algerische Regionalversammlung, die »Finanzdirektion« entsenden, die vor allem finanzrechtliche Kompetenzen analog den Generalräten des Mutterlandes besaß. Die algerischen Moslems waren aber auch zivilrechtlich nicht den Europäern bzw. Franzosen gleichgestellt, da sie einen zivilrechtlichen Sonderstatus besaßen. Dieser war 1865 von Napoleon III. eingeführt worden, um die Moslems vor dem französischen Zivilrecht zu schützen, das auch in Algerien als Folge der Rechtsangleichung an die Metropole galt. Was ursprünglich als Schutz gedacht war und diese Funktion innerhalb der islamischen Gesellschaft auch erfüllte, erwies sich jedoch in den Beziehungen zu den Europäern als Nachteil und behinderte so die Integration der algerischen Moslems in die Kolonialgesellschaft. Der muslimische Personalstatus trug jedoch erheblich zur Bewahrung der islamisch-algerischen Gemeinschaft bei und förderte so die Herausbildung einer islamisch-algerischen Identität. Indem er zivilrechtlich die algerischen Moslems klar von den europäischen Siedlern trennte, schuf er in der autochthonen Bevölkerung ein Gemeinschaftsbewußtsein, das vorher aufgrund der ethnisch-regionalen Zersplitterung nicht existiert hatte. Was ursprünglich zur Befriedung des Landes und damit zur Stabilisierung der französischen Herrschaft gedacht war, wirkte sich in der Praxis als destabilisierend aus.[28]

Unter bestimmten Bedingungen konnten die algerischen Moslems die französische Staatsbürgerschaft erwerben. Im Gegensatz zu den algerischen Juden, die 1871 kollektiv naturalisiert worden waren, mußten sie dabei jedoch bis 1947 auf ihren religiösen Personalstatus verzichten. Dieser Verzicht bedeutete nicht nur den Verlust aller Rechte nach dem islamischen Kodex, sondern auch den moralischen Bruch mit der islamischen Rechts- und Glaubensgemeinschaft. Wer die französische Staatsbürgerschaft annahm, galt bei den algerischen Moslems als Apostat, als Verräter am Glauben, und wurde sozial geächtet. Deshalb ließen sich nur wenige algerische Moslems naturalisieren.

Eine wichtige Voraussetzung für die politische Integration der moslemischen Algerier bildete ihre sprachlich-kulturelle Assimilation. Die Kolonialbehörden machten das Französische zur alleinigen Amts- und Unterrichtssprache und verdrängten so das Arabische aus der öffentlichen Verwaltung und dem öffentlichen Schulsystem. Lediglich in den Koranschulen konnte sich das klassische Arabisch behaupten, das jedoch von der Masse der algerischen Bevölkerung nicht gesprochen wurde. So entwickelte sich eine franco-arabische Mischsprache aus den verschiedenen arabischen Dialekten und dem Französischen, die von den Algeriern als Verkehrssprache benutzt wurde. Da sie aber nicht kodifiziert wurde, konnte sie sich auch nicht zur Standardsprache entwickeln und so als Hochsprache neben dem Französischen behaupten. Dieses war die dominierende Sprache, wurde jedoch von der algerischen Bevölkerungsmehrheit nicht gesprochen. Auch sprachlich-kulturell blieben so die Bewohner Algeriens in zwei Gemeinschaften gespalten.[29]

Das System der kolonialen Ungleichheit, insbesondere das der politischen Rechtlosigkeit, führte nach dem I. Weltkrieg auch in Algerien zur Entstehung nationaler Unabhängigkeitsbewegungen. Die wichtigsten unter ihnen waren die bürgerlich-laizistische Bewegung des »Manifests des algerischen Volkes« von Ferhat Abbas, die islamische Erneuerungsbewegung der Ulema von Ben Badis und die nationalrevolutionäre Bewegung »Nordafrikanischer Stern« von Messali Hadsch. Frankreich reagierte auf die Entwicklung des algerischen Nationalismus mit einer Mischung aus Repression und Reform. Einerseits verbot es die nationalistischen Bewegungen und deportierte ihre Führer, andererseits erleichterte es den Erwerb der französischen Staatsbürgerschaft und weitete die Mitbestimmung der einheimischen Eliten aus. Es vermochte das Erstarken des algerischen Nationalismus dadurch jedoch nicht zu verhindern. Im März 1945 forderte die Mehrheit der Delegierten auf dem ersten Kongreß der »Vereinigung der Freunde des algerischen Manifests«, die von Ferhat Abbas im März 1944 gegründet worden war, die Unabhängigkeit, und am 8. Mai 1945 kam es in der ostalgerischen Stadt Sétif zu Unruhen, die rasch auf andere algerische Städte übergriffen. Die französischen Streitkräfte schlugen den Aufstand nieder und stellten so die Ordnung wieder her.

Am 20. September 1947 verabschiedete die französische Nationalversammlung ein Autonomiestatut für Algerien, das im wesentlichen das alte Herrschaftssystem bestehen ließ. Algerien blieb weiterhin staatsrechtlich ein integraler Bestandteil der französischen Republik, erhielt jedoch begrenzte Autonomierechte, so vor allem auf finanziellem Gebiet. Diese lagen in den Händen einer »Algerischen Versammlung«, deren 120 Mitglieder je zur Hälfte durch ein algerisches und ein europäisches Wahlkolleg gewählt wurden. Wahlmanipulationen sorgten jedoch dafür, daß die Versammlung von pro-französischen Kräften beherrscht wurde. Sie bildete daher keine Gefahr für die französische Herrschaft, wohl aber verhinderte sie die Integration der kooperations- und kompromißbereiten gemäßigten algerischen Nationalisten mittels parlamentarischer Repräsentation in das Herrschaftssystem. Das Autonomiestatut von 1947 wurde von den radikalen Kräften des algerischen Nationalismus abgelehnt und vermochte daher die französische Herrschaft nicht zu stabilisieren. Im Oktober 1954 gründeten Dissidenten der nationalpopulistischen Bewegung von Messali Hadsch eine neue Unabhängigkeitsbewegung, den *Front de Libération national* (FLN), die am 1. November 1954 mit dem bewaffneten Aufstand begann. Wenngleich sie zunächst nur etwa 1000 Kämpfer mobilisieren konnte, die nur schlecht bewaffnet waren, gelang es ihr doch in relativ kurzer Zeit mittels Agitation und Terror, eine Massenbasis zu gewinnen und so zur wichtigsten Kraft der algerischen Unabhängigkeitsbewegung zu werden. Messali Hadsch, der weiterhin eine legalistische Strategie verfolgte und seine Getreuen in der »Algerischen Nationalbewegung« (MNA) zusammenschloß, verlor dagegen rasch an Einfluß. Eine weitere Polarisierung der politischen Kräfte war die Folge. Die französischen Behörden reagierten wie bereits auf die Unruhen vom Mai 1945 mit dem massiven Einsatz der Streitkräfte und trieben dadurch die noch zögernde algerische Bevölkerung in die Arme der Befreiungsbewegung.

Im Gegensatz zum Indochinakrieg gelang es den französischen Streitkräften in Algerien, die aufständischen Kampfverbände weitgehend aufzureiben und so die Kontrolle über das gesamte Territorium zu behaupten. Die FLN-Kämpfer mußten sich in die unwegsame Kabylie zurückziehen. Im Gegensatz zum Viet Minh vermochten sie nie vom Partisanenkampf zur regulären Kriegsführung überzugehen und die Franzosen in offener Feldschlacht zu schlagen. Es gelang ihnen aber, den Krieg politisch zu gewinnen. In einem erbittert geführten Untergrundkampf schaltete der FLN die konkurrierende »nationale Befreiungsbewegung« (MNA) von Messali Hadsch aus und verbündete sich mit den bürgerlichen Nationalisten des algerischen Manifests. Gemeinsam mit diesen gründete er am 18. September 1958 die

»Provisorische Regierung der Algerischen Republik« (GPRA), an deren Spitze Ferhat Abbas trat. Von Tunis aus bemühte sie sich weltweit erfolgreich um die Unterstützung des algerischen Befreiungskampfes, vermied jedoch enge Bindungen an die kommunistischen Staaten, um ein Übergreifen des Ost-West-Konfliktes auf Algerien und damit eine Intervention der Vereinigten Staaten an der Seite Frankreichs zu vermeiden. Auf diese Weise gelang es ihr, die Weltöffentlichkeit, insbesondere in den arabischen Staaten, gegen Frankreich zu mobilisieren. Die kurzlebigen Regierungen der IV. Republik waren unfähig, den Konflikt politisch zu lösen, da sie am Integrationskonzept festhielten. Erst am 31. Januar 1958 verabschiedete das französische Parlament auf Initiative der sozialistisch geführten Regierung Mollet ein Rahmengesetz, das eine erweiterte Autonomie für Algerien vorsah. Die »Algerische Versammlung« erhielt zusätzliche Rechte, und die Zweiteilung der Wählerschaft in ein algerisches und ein europäisches Wahlkolleg wurde abgeschafft. Damit waren die muslimischen Algerier in Algerien den Europäern politisch formal gleichberechtigt. Trotzdem lehnte der FLN das Rahmengesetz ab. Es kam gut eine Generation zu spät. Die Zeit für die Integration war vorbei.[30]

Der Christdemokrat Pierre Pflimlin, der seit dem 8. Mai 1958 die Regierung führte, hatte dies erkannt und war bereit, unter gewissen Bedingungen mit dem FLN über eine politische Lösung des Konfliktes zu verhandeln. Diese Bereitschaft betrachteten die Anhänger des »französischen Algeriens«, d. h. der Integration, als Verrat. Am 13. Mai putschten die französischen Truppen in Algerien und ermöglichten so die Rückkehr de Gaulles an die Macht. Dieser strebte die baldige Beendigung des Krieges an, um seine innen- und außenpolitischen Ziele verwirklichen zu können. Er besaß zunächst jedoch kein klares Lösungskonzept. Wahrscheinlich schwebte ihm eine Assoziation zwischen Algerien und Frankreich vor, wie er sie bereits 1945 für Indochina vorgeschlagen hatte.[31] Als Voraussetzung für eine politische Lösung des Konflikts betrachtete er jedoch wie die Regierungen der IV. Republik die Beendigung der Kämpfe. Er bot daher am 23. Oktober 1958 den Aufständischen den »Frieden der Tapferen« an, d. h. eine ehrenhafte Kapitulation ohne Strafverfolgung. Da die Aufständischen dieses Angebot nicht annahmen, ließ er die Kriegsführung gegen die noch verbleibenden Stützpunkte des FLN in den Bergregionen intensivieren und schlug nach dem erfolgreichen Abschluß der militärischen Operationen am 16. September 1959 die Selbstbestimmung (*Autodétermination*) für Algerien vor. Die Algerier sollten frei zwischen Integration, Assoziation und Sezession wählen können. Die Voraussetzung für die Selbstbestimmung bilde allerdings die Einstellung der Kämpfe. Er selbst sprach sich für die Assoziation aus, d. h. für die Schaffung eines algerischen Staates, der durch föderale Bande eng mit Frankreich verbunden sein sollte. In einem Referendum sollten die französischen Staatsbürger über seinen Vorschlag entscheiden.[32]

De Gaulles Option für die Selbstbestimmung Algeriens bedeutete eine eindeutige Absage an das alte Kolonialsystem. Dessen Anhänger versuchten sie daher mit allen Mitteln zu verhindern. Am 24. Januar 1960 besetzten bewaffnete Europäer die Universität von Algier und errichteten in der Innenstadt Barrikaden in der Hoffnung, die Armee werde sich gegen de Gaulle erheben. Da sich diese jedoch nicht anschloß, brach der Putsch nach einigen Tagen zusammen. De Gaulle behielt die Kontrolle über Algerien. Im Mutterland beschleunigte der mißglückte Putsch jedoch die Polarisierung der politischen Kräfte zwischen Anhängern und den Gegnern der Selbstbestimmung und setzte damit de Gaulle unter Zugzwang.

Die algerische Befreiungsfront begrüßte de Gaulles Idee der Selbstbestimmung, lehnte jedoch ihre Verwirklichung durch ein Referendum ab, an dem sich alle französischen Staatsbürger beteiligen könnten, weil dadurch die Algerier durch die Franzosen majorisiert würden. Statt dessen forderte sie ein Referendum allein in Algerien. Ferner verlangte sie die Integration der Sahara in den zukünftigen algerischen Staat. Ihre Haltung nötigte de Gaulle, einen weiteren Schritt auf ihre Positionen zuzugehen. Am 4. November 1960 sprach er öffentlich zum ersten Mal von einem »algerischen Algerien« mit einer eigenen Regierung, eigenen Institutionen und eigenen Gesetzen. Am 8. Januar 1961 billigten 72,5 Prozent der französischen Wähler in einem Referendum seine Politik. Damit besaß er ein demokratisches Mandat für offizielle Verhandlungen mit dem FLN. Bei diesen ging es vor allem um die Rechte der Algerienfranzosen in einem algerischen Staat, die Modalitäten eines Referendums über die Eigenstaatlichkeit Algeriens, die Zukunft der Sahara sowie der französischen Militärstützpunkte und um die zukünftigen Bande zwischen Frankreich und Algerien.

Um einen Erfolg der Verhandlungen zu verhindern, putschten in der Nacht vom 21. zum 22. April 1961 Einheiten der Fallschirmjäger und der Fremdenlegion unter der Führung der Generäle Challe, Jouhaud, Zeller und Salan in Algier. Da sich die Mehrheit der in Algerien stationierten Truppenverbände ihnen nicht anschloß, brach der Putsch nach vier Tagen zusammen, so daß de Gaulle die Verhandlungen fortsetzen konnte.

Die französisch-algerischen Verhandlungen führten am 19. März 1962 in Evian zur Unterzeichnung mehrerer Abkommen, welche die zukünftigen Beziehungen zwischen beiden Seiten regeln sollten. Algerien erhielt die Unabhängigkeit, blieb aber mit Frankreich durch zahlreiche Kooperationsabkommen eng verbunden. An die Stelle der direkten Herrschaft trat so nicht die ursprünglich von de Gaulle angestrebte Assoziation, sondern die Kooperation wie mit den 1959/60 unabhängig gewordenen schwarzafrikanischen Staaten. Die Algerienfranzosen erhielten keine politisch-administrative Autonomie, wohl aber umfangreiche Minderheitenrechte, die ihre privilegierte Position auch nach der Unabhängigkeit sichern sollten. Frankreich trat die Sahara an den neuen algerischen Staat ab, behielt jedoch noch fünf Jahre die Kontrolle über das atomare Versuchsgelände von Reggane, auf dem am 12. Februar 1960 die erste französische Atombombe gezündet worden war. Die französischen Truppen sollten das Land innerhalb von drei Jahren räumen, die französische Flotte konnte jedoch den Flottenstützpunkt von Mers-el-Kebir noch weitere fünfzehn Jahre nutzen.

Die überwältigende Mehrheit der französischen Wähler (90,7 %) stimmte im Referendum vom 8. April 1962 für die Abkommen. Die Anhänger des »französischen Algeriens« gaben sich jedoch noch nicht geschlagen. Da sie die Unabhängigkeit Algeriens nicht mit politischen Mitteln torpedieren konnten, griffen sie erneut zur Gewalt. Europäische Extremisten und französische Deserteure, die sich in der Untergrundorganisation OAS (*Organisation de l'armée secrète*) zusammengeschlossen hatten, versuchten durch Terroranschläge gegen Repräsentanten des französischen Staates sowie gegen Sympathisanten der FLN die Durchführung der Abkommen zu verhindern. Sie verfehlten zwar ihr Ziel, veranlaßten jedoch die meisten Europäer, das Land fluchtartig zu verlassen, und entzogen damit dem geplanten friedlichen Zusammenleben zwischen Algeriern und Europäern die Grundlage. Der Exodus der Europäer und die Antiterroraktionen der Armee zwangen die OAS Ende Juni 1962, den Widerstand einzustellen. Am 1. Juli konnte das in Evian vereinbarte Referendum über die Unabhängigkeit Algeriens stattfinden. 99,72% der Wähler stimmten mit »Ja«, und am 3. Juli 1963 wurde Algerien unabhängig. Die französische Kolonialherrschaft war damit nach 132 Jahren beendet. Der Versuch, sie durch eine enge Kooperation zwischen dem neuen Staat und dem ehemaligen Mutterland zu ersetzen, war nur bedingt erfolgreich. Die gewaltsame Entkolonisierung hatte tiefe Spuren im kollektiven Gedächtnis beider Völker hinterlassen und belastet ihr Verhältnis bis heute.

Der Algerienkrieg brachte nicht nur Algerien, sondern indirekt auch den übrigen Kolonien und Protektoraten die Unabhängigkeit. Frankreich hatte zunächst versucht, dies durch neue rechtliche Strukturen zu verhindern. So gewährte es 1955 Tunesien lediglich die innere Autonomie und schränkte diese in Marokko sogar ein. 1956 mußte es jedoch beide Protektorate in die Unabhängigkeit entlassen. Die schwarzafrikanischen Kolonien sowie Madagaskar, seit 1946 Überseeterritorien der Französischen Republik, erhielten 1958 ihre Eigenstaatlichkeit lediglich im Rahmen einer neuen Konföderation, der *Communauté française*. 1959/60 erlangten sie jedoch wie Tunesien und Marokko ihre volle Souveränität. Guinea hatte sich diese bereits 1958 erstritten und einen Beitritt zur *Communauté* abgelehnt. Da der Souveränitätstransfer im Einverständnis mit den einheimischen Eliten erfolgte, war es Frankreich möglich, in diesen Ländern seinen wirtschaftlichen, politischen und kulturellen, teilweise auch militärischen Einfluß aufrechtzuerhalten, ja ihn mit Hilfe der Kooperation sogar auszudehnen. Seine Beziehungen zu diesen Ländern unterscheiden sich daher noch heute erheblich von denen zu Indochina und Algerien.

VI. Fazit

Die Auflösung des französischen Kolonialreiches war wie die der übrigen europäischen Kolonialreiche unvermeidlich. Das mußten am Ende selbst die Anhänger des »französischen Algeriens« einsehen. Aufgrund seiner begrenzten Ressourcen, seiner prekären Stellung im internationalen System und seiner inneren Verfassung war Frankreich auf Dauer nicht in der Lage, dem Freiheits- und Unabhängigkeitsstreben der Kolonialvölker zu widerstehen. Es hätte jedoch die kostspieligen Kolonialkriege in Indochina und in Algerien vermeiden können, wenn es rechtzeitig eine Verständigung mit den nationalen Unabhängigkeitsbewegungen gesucht hätte. Daran hinderte es jedoch nicht nur die Interpretation seiner wirtschaftlichen, strategischen und politischen Interessen, sondern auch sein unitarisches Staatsverständnis. Die Idee der »einen und unteilbaren Republik« war unvereinbar mit regionaler Autonomie und nationaler Eigenständigkeit. Die Reformversuche der unmittelbaren Nachkriegszeit mußten daher scheitern. Die den einheimischen Eliten angebotene interne Mitbestimmung war für diese kein Ersatz für die angestrebte nationale Selbstbestimmung. Bereits 1943 hatte der Führer des gemäßigten algerischen Nationalismus, Ferhat Abbas, erklärt, die Stunde sei vorbei, in der ein muslimischer Algerier etwas anderes sein wolle als ein algerischer Muslim. Eine einvernehmliche Entkolonialisierung wie in den übrigen Teilen des Kolonialreiches war daher nicht möglich. Die direkte Herrschaft, auf der das französische Kolonialreich beruhte, erwies sich so als seine entscheidende Schwäche.

Anmerkungen

1 Dieter Brötel, Die Dekolonisierung des französischen Empire in Indochina. Metropolitane, periphere und internationale Faktoren, in: Wolfgang J. Mommsen (Hrsg.), Das Ende der Kolonialreiche. Dekolonisation und die Politik der Großmächte, Frankfurt am Main 1990, S. 89–222.
2 Jean Meyer u. a., Histoire de la France coloniale, Bd. I, Des origines à 1914, Paris 1991
3 Gilbert Ziebura, Interne Faktoren des französischen Hochimperialismus 1871–1914. Versuch einer gesamtgesellschaftlichen Analyse, in: Gilbert Ziebura / Heinz-

Georg Haupt (Hrsg.), Wirtschaft und Gesellschaft in Frankreich seit 1789, Gütersloh 1975, S. 282 ff.
4 Raoul Girardet, L'idée coloniale en France de 1871 à 1962, Paris 1972.
5 Jacques Marseille, Empire colonial et capitalisme français. Paris 1984, S. 159 ff.
6 Zit. nach Raoul Girardet, op. cit., S. 195.
7 Jean Meyer u. a., op. cit., S. 404 ff.
8 János Riesz, Französisch in Afrika. Herrschaft durch Sprache. Studien zu den frankophonen Literaturen außerhalb Europas, Frankfurt am Main 1998.
9 Jacques Thobie u. a., Histoire de la France coloniale, Bd. II. 1914–1990, Paris 1990, S. 14 ff.
10 Wolfgang J. Mommsen, Einleitung, in: ders. (Hrsg.), op. cit., S. 7 ff.
11 André Nouschi, France, The Empire and power (1945–1949), in: Josef Bekker/Franz Knipping (Hrsg.), Power in Europe? Great Britain, France, Italy and Germany in a Postwar World 1945–1950, Berlin 1986, S. 475 ff.
12 Paul-Marie de la Gorce, L'empire écartelé 1936–1946., Paris 1988, S. 161 ff.
13 Alfred Grosser, La IV. République et sa politique extérieure, Paris 1972, S. 248.
14 André Nouschi, op. cit., S. 475 ff.
15 Jean Chesneaux, Entwicklungsstufen der nationalen Bewegung Vietnams 1862–1940, in: R. v. Albertini (Hrsg.), Moderne Kolonialgeschichte, Köln 1970, S. 389–399.
16 Gottfried Haas, Französisch-Indochina zwischen den Mächten 1940–1945. Die internationalen Aspekte der französischen Politik in Indochina während des 2. Weltkrieges, Diss. phil. FU Berlin, Bamberg 1970, S. 153 ff.
17 Dieter Brötel, op. cit., S. 94 ff.
18 Jacques de Folin, Indochine 1940–1955. La fin d'un rêve. Vérité et légendes, Paris 1993, S. 141 ff.
19 Stein Tønnesson, 1946. Déclenchement de la guerre d'Indochine, Paris 1987, S. 35 ff.
20 Jacques de Folin, op. cit., S. 197 ff.
21 Alain Ruscio, La guerre française d'Indochine, Bruxelles 1992, S. 93 ff.
22 Alfred Grosser, op. cit., S. 278.
23 Alain Ruscio, op. cit., S. 221 ff.
24 Charles-André Julien/Charles-Robert Ageron, Histoire de l'Algérie contemporaine, Bd. 1, Paris 1964.
25 ebenda; Charles-Robert Ageron, Histoire de l'Algérie contemporaine, Bd. II, 1871–1954, überarb. Neuauflage, Paris 1979.
26 Claus Leggewie, Siedlung, Staat und Wanderung. Das französische Kolonialsystem in Algerien, Frankfurt am Main 1979.
27 Hartmut Elsenhans, Frankreichs Algerienkrieg, München 1974.
28 Werner Ruf, Die algerische Tragödie, Münster 1997, S. 20; Benjamin Stora, Les sources du nationalisme algérien, Paris 1989.
29 Ulrike Mengedoht geb. Altevers, Francophonie in Algerien: Sprachpolitik und ihre Auswirkungen auf das Schulsystem, Dipl. Arbeit Fachbereich Romanistik, Universität GhKassel, 1990, S. 12.

30 Jean-Pierre Rioux, La France de la Quatrième République, Bd. 2, 1952–1958, Paris 1983, S. 86 ff.
31 Jean Lacouture, De Gaulle. Le souverain 1959–1970, Bd. 3, Paris 1986, S. 32 ff.
32 Zur Algerienpolitik de Gaulles: Serge Berstein, La France de l'expansion, Bd. 1, La République gaullienne 1958–1969, Paris 1989, S. 45 ff.

Literatur

Charles-Robert Ageron, Histoire de l'Algérie contemporaine, Bd. II, 1871–1954, Paris 1979
Dieter Brötel, Die Dekolonisierung des französischen Empire in Indochina. Metropolitane, periphere und internationale Faktoren, in: Wolfgang J. Mommsen (Hrsg.), Das Ende der Kolonialreiche. Dekolonisation und die Politik der Großmächte, Frankfurt am Main 1990
Hartmut Elsenhans, Frankreichs Algerienkrieg, München 1974
Jacques de Folin, Indochine 1940–1955. La fin d'un rêve. Vérité et légendes, Paris 1993
Raoul Girardet, L'idée coloniale en France de 1871 à 1962, Paris 1972
Charles-André Julien / Charles-Robert Ageron, Histoire de l'Algérie contemporaine, Bd. 1, Paris 1964
Paul-Marie de La Gorce, L'empire écartelé 1936–1946, Paris 1988
Claus Leggewie, Staat und Wanderung. Das französische Kolonialsystem in Algerien, Frankfurt am Main 1979
Jean Meyer u. a., Histoire de la France coloniale, Bd. I, Des origines à 1914, Paris 1991
Jànos Riesz, Französisch in Afrika. Herrschaft durch Sprache. Studien zu den frankophonen Literaturen außerhalb Europas, Frankfurt am Main 1998
Alain Ruscio, La guerre française d'Indochine, Brüssel 1992
Jacques Thobie u. a., Histoire de la France coloniale, Bd. II, 1914–1990, Paris 1990
Gilbert Ziebura, Interne Faktoren des französischen Hochimperialismus 1871–1914. Versuch einer gesamtgesellschaftlichen Analyse, in: Gilbert Ziebura / Heinz-Georg Haupt (Hrsg.), Wirtschaft und Gesellschaft in Frankreich seit 1789, Gütersloh 1975

Horst Dippel
**Die Auflösung des Britischen Empire
oder die Suche nach einem Rechtsersatz für
formale Herrschaft**

I. Ein Weltreich eigener Art

Nicht erst auf dem Höhepunkt seiner geographischen Ausdehnung in der Zwischenkriegszeit, als das Britische Empire rund ein Viertel der Erdoberfläche umspannte, galt es als der Prototyp moderner Kolonialreiche, die sich über den gesamten Globus erstreckten und ein buntes Gemisch unterschiedlichster Völker und Kulturen unter ihre Herrschaft zwangen. Dennoch war dieses Britische Empire ein Weltreich eigener Art, das sich in vielfacher Weise von den übrigen europäischen Kolonialreichen des 19. und 20. Jahrhunderts wie auch von den Reichen früherer Zeiten unterschied. Wenn dieses Empire im 19. Jahrhundert als Ausdruck britischer Weltherrschaft galt, dann nicht primär aufgrund seiner ungeheuren Größe, sondern weil es als Rohstofflieferant und Absatzmarkt für Industrieprodukte mit dem Mutterland ökonomisch eng verflochten war; vor allem aber, weil diese Verflechtung und die dazu erforderlichen Schiffahrtsrouten als die Arterien dieses Reiches strategisch und logistisch abgesichert waren. Indien als das imperiale Juwel konnte diese Rolle auf Dauer nur einnehmen, weil die Seewege nach Indien über den Atlantik (Gambia, Sierra Leone, Ascension, St. Helena, Kapstadt, Mauritius) wie durch das Mittelmeer (Gibraltar, Malta, Zypern, Suezkanal, Südausgang des Roten Meeres) militärisch von Großbritannien kontrolliert wurden. In der Fortsetzung nach Osten, Richtung Pazifik, spielten Singapur, Brunei und Hongkong eine vergleichbare Rolle. Dieser militärischen Beherrschung der Weltmeere entsprach die ökonomische: Wenn es schon nicht stets britische Handelsschiffe waren, auf denen die Güter transportiert wurden, so waren diese doch im Zweifelsfall vor Antritt ihrer Reise in London versichert worden.

Die Seeherrschaft war der konstitutive Faktor des britischen Weltreichs im Gegensatz zum französischen Kolonialreich. Seine ökonomische Bedeutung für Großbritannien war ein weiterer Gesichtspunkt. In den 1950er Jahren, als sich das Land beharrlich weigerte, an dem europäischen Einigungsprozeß aktiv teilzunehmen, wickelte es zwischen 40 und 50 % seines Außenhandels mit seinen Kolonien und den daraus entstehenden Nachfolgestaaten ab. Dem hatte das sich im Wiederaufbau befindende Europa ökonomisch noch nichts Vergleichbares entgegenzusetzen. Eine dritte Besonderheit war schließlich neben eroberten oder anderweitig erworbenen Kolonialgebieten die Existenz von Siedlungskolonien durch Auswanderung zumal von den britischen Inseln, aus denen sich seit dem ausgehenden 19. Jahrhundert die sogenannten weißen Dominions entwickelt hatten. Großbritannien hatte aus dem Verlust des ersten Empire gelernt, als sich seine nordamerikanischen Kolonien mit Unterstützung aus Europa militärisch ihre Unabhängigkeit vom Mutterland erkämpft hatten. Nun schienen diese weißen Dominions zwischen 1945 und 1960 auch für die übrigen britischen Besitzungen einen Weg vorzuzeichnen, der einvernehmlich und ohne gewaltsame Auseinandersetzungen aus der kolonialen Abhängigkeit in eine unvermeidbar gewordene politische Unabhängigkeit führen und dennoch Großbritannien weiterhin einen spezifischen, in jedem Fall aber ökonomischen Einfluß und Vorteil sichern sollte.

Diese rechtspolitischen Aspekte des britischen Dekolonisierungsprozesses, anstelle der in der Regel betrachteten ökonomischen oder militärischen Gesichtspunkte, sollen im folgenden im Zentrum der Untersuchung stehen, können sie doch am ehesten deutlich machen, daß dieser Prozeß, so unvermittelt er nach Ende des Zweiten Weltkrieges abzulaufen schien, in der Verselbständigung der weißen Dominions nicht nur wichtige Vorläufer kannte. Vielmehr schienen gerade diese zu lehren, daß formale Unabhängigkeit fortdauernder informeller Herrschaft mit ihren engen und zumal ökonomisch privilegierten Beziehungen nicht im Wege stehen mußte.

II. Dekolonisierung und britische Verfassung: Ein besonderes Problem

Auch wenn sich der Dekolonisierungsprozeß innerhalb des von Paul Kennedy dargelegten Rahmens von ökonomischer Stärke und militärischer Macht und ihres schließlich unvermeidbaren Verfalls abspielte, stellte die Auflösung des britischen Weltreichs ebenso wie dieses Empire selbst einen Sonderfall dar, der sich nicht ausschließlich auf diese griffige Formel reduzieren läßt und der sich wesentlich von der Auflösung des französischen Kolonialreichs unterschied. Dieser Vorgang läßt sich vielmehr nur verstehen, wenn man über Kennedys Koordinaten, die als solche schon zu modifizieren wären, hinausblickt und jene in der Regel viel zu wenig beachtete Ebene der rechtlichen und insbesondere verfassungsrechtlichen Verknüpfungen betrachtet, die vor allem dort von Bedeutung waren, wo die politische Unabhängigkeit vormaliger Kolonien nicht das Ergebnis eines militärischen oder politischen fait accompli war. Die Endphase der Auflösung des Britischen Empire nach 1945 erscheint unter dieser Perspektive nicht als der Sieg der Antiimperialisten, als das Ergebnis von moralischen Skrupeln oder als schiere Interessenlosigkeit im Mutterland und läßt sich auch nicht als das ausschließliche Resultat amerikanischer Pressionen begreifen. Sie war vielmehr der Schlußakkord einer Entwicklung, deren beschleunigter Ablauf sich – soweit das gegenwärtig nach dem Stand der Forschung und dem bislang verfügbaren Material zu beurteilen ist – als das unausgesprochene Ergebnis der Grenzen der eigenen Macht darstellte, die bereits in der ersten Jahrhunderthälfte erkennbar geworden waren und nach 1945 immer offener zutage traten. Politisch akzeptierte man das Unvermeidliche, suchte aber zugleich mit Hilfe rechtlicher Konstruktionen ein Höchstmaß an künftigen Einflußmöglichkeiten nicht zuletzt aus wirtschaftlichen Interessen sicherzustellen.

Anfang 1947 hatten diese reduzierten eigenen Möglichkeiten zum militärischen Rückzug aus Griechenland und der Türkei geführt und nach der Iran-Krise von 1951 mit dem Suez-Debakel vom Herbst 1956 eine neue Dimension erreicht. Hieraus Konsequenzen für eine Neuorientierung der britischen Politik zu ziehen war der Eden-Nachfolger Harold Macmillian nach der erfolgreichen Wahl von 1959 mit dem neuen Minister für die Kolonien Ian Macleod bereit, ohne Großbritanniens weltpolitische Rolle vollends aufgeben zu wollen. Damit sollte an die Stelle von direkter Herrschaft und Einfluß der auf London zentrierte Commonwealth mit seinem Präferenzsystem und seinen vielfältigen politischen und zumal ökonomischen Möglichkeiten treten.

Richtet man den Blick auf die angedeuteten rechtlichen und verfassungsrechtlichen Komponenten und ihre politische Bedeutung, wird der britische Dekolonisierungsprozeß unversehens zu einem ungewöhnlich vielschichtigen und komplexen Vorgang, der den zweifellos vorhandenen politischen Niedergang und militärischen Machtverfall wenn nicht zu unterlaufen, so doch zumindest zu überspielen suchte und ihn damit zumal aus der britischen Perspektive weniger abrupt und endgültig erscheinen ließ, erlaubte er doch den Aufbau jenes eigentümlichen *Commonwealth of Nations*, jener typisch britischen Erfindung, die in der Politik des Landes nicht allein in den fünfziger und sechziger Jahren eine erhebliche Rolle spielte.

Der britische Dekolonisierungsprozeß spielte sich somit keineswegs innerhalb weniger Jahre ausschließlich an der Peripherie zum Zeitpunkt der jeweiligen politischen Unabhängigkeit ab, sondern konnte sich in jedem Nachfolgestaat in der Diskussion um dessen künftigen Status über einen jeweils langen Zeitraum erstrecken, ohne zum heutigen Zeitpunkt überall bereits abgeschlossen zu sein, wie etwa das Problem anhaltender rechtlicher Abhängigkeiten ebenso belegt wie die gegenwärtige politische Kontroverse um Republik oder Monarchie in Australien. Auseinandersetzungen dieser Art existierten in der Regel in Kolonialreichen mit geschriebenen Verfassungen erst gar nicht, so daß eine wesentliche rechtliche Voraussetzung für ihre Existenz der spezifische Charakter der britischen Verfassung ist.

Spötter in Großbritannien sagen gerne, die einzige geschriebene Verfassung, die das Land besitze, sei Albert V. Diceys erstmals 1885 erschienene *Introduction to the Study of the Law of the Constitution*. Übertragen auf die rechtlichen und verfassungsrechtlichen Beziehungen zwischen Mutterland und abhängigen Gebieten, ergibt sich aus dem Charakter der britischen Verfassung, daß diese Verbindungen nicht in einem spezifischen Rechtsakt oder in einem überschaubaren Korpus von Gesetzen definiert sind, sondern daß man zu ihrem Verständnis ein ganzes Bündel von Gesetzen und Beschlüssen heranziehen muß, ohne dabei – getreu dem britischen Pragmatismus – je auf allgemeinverbindliche Definitionen zu treffen, was ein Dominion, was der Commonwealth oder was Unabhängigkeit genau meint.

So wie sich die verfassungsrechtliche Struktur des Vereinigten Königreichs grundlegend etwa von der Deutschlands oder Frankreichs unterscheidet, ist der *Commonwealth of Nations* etwas völlig anderes als etwa die Europäische Union oder die NATO und im Gegensatz zu ihnen nicht durch Verträge zwischen den Mitgliedstaaten gegründet worden, sondern hat sich im Laufe dieses Jahrhunderts entwickelt. Gemäß der Definition von Singapur von 1971 ist er kein Völkerrechtssubjekt und kann keine Verträge schließen, sondern ist eine freiwillige Vereinigung. Die Mitgliedschaft ist an die Unabhängigkeit und an die Zustimmung der vorhandenen Mitglieder gebunden, an die Anerkennung der Königin als *Head of the Commonwealth* und an die Bereitschaft zur Mitarbeit.

Sowie versucht würde, aus dem Commonwealth eine eindeutige, mit völkerrechtlich verbindlichen Regeln fest zementierte politische Organisation zu schmieden, würde er vermutlich in sich zusammenbrechen. Doch als lockere multirassische Vereinigung rund eines Viertels der Weltbevölkerung mit 53 Mitgliedsstaaten (seit 1995) – darunter mit Mosambik erstmals mit einem Staat, der nie weder als ganzes noch in Teilen dem Britischen Empire angehört hat –, die sich mit ihren Prinzipien von Harare (1991) nachdrücklich der Demokratie, den Menschenrechten und der Rechtsstaatlichkeit verpflichtet fühlt, vermag der Commonwealth heute nicht nur wichtige Brückenfunktionen zwischen den Kontinenten wahrzunehmen. Seine bemerkenswerte Heterogenität liefert vielmehr auch die Voraussetzungen für eine Vielzahl von Aktivitäten in den Bereichen von Politik, Wirtschaft, Kultur sowie Erziehung und Bildung. Spricht man hingegen vom Commonwealth als einer großen Familie, so ist das Bild leicht irreführend, denn familiäre Querverbindungen etwa zwischen Zypern und Jamaica, Malaysia und Tansania oder gar zwischen Indien und Pakistan sind kaum entwickelt. Insofern ist der Commonwealth ohne das Vereinigte Königreich schlechterdings nicht denkbar. Hier hat er sein geistiges und politisches Zentrum, und hier spielt er seine Rolle, auch wenn er im Sinne des formalen Rechts wie des Verfassungsrechts kaum existiert und über keine eigenverantwortlichen Institutionen oder Regierungsorgane verfügt. Es erscheint daher wenig sinnvoll, von einer »Verfassung« des Commonwealth zu sprechen, wie dies gelegentlich geschieht. Dennoch bezweifeln auch seine schärfsten Kritiker nicht, daß der *Commonwealth of Nations* weit mehr als nur Geschichte oder Nostalgie ist.

III. Die Entwicklung des Dominionstatus als Dekolonisierungsmodell

Mit dem Ende der formalen politischen Herrschaft endete die Gültigkeit all jener britischen Gesetze, die die Verwaltung der einzelnen Kolonien und abhängigen Territorien betrafen, und alle jene einstigen Besitzungen sind heute unabhängige Staaten, die nach ihren eigenen Verfassungen und Rechtssystemen regiert und verwaltet werden. Nachdem am 1. Juli 1997 die Souveränität über Hongkong wieder an China übergegangen ist, sind gegenwärtig lediglich noch Anguilla, Bermuda, die Cayman Inseln, die Falkland Inseln, Gibraltar, Montserrat und einige kleinere Inseln abhängige überseeische Territorien des Vereinigten Königreichs. Für diese Territorien gilt heute im wesentlichen jener grundlegende *Colonial Laws Validity Act* von 1865, der unter anderem festlegt, daß ein Gesetz des imperialen Parlaments nur dann auf eine Kolonie Anwendung findet, wenn dieses im Gesetz ausdrücklich festgestellt ist; daß ferner ein koloniales Gesetz, das in irgendeiner Weise einem Gesetz des imperialen Parlaments widerspricht, in diesen und nur in diesen Punkten null und nichtig ist; daß kein koloniales Gesetz allein deswegen nichtig ist, weil es dem englischen *Common law* entgegensteht, und daß jede Kolonie das Recht hat, im Rahmen der allgemeinen Gesetze und Bestimmungen des Reiches sich selbst Gesetze zu geben und ein eigenes Gerichtswesen zu errichten.

Selbst im Falle der weißen Dominions – die doch landläufigerweise als die ersten unabhängigen Nachfolgestaaten einstiger britischer Besitzungen gelten – war dieses formale Ende britischer Gesetze wie überhaupt der rechtlichen Bindungen an das Vereinigte Königreich alles andere als eindeutig. Der Dominionstatus hatte sich im ausgehenden 19. Jahrhundert herausgebildet, als einige Kolonien, insbesondere Kanada, Neuseeland und Australien die Rechtsstellung der sich selbst regierenden Kolonie erhielten. Ab 1887 gab es periodische Konferenzen dieser kolonialen Regierungen unter dem Vorsitz des britischen

Premierministers. Auf der Reichskonferenz (*Imperial conference*) von 1907 wurde dann der Begriff *dominion* als der sich selbst regierenden Kolonie im Unterschied zu den übrigen Kolonien eingeführt. Nach dem Ersten Weltkrieg hatten diese Dominions praktisch völlige Handlungsfreiheit in ihren inneren Angelegenheiten, und sie erhielten das Recht, eigene diplomatische Vertretungen im Ausland zu unterhalten. Ab 1923 wurde ihnen zugebilligt, eigene Verträge mit ausländischen Mächten im Namen der Krone abzuschließen.

Damit hatte der britische Dekolonisierungsprozeß – ohne daß dieser Begriff im öffentlichen Diskurs wie im politischen Bewußtsein der Zeitgenossen bereits eine Rolle gespielt hätte – das entscheidende Stadium erreicht, wie sich vor allem rückblickend herausstellen sollte. Als vergleichsweise unverdächtiger Zeuge mag dafür Sir John Marriott dienen, der in der 1938 erschienenen 4. Auflage seiner *English Political Institutions* in den einleitenden Kapiteln zum Verfassungswandel seit 1910 schrieb, daß seit 1925 nur wenige Dinge vorgefallen seien, die die britische Verfassung derart betroffen hätten wie der Wandel in den Beziehungen zwischen den überseeischen Dominions auf der einen und der Reichskrone und dem Reichsparlament auf der anderen Seite.

Marriott hatte dabei zunächst an die Reichskonferenz von 1926 gedacht, die als Reaktion auf die Unabhängigkeitsbewegungen in Südafrika und Irland, aber auch auf die kanadischen Forderungen nach diplomatischer Eigenständigkeit einberufen wurde. In dem weitgehend von Lordpräsident Arthur James Balfour verfaßten Abschlußbericht – daher mitunter auch Balfour-Bericht genannt – stellte die Konferenz fest, Großbritannien und die Dominions seien »autonome Gemeinschaften innerhalb des britischen Reiches, gleich an Status, in keiner Weise einer dem anderen untergeordnet in irgendeinem Bereich ihrer inneren oder auswärtigen Angelegenheiten, jedoch vereint in ihrer gemeinsamen Ergebenheit gegenüber der Krone und freiwillig verbunden als Mitglieder des britischen *Commonwealth of Nations*« (»autonomous Communities within the British Empire, equal in status, in no way subordinate one to another in any aspect of their domestic or external affairs, though united by a common allegiance to the Crown, and freely associated as members of the British Commonwealth of Nations«).[1] Das Parlament in Westminster sollte zukünftig nur noch mit der Zustimmung des jeweiligen Dominion Gesetze erlassen, die dieses betrafen. Damit hatte der konservative Lord Balfour das gleiche zum Ausdruck gebracht, was Alfred Milner, einst einer der führenden Vertreter des britischen Imperialismus, sieben Jahre zuvor mit seiner Forderung nach einer »absoluten, vollkommen gleichen Partnerschaft zwischen dem Vereinigten Königreich und den Dominions«[2] als einziger Möglichkeit des Fortbestehens des Britischen Empire ausgedrückt hatte.

Bedeutete die Balfour-Erklärung jedoch tatsächlich die politische Gleichstellung der Dominions mit dem Mutterland, gar deren völkerrechtliche Unabhängigkeit? Oder war das mit ihr postulierte Prinzip der Gleichheit der Dominions mit dem Vereinigten Königreich lediglich eine großzügige politische Absichtserklärung oder – um die Fragestellung in einem spezifisch juristischen Sinn zu formulieren – die Erklärung eines vorkonstitutionellen Rechts? War die britische Regierung 1926 auf dem Höhepunkt der Ausdehnung des britischen Weltreichs und im Jahr der massiven sozialen Auseinandersetzungen im Innern und des Generalstreiks wirklich bereit, sich völkerrechtlich von den Dominions zu trennen? Bevor man sich verführen läßt, aus dem Balfour-Bericht voreilige Schlußfolgerungen zu ziehen, erscheint es angebracht, darauf hinzuweisen, daß die Reichskonferenz weder exekutive noch legislative Funktionen besaß und daß ihr Beschluß in eklatantem Widerspruch zur britischen Verfassung und zum Souveränitätsanspruch des britischen Parlaments ebenso stand wie zu dem ehernen britischen Verfassungsprinzip, daß ein für einen bestimmten Zweck geschaffenes Parlament kein über seine Vollmachten hinausgehendes Gesetz beschließen kann. Auch wenn sich die Verfassungskonvention mittlerweile weiter entwickelt hatte, dürfte es unzweifelhaft sein, daß 1926 kein Dominion das Recht erhielt, von sich aus aus dem Reichsverband auszuscheiden. Ob zukünftig der *Colonial Laws Validity Act* von 1865 für die Dominions weiter gelten würde, wurde bewußt offengelassen und einer zukünftigen Regelung vorbehalten. Hatte Westminster also wirklich jene von Dicey 1914 aufgezählten drei zentralen Rechtsvorbehalte aufgegeben, daß nämlich kein Dominion das Recht habe, ein das Dominion betreffendes Gesetz des imperialen Parlaments aufzuheben, ohne Rücksprache mit London einen Vertrag mit einer dritten Macht abzuschließen und im Falle eines Krieges zwischen Großbritannien und einem auswärtigen Staat neutral zu bleiben? War es also eine Gleichheit ohne wirkliche Unabhängigkeit? Wo lagen tatsächlich die Grenzen der verkündeten Gleichheit und der Handlungsfreiheit nach innen und außen, verglichen mit der von Dicey 1914 festgestellten Unabhängigkeit der Dominions als »völlige Unabhängigkeit im Hinblick auf die inneren Angelegenheiten«?[3]

Ungeachtet dieser ungeklärten Fragen und ungelösten verfassungsrechtlichen Probleme muß die Reichskonferenz von 1926 als erster entscheidender Schritt zur Auflösung des britischen Kolonialreichs angesehen werden. Denn – und an dieser Stelle muß der ansonsten verdienstvollen, nahezu zeitgenössischen Abhandlung von Robert Maemeke entschieden widersprochen werden – trotz seiner unbezweifelbaren politischen Autorität ging der Balfour-Bericht deutlich darüber hinaus, lediglich eine »allgemeine Entscheidung und Ausgestaltung der durch die Gewohnheit manifestierten Ordnungswirklichkeit« zu sein, der allein »den geltenden Zustand der Reichsordnung deklaratorisch zur vollen Klarheit« brachte.[4] Sehr viel zutreffender hatte der britische Verfassungshistoriker A. B. Keith bereits 1929 festgestellt, daß der Balfour-Bericht einen Zustand beschrieb, der das Ideal sein könnte, das angestrebt werden sollte, aber der nicht die gegenwärtige Verfassung darstellte.[5] Tatsächlich hatte die Konferenz rechtliches Neuland betreten, und wenn ihre Beschlüsse irgendeine politische Bedeutung haben sollten, lag es an Regierung und Parlament, sie umzusetzen.

Balfour selbst hat das Ergebnis, wie es sich im *Statute of Westminster* 1931 niedergeschlagen hat, nicht mehr erlebt. Mit ihm wurde festgelegt, daß aus der gemeinsamen Verbindung der fünf Dominions (Kanada, Australien, Neuseeland, Südafrika und Irland) mit der Krone folgte, daß diese allen Veränderungen des Thronfolgerechts wie des königlichen Titels zustimmen müssen. Der *Colonial Laws Validity Act* sollte für kein zukünftiges Gesetz der Dominions mehr gelten, und die Dominions sollten das Recht erhalten, jedes Gesetz, das das Recht der Dominions betreffe, zu ändern oder aufzuheben. Schließlich sollte das Parlament in Westminster zukünftig nur noch dann die Dominions betreffende Gesetze erlassen dürfen, wenn das fragliche Dominion ausdrücklich darum nachgesucht hatte.

Ob damit jedoch tatsächlich durch das imperiale Parlament die souveräne Macht eben dieses Parlaments beschnitten wurde, ist umstritten – vermutlich jedoch mehr in der verfassungsrechtlichen Theorie als in der politischen Praxis. Kein englisches Gericht könnte gegen ein Parlamentsgesetz, das die Bestimmungen des *Statute of Westminster* mißachtet, etwas unternehmen. Ob sich jedoch die Gerichte der Dominions an einen derartig erneuerten Souveränitätsanspruch des britischen Parlaments gebunden fühlen würden, mag bezweifelt werden.

Viel schwieriger und weitreichender ist hingegen die Frage, ob das *Statute of Westminster* Auswirkungen auf die Verfassungen der Dominions hatte, so weit diese durch Gesetze des Parlaments des Vereinigten Königreichs zuvor bestimmt worden waren, wie etwa durch den *British North America Act* von 1867, den *Commonwealth of Australia Act* von 1900 und den *South Africa Act* von 1909. Konnten die Parlamente der Dominions diese Gesetze einfach verändern oder abschaffen und damit etwa gegebenenfalls auch die rechtlichen Berufungen an das *Judicial Committee* des *Privy Council* als höchster imperialer Rechtsinstanz verhindern? Die Formulierungen des 10. Absatzes könnten hier gewisse Spielräume zulassen, hätten nicht bereits der 7. und 8. Absatz eindeutig bestimmt, daß das *Statute of Westminster* Kanada, Australien und Neuseeland nicht das Recht gab, die *British North America Acts* seit 1867 bzw. die Verfassungen von Australien und Neuseeland aufzuheben oder zu verändern.

Dieser Rechtsbeschränkungen der Dominions wurden« gegenüber Kanada noch durch die Feststellung verschärft, daß die Gesetzeshoheit des kanadischen Parlaments wie die der Parlamente der kanadischen Provinzen strikt auf solche Angelegenheiten begrenzt seien, die »innerhalb des Kompetenzbereichs des Parlaments von Kanada beziehungsweise der gesetzgebenden Körperschaften der Provinzen« lägen.[6] Das bedeutete, daß das Vereinigte Königreich weiterhin Gesetzgebungsbefugnisse hatte, wenn diese Gesetze oder Bestimmungen der kanadischen Verfassung zu ändern oder zu ergänzen waren, und in der Tat hat das britische Parlament nach 1931 eine Reihe von *British North America Acts* erlassen, darunter jenen von 1949, der das Recht, die kanadische Verfassung zu ändern, von spezifischen Ausnahmen abgesehen, dem kanadischen Parlament nur für den Fall übertrug, daß sich im konkreten Fall nicht mindestens ein Drittel der Mitglieder des britischen *House of Commons* dagegen ausspreche. Ob der Absatz 2 (2) des *Statute of Westminster*, demzufolge kein Gesetz eines Dominion-Parlaments deswegen nichtig sei, weil es einem Gesetz des Parlaments des Vereinigten Königreichs widerspreche, Kanada das Recht gab, dieses britische Gesetz von 1949 zu ändern oder aufzuheben, um dann endlich die volle Verfassungssouveränität zu erlangen, blieb unter kanadischen Verfassungsrechtlern in den folgenden Jahrzehnten heftig umstritten. Das Problem wurde de jure erst 1982 gelöst, als nach jahrelanger Verfassungsdiskussion in Kanada das britische Parlament auf Verlangen des kanadischen Parlaments und gegen die Wünsche von Quebec den *Canada Act* verabschiedete, mit dem die Kompetenz, die kanadische Verfassung zu ändern, endgültig Kanada übertragen wurde. Erst seit diesem Zeitpunkt, 115 Jahre nach dem *British North America Act* von 1867, ist Kanada verfassungsrechtlich wirklich unabhängig.

Im Prinzip ähnlich lag der Fall bei Australien und Neuseeland. Beide Staaten hatten zunächst kein Interesse, das *Statute of Westminster* anzuwenden. Australien übernahm es erst 1942, Neuseeland nicht vor 1947. Seither hat das neuseeländische Parlament die volle Macht, die Verfassung zu verändern, während das australische Bundesparlament diese erst seit dem *Australia Act* von 1986 besitzt, der vom Parlament des Vereinigten Königreichs wie vom australischen Bundesparlament verabschiedet wurde und mit dem die residuellen verfassungsrechtlichen Verbindungen Australiens zu dem Parlament des Vereinigten Königreichs, der britischen Regierung und dem britischen Rechtssystem beendet wurden, ohne dabei die Position der Königin als Königin von Australien zu verändern. Zugleich endeten damit alle Berufungsrechte australischer Gerichte an den *Privy Council*, womit automatisch der *High Court of Australia* zur höchsten Berufungsinstanz in Australien wurde. Auch in diesen Fällen datiert also die tatsächliche verfassungsrechtliche Unabhängigkeit von Neuseeland und Australien erst seit jüngerer Zeit, nämlich ab 1947 bzw. 1986, wobei Neuseeland in seinem *Constitution Act* von 1986 noch einmal ausdrücklich betonte, daß das Parlament des Vereinigten Königreichs keine Gesetzgebungskompetenz in Neuseeland besitze und das *Statute of Westminster* keinerlei Gültigkeit mehr habe.

Bezeichnenderweise hatte das *Statute of Westminster* Irland und Südafrika, die beiden Länder, in denen sich das Unabhängigkeitsstreben am stärksten manifestierte, von vergleichbaren Rechtsbeschränkungen ausgenommen. Dennoch wurde 1952 in Südafrika in einem Gerichtsurteil festgestellt, daß das *Statute of Westminster* das südafrikanische Parlament nicht befähige, durch einfache Gesetzgebung die Verfassung des Landes zu ändern. Doch indem das Land 1961 mit dem Übergang zur Republik aufgrund seiner Apartheidpolitik und angesichts des Widerstands der übrigen Mitgliedsstaaten aus dem Commonwealth ausschied (bis zu seinem Wiedereintritt 1994), war dieses Problem de facto entschieden. Bezüglich Irland bestätigte hingegen der *Privy Council* 1935, daß gemäß dem *Statute of Westminster* das irische Parlament das Recht habe, den Irland-Vertrag und damit auch den *Irish Free State Act* von 1922 zu verändern. Damit war rechtlich der Weg frei für die irische Verfassung von 1937, die im Widerspruch zum Westminster-Statut und dem *Government of Ireland Act* von 1920 den Anspruch auf das gesamte Territorium der Insel erhebt.

Wenn mithin das *Statute of Westminster*, das die verfassungsrechtlichen Konsequenzen aus den Reichskonferenzen von 1926, 1929 und 1930 gezogen hatte, einen wesentlichen rechtlichen Schritt auf dem Weg zur Auflösung des Kolonialreichs darstellte, dokumentierten dennoch die Beispiele der weißen Dominions hinreichend, mit wie vielen Rechtsvorbehalten dieser Weg versehen war und wie stark die rechtlichen und verfassungsrechtlichen Bindungen auch weiterhin geblieben waren, so daß das Jahr 1931 noch auf Jahrzehnte hin nicht die absolute und uneingeschränkte Souveränität der Dominions bedeutete. Im Gegenzug hatten aber die Dominions verbriefte Rechte erhalten, wenn es um bislang vermeintlich rein britische Fragen ging und auch in Zukunft geht, nämlich in den die Monarchie betreffenden rechtlichen Angelegenheiten. Diese neuen Rechte kamen bereits 1936 im Zusammenhang mit der Abdankung von Eduard VIII. zum Tragen, als der britische Premierminister Baldwin gemäß dem *Statute of Westminster* die Stellungnahme der Regierungen der Dominions zur vorgesehenen Heirat des Königs einholte und entsprechend der Mehrheit auf dem Rücktritt des Königs bestand. Analog äußerten sich 1952 die Monarchien im Commonwealth bei der Thronbesteigung von Elisabeth II. zur zukünftigen Anrede und zum Titel der Monarchin.

IV. Von der Unabhängigkeit auf Raten zur Wende von 1960

Der britische Dekolonisierungsprozeß verlief nicht nur bei den ehemaligen Dominions zögerlich und etappenweise, indem sich das Vereinigte Königreich wesentliche Rechtspositionen zu sichern wußte, die bewirken sollten, daß die Verbindungen mit den einstigen Kolonien nicht abrupt abrissen und auch weiterhin ein Mindestmaß an Mitwirkungsmöglichkeiten gegeben war. Alle Regierungen des Vereinigten Königreichs haben in der Zeit nach 1945 versucht, bei der Unabhängigkeit der vormaligen Kolonien analog zum *Statute of Westminster* zu verfahren. So hieß es im *Indian Independence Act* von 1947 zwar, daß kein ab dem Unabhängigkeitstag von Indien und Pakistan vom britischen Parlament für beide Dominions erlassenes Gesetz Gültigkeit haben solle, »so lange es nicht von der gesetzgebenden Körperschaft des Dominions auf dieses ausgedehnt worden ist«, während im Gegenzug kein indisches oder pakistanisches Gesetz nichtig sein solle, das gegen »die Bestimmungen dieses oder eines anderen bestehenden oder zukünftigen Parlamentsgesetzes« des Vereinigten Königreichs verstoße. Zugleich aber hatte die Gesetzespräambel klargestellt, daß mit diesem Gesetz »gewisse Bestimmungen des *Government of India Act* von 1935« geändert[7] und damit alle übrigen unverändert bestehen bleiben würden, während der Absatz 7 (1) die Rechtsbegrenzungen der neuen Dominionparlamente feststellte, indem beide Staaten nun in allen sie betreffenden Bereichen die Rechtsnachfolge des Vereinigten Königreichs antraten. Noch folgenreicher war der Absatz 18 (1), mit dem alle vor dem Unabhängigkeitstag erlassenen britischen Gesetze, *Orders in Council*, Verordnungen u. a., selbst wenn sie nicht ausdrücklich Teil eines das vormals britische Indien betreffenden Gesetzes waren, als weiterhin gültig bezeichnet wurden, sofern sie nicht im ausdrücklichen Widerspruch zum *Indian Independence Act* standen. Damit blieben verfassungsrechtliche Beschränkungen verankert, die zukünftig rechtlich allein unter Mitwirkung des Vereinigten Königreichs gemindert oder aufgehoben werden konnten. Erst mit der indischen Verfassung von 1950 wurden diese Beschränkungen abgeschafft, indem sie den *Government of India Act* von 1935 ebenso wie den *Indian Independence Act* von 1947 außer Kraft setzte.

Formal war der Fall Ceylon – das heutige Sri Lanka – anders gelagert, denn die Verfassung Ceylons von 1946 war als *Order in Council* verkündet worden und in dieser Form in den *Ceylon Independence Act* von 1947 eingegangen. Damit war nicht nur festgelegt, daß die Verfassung allein mit der Zustimmung des Königs, d. h. der britischen Regierung geändert werden konnte, sondern in der Verfassung selbst auch verankert, daß eine Parlamentsmehrheit von zwei Dritteln für eine Verfassungsänderung erforderlich war. Jedoch war es verfassungsrechtlich zumindest umstritten, ob Ceylon ebenso wie Indien und Pakistan das Recht hatte, den *Ceylon Independence Act* zu ändern, denn in seinem *First Schedule* fehlte der ausdrückliche Hinweis auf dieses Gesetz, und es hieß lediglich, daß keines seiner Gesetze nichtig sein solle, das gegen »die Bestimmungen eines bestehenden oder zukünftigen Gesetzes des Parlaments« des Vereinigten Königreiches verstoße.[8] Andererseits fand sich hier jedoch auch nicht die deutliche Formel der Rechtsbeschränkung, die der *Indian Independence Act* enthalten hatte. Doch die daraus resultierende Ungewißheit, ob mithin das indische und pakistanische Parlament souveräner waren als das ceylonesische oder umgekehrt, dürfte letztlich Ausdruck einer britischen Politik in dieser Phase der Dekolonisierung gewesen sein, die nach Formen suchte, ein Mindestmaß an rechtlichen Bindungen und damit an britischem Einfluß zu erhalten, ohne daß dafür feste Regeln und Formen oder generelle politische Richtlinien bereitstanden.

Diese Position tritt um so deutlicher hervor, wenn man zum Vergleich den *Burma Independence Act* von 1947 heranzieht, also eines Landes, das mit dem Erreichen der Unabhängigkeit alle Bande zum Vereinigten Königreich kappte und nicht Mitglied des Commonwealth wurde. Hier hieß es kurz und knapp, mit dem Unabhängigkeitstag »wird Burma ein unabhängiges Land, das weder einen Teil der Dominions seiner Majestät bildet noch Anspruch auf den Schutz seiner Majestät hat«, ohne jedes weitere Wort über irgendwelche vormaligen oder bestehenden Rechtsvorbehalte.[9]

Die Mehrzahl der zeitlich nachfolgenden Verfassungen einstiger Kolonien und zukünftiger Mitglieder des Commonwealth, darunter die von Ghana von 1957, sind als *Order in Council* nach dem Muster der Verfassung von Ceylon gewährt worden und in den anschließenden Jahren vielfach wegen der in ihnen enthaltenen Rechtsbeschränkungen kritisiert oder sogar abgeschafft worden, so in Ghana 1960.

Der eigentliche Durchbruch hin zur vollen und uneingeschränkten Unabhängigkeit und damit zum völligen Verzicht des Vereinigten Königreichs auf irgendeine zukünftige gesetzliche Einwirkungsmöglichkeit vollzog sich erst mit dem *Nigeria Independence Act* von 1960, mit dem der Weg vom Ende des 19. Jahrhunderts über die Reichskonferenz von 1926 und das *Statute of Westminster* von 1931 abgeschlossen war. Mit dem *Nigeria Independence Act* verkündete die britische Regierung, daß sie keinerlei Verantwortung für die Regierung von Nigeria oder eines seiner Teile habe; daß der *Colonial Laws Validity Act* von 1865 kein zukünftiges Gesetz des nigerianischen Parlaments binde; daß das nigerianische Parlament volle Gesetzgebungsfreiheit habe und selbst Gesetze erlassen könne, die gegen die Gesetze des Vereinigten Königreichs, einschließlich des Unabhängigkeitsgesetzes, verstießen, und daß das britische Parlament zukünftig kein Gesetz verabschieden werde, das sich auf Nigeria oder eines seiner Teile als Bestandteil seines Rechtes erstrecken werde. Hatte es noch im *Ghana Independence Act*, in Abwandlung früherer Unabhängigkeitsgesetze, geheißen, daß kein Gesetz des Parlaments des Vereinigten Königreichs für Ghana Gültigkeit habe, »so lange nicht in einem derartigen Gesetz ausdrücklich erklärt wird, daß das Parlament von Ghana dieses Gesetz verlangt und ihm zugestimmt hat«,[10] so fehlte jeder vergleichbare Passus im *Nigeria Independence Act*. Statt dessen wurde jene Formulierung des *Indian Independence Act* erweitert, die dem Nachfolgestaat erlaubte, Gesetze zu erlassen, die gegen das eigene Unabhängigkeitsgesetz verstießen, und die diesem Staat nunmehr, darüber hinausgehend, das Recht einräumte, selbst dieses Gesetz abzuschaffen, zu ergänzen oder zu verändern. Kein Unabhängigkeitsgesetz des Parlaments des Vereinigten Königreiches war in der Vergangenheit bei einem im Commonwealth verbliebenen Land so weit gegangen. Damit hatte das britische Parlament jede Gesetzgebungskompetenz für ein in die Unabhängigkeit entlassenes Territorium aufgegeben, entsprechend der Überzeugung von Dicey, daß ein souveränes Parlament sich seiner Macht entäußern könne, denn jede etwaige spätere – gewiß allein theoretische – Möglichkeit, daß das souveräne britische Parlament den *Nigeria Independence Act* widerrufen und sich damit erneut rechtlich in den Stand versetzen könnte, per Gesetz in Nigeria einzugreifen, würde an Absatz 1 (2) scheitern, nach dem kein britisches Gesetz zukünftig für Nigeria gültig sein solle. Es kann getrost angenommen werden, daß, wenngleich kein britisches Gericht, so doch gewiß jedes nigerianische Gericht diesen Gesetzespassus aufrechterhalten würde.

Seit 1931 hatte sich vieles verändert. Obwohl die Königin weiterhin *Head of the Commonwealth* blieb, war seit 1949 mit dem Fall Indien akzeptiert, daß eine frühere Kolonie auch als Republik Mitglied des Commonwealth sein könne. Ferner sprach man nun folgerichtig nicht länger von Dominions, sondern von Mitgliedern des Commonwealth. Schließlich wurde aber auch in einer sich wandelnden Zeit nach dem Zweiten Weltkrieg und zumal seit Ende der 50er Jahre offensichtlich, daß der restriktive Unabhängigkeitsbegriff des *Statute of Westminster* nicht länger angemessen war und daß dieser weiter gefaßt werden mußte, da es schlechterdings unzeitgemäß war, wenn sich das britische Parlament weiterhin Rechtsvorbehalte gegenüber den Mitgliedsstaaten des Commonwealth reservieren wollte. Doch es bedurfte der Erfahrungen des Dekolonisierungsprozesses über Indien, Pakistan, Ceylon, Burma, den Sudan, Malaya und Ghana hinaus, bis sich 1960 die Überzeugung durchgesetzt hatte, daß das Gesetz, das einer vormaligen Kolonie die Unabhängigkeit gewährte, über das *Statute of Westminster* hinausgehen mußte. Einhergehend mit diesem Bewußtseinswandel, zu dem die einst abhängigen Besitzungen und nachfolgenden Commonwealth-Staaten, mehr noch jedoch die Entwicklungen in Großbritannien beigetragen hatten, erfolgte auch der Schritt zur vollständigen Gerichtsautonomie, d. h. der rechtlichen Abschaffung der Berufungsmöglichkeit an das *Judicial Committee of the Privy Council* als letztrichterlicher Instanz. Lediglich 18 der 52 Mitgliedsstaaten des Commonwealth (ohne das Vereinigte Königreich) – in der Regel die kleinen, meist karibischen Inselstaaten, jedoch einschließlich Neuseeland und Singapur – erkennen das *Judicial Committee* als letzte Berufungsinstanz derzeit noch an. Auch die von Großbritannien befürwortete Freizügigkeit von Rechtsanwälten, die im Bereich von Commonwealth- und Empirerecht spezialisiert waren, kam damit praktisch zum Erliegen.

In einem Punkt aber hat sich am *Statute of Westminster* nichts geändert: Zwar verfügt das britische Parlament in den einstigen Besitzungen ungeachtet seiner Souveränität tatsächlich über keine rechtlichen Einwirkungsmöglichkeiten mehr, nachdem Kanada 1982 und Australien 1986 gemeinsam mit dem Vereinigten Königreich entsprechende Gesetze verabschiedet haben, aber nach wie vor besitzen die Monarchien des Commonwealth ein Mitspracherecht, wenn es um die britische Thronfolge und den Titel des britischen Monarchen geht, ein Aspekt, der in kommenden Jahren durchaus von mehr als nur theoretischer Bedeutung sein könnte.

V. Die Illusion der informellen Herrschaft

Angesichts der Entwicklung seit dem ausgehenden 19. Jahrhundert erscheint es zu kurz gegriffen, die Auflösung des Britischen Empire – wie es gemeinhin geschieht – als Prozeß darzustellen, der sich plötzlich innerhalb von fünfzehn Jahren zwischen 1945 und 1960 vollzog. Vielmehr entwickelte er sich über rund 100 Jahre in Form einer zunächst kaum wahrgenommenen, schleichenden Erosion, um dann nach dem Ende des Zweiten Weltkriegs mit der Herausbildung von zwei Supermächten und dem zwischen ihnen stattfindenden kalten Krieg in eine Phase der Beschleunigung einzutreten. Daraus ergaben sich neue Formen politischer, militärischer, ökonomischer und finanzieller Abhängigkeiten, denen sich auch Großbritannien nicht entziehen konnte und die die Grenzen seiner Macht und seines Einflusses in der Welt aufzeigten.

Diese Veränderungen und die damit verbundenen Probleme konnten an den Kolonien nicht unbemerkt vorübergehen und trafen hier mit einem häufig bereits seit längerem bestehenden Unabhängigkeitsstreben zusammen. Dieses entlud sich, mitunter mit ethnischen Konflikten verknüpft, wie lange zuvor bereits in Indien jetzt auch in einer Reihe von Besitzungen zumal in den fünfziger Jahren auf gewaltsame Weise, so an der Goldküste (Ghana), in Kenia, Malaya, auf Zypern, in Njassaland (Malawi) und anderswo. Auch wenn keiner dieser zum Teil höchst blutigen Konflikte in einen regelrechten Unabhängigkeitskrieg mündete, blieben sie nicht folgenlos für die in der Regel wenige Jahre später erfolgende formelle Entlassung in die Unabhängigkeit. Dabei konnten die häufig in Großbritannien ausgebildeten kolonialen Eliten vielfach einen zumindest für eine Übergangszeit politisch-sozial stabilisierenden Einfluß ausüben, während die britische Politik bleibender rechtlicher Bindungen oftmals bereits nach wenigen Monaten oder Jahren Schiffbruch erlitt.

Genau dies ist der Ort, an dem der britische Dekolonisierungsprozeß seine spezifische Bedeutung gewinnt, indem nämlich die britische Politik die voraufgegangene Verselbständigung der Dominions und das von ihnen in andere Kolonien ausstrahlende Beispiel nun, unmittelbar nach Ende des Zweiten Weltkriegs, mit dem Versuch einer Revitalisierung des Empire aufzufangen versuchte. Doch als das Scheitern dieser Revitalisierungsversuche bereits nach relativ kurzer Zeit offenkundig war, versuchte die britische Regierung bis Ende der fünfziger Jahre, die Erfahrungen aus dem politischen Abnabelungsprozeß der Dominions in abgewandelter Form auf die jetzt nach Unabhängigkeit strebenden Kolonien zu übertragen, womit die Eigentümlichkeiten dieses Prozesses vollends zutage treten. Unter dem Eindruck, auf manifeste äußere Zwänge in einer Weise reagieren zu müssen, die sinnloses Blutvergießen vermied, suchte man nun nach Wegen des graduellen Übergangs von formaler zu informeller Herrschaft. Bei diesem Übergang trachtete das Vereinigte Königreich lange danach, sich unter Betonung von Autonomie und Gleichheit wesentliche Rechtsvorbehalte zu sichern, die noch Jahrzehnte nach Beginn dieser Entwicklung dem britischen Parlament einen rechtlich abgesicherten politischen Einfluß auf die ehemaligen Besitzungen zubilligen sollten.

Auf diese Weise sollten abrupte Brüche beim Ende der formalen Kolonialherrschaft – außer in so unvermeidlichen Fällen wie Burma, dem Sudan und einigen wenigen anderen vormaligen Kolonien – in der Regel vermieden werden und jenes so eigentümliche Nachfolgegebilde des *Commonwealth of Nations* als Kern eines Sterling-Gebietes mit der Londoner City als Finanzzentrum von globaler Bedeutung überhaupt erst Gestalt annehmen. Vor allem aber konnte dadurch jenes Gefühl in Großbritannien anhaltend bestärkt werden, daß trotz des weltweiten Dekolonisierungsprozesses und des Niedergangs des eigenen Empire eine Art von Bindung mit dem einstigen Reich weiterbestand und sich doch eigentlich nur im Sinne der formalen Herrschaft etwas an der britischen Stellung in der Welt geändert hatte, ohne die britische Weltgeltung entscheidend zu berühren. Erst als seit dem Ende der fünfziger Jahre das Empire zugunsten der Industrieländer deutlich an ökonomischer Bedeutung verlor und sich der Zusammenhang zwischen Empire und dem britischen Pfund als Weltreservewährung rasch aufzulösen begann, ergriff der »wind of change«, den Macmillan 1960 in Kapstadt beschworen hatte, die britische Politik. Der Zeitpunkt für eine Neuorientierung war gekommen, mit der die britische Regierung ohne Vorbehalte eine konsequente Dekolonisierungspolitik betrieb und sich politisch verstärkt Westeuropa zuwandte.

Anmerkungen

1 Zit. n. d. grundlegenden, erstmals 1937 erschienenen von Robert MacGregor Dawson herausgegebenen Werk, The Development of Dominion Status 1900–1936, 1937, Ndr. London 1965, S. 331.
2 Zit. n. Robert Livingston Schuyler, Parliament and the British Empire. Some Constitutional Controversies Concerning Imperial Legislative Jurisdiction, New York 1929, S. 221.
3 Albert Venn Dicey, Introduction to the Study of the Law of the Constitution, London [8] 1915, Ndr. Indianapolis 1982, S. L (Einleitung zur 8. Aufl.).
4 Robert Maemeke, Die rechtiche Stellung der britischen Dominien beim Abschluß internationaler Verträge. Ein Beitrag zur Untersuchung der Rechtsprobleme der Britischen Staatengesellschaft (Abhandlungen der Rechts- und Staatswissenschaftlichen Fakultät der Universität Göttingen, H. 25), Leipzig 1938, S. 66.
5 Arthur Berriedale Keith, The Sovereignty of the British Dominions, London 1929, S. 184.
6 Statute of Westminster, sect. 7 (3), in: Dawson (Hrsg.), Development of Dominion Status, S. 413.
7 Indian Independence Act 1947, Präambel, sect. 6 (2), (4), abgedr. in: Sir Ivor Jennings, Constitutional Laws of the Commonwealth, I, Oxford 1957, S. 461, 463.
8 Ceylon Independence Act, First Schedule, s. 1 (2), abgedr. in: ebd., S. 469.
9 Abgedr. in: Documents and Speeches on British Commonwealth Affairs 1931–1952, hg. v. Nicholas Mansergh, II, London 1953, S. 779–792, bes. sect. 1 (1), ebd., S. 779–780.
10 5 & 6 Eliz. 2, c. 6, s. 1 (a).

Literatur

P. J. Cain / A. G. Hopkins, British Imperialism: Crisis and Deconstruction. 1914–1990, London 1993
William Dale, The Modern Commonwealth, London 1983

John Darwin, Britain and Decolonisation: The Retreat from Empire in the Post-War World, Basingstoke 1988

Ders., The End of the British Empire: The Historical Debate, Oxford 1991

John Gallagher, The Decline, Revival and Fall of the British Empire, Cambridge 1982

Martin Kitchen, The British Empire and Commonwealth. A Short History, Basingstoke 1996

Trevor Owen Lloyd, The British Empire, 1558–1995, Oxford ²1996

Donald Anthony Low, Eclipse of Empire, Cambridge 1991

W. David McIntyre, British Decolonization, 1946–1997. When, Why and How did the British Empire Fall?, Basingstoke 1998

Robin Neillands, A Fighting Retreat. The British Empire 1947–1997, London 1997

S. A. de Smith, The New Commonwealth and Its Constitutions, London 1964

Leslie Zines, Constitutional Change in the Commonwealth, Cambridge 1991

Richard Lorenz
Das Ende der Sowjetunion

Die im Dezember 1991 erfolgte Auflösung der Sowjetunion bedeutete eine tiefe historische Zäsur, die gleichermaßen innere und äußere Aspekte aufweist. An die Stelle eines mächtigen einheitlichen Staates traten fünfzehn Einzelstaaten, die jeweils eigene Ziele verfolgen. Rußland, das Kernland der Sowjetunion, mußte auf die globale Machtstellung verzichten, die die sowjetische Supermacht jahrzehntelang innegehabt hatte. Mit dem inneren und äußeren Verfall der sowjetischen Macht ging die Auflösung des sog. sozialistischen Weltsystems einher, das eben noch einen mehr oder weniger einheitlichen Block gebildet hatte, an dem sich die kommunistische Weltbewegung orientierte. Zahlreiche ost- und mitteleuropäische Staaten suchten eine neue außenpolitische Orientierung und leiteten zugleich eine tiefgreifende Umgestaltung ihres politischen und wirtschaftlichen Systems ein. Die demokratische Revolution der Jahre 1989 bis 1991, die das Leben einiger hundert Millionen Menschen veränderte, hatte weitreichende weltpolitische Folgen. Sie bedeutete vor allem das Ende der bipolaren Welt und der globalen Konfrontation der beiden großen militärpolitischen Blöcke; das »amerikanisch-sowjetische Zeitalter« machte einer neuen Weltordnung Platz.

Das Ende der Sowjetunion, dem der Niedergang der Kommunistischen Partei vorausgegangen war, erfolgte für Politik und Wissenschaft gleichermaßen überraschend. Zwar hatte man in den siebziger und in der ersten Hälfte der achtziger Jahre immer wieder Anzeichen eines wirtschaftlichen und sozialen Stillstands diagnostiziert. Die Sowjetunion, die nach dem Ersten Weltkrieg auf den Trümmern des Zarenreiches entstanden war und sich nach dem Zweiten Weltkrieg in eine nukleare Supermacht verwandelt hatte, war allmählich in einen Zustand der Immobilität und politischen Erstarrung geraten. Die

Mitte der achtziger Jahre eingeleitete Reformpolitik, mit der ein Verzicht auf eine expansive Außenpolitik verbunden war, schien jedoch eine neue, dynamische Periode der sowjetischen Geschichte einzuleiten, an die sich innerhalb und außerhalb des Landes große Hoffnungen knüpften. Wenig später wurden die Sowjetunion und die mit ihr verbündeten Staaten von einer schweren Krise erfaßt, die zum Zusammenbruch des kommunistischen Systems und zur Auflösung des Sowjetstaates führte. Die folgenden Ausführungen gehen auf den Verlauf und die wichtigsten inneren Probleme dieser Entwicklung ein, wobei ereignis- und strukturgeschichtliche Momente miteinander verknüpft wurden.

I. Politik und Wirtschaft im sowjetischen System

Die geschichtliche Entwicklung der Sowjetunion wurde durch das – von der Bevölkerung nie legitimierte – Einparteiensystem bestimmt. Erst sechs Jahrzehnte nach der russischen Revolution kleidete man es in eine verfassungsmäßige und rechtliche Norm. Die Verfassung vom Jahre 1977 enthielt den Artikel 6, der die Kommunistische Partei als »Kernstück des politischen Systems« definierte, wodurch das bestehende Regime den Anschein von Rechtmäßigkeit erhielt. Die KPdSU war keine Partei im eigentlichen Sinne, sondern der wichtigste Bestandteil des bestehenden Herrschaftssystems, eine Art »Ideologie- und Kaderministerium«. Sie kontrollierte nicht nur den gesamten Staats- und Wirtschaftsapparat, sondern übte darüber hinaus die Funktion eines Gesetzgebers und Richters aus. Es fehlte jede Form von Gewaltenteilung und Kontrolle. Das sowjetische Parlament, der Oberste Sowjet, verabschiedete zwar der Form nach die Gesetze. De facto aber hatte er – ebenso wie die anderen Sowjets auf den unteren Ebenen – nur eine dekorative Funktion. Alle staatlichen Organisationen und Institutionen – darunter die Armee und die Staatssicherheit (KGB) – waren Instrumente der Kommunistischen Partei, die über das absolute Machtmonopol verfügte. Besonders streng wachte sie über Schlüsselministerien wie Verteidigung und Staatssicherheit, Innen- und Außenministerium. Aber auch die Wirtschaft konnte sich der Parteikontrolle nicht entziehen. Der Regierung oblag zwar die operative Leitung der Wirtschafts- und Sozialpolitik. Jedes wichtige wirtschaftliche und soziale Problem wurde jedoch zunächst in einer Parteiinstanz behandelt. Im Apparat des Zentralkomitees entstanden immer neue Wirtschaftsabteilungen und -bereiche, die die Kontrolle über die Ministerien und Betriebe ausübten. In der Vergangenheit hatte man zwar häufig versucht, die Funktionen von Partei und Staat gegeneinander abzugrenzen. Am Ende aber waren beide unauflöslich miteinander verschmolzen, so daß man von einem Parteistaat sprechen muß.

Auch innerhalb der Kommunistischen Partei selbst bestand eine beispiellose Machtkonzentration. An der Spitze standen das – vom Generalsekretär geleitete – Politbüro und das Sekretariat des Zentralkomitees, die die gesamte Politik bestimmten. Dabei stützten sie sich auf die nationalen, regionalen und lokalen Parteikomitees, die in ihrem Bereich jeweils als Träger der Macht fungierten. Es handelte sich um ein sorgfältig durchdachtes Subordinationssystem, ergänzt durch eine Vielfalt persönlicher Beziehungen. Die Parteisekretäre der verschiedenen Ebenen hatten zwar den Generalsekretär zu unterstützen; in ihrem eigenen Bereich verfügten sie jedoch über eine nahezu uneingeschränkte Machtstellung. In diesem Sinne hatte sich in den letzten Jahrzehnten eine Art Gleichgewicht herausgebildet, das die Stabilität der bestehenden politischen Machtverhältnisse gewährleistete. Die ca. 19 Millionen Mitglieder der Kommunistischen Partei, die in Hunderttausenden von Grundorganisationen zusammengefaßt waren, hatten dem bürokratischen Parteiapparat zu dienen. »Bei uns hatte sich ein bestimmter Typ des Kommunisten herausgebildet«, heißt es in einer späteren Kritik, »ein Erfüllungsgehilfe, der nicht in der Lage ist, selbständig politisch zu handeln oder auch eine unkonventionelle Meinung zu entwickeln, und der eine nicht sanktionierte Kritik an gesellschaftlichen Mängeln und an hochgestellten Personen vermeidet.«[1]

Die Sowjetunion war der größte Staat der Welt. In ihren Grenzen lebten etwa 130 Nationen, Völkerschaften, nationale und ethnische Gruppen, von denen ca. 70 über ein eigenes Schrifttum verfügen. Das bei weitem größte Volk waren die Russen, die nach der letzten Volkszählung (1989) 50,8 Prozent der Gesamtbevölkerung ausmachten. Diese war in 53 nationalen Gebietseinheiten organisiert, die einen unterschiedlichen Status hatten. Es gab 15 Unionsrepubliken, denen wiederum 20 Autonome Republiken, acht Autonome Gebiete und zehn

Autonome Bezirke angehörten. Das bedeutete ein mehrstufiges Unterordnungssystem, das mit einer Hierarchie nationaler Rechte, Vorrechte und Sonderrechte verbunden war. Die einzelnen Völker lebten zu einem Teil auf ihren angestammten Territorien, zum anderen Teil waren sie über das ganze Land verstreut. Alle administrativen Einheiten waren auf diese Weise polyethnische Gebilde. In politischer Hinsicht gab es allerdings keinen Unterschied. Die UdSSR, so hieß es in der Verfassung von 1977, »schließt alle Nationen und Völkerschaften zum gemeinsamen Aufbau des Kommunismus zusammen«.

In den letzten Jahrzehnten konzentrierte sich die Parteiführung in erster Linie darauf, das bestehende politische und ökonomische System zu stabilisieren. In diesem Sinne hat vor allem die achtzehnjährige Herrschaft Breschnews (1964–1982) das Land geprägt. Es war eine Zeit der Immobilität, der politischen Restauration und der wirtschaftlichen Stagnation, die schließlich krisenhafte Züge annahm. Zwar war damals viel von wissenschaftlich-technischer Revolution und Intensivierung der Wirtschaft die Rede. Doch auf die wirklichen Herausforderungen der Zeit hat die sowjetische Führung nicht reagiert, da das ganz offensichtlich das bestehende System gefährdet hätte. Breschnew war es im Laufe der siebziger Jahre gelungen, seine persönliche Machtstellung an der Spitze von Partei und Staat endgültig zu festigen. Doch hatte er seit Ende 1974 – nach einer schweren Krankheit – in zunehmendem Maße seine politischen und geistigen Energien eingebüßt. Nachdem sein gesundheitlicher und geistiger Verfall durch das Fernsehen dem ganzen Lande bekannt geworden war, hatte er am Ende jede politische Autorität verloren.

Den beiden Nachfolgern Breschnews war nur eine kurze Amtszeit beschieden. Andropow, der langjährige Vorsitzende des KGB, der das Amt des Generalsekretärs im November 1982 antrat, war zweifellos eine fähige Persönlichkeit. Er war allerdings stärker als andere durch das bestehende System geprägt und versuchte, das Land mit harter Hand zu regieren. Zwar gelang es ihm mit Hilfe einer Reihe disziplinarischer Maßnahmen, wirtschaftliche und soziale Verfallsprozesse unter Kontrolle zu bringen. Neuerungen und Veränderungen aber blieben schon allein deshalb im ersten Ansatz stecken, weil sich der Gesundheitszustand Andropows seit dem Sommer 1983 rapide verschlechterte und er schon bald aus der aktiven Politik ausschied. Nach seinem Tode im Februar 1984 folgte ihm auf dem Posten des Generalsekretärs der ebenfalls schwerkranke Tschernenko, eine farblose, selbst innerhalb der Partei wenig populäre Persönlichkeit, völlig unfähig zur selbständigen Führung eines großen Landes. An der Spitze der Supermacht Sowjetunion standen auf diese Weise etwa ein Jahrzehnt lang alte, arbeitsunfähige und hoffnungslos kranke Männer. Gorbatschow bemerkt rückblickend über diese Gerontokratie: »In weniger als drei Jahren waren drei Generalsekretäre sowie namhafte Mitglieder des Politbüros gestorben ... Diese Kette von Todesfällen hatte auch eine gewisse Symbolik. Das System als solches lag im Sterben, es war überaltert und besaß keine Lebenskraft mehr.«[2]

Die zunehmende Erstarrung des politischen Systems hatte verhängnisvolle Folgen für die inzwischen von Stagnations- und Krisenerscheinungen gezeichnete Wirtschaft des Landes. In den fünfziger und sechziger Jahren hatte man versucht, das bürokratische ökonomische Lenkungssystem durch Teilreformen, die auch marktwirtschaftliche Elemente beinhalteten, flexibler und effektiver zu gestalten. Doch waren diese Reformen auf halbem Wege stehengeblieben, da sie das bestehende Machtsystem bedrohten. Die administrative Kommandowirtschaft, die sich unter der Herrschaft Stalins herausgebildet hatte, bestand trotz zahlreicher Korrekturen in ihrer Kernstruktur weiter fort. Es handelte sich um eine Wirtschaft auf der Basis einheitlichen Staatseigentums – ein staatsmonopolistisches Wirtschaftssystem, das einen außerordentlich hohen Monopolisierungs- und Konzentrationsgrad aufwies. Dabei verfügte der Staat als Eigentümer der Produktionsmittel auch über die unmittelbare wirtschaftliche Kommandogewalt. Das Staatliche Plankomitee verwaltete die Wirtschaft mit Hilfe der Branchenministerien und anderer zentraler Behörden, die gegenüber den Betrieben über eine außerordentliche Macht verfügten. Eine Schlüsselrolle spielte hierbei die zentralisierte Verteilung der Produktionsmittel, die über das Staatliche Komitee für materiell-technische Versorgung erfolgte. Sie bildete gewissermaßen die Basis der administrativen Kommandowirtschaft.

Im Laufe der vergangenen Jahrzehnte waren mit Hilfe administrativer Methoden enorme industrielle Kapazitäten geschaffen worden, die sich allerdings ganz ungleichmäßig verteilten. Die Hauptsorge der sowjetischen Führung galt der Schwer- und Rüstungsindustrie, die die wirtschaftliche und militärische Macht des Staates verkörperte. Hier wurden über lange Jahre hinweg die Kräfte und Mittel des Landes konzentriert, um im Rüstungswettlauf mit den Vereinigten Staaten Schritt halten zu können. Allein die Erfolge bei der Entwicklung von Kernwaffen, im Raketenbau und in der – eng mit der Rüstungsindustrie verbundenen – Weltraumtechnik, so schien es, gewährleisteten die Sicherheit des Landes. Der Militärisch-industrielle Komplex, der sich auf seiner eigenen Grundlage entwickelte und mit der übrigen Wirtschaft kaum verbunden war, verfügte schließlich über ein gigantisches Produktionspotential, das zugleich eine enorme politische Macht bedeutete.

Die Politik der Aufrüstung wurde auch dann noch fortgesetzt, als Ende der sechziger / Anfang der siebziger Jahre die militärstrategische Parität mit den USA erreicht war, so daß die Sowjetunion in vielen Bereichen schließlich einen absurd hohen Rüstungsgrad und die Militarisierung des Landes beispiellose Dimensionen erreichte. »Während jener Jahre rüsteten wir wie Süchtige, ohne jede politische Notwendigkeit«, bemerkt Arbatow, einer der wichtigsten außenpolitischen Berater der sowjetischen Führung, rückblickend. »Wir taten es nicht, weil wir mit einem Krieg rechneten oder eine Aggression aus dem Westen befürchteten.«[3] Die Ausgaben für militärische Zwecke stiegen schließlich anderthalbmal und sogar doppelt so rasch wie das Nationaleinkommen und betrugen am Ende 40 Prozent des Staatshaushalts. Nach offiziellen Angaben wurden 20 Prozent des Bruttosozialprodukts für militärische Zwecke ausgegeben. Es gab kaum einen Industriezweig, der nicht direkt oder indirekt mit dem Militärisch-industriellen Komplex und seinen Institutionen verbunden war. Auch zahlreiche Forschungsanstalten, Entwicklungsbüros und andere wissenschaftliche Institutionen beschäftigten sich mehr oder weniger ausschließlich mit militärischen Themen. Von den rund 25 Milliarden Rubel, die für die Wissenschaft insgesamt ausgegeben wurden, entfielen etwa 20 Milliarden auf die militär-technische Forschung und Entwicklung.[4] Die Ausgaben für den Militärisch-industriellen Komplex, die immer mehr Ressourcen verschlangen, belasteten das Land schließlich in einer Weise, daß ein Ruin der Wirtschaft abzusehen war, zumal das Bruttosozialprodukt in der Sowjetunion erheblich unter dem der USA lag. »Es war klar, daß der Militarismus die Kräfte unseres Landes erschöpfte und es immer mehr einem Koloß auf tönernen Füßen ähnelte«, schreibt Arbatow.[5]

Der anhaltende Ausbau der Rüstungsindustrie führte zur Vernachlässigung und Schwächung der übrigen Industriezweige, besonders der Konsumgüterindustrie, die nur geringe Investitionen erhielt und mit veralteter Technik vorliebnehmen mußte. Die sowjetische Wirtschaft, die jederart Militärtechnik im Überfluß produzierte, war nicht in der Lage, die Bevölkerung ausreichend mit einfachsten Gebrauchsgütern zu versorgen. Es herrschte chronischer Mangel an Massenbedarfsartikeln und Dienstleistungen, der nur mit Hilfe eines weitverzweigten Systems der Schattenwirtschaft etwas abgemildert werden konnte. Die Folge war ein – auch im Vergleich mit den anderen Ländern des »sozialistischen Weltsystems« – überaus niedriger Lebensstandard. Die eigentliche Achillesferse der sowjetischen Wirtschaft aber war die Landwirtschaft, die sich in einer permanenten Krise befand. Die gewaltsame Kollektivierung, die Enteignung und Entwurzelung der Bauernschaft bedeutete, hatte alle Arbeitsimpulse zerstört. Auf dem Lande herrschten Apathie, Gleichgültigkeit und eine Art kollektiver Verantwortungslosigkeit, was die Arbeitsleistungen außerordentlich beeinträchtigte und zu einer anhaltenden Stagnation der Agrarproduktion führte. Eine überdimensionierte Agrarbürokratie, die ihre Macht auf das staatliche Eigentum an Grund und Boden gründete, preßte mit Hilfe eines weitverzweigten Beschaffungsapparats die Kollektivwirtschaften und Staatsgüter in einer Weise aus, daß diese aus eigener Kraft kaum noch lebensfähig waren. Trotz fortschreitender Mechanisierung waren sie immer weniger in der Lage, die Menge der Agrarerzeugnisse zu produzieren, die die Bevölkerung benötigte. Hier konnte nur eine grundlegende Änderung der Agrarpolitik, die die Diskriminierung der Bauernschaft aufhob und ihr elementare wirtschaftliche und politische Freiheiten gewährte, zu einer Besserung führen.

Trotz immenser Anstrengungen war es der Sowjetunion nicht gelungen, ihre vom alten Rußland überkommene Rückständigkeit zu beseitigen und das wirtschaftliche und soziale Niveau der westlichen Industrieländer zu erreichen. In den letzten Jahrzehnten nahm der Entwicklungsabstand wieder deutlich zu. Vor allem im Hinblick auf die neueste Entwicklung, die auf den Errungenschaften der technisch-wissenschaftlichen Revolution basierte, blieb die Sowjetunion immer weiter hinter den anderen Industrieländern zurück. Das Zeitalter von Elektronik und Informatik, Computern und Robotern machte um die Sowjetunion, so schien es, einen weiten Bogen. Auch in den achtziger Jahren entwickelte sich die Wirtschaft im wesentlichen noch auf extensivem Wege, das heißt durch einen unverhältnismäßig großen Einsatz immer neuer Produktionsressourcen (Investitionen, Arbeitskräfte, Roh- und Brennstoffe), die sich allmählich erschöpften. Es mehrten sich die Zweifel, ob eine Modernisierung des Landes, die vor allem die Anwendung neuer technologischer Systeme und den Übergang zu einer intensiven Wirtschaftsweise erforderte, mit den bisher angewandten Mitteln und Methoden – innerhalb des bestehenden Systems – überhaupt je erreicht werden konnte.

II. Gorbatschow und die neue Wirtschaftspolitik

Michail Gorbatschow, der relativ junge und energische neue Generalsekretär, hatte bereits unmittelbar nach seinem Amtsantritt im März 1985 öffentlich die technologische Rückständigkeit des Landes eingestanden und darauf hingewiesen, daß die Sowjetunion seit Beginn der siebziger Jahre immer weiter hinter den entwickelten Industrieländern zurückgeblieben war. Bald darauf begann dann der großangelegte Versuch, die sozialökonomische Entwicklung des Landes zu beschleunigen – ein Ziel, das man vor allem durch Modernisierung des völlig veralteten Maschinenbaus erreichen wollte, der bereits zu Beginn der neunziger Jahre das Weltniveau erreichen sollte. Die neue sowjetische Führung sah in dieser Beschleunigung das A und O ihrer Politik. »Die Beschleunigung der sozialökonomischen Entwicklung ist der Schlüssel zu allen unseren Problemen, den wirtschaftlichen wie den sozialen, den politischen und den ideologischen, den inneren und den auswärtigen«, erklärte Gorbatschow auf dem XXVII. Parteikongreß im März 1986.[6] Durch einen kühnen Entwicklungssprung, der mit Hilfe einer gewaltigen Akkumulationsanstrengung bewerkstelligt werden sollte, wollte man alle wirtschaftlichen und sozialen Defizite ausgleichen.

Der konkrete Plan sah vor, das wirtschaftliche Potential der Sowjetunion bis zum Jahre 2000 zu verdoppeln und die Arbeitsproduktivität auf das 2,3- bis 2,5fache zu erhöhen. Die Agrarproduktion wollte man bereits in einem Jahrfünft verdoppeln und so eine erhebliche Zunahme im Pro-Kopf-Verbrauch der wichtigsten Lebensmittel sichern. Um dieses Ziel zu erreichen, war Ende 1985 eine Superbehörde gebildet worden, die durch extreme Zentralisierung aller Leitungs- und Verwaltungsfunktionen einen steilen Produktionsanstieg im Bereich der Landwirtschaft gewährleisten sollte. Auch der Sozialpolitik, besonders dem Wohnungsbau, wurde im Rahmen der neuen Planungen große Bedeutung beigemessen. So sollte jede Familie bis zum Jahre 2000 über eine eigene Wohnung bzw. ein Eigenheim verfügen. Es schien, als könnten die traditionellen sozialistischen und kommunistischen Zielsetzungen, die die KPdSU in den vergangenen Jahrzehnten so intensiv propagiert hatte, unter Gorbatschow endlich verwirklicht werden. »Mehr Sozialismus« – das war im Jahre 1986 die zentrale politische Losung. Der Leitartikel der Parteizeitung »Prawda«, der die Ergebnisse des XXVII. Parteikongresses kommentierte, war überschrieben: »Unser Ziel – der Kommunismus!«

Der großangelegte Versuch, durch einen forcierten Ausbau des sowjetischen Maschinenbaus die Wirtschaft und das Land voranzubringen, scheiterte jedoch kläglich. »Das Ergebnis unserer angespannten Bemühungen war gleich Null«, erklärte Gorbatschow später selbst.[7] Durch den von der neuen Parteiführung versuchten Kraftakt, der an die alten sowjetischen Entwicklungsmethoden erinnerte, wurde die Wirtschaftskraft des Landes bei weitem überfordert. Ein riesiges Haushaltsdefizit, eine inflationäre Entwicklung, zunehmende ökonomische Schwierigkeiten und Desorganisationserscheinungen in vielen wirtschaftlichen Bereichen waren die Folge. Entgegen den offiziellen Bekundungen verschlechterte sich seit dem Jahreswechsel 1985/86 die Versorgungslage. Es kam zu einem Rückgang des ohnehin niedrigen Lebensstandards, der von der staatlichen Propaganda und Statistik nur mühsam verborgen werden konnte.

Nun wurde das Schwergewicht der Wirtschaftspolitik in zunehmendem Maße auf die Umgestaltung des wirtschaftlichen Leitungs- und Verwaltungssystems gelegt, was zugleich eine gewisse Dezentralisierung und Demokratisierung dieses Systems nach sich ziehen sollte. Der Begriff Beschleunigung verschwand aus der offiziellen Propaganda; an seine Stelle traten der Begriff *Perestrojka* (Umgestaltung) und das Prinzip *Glasnost* (Offenheit), das die Entwicklung einer kritischen Öffentlichkeit förderte. Man kritisierte nun vor allem das mit der stalinistischen Vergangenheit verbundene administrative Kommandosystem, das einer komplexen und differenzierten Wirtschaft nicht gerecht werde. Nur ein neuer wirtschaftlicher Mechanismus, der ökonomische gegenüber administrativen Methoden bevorzugte, konnte eine effektive und produktive Wirtschaft gewährleisten – so die allgemeine Überzeugung, die sich in der Auseinandersetzung mit der stalinistischen Vergangenheit herausbildete. Nicht mehr der staatliche Befehl, sondern das Interesse des einzelnen Unternehmens sollte als wirtschaftliche Antriebskraft dienen, wobei allerdings die planwirtschaftlichen Grundlagen nicht angetastet werden durften.

In diesem Zusammenhang entstanden erste konkrete Ansätze eines Reformkonzepts. Kernstück war ein neues Betriebsgesetz, das den staatlichen Betrieben mehr Rechte und vor allem eine größere finanzielle Selbständigkeit einräumte, um so ihre Eigenverantwortlichkeit zu erhöhen. Der Betrieb sollte als »sozialistischer Warenproduzent« möglichst selbständig wirtschaften. Man wollte die unzähligen zentralen Direktiven und Verfügungen schrittweise durch Empfehlungen und Prognosen ersetzen. Auf diese Weise sollte sich die staatliche Regulierung allmählich mit dem Marktmechanismus verbinden, so daß sich – im Zusammenhang mit weiteren ökonomischen Maßnahmen, vor allem der Beseitigung der zentralisierten Produktionsmittelversorgung – schließlich eine »regulierte Marktwirtschaft« herausbilden mußte, die auf neuen Grundsätzen der Preisbildung basierte. An eine Lockerung oder gar Zurücknahme der Parteikontrolle, die schwer auf der gesamten Wirtschaft lastete, war zu jener Zeit allerdings nicht gedacht. Und auch die Macht der zentralen Ministerien blieb zunächst unangetastet, so daß nach wie vor das bürokratische Lenkungssystem dominierte.

Der Partei- und Staatsapparat leistete jedoch allen Versuchen, den wirtschaftlichen Leitungs- und Verwaltungsapparat umzugestalten und die Initiative der Produzenten mit Hilfe ökonomischer Methoden zu stimulieren, von Anfang an erheblichen Widerstand. Das Staatliche Plankomitee, das Staatskomitee für die materiell-technische Versorgung und weitere zentrale Institutionen versuchten mit aller Macht, am althergebrachten Wirtschaftsmonopol festzuhalten. »Niemand war gewillt, die Macht aus der Hand zu geben. Denn wer die Kennziffern festlegt und die Ressourcen bereitstellt, ist ein Zar und Gott, ein Gebieter und Gönner zugleich.«[8] Man war allenfalls zu gewissen Korrekturen des Lenkungssystems, nicht aber zu einer grundlegenden Änderung des gesamtstaatlichen Wirtschaftsmechanismus bereit, so daß die Reformanstrengungen nur geringe Fortschritte machten. Es stellte sich auch bald heraus, daß zur Realisierung des Betriebsgesetzes, dem eine zentrale Rolle in der Reform zugedacht war, die hierfür notwendigen wirtschaftlichen und institutionellen Voraussetzungen fehlten. In diesem Zusammenhang kam es innerhalb der Parteiführung zu tiefgreifenden Meinungsverschiedenheiten. Gerade in der Kontroverse um die geplante Wirtschaftsreform zeichnete sich immer deutlicher die Spaltung der Partei in einen reformorientierten und einen konservativen Flügel ab, die sich in den folgenden Jahren weiter vertiefen und schließlich zur Spaltung der gesamten Machtelite führen sollte.

Inzwischen aber verschlechterte sich die wirtschaftliche Lage des Landes drastisch. Der technologische Rückstand gegenüber dem Weltstandard, dessen Überwindung doch gerade das wichtigste Ziel der neuen Parteipolitik war, nahm allmählich bedrohliche Ausmaße an. Und im Lande selbst spitzte sich vor allem die Krise des Verbrauchermarkts immer weiter zu. Die Bevölkerung konnte nicht mehr ausreichend mit Lebensmitteln versorgt werden. Das Budgetdefizit, ursprünglich ein Erbe aus der voraufgegangenen Stagnationsperiode, hatte sich von Jahr zu Jahr vergrößert. Es kam zu einer schweren Finanzkrise, die dramatische wirtschaftliche Folgen hatte. Je mehr sich aber die wirtschaftliche Lage im Lande zuspitzte, um so mehr schwanden die Aussichten auf eine erfolgreiche Wirtschaftsreform, die bald in den Hintergrund trat.

III. Der schwierige Weg zur Demokratie

Priorität erhielt seit 1987 – anstelle der wirtschaftlichen Aufgaben – immer mehr die Demokratisierung des Landes. Nicht mehr, wie bisher, »Mehr Sozialismus«, sondern »Mehr Demokratie« war seitdem das zentrale Losungswort der Reformstrategie. Mit Hilfe einer tiefgreifenden Umgestaltung des politischen Systems wollte man nun zunächst einmal die Voraussetzungen für die vorgesehenen wirtschaftlichen Neuerungen schaffen. Vor allem galt es, das unter Stalin etablierte administrative Kommandosystem zu zerstören, das sich in zunehmendem Maße als ineffektiv erwiesen hatte. Zwar verband auch Gorbatschow die sich entfaltende Kritik am stalinistischen System mit einem Bekenntnis zum Marxismus-Leninismus, zum Sozialismus und den Leninschen Prinzipien. De facto jedoch erfolgte eine grundlegende Revision dieser Ideologie, wenn neue politische Begriffe und Inhalte wie Zivilgesellschaft, Rechtsstaat, Parlamentarismus, Marktwirtschaft, Bürger- und Menschenrechte eingeführt wurden. Immer häufiger sprach man nun auch offiziell – statt von sozialistischen und kommunistischen – von allgemeinmenschlichen Werten, die das sog. Neue Denken zum Ausdruck brachten. Die Internationalisierung und Globalisierung bedeute, so Gorbatschow, »daß die allgemeinmenschlichen Werte in unserem Zeitalter Priorität haben. Das ist das Herzstück des neuen politischen Denkens«.[9] Ein zentrales Thema der breiten öffentlichen Diskussion war und blieb der Übergang zur Marktwirtschaft, die das administrative Kommandosystem ablösen und die Voraussetzungen für einen demokratischen Sozialismus, einen »Sozialismus mit menschlichem Antlitz« schaffen sollte. In diesem Zusammenhang gewann die politische Reform, die von einer erneuerten und reformierten Kommunistischen Partei ausgehen sollte, genauere Konturen.

Von entscheidender Bedeutung für die weitere politische Entwicklung war die XIX. Parteikonferenz im Sommer 1988, die eine Erneuerung des ganzen politischen Systems einleitete und den Ausgangspunkt aller weiteren Reformen bildete. Die Konferenz beschloß eine Reihe politischer Maßnahmen zur Demokratisierung und Dezentralisierung des bestehenden Systems, wobei die vorgesehene Übergabe der Macht an die zu reformierenden Sowjets an erster Stelle zu nennen ist. Die Sowjets, die nun auf allen Ebenen auf der Basis eines demokratischen Wahlsystems gebildet würden, sollten wichtige staatliche Funktionen übernehmen, die bislang die Kommunistische Partei ausübte. Keine wichtige politische, wirtschaftliche oder soziale Frage sollte von jetzt an über die Köpfe der Sowjets hinweg entschieden werden. An der Spitze des neuen politischen Systems stand das neue Parlament, der Kongreß der Volksdeputierten, der aus seiner Mitte den Obersten Sowjet wählte. Fast schien es, als sollte die alte bolschewistische Losung »Alle Macht den Sowjets!«, mit deren Hilfe die Kommunistische Partei im Jahre 1917 die Macht erobert hatte, siebzig Jahre später tatsächlich verwirklicht werden. Die KPdSU, die die allmächtige Partei- und Staatsbürokratie repräsentierte, schien bereit, gleichsam freiwillig auf ihre Diktatur, auf ihre Macht und ihre Privilegien zu verzichten.

Die Wahlen zum I. Kongreß der Volksdeputierten, die im März 1989 stattfanden, entsprachen zwar nur zu einem Teil demokratischen Grundsätzen. So erhielten lediglich zwei Drittel der Deputierten ihre Mandate auf der Basis des allgemeinen Wahlrechts, und die Wahlen selbst waren in eine bürokratische Prozedur eingezwängt. Dabei blieben hundert Deputiertensitze von vornherein der KPdSU vorbehalten, die hierfür genau hundert Kandidaten benannte: die »Parteihundertschaft«. Doch fiel eine ganze Reihe führender Partei- und Staatsfunktionäre bei diesen ersten halbwegs freien Wahlen in der Sowjetunion durch, womit die politische Führung nicht im geringsten gerechnet hatte. So wurde das Wahlergebnis, das innerhalb der Parteinomenklatura einen regelrechten Schock auslöste, als politische Niederlage empfunden. In jedem Falle war deutlich geworden, daß Ansehen und Autorität der Kommunistischen Partei inzwischen tief gesunken waren. Das zeigte sich noch deutlicher in den Debatten auf dem Kongreß der Volksdeputierten, dem neuen Parlament, das die wichtigsten Probleme des Landes – darunter die Forderungen nach nationaler Autonomie und Unabhängigkeit – offen und kritisch erörterte. Hier versagte auch die traditionell geübte Parteidisziplin. So konstituierte sich bereits auf dem I. Kongreß der Volksdeputierten im Juni 1989 eine »Interregionale Gruppe«, die besonders heftige Kritik an der herrschenden Partei- und Staatsbürokratie übte und in zunehmendem Maße die Aufgaben einer demokratischen Opposition übernahm. Die Kongresse der Volksdeputierten, die bald auch in den einzelnen Republiken gebildet wurden, verwandelten sich auf diese Weise in das wichtigste politische Forum des Landes.

Die Kommunistische Partei, die nach wie vor über einen weitverzweigten Machtapparat verfügte, beanspruchte zwar auch weiterhin die politische Führungsrolle im Lande. Doch trugen die anhaltenden inneren Auseinandersetzungen erheblich zu ihrer Schwächung und Delegitimierung bei. Die demokratischen Kräfte erstarkten sowohl innerhalb als auch außerhalb der Partei. So ging aus der Interregionalen Gruppe im Januar 1990 die große, von Boris Jelzin geführte politische Sammlungsbewegung »Demokratisches Rußland« hervor, die zeitweise 400 000 Mitglieder zählte und großen politischen Einfluß gewann. Zur gleichen Zeit bildete sich auch innerhalb der KPdSU eine eigene Organisation, die unter der Bezeichnung »Demokratische Plattform der KPdSU« die Partei von innen heraus zu reformieren versuchte. Unter dem Druck der sich entfaltenden demokratischen Prozesse und der demokratischen Opposition sah sich die KPdSU schließlich gezwungen, auf das ihr nach der sowjetischen Verfassung zustehende Machtmonopol zu verzichten und damit den politischen Pluralismus und das sich entwickelnde Mehrparteiensystem zu legalisieren. Sie bekundete offiziell ihre Bereitschaft, von nun an auf parlamentarischem Wege um die Macht zu kämpfen. Das bedeutet zweifellos einen Bruch mit der kommunistischen Tradition und eine deutliche politische Veränderung.

Zugleich wurde – gegen den Widerstand der demokratischen Opposition – ein neues politisches Regime, das Präsidialsystem, eingeführt. Die hiermit beabsichtigte Stärkung der staatlichen Zentralgewalt sollte der krisenhaften Entwicklung im Lande und den um sich greifenden zentrifugalen Tendenzen, die seine staatliche Einheit untergruben, entgegenwirken. Der III. Kongreß der Volksdeputierten wählte im März 1990 Gorbatschow zum Präsidenten der UdSSR und stattete ihn mit weitreichenden Vollmachten aus. Eine solche politische Neuerung zog eine Reihe weiterer institutioneller Umgestaltungen – darunter die Errichtung von Präsidentenposten in den Unionsrepubliken – nach sich, so daß sich ein neues Machtsystem herauszubilden begann. Allerdings fehlte ein das ganze Land umspannender Verwaltungsapparat, so daß die Impulse der höchsten Staatsmacht weitgehend ins Leere liefen. Auch gelang es nicht, die Arbeit der verschiedenen Staatsorgane sinnvoll zu koordinieren.

Inzwischen wurde die Entwicklung im Lande in zunehmendem Maße von den Unabhängigkeitsbestrebungen der einzelnen Republiken bestimmt, die eine mächtige politische Kraft darstellten. Sie waren immer weniger bereit, sich dem Unionszentrum zu unterwerfen, und verfolgten – namentlich auf wirtschaftlichem Gebiet – in erster Linie ihre eigenen Interessen. Die meisten Unionsrepubliken erklärten bereits im Jahre 1990 ihre Souveränität: Georgien am 9. März, Litauen am 11. März, Estland am 30. März, Lettland am 4. Mai, Rußland am 12. Juni, Usbekistan am 20. Juni, die Ukraine am 16. Juli, Weißrußland am 17. Juli. Während die zentrifugalen Kräfte erstarkten, verloren die zentralen Institutionen an Macht und Einfluß. Auf diese Weise ging die staatliche – damit auch die wirtschaftliche – Einheit des Landes weitgehend verloren; die Sowjetunion begann sich de facto in eine Art Konföderation zu verwandeln. Selbst die Autonomen Republiken sowie zahlreiche kleinere administrative Einheiten pochten nun auf ihre Souveränität, von der sie die Lösung aller übrigen Probleme erhofften. Auf diese Weise gewann das nationale Moment entscheidendes Gewicht.

Von besonderer Bedeutung für das Schicksal des Landes waren die politischen Vorgänge, die sich in Rußland, dem Kernland der Sowjetunion, abspielten. Hier wurde Boris Jelzin, der anerkannte Führer der demokratischen Bewegung, zum Vorsitzenden des neuen Obersten Sowjets gewählt. Er setzte sich sowohl für die nationale Emanzipation Rußlands als auch für die besonderen Belange der übrigen Völker ein, denen er ein Höchstmaß an Souveränität zusicherte. In einer Rede vor dem Kongreß der Volksdeputierten am 27. Mai 1990 forderte er neue staatliche Strukturen. »Ohne das System sofort zu zerstören, sollten wir ein neues Gebäude daneben erbauen und dabei tatsächlich auf das Machtmonopol der Partei verzichten, indem man die Macht an das Volk und die Sowjets übergibt; der Übergang zum Markt macht das gesamte administrative Kommandosystem überflüssig.«[10] Die am 12. Juni 1990 erfolgende Souveränitätserklärung Rußlands, die auf demokratischen und rechtsstaatlichen Grundsätzen basierte, hatte erhebliche Auswirkungen auf die gesamte weitere Entwicklung. Sie wurde durch die Präsidentschaftswahlen vom 12. Juni 1991 gekrönt, in denen Boris Jelzin einen überzeugenden Wahlsieg gegenüber den kommunistischen Kandidaten errang. Die Wahlen zeigten, daß der – wie immer auch reformierte – Kommunismus im Lande keine Zukunft mehr hatte.

Um diese Zeit zeichnete sich noch einmal die Möglichkeit ab, die Sowjetunion als einheitlichen Staat zu bewahren. Auf der Basis eines

Referendums, in dem die Mehrheit der Bevölkerung für den Erhalt und die föderative Erneuerung des sowjetischen Staates gestimmt hatte, war es inzwischen zu Verhandlungen zwischen dem von Gorbatschow repräsentierten Unionszentrum und den einzelnen Republiken gekommen, in denen sich beide Seiten kompromißbereit zeigten. Ende Juli 1991 lag ein neuer Unionsvertrag vor, der die Rechte der Unionsrepubliken beträchtlich erweiterte, allerdings auch – wie die demokratische Kritik meinte – die Herrschaft der KPdSU absicherte. Die Unterzeichnung des Vertrages versprach eine politische Entspannung im Lande und eröffnete neue Reformperspektiven. »Daher konnte ich am 4. August in Urlaub fahren«, so schreibt Gorbatschow in seinen Memoiren, »ohne Zweifel daran zu haben, daß zwei Wochen später in Moskau der Unionsvertrag unterzeichnet und eine neue Etappe unserer Reform eingeleitet werden würde.«[11] Diese Hoffnung wurde durch den Augustputsch, der die politische Situation im Lande schlagartig veränderte, zunichte gemacht.

IV. Das Ende der Kommunistischen Partei

Inzwischen hatten sich die Auseinandersetzungen innerhalb der Kommunistischen Partei, die als mächtigste politische Kraft auch weiterhin eine Sonderstellung im Lande einnahm, weiter verschärft. Es bildeten sich immer neue Gruppen und Fraktionen, die eigene programmatische Zielvorstellungen entwickelten, so daß nur noch sehr bedingt von einer einheitlichen Partei gesprochen werden konnte. Der orthodoxe und der eher sozialdemokratisch orientierte Parteiflügel standen sich zunehmend unversöhnlich gegenüber, und es war immer häufiger von Trennung und Spaltung die Rede. Außerdem begann die Auflösung der Gesamtpartei in einzelne nationale Sektionen. Bereits im Dezember 1989 hatte die Kommunistische Partei Litauens, die sich mit der erstarkenden nationalen Emanzipationsbewegung identifizierte, den Austritt aus der KPdSU beschlossen, um so die Voraussetzungen für die staatliche Unabhängigkeit des Landes zu schaffen. Sie bildete zunächst eine unabhängige Kommunistische Partei Litauens, aus der bald die Demokratische Partei der Arbeit hervorging, die sich zu sozialdemokratischen Zielen bekannte. Diesem Beispiel folgten andere nationale Parteiorganisationen, nachdem die Wahlen zu den Republiksparlamenten im Frühjahr 1990 die KPdSU weiter von der Macht verdrängt hatten.

In diesem Zusammenhang gab es intensive Bemühungen, eine selbständige russische Kommunistische Partei (KPR) zu gründen. Sie gingen hier von den konservativen politischen Kräften aus, die versuchten, ein organisatorisches Gegengewicht gegen das nach wie vor reformorientierte Zentrum zu bilden. Unter ihrem Druck sah sich Gorbatschow schließlich gezwungen, der Ausgliederung der KP Rußlands aus der KPdSU zuzustimmen. Im Juni 1990 fand in Moskau der Gründungskongreß der neuen Partei statt, auf dem eindeutig die alte Nomenklatura dominierte. Den Parteilisten zufolge vereinigte die neugegründete KPR 10 Millionen Mitglieder; das waren 58 Prozent der Mitglieder der Gesamtpartei. Die KP Rußlands, die infolge ihrer restaurativen Bestrebungen in der demokratischen Öffentlichkeit auf allgemeine Ablehnung stieß, entwickelte sich rasch zum Kristallisationskern aller konservativen Kräfte im Lande und versuchte, jede ernsthafte Reform zu vereiteln.

Die Krise der Kommunistischen Partei äußerte sich nicht nur in der inneren Differenzierung, sondern auch in einer zunehmenden Austrittsbewegung. Bereits im Jahre 1988 hatten 18 000 Mitglieder die Partei verlassen, und 1989 waren es fast 140 000, in erster Linie Leningrader und Moskauer Arbeiter. Als Motiv gaben bei einer Befragung 26 Prozent den verlorenen Glauben gegenüber der KPdSU und 17 Prozent gegenüber der Perestrojka an. Außerdem lösten sich die ersten Parteikomitees auf, und es traten zahlreiche Funktionäre zurück. Besonders schwierig gestaltete sich die Lage der Partei, als im Jahre 1989 eine große Streikbewegung der Bergleute einsetzte, die sich vielfach gegen die lokalen Parteikomitees wandte. Im Jahre 1990 stieg die Zahl der Parteiaustritte auf 1,8 Millionen, nach anderen Angaben sogar auf 2,5 Millionen. Am 1. Juli 1991 zählte die KPdSU noch 15 Millionen Mitglieder. Das bedeutete, daß im Laufe der letzten anderthalb Jahre mehr als 4 Millionen Mitglieder (22 Prozent) die Partei verlassen hatten bzw. ausgeschlossen worden waren.[12] Die Parteiorgane waren inzwischen weithin isoliert; die KPdSU hatte ihre Basis in der Bevölkerung verloren. Bei einer Anfang 1991 durchgeführten Meinungsumfrage bekundeten nur noch 6 Prozent der Befragten volles Vertrauen zur Kommunistischen

Partei. Im März 1991 kam es dann zur zweiten großen Streikbewegung der Bergarbeiter, die die Machtgrundlage der Partei auf lokaler und regionaler Ebene weiter unterminierte.

Generalsekretär Gorbatschow, dem inzwischen die Kontrolle über die Partei weitgehend entglitten war, versuchte verzweifelt, ihren weiteren Zerfall durch innere Reorganisation und politische Neuorientierung aufzuhalten. Dabei griff er in zunehmendem Maße sozialdemokratische Vorstellungen auf und drängte – gegen den Widerstand der Parteinomenklatura – auf Umwandlung der KPdSU in eine moderne parlamentarische Partei. Allerdings arbeitete er weiterhin mit dem konservativen Parteiflügel zusammen und schreckte auch vor einem Ausschluß demokratischer Kräfte nicht zurück. Der XXVIII. Parteikongreß im Juni 1990 – es war der letzte Kongreß der KPdSU – billigte nach heftigen Auseinandersetzungen die Grundsatzerklärung »Zum humanen demokratischen Sozialismus«, die allerdings an der »kommunistischen Perspektive« festhielt. Auf seiner letzten Plenartagung im Juli 1991, auf der es noch einmal zu einer großen Auseinandersetzung zwischen dem Reform- und dem konservativen Parteiflügel kam, billigte das Zentralkomitee der Partei schließlich den Entwurf für ein neues Programm, in dem sozialdemokratische Ziele überwogen. Ein für Ende 1991 vorgesehener Parteikongreß sollte das modernisierte Programm bestätigen.

Das Schicksal der Kommunistischen Partei entschied sich im August 1991, als die führenden konservativen Gruppen des Partei- und Staatsapparats während der Abwesenheit Gorbatschows versuchten, die Macht an sich zu reißen. Der bisherige Vizepräsident Janajew übernahm die Befugnisse des Präsidenten, der in seinem Urlaubsort Foros auf der Krim isoliert wurde. Ein Staatliches Notstandskomitee versuchte, die gesamte staatliche Verwaltung zu übernehmen, wobei es vom Zentralkomitee der KPdSU und vielen Parteiorganisationen unterstützt wurde. Es verhängte über Moskau und einige Regionen des Landes den Ausnahmezustand und zog massenhaft Militär in der Hauptstadt zusammen, um so die Bevölkerung einzuschüchtern. Das Vaterland – so hieß es – sollte vor den Demokraten und Extremisten geschützt werden, die die Zerstörung der Sowjetunion betrieben. »Stolz und Ehre des Sowjetmenschen müssen in vollem Umfang wiederhergestellt werden«, so erklärte das Komitee in einem seiner Aufrufe.[13]

Obwohl das Staatliche Notstandskomitee über ungeheure Machtmittel verfügte, regte sich innerhalb der Bevölkerung schon bald Widerstand. Er wurde vor allem von der russischen Führung organisiert, die bereits am 19. August, dem ersten Tag des Putschversuchs, die Entmachtung Gorbatschows als einen »rechten, reaktionären und verfassungswidrigen Umsturz« verurteilte und die Bildung des Notstandskomitees und seine Beschlüsse für ungesetzlich erklärte.[14] Präsident Jelzin sprach in einer Reihe von Erlassen von einem Staatsstreich und Staatsverbrechen. Infolge der wachsenden Unterstützung durch die Bevölkerung, die sich durch den massenhaften Aufmarsch des Militärs provoziert fühlte, gelang es ihm, die Position des Notstandskomitees zu schwächen. Auch die militärischen Einheiten selbst waren immer weniger bereit, den Befehlen des Komitees zu folgen. Der Ausgang des Putschversuchs entschied sich am 20. August, als der Sturm auf das Weiße Haus, das Zentrum des Widerstandes, ausblieb und die russische Führung die Kontrolle über das Land erlangte. Als das russische Parlament am 21. August zu einer außerordentlichen Sitzung zusammentrat und die Politik Jelzins unterstützte, war die politische und moralische Niederlage des Notstandskomitees besiegelt.

Für die kommunistische Herrschaft aber hatte der Augustputsch verheerende Folgen. Am 23. August unterzeichnete Jelzin auf einer Sitzung des Obersten Sowjets von Rußland demonstrativ einen Erlaß über die Einstellung der Tätigkeit der Kommunistischen Partei. Zwei Tage später erfolgte ein weiterer Erlaß, der das gesamte Vermögen der Partei auf dem Territorium Rußlands sowie ihr Auslandsvermögen zu Staatseigentum erklärte. Die durch den gescheiterten Putschversuch demoralisierte Parteiführung leistete kaum Widerstand. Gorbatschow, der inzwischen mit seiner Familie nach Moskau zurückgekehrt war, legte sein Amt als Generalsekretär nieder. Auf seine Empfehlung hin beschloß das Zentralkomitee seine Selbstauflösung. Eine besondere Liquidationskommission übersandte den Mitarbeitern des ZK-Apparats eine schriftliche Kündigung, die mit der Kürzung des Stellenplans begründet wurde. Mit dieser banalen bürokratischen Prozedur wurde die Existenz einer bis vor kurzem noch allmächtigen Institution beendet. Die Auflösung der kommunistischen Strukturen erstreckte sich darüber hinaus auch auf den staatlichen Bereich. Die zentralen Institutionen, die durch den Putsch diskreditiert und weitgehend funktionsunfähig waren, wurden aufgelöst oder umgebildet. Die politische Macht im Lande ging endgültig auf die Republiken – in erster Linie Rußland – über, die ihre Unabhängigkeit erklärten und zunehmend eine selbständige Politik verfolgten. In diesem Sinne bedeutete der Augustputsch eine tiefe Zäsur in der politischen Entwicklung des Landes.

V. Gorbatschows letzter Kampf

Das Schicksal der Sowjetunion entschied sich endgültig in den letzten Monaten des Jahres 1991. Seit September konzentrierte Gorbatschow – nach wie vor Präsident der UdSSR – seine ganze Kraft darauf, die Sowjetunion als einheitlichen Staat auch weiterhin zu erhalten und sein durch den Augustputsch unterbrochenes Reformwerk fortzusetzen. In diesem Sinne traf er sich mit einer Reihe von Republikführern, um mit ihrer Hilfe den gesamtstaatlichen Verwaltungsmechanismus wiederherzustellen. Die zentrale Macht wurde zunächst einmal in den Händen eines neugebildeten Staatsrats konzentriert, dem die Präsidenten der einzelnen Republiken angehörten. Hier fanden auch die entscheidenden Diskussionen und Kontroversen um eine zu bildende wirtschaftliche und politische Union statt. Es standen verschiedene neue staatsrechtliche Modelle zur Debatte, wobei besonders die Verteilung der Befugnisse und Kompetenzen zwischen dem Zentrum und den einzelnen Republiken umstritten war.

Nach wie vor vertraten vor allem der Präsident Rußlands und der Präsident der Sowjetunion unterschiedliche und in vieler Hinsicht einander direkt entgegengesetzte Auffassungen. Die russische Führung wollte sich endgültig von der Vormundschaft und Kontrolle des zentralen Staatsapparats, dem auch die Umverteilung der wirtschaftlichen Ressourcen zwischen den einzelnen Republiken oblag, befreien. Sie erstrebte die Unabhängigkeit des Landes, um auf dieser Basis die »wirtschaftliche Wiedergeburt« des Landes voranzubringen. In diesem Sinne unterbreitete Präsident Jelzin Ende Oktober dem russischen Kongreß der Volksdeputierten ein wirtschaftliches Reformprogramm, das sowohl einen Ausweg aus der aktuellen Krise aufzeigte als auch eine künftige Entwicklungsperspektive enthielt. Rußland, das im August 1991 seine politische Freiheit erhalten hatte, sollte nun in eine moderne Marktwirtschaft überführt werden. Es war nicht recht ersichtlich, welche Funktionen ein Unionszentrum unter diesen Umständen noch ausüben konnte, zumal sich Jelzin deutlich gegen eine übergeordnete zentralistische Staatsgewalt aussprach. »Reformen in Rußland bedeuten den Weg zur Demokratie und nicht zum Imperium«, erklärte er vor den russischen Volksdeputierten. »Rußland wird die Wiederherstellung eines neuen, über ihm und den anderen souveränen Staaten stehenden Kommandozentrums nicht zulassen. Es wird ein Garant dafür sein, daß es eine neue Diktatur von oben nicht mehr geben wird.«[15] Damit – so schien es – waren die Würfel gefallen, dem Einheitsstaat die Grundlagen entzogen.

Doch Gorbatschow, der inzwischen nur noch über eine symbolische Macht verfügte, gab nicht auf. Und so wurden die staatsrechtlichen Diskussionen und Auseinandersetzungen im Staatsrat auch weiterhin fortgesetzt. Mitte November einigten sich schließlich sieben Republiken auf die Bildung einer »Union Souveräner Staaten« (USS), die als Rechtsnachfolgerin der UdSSR gedacht war. Sie wurde definiert als »konföderativer, demokratischer Staat, der die Macht in den Grenzen der Vollmachten ausübt, mit denen die Vertragspartner ihn freiwillig ausstatten« – sicherlich ein merkwürdiges und neuartiges Staatsgebilde.[16] Angesichts dieser vorläufigen Verständigung meinte Gorbatschow auf einer Pressekonferenz am 25. November 1991 voller Optimismus, daß der Vertrag noch im Dezember unterzeichnet werde; er hoffe, daß sich alle Republiken dem Vertrag anschließen werden. »Auch die Ukraine wird sich beteiligen. Einen Unionsvertrag ohne die Ukraine kann ich mir nicht vorstellen.«[17]

Gerade die Ukraine aber war – ebenso wie Rußland – besonders stark auf ihre Unabhängigkeit bedacht. Hier hatte sich schon früh eine nationale Emanzipationsbewegung entwickelt, die eine breite Basis in allen Bevölkerungsschichten fand und bald auch die kommunistische Parteielite erfaßte. Am 24. August 1991 – wenige Tage nach dem gescheiterten Putsch – verkündete die Ukraine endgültig ihre Unabhängigkeit und begann mit dem Aufbau eigener Machtstrukturen. Diese an den nationalen Interessen orientierte Politik wurde am 1. Dezember 1991 in einem landesweiten Referendum bestätigt. Mehr als neun Zehntel der abgegebenen Stimmen sprachen sich für einen unabhängigen Staat aus, so daß sich die ukrainische Führung nun in ihrer Politik auf eine eindeutige Willensäußerung der Bevölkerung stützen konnte. Der russische Präsident erkannte die Unabhängigkeit der Ukraine sofort an und trat dafür ein, partnerschaftliche Beziehungen – wie zwischen »zwei souveränen Staaten Europas« – zu entwickeln. Am 5. Dezember 1991 beschloß das ukrainische Parlament, den Vertrag über die Gründung der UdSSR aus dem Jahre 1922 zu kündigen. Mit dem Abfall der Ukraine aber war eine grundlegende Voraussetzung für den Abschluß eines neuen Unionsvertrags weggefallen. Einen einheitlichen Staat ohne die mit Rußland historisch und kulturell so eng verbundene Ukraine – so die allgemeine Auffassung – konnte es nicht geben.

Gorbatschow, durch den Gang der politischen Ereignisse völlig an den Rand gedrängt, versuchte ein letztes Mal, das Schicksal der Sowjetunion zu wenden. Zwei Tage nach dem ukrainischen Referendum wandte er sich in einem dramatischen Appell an die Parlamente der Republiken und warb noch einmal für das Modell einer Union Souveräner Staaten. Ein Verzicht auf eine solche Union – so Gorbatschow – habe katastrophale innere und äußere Folgen. Er drängte die Parlamentarier, möglichst rasch den vorliegenden Unionsvertrag zu billigen. Diese aber waren inzwischen fast ausschließlich am Schicksal ihrer eigenen Republik interessiert und blieben gegenüber der Stimme des sowjetischen Präsidenten taub. Am 8. Dezember 1991 trafen sich dann die Repräsentanten Rußlands, der Ukraine und Weißrußlands in Minsk, um ein Abkommen über die Zusammenarbeit der drei slawischen Republiken abzuschließen. In der Präambel hierzu heißt es, »daß die Union der SSR als Subjekt des Völkerrechts und geopolitische Realität ihre Existenz beendet«[18]. An ihre Stelle sollte die »Gemeinschaft Unabhängiger Staaten« (GUS) treten, der zunächst nur die drei genannten slawischen Republiken angehörten.

Als Gorbatschow und seine Berater vom Minsker Abkommen erfuhren, sprachen sie von einem Staatsstreich und einem politischen Umsturz, da der Text weder von der Bevölkerung noch von den Parlamenten erörtert worden war. Doch die Parlamente der drei Republiken beeilten sich, das Abkommen zu ratifizieren, wobei das russische Parlament zugleich den Vertrag über die Gründung der UdSSR vom 30. Dezember 1922 aufkündigte – zweifellos eine historische Entscheidung, wie Präsident Jelzin bemerkte. Die meisten anderen Republiken erklärten ihre Bereitschaft, sich dem Minsker Abkommen anzuschließen. Am 21. Dezember 1991 unterzeichneten die Repräsentanten von elf ehemaligen Sowjetrepubliken (Armenien, Aserbaidschan, Kasachstan, Kirgisien, Moldawien, Rußland, Tadschikistan, Turkmenistan, Ukraine, Usbekistan und Weißrußland) in der Hauptstadt Kasachstans die »Erklärung von Alma-Ata«, die die Bildung einer – nun erheblich erweiterten – Gemeinschaft Unabhängiger Staaten vorsah. Ihr wurden bestimmte Koordinationsaufgaben, aber keinerlei gesetzgeberische, exekutive oder richterliche Funktionen übertragen. »Mit der Bildung der Gemeinschaft Unabhängiger Staaten beendet die Union der Sozialistischen Sowjetrepubliken ihre Existenz«, heißt es in der Erklärung von Alma-Ata.[19] Auf diese Weise wurde die Sowjetunion kurz vor ihrem 69. Gründungstag auf vertraglichem Wege – ohne Gewalt und Blutvergießen – aufgelöst.

Das Ende der Sowjetunion – so läßt sich unter vergleichenden Aspekten sagen – unterschied sich grundlegend vom Untergang anderer Reiche und Staaten der Neuzeit. So waren das Osmanische Reich, das Zarenreich, die Habsburgermonarchie und auch das Deutsche Kaiserreich infolge der schweren inneren Erschütterungen untergegangen, die ihre militärische Niederlage im Ersten Weltkrieg ausgelöst hatte. In ähnlicher Weise wurde der Zusammenbruch des »Dritten Reiches«, Japans und Italiens durch die verheerende Niederlage im Zweiten Weltkrieg hervorgerufen. Die Auflösung der Sowjetunion hingegen ist mitten im Frieden, aus inneren Gründen, erfolgt – kurz nachdem sie an der Schwelle zu den achtziger Jahren den Höhepunkt ihrer äußeren Machtentfaltung erreicht hatte. Sie ist an dem Versuch zerbrochen, sich durch eine großangelegte Reform den Entwicklungsbedingungen der modernen Welt anzupassen. In diesem Sinne handelt es sich um einen historisch einmaligen Vorgang.

Anmerkungen

1 Wladimir Sogrin, Strömungen in der KPdSU, in: Sowjetunion heute, Nr. 6/1990, S. 40–45, hier: S. 42.
2 Michail Gorbatschow, Erinnerungen, Berlin 1995, S. 262.
3 Georgi Arbatow, Das System. Ein Leben im Zentrum der Sowjetpolitik, Frankfurt am Main 1993, S. 229.

4 Gorbatschow, Erinnerungen, S. 323.
5 Arbatow, Das System, S. 94.
6 Michail Gorbatschow, Reden und Aufsätze zu Glasnost und Perestroika, Moskau 1989, S. 212.
7 Gorbatschow, Erinnerungen, S. 335.
8 Ebd., S. 342.
9 Sowjetunion, Sommer 1988, Offene Worte, Nördlingen 1988, S. 35.
10 Rede von Boris Jelzin vor dem Kongreß der Volksdeputierten im Mai 1990, in: Andreas Kappeler (Hrsg.), Die Russen. Ihr Nationalbewußtsein in Geschichte und Gegenwart, Köln 1990, S. 203.
11 Gorbatschow, Erinnerungen, S. 1063.
12 Leon Onikov, KPSS: anatomija raspada, Moskau 1996.
13 Die Dokumente zum Moskauer Putsch finden sich in: Osteuropa Recht, Nr. 2/3 1992, S. 96 ff.
14 Ebd., S. 117 f.
15 Jelzins Rede in: Gerhard und Nadja Simon, Verfall und Untergang des sowjetischen Imperiums, München 1993, S. 305 ff.
16 Vertrag über die Union Souveräner Staaten, in: Gorbatschow, Erinnerungen, S. 1140 ff.
17 Gorbatschow, Erinnerungen, S. 1106.
18 Osteuropa Recht, S. 129.
19 Ebd., S. 132.

Literatur

Georgi Arbatow, Das System. Ein Leben im Zentrum der Sowjetpolitik, Frankfurt am Main 1993
Archie Brown, The Gorbachev Factor, Oxford, New York 1996
J. B. Dunlop, The Rise of Russia and the Fall of the Soviet Union, Princeton NJ 1993
Valentin Falin, Konflikte im Kreml. Zur Vorgeschichte der deutschen Einheit und Auflösung der Sowjetunion, München 1997
Ben Fowkes, The Desintegration of the Soviet Union: A Study in the Rise and Triumph of Nationalism, New York 1997
John L. Gaddis, The United States and the End of the Cold War. Implications, Reconsiderations, Provocations, New York 1992
G. Gill, The collapse of an single-party system. The disintegratio of the Communist Party of the Soviet Union, Cambridge 1994
Michail Gorbatschow, Erinnerungen, Berlin 1995
Andrei S. Grachev, Final Days: The Inside Story of the Collapse of the Soviet Union, Oxford 1995
Boris Jelzin, Auf des Messers Schneide. Tagebuch des Präsidenten, Berlin o. O., o. J.

Jack F. Matlock, Jr., Autopsy on an Empire. The American Ambassador's Account of the Collapse of the Soviet Union, New York 1995

Vasundhara Mohan (Hg.), Evaluation of Gorbatchev Era, Bombay/Delhi/Nagpur 1995

Anatoli Tschernajew, Die letzten Jahre einer Weltmacht. Der Kreml von innen, Stuttgart 1993

Die Autorin und die Autoren des Bandes

Ingrid Baumgärtner, geb. 1957 in Augsburg, Studium der Geschichte, Germanistik, Sozialkunde an der Universität München, Promotion 1983 in Bildungs- und Universitätsgeschichte, wissenschaftliche Assistentin am Lehrstuhl für Mittelalterliche Geschichte an der Universität Augsburg 1983–1992, Habilitation in Augsburg 1992, Heisenberg-Stipendiatin, seit September 1994 Inhaberin der Professur für Geschichte des Mittelalters an der Universität Gesamthochschule Kassel.

Veröffentlichungen (u. a.): Martinus Garatus Laudensis. Ein italienischer Rechtsgelehrter des 15. Jahrhunderts (Dissertationen zur Rechtsgeschichte 2), Köln, Wien 1986; (Hg.), Kunigunde – eine Kaiserin an der Jahrtausendwende, Kassel 1997; (Hg.) mit M. Ascheri, Legal Consulting in the Civil Law Tradition, Berkeley 1999; Geschichtsbewußtsein in hochmittelalterlichen italienischen Privaturkunden, in: H.-W. Goetz (Hg.), Hochmittelalterliches Geschichtsbewußtsein im Spiegel nichthistoriographischer Quellen, Berlin 1998, S. 269–292.

Alexander Demandt, geb. 1937 in Marburg, ist seit 1974 Ordentlicher Professor für Alte Geschichte an der Freien Universität Berlin.

Veröffentlichungen (u. a.): Der Fall Roms. Die Auflösung des Römischen Reiches im Urteil der Nachwelt, München 1984; Die Spätantike (Handbuch der Altertumswissenschaft), München 1989; Antike Staatsformen. Eine vergleichende Verfassungsgeschichte der Alten Welt, Berlin 1995.

Horst Dippel, geb. 1942 in Düren, Studium der Mittleren und Neueren Geschichte, Philosophie und Politischen Wissenschaften an den Universitäten Köln, Heidelberg und Göttingen, 1970 Promotion Universität Köln, 1980 Habilitation Universität Hamburg, 1980–1992 Privatdozent / Professor für Neuere Geschichte an der Universität Hamburg,

Vertretungs- und Gastprofessuren an der Freien Universität Berlin (1980–1981) und an der Universität Leipzig (1990–1992), seit 1992 Professor für British and American Studies an der Universität Gesamthochschule Kassel.

Veröffentlichungen (u. a.): Die Anfänge des Konstitutionalismus in Deutschland. Texte deutscher Verfassungsentwürfe am Ende des 18. Jahrhunderts, Frankfurt am Main 1991; Die amerikanische Verfassung in Deutschland im 19. Jahrhundert. Das Dilemma von Politik und Staatsrecht, Goldbach 1994; Geschichte der USA, München [3] 1999.

Jens Flemming, geb. 1944 in Glogau, Studium der Geschichte, Germanistik, Pädagogik und Philosophie in Hamburg, seit 1992 Professor für Neuere und Neueste Geschichte an der Universität Gesamthochschule Kassel. Forschungsschwerpunkte: Alltagsgeschichte zwischen Kaiserreich und Nationalsozialismus, Geschichte der ländlichen Gesellschaft und konservativer Bewegungen im 19. und 20. Jahrhundert, Kulturgeschichte der Moderne in der Epoche der Jahrhundertwende.

Veröffentlichungen (u. a.): Geschichte. Lexikon der wissenschaftlichen Grundbegriffe, Reinbek 1994 (zusammen mit M. Asendorf u. a.); Quellen zur Alltagsgeschichte der Deutschen 1871–1914, Darmstadt 1997 (zusammen mit K. Saul und P.-C. Witt).

Hansgerd Göckenjan, geb. 1938 in Münster, Prof. Dr., Historiker, lehrt Geschichte Zentralasiens an der Georg-August-Universität Göttingen und Osteuropäische Geschichte an der Justus-Liebig-Universität Gießen.

Veröffentlichungen (u. a.): Hilfsvölker und Grenzwächter im mittelalterlichen Ungarn, Wiesbaden 1972; (zusammen mit J. R. Sweeney) Der Mongolensturm. Berichte von Augenzeugen und Zeitgenossen 1235–1250, Graz, Wien, Köln 1985; Die Welt der frühen Reiternomaden, in: Die Mongolen und ihr Weltreich, hg. v. A. Eggebrecht, Mainz 1989, S. 7–43.

Roland Höhne, geb. 1936 in Halle/Saale, Studium der Geschichte, Politikwissenschaft und Romanistik in Frankreich, Deutschland, den Vereinigten Staaten und Kanada, Assistent und Assistenzprofessor an der Freien Universität Berlin, Vertretungsprofessor in Bochum, seit 1981

Professor für Geschichte, Politik und Kultur der romanischen Länder an der Universität Gesamthochschule Kassel.

Veröffentlichungen (u. a.): Die gemäßigte Rechte Frankreichs 1934–1936, Bamberg 1970; (Hg. mit Ingo Kolboom), Von der Landeskunde zur Landeswissenschaft. Beiträge zum Romanistentag 1981, Rheinfelden 1982; Le régime de Vichy, Berlin i. E. und zahlreiche Publikationen zur Geschichte und Politik Frankreichs sowie zu den deutsch-französischen Beziehungen.

Hans-Joachim König, geb. 1941 in Herford, promoviert zum Dr. phil. 1969 und habilitiert 1984 an der Universität Hamburg, umhabilitiert zum Dr. phil. habil. 1985 an der Universität Bamberg, seit 1988 Inhaber des Lehrstuhls für Geschichte Lateinamerikas an der Katholischen Universität Eichstätt, seit 1989 Mitdirektor des Zentralinstituts für Lateinamerika-Studien der Katholischen Universität Eichstätt.

Veröffentlichungen (u. a.): (Hg.), Simon Bolivar, Reden und Schriften zu Politik, Wirtschaft und Gesellschaft. Hamburg, Obertshausen 1984; Auf dem Wege zur Nation. Nationalismus im Prozeß der Staats- und Nationsbildung Neu-Granadas 1750 bis 1856, Stuttgart 1988 (Beiträge zur Kolonial- und Überseegeschichte, Bd. 37); (Hg. mit Marianne Wiesebron), Nationbuilding in Nineteenth Century Latin America, Leiden 1998.

Franz Georg Maier, geb. 1926 in Stuttgart, 1951 Dr. phil. an der Universität Tübingen; 1952–1956 als Forschungsstipendiat in Rom, Sizilien und Griechenland; Mitglied der britischen Kouklia Expedition in Cypern, 1963 ordentlicher Professor für Alte Geschichte an der Universität Frankfurt am Main, 1966 ordentlicher Professor der Geschichte an der Universität Konstanz, 1972 ordentlicher Professor der Alten Geschichte an der Universität Zürich, seit 1966 Leiter der Archäologischen Expedition in Altpaphos/Cypern, Honorary Fellow of the Society of Antiquaries of London.

Veröffentlichungen (u. a.): Augustin und das antike Rom, Stuttgart 1955; Griechische Mauerbauinschriften, 2 Bde., Heidelberg 1959/1961; Cypern. Insel am Kreuzweg der Geschichte, 2. Aufl. München 1984; Die Verwandlung der Mittelmeerwelt (Fischer Weltgeschichte, Bd. 9),

Frankfurt am Main 1968; Paphos. History and Archaeology, Nicosia 1984.

Jürgen Osterhammel, geb. 1952 in Wipperfürth, war 1982–1986 am Deutschen Historischen Institut London und 1986–1990 am Seminar für wissenschaftliche Politik der Universität Freiburg tätig, seit 1990 Professor für Neuere Geschichte an der Fern-Universität Hagen, seit 1997 Professor am Institut Universitaire de Hautes Études Internationales in Genf, seit 1999 an der Universität Konstanz.

Veröffentlichungen (u. a.): Britischer Imperialismus im Fernen Osten 1932–1937, Bochum 1983; China und die Weltgesellschaft: Vom 18. Jahrhundert bis in unsere Zeit, München 1989; Shanghai, 30. Mai 1925. Die chinesische Revolution, München 1997; Die Entzauberung Asiens. Europa und die asiatischen Reiche im 18. Jahrhundert, München 1998.

Helmuth Schneider, geb. 1946 in Bad Gandersheim, Studium der Fächer Geschichte und Philosophie in Tübingen und Marburg 1966–1973, Assistent an der Freien Universität Berlin 1978–1988, Habilitation an der Freien Universität Berlin 1986, Heisenberg-Stipendiat in Heidelberg 1989–1991, seit 1991 Professor für Alte Geschichte an der Universität Gesamthochschule Kassel.

Veröffentlichungen (u. a.): Schottische Aufklärung und antike Gesellschaft, in: P. Kneißl / V. Losemann (Hg.), Alte Geschichte und Wissenschaftsgeschichte, Darmstadt 1988, S. 431–464; Die Gaben des Prometheus – Technik im antiken Mittelmeerraum zwischen 750 v. Chr. und 500 n. Chr., in: Propyläen Technikgeschichte, Bd. 1, Berlin 1991, S. 17–313; (Hg. mit H. Cancik), Der Neue Pauly, Enzyklopädie der Antike, Bd. 1–6, Stuttgart, Weimar 1996–1999.

Michael Ursinus, geb. 1950 in Kiel, Studium der Islamwissenschaft / Turkologie in Hamburg mit Nebenfächern Afrikanistik, Slawistik sowie Sozial- und Wirtschaftsgeschichte, 1981 Promotion über frühe Reformbestrebungen im osmanischen Rumelien, 1984–1989 Lecturer am Centre for Byzantine, Ottoman and Modern Greek Studien, Universität Birmingham (Großbritannien), 1989–1992 Professor für Islamwissenschaft (Turkologie) am Orientalischen Seminar der Universität Freiburg, seit 1992 Professor für Islamwissenschaft (Osmanistik) am Seminar für Sprachen und Kulturen des Vorderen Orients der Universität Heidelberg. Forschungsschwerpunkte: Osmanisches Reich: Provinzialgeschichte, Geschichtsschreibung, Urkundenwesen und Paläographie; Nichtmuslime in den islamischen Gesellschaften; Zeitungs- und Pressegeschichte Osmanisches Reich, Iran und Rußland.

Veröffentlichungen (u. a.): Regionale Reformen im Osmanischen Reich am Vorabend der Tanzimat: Reformen der rumelischen Provinzgouverneure im Gerichtssprengel von Manastir (Bitola) zur Zeit der Herrschaft Sultan Mahmuds II. (1808–1839), Berlin 1982; Quellen zur Geschichte des Osmanischen Reiches und ihre Interpretation, Istanbul 1994.

Volker Ullrich

Die nervöse Großmacht 1871-1918

Aufstieg und Untergang des deutschen Kaiserreichs

Band 11694

Der Blick auf das deutsche Kaiserreich von 1871 hat sich in den letzten Jahren verändert. Wurden früher die rückständigen, anachronistischen Elemente betont, so entdeckt man neuerdings die dynamischen, entwicklungsfähigen Züge. Beides aber gehört untrennbar zusammen. Volker Ullrich macht in seinem Buch das eigentümliche Zwitterwesen der Bismarck-Schöpfung sichtbar. Indem er Politik-, Gesellschafts- und Kulturgeschichte zusammenführt, gelingt es ihm, die widerspruchsvolle Verbindung von Immobilität und Modernität auf den verschiedenen Ebenen zu thematisieren.

Aus dieser brisanten Gemengelage vermag er auch die nervöse Reizbarkeit zu erklären, die zu einem spezifischen Merkmal wilhelminischer Politik und Mentalität wurde - und die die konservativen Führungsschichten schließlich im Juli 1914 zur ›Flucht nach vorn‹ in den Weltkrieg getrieben hat. Das Buch besteht aus vier großen Teilen: *Das Deutsche Reich im Zeitalter Bismarcks - Das Wilhelminische Deutschland - Die Gesellschaft des Kaiserreichs* und *Der Erste Weltkrieg*. Vieles, was im Nationalsozialismus schreckliche Wirklichkeit werden sollte, war bereits in der wilhelminischen Ära angelegt.

Fischer Taschenbuch Verlag

Timothy Garton Ash

Im Namen Europas

Deutschland und der geteilte Kontinent

Aus dem Englischen von Yvonne Badal

Band 12567

Garton Ash hat ein halbes Jahrhundert deutscher Außenpolitik dargestellt. Er benutzte für sein monumentales Werk alle erreichbaren Materialien bis hin zu den Geheimakten, die er in den SED- und Stasi-Archiven gefunden hatte; er konnte Einblick nehmen in die persönlichen Aufzeichnungen und Korrespondenzen von Brandt, Schmidt, Bahr, Kohl, Genscher sowie von Breschnew und Gorbatschow. Außerdem führte er ausführliche Gespräche mit fast allen damals beteiligten Persönlichkeiten – auch mit Honecker im Moabiter Gefängnis. Immer ging es um die entscheidende Frage: Hat die deutsche Ostpolitik die Vereinigung und die Wende im Osten mit herbeigeführt? Ja, weil sie geholfen hat, die monolithische Teilung der Welt zu lockern. Nein, weil sie stabilitätsorientiert bis zum Schluß vieles getan hat, um den sicheren Status quo zu erhalten; die »Bewegung von unten«, der Aufstand der Osteuropäer und der Ostdeutschen, hat diese Politik überrannt.

Fischer Taschenbuch Verlag